TRAITÉ

DE LA

LÉGISLATION DES MINES

DES MINIÈRES, DES USINES ET DES CARRIÈRES

EN BELGIQUE ET EN FRANCE,

TRAITÉ

DE LA

LÉGISLATION DES MINES

DES MINIÈRES, DES USINES ET DES CARRIÈRES

EN BELGIQUE ET EN FRANCE

OU

COMMENTAIRE THÉORIQUE ET PRATIQUE

DE LA LOI DU 21 AVRIL 1810

ET DES LOIS ET RÈGLEMENTS QUI S'Y RATTACHENT

PAR

AUG. BURY

AVOCAT A LA COUR D'APPEL DE LIÉGE.

TOME SECOND.

LIÉGE,

F. RENARD, ÉDITEUR.

<table>
<tr><td>PARIS,</td><td>BRUXELLES,</td></tr>
<tr><td>A. DURAND, LIBRAIRE.</td><td>BRUYLANT-CHRISTOPHE ET Ce</td></tr>
<tr><td>7, rue des Grès-Sorbonne.</td><td>12, Place St-Jean.</td></tr>
</table>

1859.

LIÉGE. — IMPRIMERIE DE J. DESOER.

LIVRE PREMIER.

DES MINES.

CHAPITRE XVII.

RAPPORTS DES CONCESSIONNAIRES ENTRE EUX. — ARTICLE 45 DE LA LOI DE 1810.

SOMMAIRE.

I. — PRINCIPES GÉNÉRAUX.

I. — PRINCIPES GÉNÉRAUX.

646. — Tout concessionnaire doit s'abstenir d'exploiter la mine de la concession contiguë. S'il l'exploitait, il serait obligé de restituer les substances extraites, à moins qu'il n'eût été de bonne foi, c'est-à-dire qu'il n'eût cru et pu croire que sa concession comprenait la mine qu'il a exploitée. A la vérité, il n'a pas eu de titre réel, puisque son acte de concession ne comprenait pas le gisement exploité ; mais s'il a pu penser, comme je le suppose, que son titre était plus étendu, il a eu un titre *putatif*, et un titre pareil suffit pour dispenser de la restitution des fruits perçus (n° 42).

647. — Si le concessionnaire n'avait pas été de bonne foi, et qu'il dût restituer les substances extraites, il aurait le droit de déduire les frais d'extraction ; je renvoie aux n°s 39 à 41 pour les règles à suivre dans la détermination de ces derniers.

648. — Lorsque les concessionnaires ne sont pas d'accord sur les limites respectives de leurs périmètres, la contestation doit être tranchée par les actes de concession, les plans y annexés, les pièces de l'instruction préparatoire, etc.

J'ai traité ailleurs diverses questions relatives à cet objet (n°s 236 à 238).

649. — On a vu (n° 344) que chaque exploitant doit ordinairement conserver le long et à l'intérieur des limites de sa concession, des massifs ou espontes d'une certaine épaisseur indiquée au cahier des charges.

La conservation de ces espontes a pour but d'empêcher entre les concessions contiguës des communications dangereuses. En conséquence, l'exploitation pourrait en être permise si les concessions étaient réunies dans les mêmes mains, ou si, par toute autre circonstance, elle cessait d'être compromettante.

650. — La permission d'exploiter les massifs réservés est accordée par l'autorité qui en a prescrit la conservation.

Ainsi en France, d'après le modèle général de cahier des charges, c'est le préfet qui ordonne, s'il y a lieu, de conserver des espontes, et c'est lui qui en autorise l'exploitation (DUPONT, append. t. 2, page 304, litt. V.)

En Belgique, l'esponte est prescrite par l'acte de concession même ; elle ne peut dès lors être supprimée, en tout ou en partie, qu'en vertu d'un arrêté royal (avis du Cons. des Mines du 8 juin 1838, *Jur.*, p. 45).

651. — Le Conseil des Mines devrait donner son avis, puisqu'il a dû le donner sur l'acte de concession, et qu'autoriser l'exploitation des espontes, c'est modifier ce dernier. Son avis devrait même être *conforme*, comme il a dû l'être pour l'acte concessionnel (no 178).

652. — Les demandes en exploitation d'espontes n'ont pas besoin d'être soumises aux affiches et publications ni autres formalités prescrites pour les demandes en concession (avis du C. des M. de Belg. 12 août 1854, *Jur. supp.*, p. 102).

653. — Le concessionnaire qui exploiterait ses espontes, ne pourrait être poursuivi devant le tribunal correctionnel en vertu des art. 93 et 96 de la loi de 1810 : ces articles ne punissent que les contraventions aux lois et aux règlements, et un cahier des charges n'est pas un règlement (Avis du C. des M. de B., 2 nov. 1838 et 2 oct. 1840, *Jur.*, p. 69 et 89, relatifs précisément aux ruptures d'esponte). Pour que les espontes fussent protégés par les articles 93 à 96, il faudrait donc (et il serait à désirer) que le gouvernement, par un règlement général d'administration publique, défendît l'exploitation de celles dont le cahier des charges aurait ordonné la conservation.

Cependant, si la rupture d'une esponte compromettait la sûreté des exploitations qu'elle sépare, l'autorité administrative pourrait, en vertu de l'article 50, rendre une ordonnance spéciale à l'effet de l'arrêter, et l'infraction de cette ordonnance serait passible des peines de l'article 96 (Voyez le chapitre *Des Contraventions*).

654. — Le modèle de cahier des charges adopté en Belgique stipule que le concessionnaire paiera à l'Etat une somme de 200 francs par chaque mètre cube extrait des espontes : j'ai examiné au no 250 la valeur de cette clause pénale.

655. — L'esponte se trouve *à l'intérieur* des limites de la concession, dont elle forme, pour ainsi dire, la lisière; quoiqu'elle ne puisse être exploitée, elle n'en est donc pas moins la propriété du concessionnaire (Cass. B. 7 janv. 1853, *Pas.* 1853, 1, 139).

En conséquence, le concessionnaire qui exploiterait son esponte serait propriétaire des substances extraites, malgré le caractère illicite de l'extraction, sauf à lui de subir, s'il y a lieu, les peines prononcées contre cette dernière; mais parmi les peines qu'il pourrait encourir, la confiscation ne se rencontre pas.

656. — Il s'en suit encore que le concessionnaire qui exploiterait l'esponte de son voisin serait tenu de restituer à celui-ci les matières extraites ou leur valeur. En vain dirait-il que l'esponte était frappée de stérilité pour la concession qui la renfermait; il ne s'en est pas moins emparé de la propriété d'autrui, et il n'a aucun titre pour la retenir. Ajoutons que le propriétaire de l'esponte pouvait un jour obtenir l'autorisation de la mettre à fruit. Enfin, la législation des mines nous présente un autre cas de substances minérales que l'on n'a pas le droit d'exploiter soi-même, et dont on peut cependant demander la restitution à celui qui les a indûment exploitées : c'est le cas du propriétaire de la surface réclamant les matières qui ont été extraites sans titre des mines de son héritage : lui non plus n'aurait pu les extraire, et cependant son droit à les réclamer est aujourd'hui incontesté (n° 34).

656 *bis*. — La Cour de Bruxelles avait décidé, dans un arrêt du 25 février 1852, que le concessionnaire qui exploitait l'esponte voisine, était seulement tenu de la remplacer par des ouvrages suffisants pour fournir à son voisin des garanties de sécurité aussi fortes que l'esponte elle-même. Mais la Cour de cassation a cassé cette décision par arrêt du 7 janv. 1853 (*Pas.*, 1853, 1, 139). Suivant elle, le concessionnaire doit d'abord restituer la valeur des substances dont il s'est indûment emparé, et il doit, en outre, en réparation du fait dommageable par lui posé, remplacer l'esponte par un ouvrage équivalent.

La Cour de Liége, saisie du renvoi, s'est ralliée à la doctrine de la Cour suprême.

J'ai entendu, dans les débats de cette cause, présenter comme décisif un moyen qui ne l'était pas. L'esponte est comme une clôture, disait-on; c'est *le mur* de la mine : or celui qui renverse le mur d'une propriété, est bien tenu de rendre les matériaux ou de faire une muraille nouvelle, mais il ne peut être condamné aux deux choses à la fois. Il y a plusieurs différences entre cette espèce et la nôtre ; je ne veux en signaler qu'une seule : c'est que dans le cas supposé, le propriétaire auquel on refait une muraille nouvelle se trouve tout-à-fait dans la même position qu'auparavant, tandis que le propriétaire de l'esponte détruite n'aura pas moins perdu la houille dont elle se composait, après qu'on l'aura remplacée par un ouvrage de maçonnerie : il faudrait lui refaire son esponte de charbon.

Ajoutez que le concessionnaire qui a exploité l'esponte voisine, s'enrichirait, dans le système contraire, par son exploitation illicite, si les valeurs par lui extraites étaient plus élevées que les frais de l'ouvrage destiné à tenir lieu d'esponte.

657. — Il peut arriver que deux concessions de mines différentes coexistent dans un même périmètre.

Pour déterminer leurs droits et leurs obligations réciproques, il faudra d'abord recourir aux actes de concession, comme je l'ai déjà dit ailleurs (no 266).

On verra plus loin (nos 674 à 677) que la loi du 21 avril 1810 a voulu, par son article 15, consacrer le respect des travaux *établis* et de la position *acquise* par une exploitation de mine, en sorte que toute exploitation nouvelle doit réparer le préjudice qu'elle causerait à ces travaux et à cette position.

Les exploitations coexistantes devront, au surplus, se conformer aux règles du bon voisinage, concilier, autant que possible et au besoin suivant un règlement judiciaire, l'exercice de leurs droits respectifs, et s'indemniser chacune du dommage causé à l'une *par la faute* de l'autre.

658. — Ce qui précède n'est que l'application du droit commun, et si la responsabilité des concessionnaires entre eux, n'était régie que par ce droit-là, il n'y aurait pas, quant aux principes, de difficulté sérieuse; l'application seule pourrait en être difficile. Mais la loi du 21 avril 1810 n'a pas laissé la responsabilité des concessionnaires les uns envers les autres sous l'application pure et simple du droit commun : elle l'a modifiée par certaines règles spéciales, et la difficulté de cette matière consiste précisément soit à les comprendre en elles-mêmes, soit à déterminer leurs rapports avec le droit général.

Je vais examiner les articles où ces règles spéciales ont été consignées : ce sont les art. 45 et 15.

II. — PRINCIPES SPÉCIAUX DES ART. 45 ET 15.

659. — « Lorsque, par l'effet du voisinage ou par toute autre cause, les travaux d'exploitation d'une mine occasionnent des dommages à l'exploitation d'une autre mine, à raison des eaux qui pénètrent dans cette dernière en plus grande quantité; lorsque, d'un autre côté, ces mêmes travaux produisent un effet contraire et tendent à évacuer tout ou partie des eaux d'une autre mine, il y aura lieu à indemnité d'une mine en faveur de l'autre : le règlement s'en fera par experts. »

L'art. 45, en s'exprimant ainsi, a certainement prévu deux hypothèses différentes. Mais quelles sont-elles?

Suivant certains auteurs (DELEBECQUE, nᵒˢ 895 et ss.; PEYRET, nᵒˢ 434—437; RICRARD, nᵒˢ 246 et ss. ; PROUDHON, nᵒˢ 799 et 800), la première hypothèse est celle de l'inondation d'une mine *par la faute* d'une autre mine ; et dans ce cas, le dommage souffert doit être complètement reparé ; — la seconde hypothèse est celle de l'inondation d'une mine *sans la faute* d'une autre ; et alors celle-ci doit payer le profit qu'elle retire de l'évacuation de ses eaux, mais non pas le dommage éprouvé par l'exploitation voisine que ces dernières ont inondée.

660. — Cette interprétation n'est pas exacte : la distinction marquée dans le texte de l'art. 45 ne repose pas sur ce qu'il y aurait *faute* dans la première hypothèse et *absence de faute* dans la seconde ; elle repose sur une toute autre base.

Lorsque les eaux d'une mine pénètrent dans l'exploitation d'une autre mine, il peut arriver *qu'elles lui occasionnent des dommages*, soit en dégradant ou détruisant ses puits, ses galeries, soit en suspendant l'extraction, soit en nécessitant de plus grandes dépenses d'exhaure, etc. C'est là ce que prévoit l'art. 45 dans sa première partie, puisqu'il s'y occupe du cas où les travaux d'une mine *occasionnent des dommages à l'exploitation d'une autre mine*, à raison des eaux qui pénètrent dans cette dernière en plus grande quantité.

Il peut arriver aussi qu'une exploitation évacue les eaux d'une autre, sans éprouver elle-même de dommage : ainsi un concessionnaire creuse une galerie d'écoulement qui, en abattant les eaux de son gîte, abat également celles du gîte de son voisin ; il procure un bénéfice à autrui sans dommage réel pour lui-même. — C'est là l'hypothèse de l'art. 45 dans sa seconde partie, puisqu'il s'y occupe du cas *où les travaux d'exploitation d'une mine évacuent tout ou partie des eaux d'une autre mine, et qu'il ne suppose point, dans ce cas, un dommage que la première éprouverait à raison des eaux évacuées.* (Bruxelles, 13 avril 1844, *Pas.* 1845, 2,72).

661. — Dans les deux hypothèses il y a lieu, dit l'art. 45, *à indemnité d'une mine envers l'autre.* C'est parler en termes très-laconiques : mais ce laconisme est un acte de prudence, car les circonstances peuvent tellement varier qu'il n'eût pas été sage de définir les éléments de l'indemnité dans des règles absolues. Au surplus, l'ensemble de l'art. 45 lui-même pose, d'une manière

implicite , les bases de l'indemnité qui peut être réclamée dans chacune de ses deux hypothèses.

662. — Il prévoit d'abord le cas où les eaux d'une mine, pénétrant dans une autre exploitation, lui occasionnent des dommages ; lorsqu'il ajoute ensuite , qu'*il y a lieu à indemnité*, on comprend qu'elle doit consister dans le paîment des dommages occasionnés à la mine inondée.

Ainsi , les eaux viennent dégrader ou détruire les travaux de l'exploitation envahie : l'exploitant de la mine qui en est la source, paîra les dépenses nécessaires pour la réparation des ouvrages dégradés ou détruits (Bruxelles, 3 mai 1855, *Pas.* 1856 , 2 , 53).

Ainsi , l'exploitation inondée doit débourser des frais plus considérables qu'auparavant pour l'épuisement des eaux : elle devra être couverte de ce surcroît de dépenses (Liége , 12 juillet 1855, *Pas.* 1856, 2 , 106.)

663. — *Quid* si l'inondation a suspendu l'exploitation de la mine inondée ? Y a-t-il lieu de payer les bénéfices que l'exploitation de cette mine aurait pu procurer à son propriétaire ?

Il faut, en principe, répondre négativement, ainsi que l'a fait la Cour de Bruxelles dans son arrêt du 3 mai 1855 (*Pas.* 1856 , 2, 53). Les travaux de la Société charbonnière de BONNET ET VEINE A MOUCHES avaient été envahis par les eaux de la Société de BELLE ET BONNE : ses travaux avaient été en partie suspendus, et des experts avaient calculé que les bénéfices , dont elle avait été privée pendant le temps de la suspension , pouvaient s'élever à la somme totale de 55,801 fr. 55 centimes : la Société de BONNET en réclamait le paîment. La Cour d'appel a été d'avis que le bénéfice lui-même ne pouvait lui être alloué, mais seulement l'intérêt d'icelui pour tout le temps qu'avait duré la suspension : « la suspension de travail, a-t-elle dit avec raison, ne cause aucune déperdition de l'avoir de la mine inondée ; le bénéfice suppose le charbon exploité, et, partant, n'existant plus ; on ne peut avoir tout à la fois et le bénéfice du charbon exploité et le charbon à exploiter, lequel procurera de nouveau le même bénéfice quand il sera extrait ; il n'y a donc lieu d'accorder qu'une indemnité pour le retard de la perception du bénéfice. »

664. — Cependant, cette indemnité pourrait être insuffisante.

Ainsi, dans l'espèce qui précède, la Société de BONNET avait dû faire, pendant la suspension d'une partie de ses travaux,

les mêmes frais généraux qu'auparavant ; ils avaient été, en partie
du moins, improductifs pour elle ; il était juste de lui en tenir
compte, et c'est ce qui fut ordonné.

Il pourrait arriver aussi que la suspension de l'extraction causât
du préjudice au concessionnaire en l'empêchant de servir les
acheteurs, et qu'elle nuisît ainsi à sa clientèle : c'est pour cela
que la Cour de Bruxelles a eu soin de constater, dans son arrêt
du 3 mai 1855, que la Société de BONNET ne s'était pas trouvée
dans cette position.

Il pourrait arriver encore que l'exploitation eût été plus avantageuse pendant le temps qu'elle a été interrompue ; si, par exemple,
il s'était opéré depuis lors une baisse dans le prix des minerais,
c'est pour cela également que la Cour de Bruxelles a constaté, dans
le même arrêt, que le prix de la houille n'avait point baissé après
la reprise des travaux de la Société demanderesse.

665. — D'autre part, il est des circonstances dans lesquelles la
mine inondée n'aurait à réclamer aucune espèce d'indemnité
pour privation de jouissance, et c'est ce qui est arrivé dans l'espèce jugée par la Cour de Liége le 12 juillet 1855 (*Pas.* 1856, 2, 106) :
la Société DES TAS, dont les travaux avaient été interrompus par
des eaux de la Société de la GRANDE VEINE, s'est vue refuser toute
indemnité de ce chef, « parce que, pendant plus de onze ans,
elle avait continué ses travaux sans rien faire pour constater et
dénoncer les causes du préjudice par elle alléguées, parce qu'elle
n'avait donné aucune suite à l'expertise qui la mettait à même de
les vérifier, et qu'elle aurait pu y parvenir en érigeant une
seconde machine à vapeur pour laquelle elle avait demandé une
indemnité annuelle. »

666. — Telle est donc la base de l'indemnité à payer dans le
premier cas prévu par l'art. 45 : il suppose que l'exploitation qui
reçoit les eaux d'une autre en éprouve du dommage ; ce dommage
sera réparé.

Dans sa seconde partie, l'article 45 ne parle plus de préjudice
essuyé par l'exploitation qui reçoit les eaux d'une mine voisine ;
il ne s'occupe que de l'évacuation procurée aux eaux de cette
dernière ; lorsqu'il ajoute *qu'il y a lieu à indemnité,* on comprend
également qu'elle doit, en général, consister dans le bénéfice
réalisé par la mine exhaurée, c'est-à-dire dans le montant des
dépenses qu'elle aurait dû faire pour se débarrasser de ses eaux,
dépenses dont elle est exemptée par le fait.

667. — Ce n'est cependant là qu'une règle générale, dont les circonstances tempéreront parfois l'application : je veux dire que la mine exhaurante pourra n'avoir point le droit de réclamer à la mine exhaurée *la totalité* du bénéfice réalisé par celle-ci. Ainsi, supposez qu'une exploitation se débarrasse de ses eaux par une galerie d'écoulement, et dépense de ce chef 5000 francs par année; — un beau jour, les eaux d'une exploitation voisine, qui dépensait la même somme pour leur épuisement, s'abattent sur la galerie et s'évacuent désormais sans aucune dépense pour le deuxième concessionnaire, mais sans aggravation sérieuse pour le premier. Ferez-vous payer entièrement au concessionnaire exhauré la somme de 5,000 fr. qu'il économise? Cela ne serait pas juste, et cela serait diamétralement opposé au vœu de la loi, puis qu'alors le premier concessionnaire serait exonéré lui-même de toute dépense. Dans une semblable hypothèse, il faudra répartir équitablement les frais d'épuisement entre les deux exploitations.

668. — Mais l'existence d'un dommage pour la mine exhaurante n'est pas une condition nécessaire de son droit à réclamer une indemnité, si d'ailleurs la mine voisine est utilement débarrassée de tout ou partie de ses eaux. C'est précisément ce qui caractérise, comme je l'ai dit (n° 660), la seconde hypothèse de l'art. 45, et c'est ce qu'a formellement décidé un arrêt de la Cour de Bruxelles du 13 avril 1844 (*Pas.*, 1845, 2, 72).

Les Sociétés charbonnières DE LA SABLONNIÈRE et de MAMBOURG ET BAWETTE firent construire, de 1806 à 1811, un aqueduc ou *saiwe*, pour exhaurer leur concession. La Société de BONNE-ESPÉRANCE, qui s'exhaurait par deux autres saiwes, profita du nouvel aqueduc, sur lequel ses eaux se déversèrent; elle ne dut plus faire aucune dépense pour l'assèchement de son charbonnage. De là, action en indemnité par LA SABLONNIÈRE ET Cᵉ, devant le tribunal de Charleroy, en vertu de la seconde partie de l'art. 45. Le tribunal repoussa la demande par le motif, entre autres, que si la Société de BONNE-ESPÉRANCE avait profité des travaux de démergement des Sociétés demanderesses, celles-ci n'avaient pas souffert de l'évacuation des eaux, et que l'article 45, dans sa seconde comme dans sa première partie, exigeait un dommage dans le chef du demandeur en indemnité. Mais cette décision fut réformée comme elle devait l'être. Elle méconnaissait la distinction nettement marquée dans l'article 45, entre le cas où une exploitation est endommagée par les eaux d'une autre, et le cas où cette exploitation, sans d'ailleurs être endommagée, procure à la seconde le bénéfice de l'exhaure. Dans les deux hypothèses, une indemnité est due, mais c'est les confondre et c'est ajouter à la loi, que d'exiger dans toutes deux une condition de dommage qui n'est établie que pour la première. Une mine a-t-elle été déchargée du fardeau de ses eaux? Voilà le seul fait dont la seconde hypothèse de l'art. 45 se préoccupe ; s'il est constaté, le législateur veut, et sa volonté est équitable, que la mine bénéficiée paie tout ou partie du bénéfice qu'elle fait.

669. — Le tribunal de Charleroi avait posé un autre principe que la Cour de Bruxelles a dû également répudier. Suivant lui, l'indemnité d'exhaure, accordée par la seconde partie de l'art. 45, n'était pas exigible, lorsque c'était la mine exhaurante qui, par ses propres travaux, s'attirait les eaux de la concession voisine. — On comprend cette doctrine et elle est conforme à la loi, s'il s'agit de l'application de la première partie de l'art. 45, s'il s'agit d'une exploitation qui vient se plaindre de ce qu'elle est inondée et endommagée par sa voisine, et qui vient lui réclamer la *réparation du dommage souffert :* on comprend, dis-je, que sa plainte ne soit pas recevable, et qu'elle supporte elle-même le dommage qu'elle s'attire; — ainsi le veut d'ailleurs l'article 45 dans sa première partie, où il suppose que le dommage est occasionné *par les travaux de l'exploitation d'où les eaux viennent*, et non pas par ceux de l'exploitation où elles pénètrent. Mais la doctrine du tribunal de Charleroi ne se comprend plus, lorsqu'il s'agit uniquement de réclamer à la mine exhaurée le *bénéfice* que l'exhaure lui procure : qu'importe alors que ses eaux s'évacuent par le fait même de la mine exhaurante? le bénéfice que le législateur veut ici faire payer, n'en existe pas moins; aussi la seconde partie de l'article 45 suppose-t-elle précisément que ce sont les travaux de la mine exhaurante qui vont chercher les eaux de la mine bénéficiée.

670. — L'indemnité d'exhaure serait-elle due, si la mine exhaurée n'était pas en état d'exploitation à l'époque du démergement? Ainsi, un concessionnaire en épuisant les eaux de son gisement, démerge en même temps un gîte du voisinage qui n'est pas encore exploité; lorsque l'exploitation en sera entreprise, ce concessionnaire pourra-t-il réclamer l'application de la seconde partie de l'art. 45? Pourra-t-il dire à son voisin : J'ai

II.

fait évacuer les eaux que vous devriez épuiser vous-même pour exploiter votre gîte : payez-moi le bénéfice que vous réalisez ?

Il en aura le droit : le texte de l'art. 45 est général, il fait payer une indemnité *par la mine* exhaurée, sans distinguer si elle est ou si elle n'est pas en exploitation lors de l'exhaure; celle-ci d'ailleurs se prolonge et se renouvelle sans cesse, car le gîte serait inondé par de nouvelles eaux, si l'exploitation voisine ne leur procurait pas un écoulement permanent.

471. — Le plus souvent, la mine exhaurante essuiera du dommage, en même temps que la mine exhaurée réalisera un bénéfice : si les eaux s'évacuent par une galerie d'écoulement, celle-ci sera peut-être plus rapidement dégradée; si c'est à l'aide d'une machine d'épuisement que les eaux sont évacuées, sa mise en œuvre exigera plus de dépenses, etc. Les deux hypothèses de l'art. 45 se présenteront à la fois, c'est-à-dire que la mine exhaurante essuiera du dommage en même temps que la mine exhaurée fera un bénéfice : il faudra donc tenir compte à la mine exhaurante, d'abord du dommage qu'elle subit, et ensuite, dans une mesure équitable (n° 667), du bénéfice procuré à la mine exhaurée.

672. — J'ai expliqué comment, d'après la première partie de l'art. 45, le concessionnaire de la mine dont les eaux se déversent dans une autre, est tenu de réparer le dommage souffert par celle-ci (n°s 661 à 665) : mais pour qu'il soit obligé à cette réparation, faut-il que l'on prouve à sa charge l'existence d'une faute ou d'une irrégularité dans ses travaux?

Les auteurs cités au n° 659 soutiennent énergiquement l'affirmative. Ils l'appuient sur les principes du droit commun, c'est-à-dire sur les art. 1382 et 1383 du Code civil, aux termes desquels l'auteur d'un fait dommageable n'en porte la responsabilité que s'il s'est rendu coupable de *faute*. Ces principes, ajoutent-ils, ne sont pas exclus par l'art. 45; il n'est pas assez positif à cet égard, et dans tous les travaux qui ont laborieusement préparé la loi de 1810, on ne trouve nulle part l'intention du législateur de grever ici les concesssionnaires d'une responsabilité exceptionnelle.

Ce système avait été accueilli par la Cour de Bruxelles dans deux arrêts du 2 août 1834 et du 3 août 1853, en cause de la Société des GRANDS ET PETITS TAS contre la Société de la GRANDE VEINE; mais la Cour de cassation de Belgique l'a condamné par arrêt du 17 juin 1854 (*Pas.* 1854, 1,292) :

« Attendu que la loi du 21 avril 1810, en faisant de la mine concédée une propriété immobilière distincte de celle de la surface, déroge au droit commun, d'après lequel la *propriété du sol emporte la propriété du dessus et du dessous* ; que, dès lors, cette loi a dû tracer des règles spéciales pour déterminer les effets de cette dérogation, notamment en ce qui concerne les droits, les obligations et les rapports respectifs, tant du propriétaire de la surface et du concessionnaire, l'un à l'égard de l'autre, que des divers concessionnaires entre eux ;

» Attendu que ces règles, au nombre desquelles il faut ranger celle qui est tracée par l'art. 45 de cette loi, dérivant ainsi d'un principe exorbitant du droit commun, s'expliquent et s'interprètent moins d'après ce droit, que par les considérations d'équité qui les ont dictées et les nécessités de l'exploitation des mines;

» Attendu que l'exhaure des eaux, qui empêchent l'extraction des mines, est une des premières nécessités de leur exploitation, et constitue ainsi une charge de cette exploitation ; que cette charge s'aggrave pour la mine dans laquelle les eaux d'une autre mine arrivent, et que, dans ce cas, il est juste que la mine dont les eaux pénètrent en tout ou en partie dans une autre mine indemnise cette dernière ;

» Attendu que le but et la portée de l'art. 45 précité sont de satisfaire, à cet égard, à ce qu'exigent et l'équité qui veut que celui qui recueille les avantages d'une chose en supporte les charges et qui ne permet à personne de s'enrichir au préjudice d'autrui, et l'intérêt public qui exige que les mines soient exploitées, et, par suite, que les exploitants n'abandonnent pas leurs travaux à cause des frais d'exhaure ou des dommages que les eaux, provenant des autres mines, peuvent occasionner ; qu'en effet le dit article statue qu'il y aura lieu à l'indemnité d'une mine en faveur de l'autre, soit, lorsque, par l'effet du voisinage ou pour tout autre cause, les travaux d'exploitation d'une mine occasionnent des dommages à l'exploitation d'une autre mine, à raison des eaux qui pénètrent dans cette dernière en plus grande quantité, soit, lorsque, d'un autre côté, les mêmes travaux produisent un effet contraire et tendent à évacuer tout ou partie des eaux d'une autre mine ;

» Attendu que dans le premier cas, dont s'occupe cette disposition, pas plus que dans le second, il n'est fait aucune application des principes du droit commun, consacrés par les articles 1382 et suivants du Code civil ; qu'elle distingue *la cause*, pour laquelle les eaux pénètrent d'une mine dans une autre mine, de ce qui n'en est que *l'occasion* ; que cette cause peut consister dans le voisinage ou dans toute autre circonstance aussi peu imputable aux exploitants ; que loin d'exiger que les travaux d'exploitation de cette mine soient la cause directe et immédiate de ce que ces eaux pénètrent dans l'autre mine, elle se borne à requérir que cette infiltration des eaux en plus grande quantité dans l'autre mine soit *occasionnée* par ces travaux ;

» Attendu que le dit article n'exige pas davantage que les travaux qui occasionnent l'infiltration plus abondante des eaux soient irréguliers, illicites ou exécutés à dessein de nuire ; qu'il parle de travaux d'exploitation en général et sans distinction ; que les expressions *travaux d'exploitation d'une mine, les mêmes travaux*, dont il se sert s'appliquent, pour le premier comme pour le second cas dont il s'occupe, à toutes espèces de travaux d'exploitation de la mine, qu'il y ait faute ou non.

Attendu, finalement, que les expressions *il y aura lieu à indemnité d'une mine en faveur de l'autre*, employées une seule fois pour les deux cas dont s'occupe l'art. 45, indiquent clairement que cette indemnité est due, en acquit d'une charge purement réelle inhérente à l'exploitation de la mine, abstraction faite du point de savoir s'il y a délit ou quasi délit ;

» Attendu qu'il résulte de ce qui précède que les arrêts attaqués ont expressément contrevenu à l'art. 45 de la loi du 21 avril 1810 sur les mines. »

La Cour de Liége, saisie du renvoi, a consacré la même doctrine le 12 juillet 1855 (*Pas.* 1856, 2, 106), et la Cour de Bruxelles s'y était déjà ralliée elle-même dans l'arrêt du 3 mai même année (*Pas.* 1856, 2, 53) rendu en cause de la Société de BONNET contre la Société BELLE ET BONNE.

673. — Ainsi donc, le concessionnaire, dont l'exploitation est endommagée par les eaux qui l'envahissent, n'a qu'un seul fait à établir contre la concession voisine : c'est que les eaux proviennent de cette dernière. Il n'a pas à prouver, en outre, que l'invasion des eaux dans sa mine est le résultat de l'irrégularité des travaux d'où elles s'écoulent, et l'exploitant voisin ne pourrait davantage échapper à la réparation du préjudice, en prouvant leur parfaite régularité.

Cet exploitant n'a qu'un seul moyen de dégager sa responsabilité, c'est de prétendre que le concessionnaire de la mine inondée est lui-même l'auteur de l'inondation ; mais c'est à lui de prouver le fondement de cette exception, par application de la maxime : *reus excipiendo fit actor*. (Pour le cas de simple exhaure, V. n° 669.)

Il suit de là que s'il y avait incertitude sur le point de savoir à qui, de la mine inondée ou de la mine contiguë, est imputable le fait de l'inondation, étant établi d'ailleurs que les eaux proviennent de cette mine contiguë, le concessionnaire de la mine inondée aurait droit à indemnité. C'était ainsi précisément que se présentait la cause jugée par les Cours de Belgique entre les Sociétés DES TAS et DE LA GRANDE-VEINE.

Un jour les espontes de ces deux charbonnages avaient été rompues et les ouvriers de chacun d'eux s'étaient rencontrés : de là, pénétration des eaux de la GRANDE-VEINE dans les ouvrages des Tas, et préjudice pour ces derniers; on ne savait pas autre chose, toutes les vérifications administratives et judiciaires n'avaient pu faire découvrir avec certitude, à laquelle des deux Sociétés plutôt qu'à l'autre, la communication des ouvrages et l'inondation devaient être attribuées. La Société de la Grande-Veine n'en fut pas moins condamnée, parce qu'il était établi que ses eaux avaient pénétré dans les travaux de sa voisine, et qu'elle-même ne prouvait pas que la pénétration était imputable à cette dernière (arrêt précité de la Cour de Liége; Cass. Belg. 24 oct. 1856, *Pas.* 1857, 1, 41.)

674. — Le second des articles de la loi de 1810, qui traitent spécialement de la responsabilité des concessionnaires les uns à l'égard des autres, est l'art. 15.

« Il (le concessionnaire) doit aussi, le cas arrivant de travaux à faire sous des maisons ou lieux d'habitation, *sous d'autres exploilations ou dans leur voisinage immédiat*, donner caution de payer toute indemnité en cas d'accident : les demandes ou oppositions des intéressés seront, en ce cas, portées devant nos tribunaux et cours. »

J'ai commenté cet article aux nos 603 — 617 en ce qui concerne les travaux à faire sous des maisons ou lieux d'habitation : les explications qu'ils contiennent seront généralement applicables ici ; je puis donc me borner à quelques observations particulières.

675. — L'art. 15 a spécialement protégé les maisons ou lieux d'habitation, parce que le sol jouissait à l'égard de la concession souterraine du droit de conserver sa force naturelle : au moment où la concession voit le jour, la surface se trouve dans une position de liberté et d'intégrité que les travaux de la mine ne doivent pas amoindrir.

C'est la *position acquise* par une exploitation de mines, que l'art. 15 a également voulu garantir contre les travaux d'une exploitation nouvelle ; il est essentiel de le remarquer. « Le concessionnaire doit, *le cas arrivant de travaux à faire sous d'autres exploilations ou dans leur voisinage immédiat*, donner caution de payer toute indemnité en cas d'accident..... » La loi suppose donc une exploitation établie au sein de la terre, dans un endroit déterminé ; son propriétaire a creusé des puits, des galeries, organisé tous ses travaux ; il a pris position. Arrive un autre concessionnaire qui vient exécuter ses propres travaux au dessous de l'exploitation existante ou dans son voisinage immédiat. Le législateur ne veut pas que les travaux établis puissent souffrir de ce nouvel œuvre ; il considère comme une sorte de droit acquis la position que le premier exploitant a prise, et si la sécurité en est compromise par l'entreprise nouvelle, il la protége au moyen d'une caution.

Telle est donc la pensée de l'art. 15 : de même que la surface a le droit acquis de conserver la force de porter des habitations, de même une exploitation de mines établie à l'intérieur du sol a le droit acquis de conserver intacte la position qu'elle s'est créée.

676. — En conséquence, l'art. 15 ne sera pas applicable s'il s'agit de deux exploitations qui se rapprochent en se développant, de telle sorte que l'on ne puisse pas distinguer, d'un côté, une exploitation établie seule dans une position donnée, et d'un autre, une exploitation nouvelle qui vient compromettre cette position acquise. Ni le texte ni l'esprit de l'art. 15 ne s'appliquent à cette hypothèse.

677. — La loi n'a parlé que des nouveaux travaux à faire *sous* une autre exploitation ou *dans son voisinage immédiat*. Il paraît superflu de faire remarquer qu'elle embrasse aussi les travaux à pratiquer *au-dessus* d'une exploitation : ils peuvent la compromettre non moins que les travaux pratiqués *au-dessous* d'elle ; ils seraient d'ailleurs à considérer comme exécutés dans *son voisinage immédiat*, et rentreraient ainsi dans les termes mêmes de l'art. 15.

678. — Quelles sont les *autres exploitations* mentionnées en cet article ?

On a prétendu devant la Cour de Liége qu'elles comprenaient toutes exploitations quelconques, par exemple, l'exploitation d'un moulin. Mais il a été justement répondu « que d'après la contexture de l'art. 15, le mot *exploitations* ne pouvait s'entendre que des exploitations qui sont l'objet de la loi, et qu'on ne saurait y comprendre d'autres exploitations industrielles ou agricoles, sans étendre outre mesure une disposition qui est exorbitante du droit commun et multiplierait les entraves aux travaux des mines, contrairement à l'intérêt général. » (2 mars 1854, *Pas.*, 1856, 2, 151).

La rédaction de cet arrêt pourrait toutefois être critiquée :

« Le mot *exploitations*, dit-il, d'après la contexture de l'art. 15, ne peut s'entendre que des exploitations *qui font l'objet de la loi*. » La Cour a-t-elle entendu dire par là qu'il s'entendrait de toutes les exploitations qui font l'objet de la loi du 21 avril 1810, ce qui embrasserait celles des minières et des carrières? s'il en était ainsi, la décision serait inexacte ; mais je ne pense pas qu'elle ait été dans la pensée de l'arrêt. En disant que le mot *exploitations* de l'art. 15 s'entendait des exploitations *qui font l'objet de la loi*, la cour de Liége a voulu dire : *qui font l'objet de l'article* 15 *lui-même*, à savoir les exploitations *de mines*. Et en effet, c'est ce qui résulte de la contexture de l'article, sur laquelle l'arrêt du 2 mars 1854 s'est appuyé : « Le concessionnaire doit aussi, le cas arrivant des travaux à faire sous *d'autres exploitations* ou dans leur voisinage immédiat, donner caution..... » Ces *autres* exploitations sont évidemment des exploitations du même genre que celle du *concessionnaire*, par conséquent des exploitations de mines concédées.

Ainsi la caution de l'art. 15 ne pourra être exigée dans l'intérêt d'une exploitation de minière ou de carrière. Si elle ne peut l'être, ce qui est certain, dans l'intérêt d'une exploitation industrielle ou agricole, pourquoi le serait-elle au profit d'une extraction de tourbes, de sable, etc. ?

679. — La caution peut être réclamée par le propriétaire d'une habitation, et le préjudice éprouvé par celle-ci doit être réparé, alors même que le concessionnaire a conduit ses travaux suivant toutes les règles de l'art. Je l'ai démontré aux nos 609 et 610.

En est-il de même pour les travaux à faire sous une autre exploitation de mines ou dans son voisinage immédiat? Je le pense, parce que les mêmes motifs peuvent être invoqués.

Le propriétaire d'une habitation, ai-je dit au no 610, a le droit de ne pas la voir détruite par des travaux de mines, et le concessionnaire a l'obligation de prendre toutes les mesures nécessaires pour ne pas y porter atteinte. L'exploitation de mines protégée par l'article 15, possède également un droit acquis vis-à-vis des travaux qui s'en approchent; elle a le droit de conserver la même position de sécurité que s'ils n'étaient pas ouverts; le nouvel exploitant a donc aussi l'obligation de ne pas venir la compromettre : s'il la compromet, il manque à cette obligation, il commet une faute. En vain aurait-il observé toutes les règles de l'art, il n'a pas fait assez, dès qu'il a porté préjudice aux travaux existants. — Le texte de l'art. 15, ai-je ajouté, est conforme à ce système : il veut que le concessionnaire donne caution de payer *toute* indemnité *en cas d'accident*; il n'exige donc pas la commission de quelque *faute* particulière; il dispense de cette condition ; le dommage doit être réparé par cela seul que des travaux de mines en sont la cause, dût-il même être considéré comme un dommage *accidentel*.

680. — Mais c'est ici qu'il importe de ne pas étendre l'art. 15 à une autre hypothèse que celle qu'il prévoit. Une exploitation est établie dans un lieu donné ; une exploitation nouvelle vient s'établir au-dessus, au-dessous ou à côté ; elle doit respecter la première, l'indemniser de tout préjudice, en donner même caution à l'avance, les nouveaux travaux fussent-ils conformes aux règles de l'art, et exempte de toute faute spéciale : telle est la portée de l'art. 15. Mais elle ne va pas au-delà, et comme elle est exceptionnelle, elle ne peut pas être étendue, ainsi que j'ai déjà eu soin de le faire remarquer aux nos 675 et 676.

681. — L'article 45 n'est pas non plus susceptible d'extension ; lui aussi déroge au droit commun, en ce qu'il n'assujettit pas la responsabilité du concessionnaire à la condition d'une négligence ; il ne peut, dès lors, être appliqué qu'à l'espèce dont il s'occupe, à savoir le dommage causé *par la pénétration des eaux d'une mine dans une autre mine*.

682. — Supposez donc deux exploitations superposées ou contiguës, sans que d'ailleurs elles rentrent dans les termes et dans l'esprit de l'art. 15, comme il a été dit aux nos 675 et 676 ; supposez, en outre, que l'une occasionne du dommage à l'autre, sans que la cause du dommage consiste dans une inondation ; mais que, par exemple, la première produise des éboulements dans les travaux de la seconde, qu'un incendie se communique de celle-là à celle-ci ; le propriétaire de la mine d'où proviennent les éboulements ou l'incendie sera responsable suivant les principes du droit commun, et il ne le sera pas autrement ; aucune disposition de la loi de 1810 ne le frappant d'une responsabilité plus rigoureuse, il peut invoquer la loi commune qui le protége en même temps qu'elle l'oblige (PEYRET, nos 442 et 446) : il faudra donc établir à sa charge l'existence d'une faute, d'une imprudence, telle que l'inobservation des règlements ou des règles de l'art.

683. — L'art. 45 n'est point non plus applicable aux minières et aux carrières. Ainsi l'a décidé la Cour de Bruxelles dans un arrêt du 21 mars 1855 (*Pas.*, 1856, 2, 16) :

« Attendu qu'en exploitant leur carrière les intimés n'ont fait qu'user de leur propriété conformément aux dispositions des art. 544 et 552 du Code civil ; — Attendu que celui qui use de sa propriété conformément

aux lois , et sans que l'on puisse lui imputer ni faute ni négligence ,
n'encourt aucune responsabilité ; d'où suit que la disposition de l'art. 1382
ne peut venir au secours de l'appelant ; — Attendu , au surplus, que fût-il
même reconnu que des eaux auraient pénétré par suite de la jouissance
des intimés , dans les travaux de l'appelant, on ne pourrait encore déterminer si cette position a été causée plutôt par les travaux des intimés que
par ceux de l'appelant, ou par la nature des lieux ; — Attendu que fût-il
prouvé ultérieurement que l'appelant aurait exhauré les eaux de la carrière
des intimés et aurait ainsi procuré à ces derniers un avantage , encore ne
pourrait-il faire fruit de la disposition de l'art. 45 de la loi du 21 avril
1810, puisque cette disposition exorbitante du droit commun, introduite
en faveur des mines seulement, ne pourrait être étendue à l'exploitation
des carrières régies par des dispositions législatives toutes distinctes ;.... »

Malgré la généralité de ses motifs , cet arrêt n'était peut-être
qu'un arrêt d'espèce. Il pourrait arriver, en effet , que , dans
d'autres circonstances , une indemnité fût due *d'après les principes
du droit commun lui-même.*

III. — L'INDEMNITÉ EST DUE PAR LA MINE MÊME.

684. — Selon l'art. 45 , *il y a lieu à indemnité d'une mine en
faveur de l'autre.* On a conclu de ces expressions que l'indemnité
était due en vertu d'une charge réelle, inhérente à la propriété
de la mine ; par suite : 1° que le propriétaire de la mine inondée
avait le droit de réclamer une indemnité contre tout détenteur
de la mine d'où sortait la venue d'eau, alors même que le fait
de l'inondation lui serait étranger et antérieur à son acquisition.
(Brux., 6 mai 1846, *Pas.* 1846, 2, 330) (1); 2° que celui qui

______

(1) « Attendu qu'aux termes de l'art. 45 de la loi du 21 avril 1810,
lorsque par l'effet du voisinage ou pour toute autre cause, les travaux
d'exploitation d'une mine occasionnent des dommages à l'exploitation
d'une autre mine, à raison des eaux qui pénètrent dans cette dernière en
plus grande quantité, il y a lieu à indemnité d'une mine envers l'autre ;
que c'est donc la mine qui doit à la mine ; d'où il suit que quels que
soient les possesseurs de la mine débitrice au moment de la découverte
du dommage, l'action ayant pour objet la réparation de ce dommage,
peut leur être intentée, puisque, par le fait de leur possession, ils se
trouvent désignés comme devant répondre aux réclamations à diriger
contre la chose possédée, sauf leur recours contre les personnes auxquelles

était propriétaire de la mine d'où provenaient les eaux n'est pas responsable des dommages causés par l'inondation postérieurement à l'aliénation qu'il a faite de la mine, et que sa responsabilité ne s'applique qu'aux dommages déjà causés lors de cette aliénation (Cass. belge 24 oct. 1856, *Pas.* 1857, 1, 41).

685. — L'effet préjudiciable des travaux d'une exploitation peut provenir des travaux d'un exploitant précédent : l'exploitant actuel sera-t-il alors responsable?

J'ai répondu affirmativement au n° 642 lorsque le préjudice est causé à la surface. Je répondrai de même lorsqu'il l'est à une autre mine : chaque concessionnaire doit, dans le mode de son exploitation, prendre égard aux travaux antérieurs et courir les chances du périmètre qu'il exploite.

Cependant, si le concessionnaire n'était responsable vis-à-vis de ses voisins qu'à la condition d'avoir commis une faute dans la conduite de ses travaux (n°ˢ 680 et ss.), il faudrait prouver qu'il a connu, ou du moins pu et dû connaître les travaux de ses prédécesseurs, et qu'il n'a pas pris les mesures de précaution qui lui étaient prescrites par le fait de leur existence.

IV. — SECOURS QUE SE DOIVENT LES EXPLOITANTS.

686. — Non seulement les concessionnaires ne doivent pas se porter préjudice, ils doivent, en outre, se porter secours. Ce précepte de charité a été érigé en principe de droit par l'art. 17 du décret du 3 janvier 1813 : « Les exploitants et directeurs de mines voisines de celle où il serait arrivé un accident, fourniront tous les moyens de secours dont ils pourront disposer, soit en hommes, soit de toute autre manière, sauf le recours pour leur indemnité, s'il y a lieu, contre qui de droit. »

---

ils croiraient pouvoir faire remonter la cause de la demande formée à leur charge ; — Attendu que cette disposition se justifie par les difficultés souvent insurmontables que rencontrerait le détenteur de la mine qui a reçu les eaux, dans la recherche de l'époque, de la cause et du véritable auteur du dommage, tandis que cette recherche semble devoir toujours être possible, sinon facile, au détenteur de la mine d'où les eaux sont venues. »

687. — Les exploitants de mines, avant comme après le décret de 1813, ont toujours spontanément volé au secours de leurs voisins, sans réclamer ensuite l'indemnité des pertes qu'ils avaient pu subir.

Cependant, si l'un d'eux, oublieux de ces sentiments d'humanité, oublieux de l'assistance dont il pourrait lui-même avoir un jour besoin, refusait de prêter secours à une exploitation voisine dans la mesure de ses forces, il subirait la sanction qui garantit tous les articles du décret de 1813, c'est-à-dire qu'il serait poursuivi devant le tribunal correctionnel et passible des peines édictées par l'art. 96 de la loi de 1810.

Il faudrait, bien entendu (DELEBECQUE, n° 915), que les secours lui eussent été demandés : c'est le refus que l'on punit et le refus suppose la demande ; l'exploitant ne peut d'ailleurs deviner les moyens de secours qui sont nécessaires ou utiles. — La demande devrait, en outre, émaner de l'exploitant voisin ou de l'officier de police que le décret du 3 janvier 1813 charge de faire les réquisitions en cas d'accident.

Le tribunal appréciera, d'ailleurs, si l'exploitant pouvait disposer des moyens de secours dont le refus est incriminé : il entendra sur ce point les officiers de police, les officiers des mines ou toutes autres personnes.

688. — En cas de contravention à l'art. 17, l'exploitant qui n'a pas été secouru pourrait-il demander des dommages-intérêts à celui qui a refusé de le secourir ? DELEBECQUE (n° 913) enseigne la négative : « l'article 17, dit-il, ne parle de l'indemnité qu'en faveur de l'exploitant portant secours, et à défaut de disposition formelle à cet égard, on ne peut étendre l'obligation d'indemniser en faveur de l'exploitant qui souffre de l'accident, dans le cas où, malgré la sommation qui lui est faite, le voisin aurait refusé de porter le secours demandé. » — Est-il vrai qu'une disposition formelle serait ici nécessaire pour engager la responsabilité pécuniaire de l'exploitant qui refuse, sans motif légitime, le secours qu'on lui réclame ? Je croirais plutôt que cette responsabilité est engagée par les principes généraux du droit, auxquels une disposition formelle et spéciale n'est pas venue ici déroger. A la vérité, suivant les principes du droit commun lui-même, celui qui n'empêche pas un dommage de se réaliser n'est pas tenu de le réparer; mais il en est autrement et la responsabilité existe, lorsqu'on *était obligé* d'obvier à ce dommage. (DOMAT, *Lois civiles,*

liv. 11 , tit. 8 , sect. 4 , n° 8 ; SOURDAT, *Traité de la Responsabilité*, n° 442 ; ZACHARIE, § 444 (1) , etc.) Or , précisément, chaque exploitant est *légalement tenu* , aux termes du décret de 1813, de prêter à son voisin en péril, le secours dont il est requis et qu'il lui est possible de fournir : il est donc responsable des conséquences préjudiciables du non-accomplissement de cette obligation. Mais la difficulté sera de décider si et jusqu'à quelle concurrence le secours requis et refusé aurait empêché le préjudice souffert.

689. — L'art. 17 du décret de 1813 accorde à l'exploitant qui assiste son voisin une indemnité, *s'il y a lieu*. Ces derniers mots prouvent que l'indemnité ne doit pas avoir pour objet la rémunération du secours même qui a été porté, car alors l'indemnité serait toujours due , mais qu'elle est uniquement destinée à couvrir *la perte* essuyée par le réclamant : si , par exemple , les outils qu'il a prêtés ont été détériorés, ou si ses ouvriers, payés par lui, ont été employés aux travaux de secours, etc.

V. — TRAVAUX DANS UNE EXPLOITATION VOISINE.

690. — L'art. 25 de la loi du 28 juillet 1791 permettait à un exploitant de mines de réclamer des exploitations du voisinage un autre genre de service.

« Lorsqu'il sera nécessaire à une exploitation, disait-il, d'ouvrir des travaux de secours dans un canton ou *exploitation* du voisinage, l'entrepreneur en demandera la permission au directoire du département, pourvu que ce ne soit pas pour extraire des minéraux provenant de ce nouveau canton, mais pour y étendre des travaux nécessaires, tels que galerie d'écoulement, chemins, prise d'eau ou passage des eaux et autres de ce genre, à la charge de ne point gêner les exploitations y existant, et d'indemniser les propriétaires de la surface. »

Je crois avoir établi, au n° 518, que cet article n'a pas été abrogé par la loi de 1810 , en tant qu'il autorise les exploitants à pratiquer des travaux de secours *à la surface* en dehors du périmètre de sa concession ; les motifs que j'ai fait valoir alors démontrent éga-

---

(1) « Une personne qui, par quelque omission, a occasionné du dommage à autrui , n'en est responsable qu'autant qu'une disposition de la loi lui imposait l'obligation d'accomplir le fait omis. »

lement qu'il ne l'a pas été non plus, en tant qu'il autorise de pareils travaux dans *les exploitations souterraines* du voisinage.

691. — Les travaux à établir dans l'exploitation voisine ne doivent pas la gêner : le législateur devait laisser à chaque concession les avantages de son périmètre ; il pouvait, sans doute, lui ordonner d'accorder aux concessions du voisinage les facilités qui leur étaient nécessaires sans lui être nuisibles à elle-même, *quod tibi non nocet et alteri prodest: facile concedendum*, mais il n'eût été ni juste ni sage d'entraver une exploitation dans l'intérêt d'une autre.

L'autorité administrative, chargée d'octroyer la permission demandée, appréciera si l'exécution du travail de secours doit réellement gêner l'exploitation existante. Elle tiendra compte, sous ce rapport, non seulement des travaux déjà faits dans celle-ci, mais encore de ceux qui pourraient devoir y être faits à l'avenir : ce serait réellement gêner l'exploitation où l'on pénètre que d'en entraver le développement.

692. — Lorsqu'un exploitant veut pratiquer un travail de secours dans une exploitation minière du voisinage, il ne doit pas seulement mettre en cause le maître de cette dernière, il doit y mettre aussi le propriétaire du sol. Dans l'enceinte de son périmètre, un concessionnaire est libre d'établir tous ses travaux souterrains sans que le propriétaire superficiel doive être entendu ou appelé : il est chez lui, il a son titre de concession. Mais en dehors de son périmètre, sa qualité de concessionnaire ne suffit plus, il est obligé de solliciter la permission de l'autorité administrative, laquelle doit entendre ou appeler tous les intéressés. Or, parmi eux, se trouve le propriétaire du fonds dans l'intérieur duquel le travail de secours doit être fait, l'exécution de ce travail pouvant l'entraver, maintenant ou plus tard, dans l'exercice de son droit de propriété.

693. — L'administration française a été plus loin que l'art. 25 de la loi de 1791 ; son modèle de cahier des charges renferme un article ainsi conçu :

« Dans le cas où il serait reconnu nécessaire à l'exploitation de la concession ou d'une concession limitrophe d'exécuter des travaux ayant pour but, [soit de mettre en communication les mines des deux concessions, pour l'aérage ou pour l'écoulement des eaux, soit d'ouvrir des voies d'aérage, d'écoulement ou de secours destinées au service des mines de la concession voisine, le concessionnaire sera tenu de souffrir l'exécution de ces travaux et d'y participer dans la proportion de son intérêt.

» Les ouvrages seront ordonnés par le préfet, sur le rapport des ingénieurs des mines, le concessionnaire ayant été entendu, et sauf recours au ministre des travaux publics.

» En cas d'urgence, les travaux pourront être entrepris sur la simple réquisition de l'ingénieur des mines du département, conformément à l'art. 14 du décret du 3 janvier 1813.

» Dans ces divers cas, il pourra y avoir lieu à une indemnité d'une mine en faveur de l'autre, et le règlement s'en fera par experts, conformément à ce qui est prescrit par l'art. 45 de la loi du 21 avril 1810 pour les travaux servant à l'évacuation des eaux d'une mine dans une autre mine. »

Ces dispositions sont-elles conformes à la loi? Il faut distinguer.

Lorsqu'un accident est arrivé dans une exploitation, l'art. 14 ci-dessus mentionné du décret de 1813 ordonne aux ingénieurs des mines de prendre toutes les mesures convenables pour faire cesser le danger et en prévenir la suite (no 310); le pouvoir des ingénieurs est discrétionnaire, et par conséquent, les mesures qu'ils prescrivent peuvent s'étendre aux concessions voisines de celle où le danger a éclaté.

Lorsqu'un accident menace de se produire, le soin des mesures à prendre pour le conjurer est abandonné, suivant les circonstances, au ministre, au préfet ou à l'ingénieur des mines (nos 311 à 315) : le pouvoir de ces fonctionnaires est également discrétionnaire, et il ne doit pas non plus s'arrêter nécessairement à la limite de l'exploitation menacée.

694. — Mais le cahier des charges de l'administration française n'est pas réellement fait pour le cas d'un accident survenu ou près de survenir; le décret de 1813 était suffisant à cet égard. L'administration a voulu autre chose. En premier lieu, elle a supposé qu'il pourrait être utile ou nécessaire à deux exploitations d'établir *en commun* des voies d'aérage ou d'écoulement et elle a disposé que les concessionnaires pourraient être contraints d'y participer chacun dans la proportion de son intérêt. En second lieu, elle a supposé qu'il pourrait être nécessaire à l'exploitation d'une mine d'ouvrir à ses frais des travaux de secours dans une concession limitrophe, et elle a ordonné au propriétaire de celle-ci d'en souffrir l'exécution sauf indemnité.

Ces dispositions sont-elles légales?

Quant à la première, elle établit entre deux concessionnaires voisins une association forcée, qu'aucun texte de loi ne leur enjoint de subir. La loi de 1810 est complètement muette sur une association semblable, et la loi de 1791 n'en parle pas davantage, car son article 25 autorise bien un concessionnaire à établir des travaux de secours dans une concession voisine, mais il n'astreint pas le propriétaire de cette dernière à s'y associer malgré lui. Ces voies communes d'aérage ou d'écoulement peuvent bien être l'objet d'une association volontaire, mais la législation des mines n'en a pas fait l'objet d'une association forcée dont l'autorité administrative réglerait les conditions. La prescription du cahier des charges français sur ce point a donc été portée, à mon sens, en dehors des dispositions de la loi. On peut d'autant moins en douter, que le projet de la loi de 1810 contenait dans ses six premières rédactions, un article spécial qui s'occupait précisément de l'usage ou de l'exécution en commun, par plusieurs concessions, de galeries d'écoulement et autres moyens d'exploitation (LOCRÉ, V, 30; — XIV, 27; — XXI, 10; — XXV, 30), et que cet article fut retranché du projet, à la demande de NAPOLÉON, dans la séance du Conseil d'Etat du 13 février 1810 (LOCRÉ, XXV, 30 et V, 30, note).

Quant à la seconde prescription, elle consiste à obliger un concessionnaire à souffrir dans son périmètre l'exécution des travaux de secours d'une exploitation limitrophe. C'est la reproduction de l'art. 25 de la loi de 1791; mais je n'y trouve pas une condition posée par cet article, à savoir que les travaux *ne gênent pas* la concession voisine dans laquelle ils sont établis; au contraire, le cahier des charges français semble bien les autoriser, alors même qu'ils seraient nuisibles, puisqu'il reconnaît à la concession où ils pénètrent le droit de réclamer une *indemnité*. S'il en est ainsi, il y aurait aussi, mais sous ce rapport seulement, violation de la loi : pour rester dans les limites de la loi de 1791, qu'il n'est pas permis d'outrepasser par voie administrative, les travaux de secours ne peuvent être autorisés dans une concession voisine qu'à la condition de ne pas la gêner.

695. — Ce qui prouve d'ailleurs que le gouvernement n'a pas le droit d'associer forcément les exploitants de mines, c'est qu'il a fallu faire une loi pour soumettre les exploitants français, dans un cas donné, à ce régime d'association forcée.

Je veux parler de la loi du 22 avril 1838, dont le principal objet est d'établir une association forcée entre les concessionnaires de mines qui se trouvent atteints ou menacés d'une inondation commune.

Lors donc que plusieurs mines situées dans des concessions différentes sont atteintes ou menacées d'une inondation commune qui est de nature à compromettre leur existence, la sûreté publique ou les besoins des consommateurs, le gouvernement peut obliger les concessionnaires de ces mines à exécuter, en commun et à leurs frais, les travaux nécessaires pour assécher tout ou partie des mines inondées ou pour arrêter les progrès de l'inondation.

Avant de forcer ainsi la liberté des concessionnaires, le Gouvernement doit s'assurer que la contrainte est réellement indispensable. Aussi la loi exige-t-elle qu'avant d'appliquer la mesure de l'association forcée, il s'éclaire par une enquête administrative, à laquelle tous les intéressés sont appelés, et dont une ordonnance du 23 mai 1841 a soigneusement déterminé les formes.

L'enquête terminée, le ministre décide quelles sont les concessions inondées ou menacées qui doivent opérer à frais communs les travaux d'assèchement. Cette décision est notifiée aux concessionnaires intéressés qui peuvent exercer contre elle le recours ordinaire, sauf que ce recours n'est pas suspensif.

Lorsque l'on a statué sur le principe de l'association et sur les personnes qui en feront partie, on procède à son organisation, par la nomination d'un syndicat, composé de trois ou de cinq membres, et qui est chargé de la gestion des intérêts communs. Les syndics sont nommés par l'assemblée générale des concessionnaires associés.

Le syndicat étant formé, un arrêté ministériel détermine les travaux à exécuter, répartit la dépense entre les concessionnaires intéressés, et fixe les époques périodiques où les taxes devront être acquittées.

Si l'un des concessionnaires est en défaut de payer, sa concession peut être mise en adjudication publique, après et moyennant les conditions et formalités prescrites par la loi.

CHAPITRE XVII.

RAPPORTS DES CONCESSIONNAIRES ET DE LEURS OUVRIERS.

—

SOMMAIRE.

I. — RESPONSABILITÉ DES OUVRIERS ET DES EXPLOITANTS.

696. — Les rapports des exploitants de mines et de leurs ouvriers sont régis par le droit commun et par quelques dispositions réglementaires.

L'exploitant doit payer à l'ouvrier le salaire convenu : s'il y a contestation sur la quotité ou le paiement de ce salaire, le maître en est cru sur son affirmation assermentée (art. 1781 C. civ.). C'est là une exception aux principes généraux : elle ne peut conséquemment être appliquée par analogie, et comme l'art. 1781 n'est fait que pour le louage *de travail*, moyennant un gage fixe ou à la tâche, je pense qu'il ne serait pas applicable contre l'ouvrier mineur qui aurait entrepris un *ouvrage de mines* pour un prix à forfait, comme cela se pratique assez fréquemment (TROPLONG, *du Louage,* n° 889) : S'il y avait contestation sur le montant ou le paiment du prix de cet ouvrage, l'exploitant n'en serait donc pas cru sur son affirmation, et l'on suivrait les règles ordinaires en matière de preuve.

697. — L'ouvrier est tenu de se livrer exactement au travail pour lequel il s'est engagé, et d'obéir aux ordres de son chef.

L'obéissance des ouvriers est plus nécessaire dans les travaux des mines que dans tous autres ; aussi le décret du 3 janvier 1813 leur en a fait un devoir impérieux par son article 30, et l'ouvrier qui, par insubordination ou désobéissance envers le chef des travaux, aurait occasionné la mort ou les blessures d'un ou plusieurs de ses compagnons, pourrait être poursuivi en vertu des art. 319 et 320 C. pénal , comme coupable d'homicide ou de blessures par inobservation des règlements. — Mais par une réciprocité légitime , si l'ordre exécuté par un ouvrier avait été la cause d'un malheur , l'ouvrier n'en serait pas responsable : l'obéissance passive le justifie ici , parce que la loi elle-même lui en a fait un devoir.

698. — Au surplus, l'ouvrier qui , *par sa faute*, sans même être coupable d'insubordination ou de désobéissance, tue ou blesse son compagnon, peut être poursuivi devant le tribunal correctionnel, par application des art. 319 et 320 C. pén. : seulement le tribunal n'oubliera pas , en appréciant la question de faute, que dans le rude et difficile métier de mineur, des fautes peuvent être commises sans être réellement répréhensibles, au point de vue surtout de l'application des peines.

699. — Les travaux de mines sont un combat perpétuel contre la résistance que la terre oppose à l'extraction des richesses que renferment ses entrailles, et contre les périls aussi nombreux que terribles dont cette extraction est entourée : aussi , la sécurité des ouvriers mineurs a-t-elle été spécialement confiée à la surveillance de l'administration des mines, et forme-t-elle l'un des objets de son pouvoir de police (art. 50 de la loi de 1810).

700. — Le décret du 3 janvier 1813 renferme sur ce point quelques dispositions particulières.

« Il est défendu, dit l'art. 29 , de laisser descendre ou travailler dans les mines et minières des enfants au-dessous de dix ans, et nul ouvrier n'est admis dans les travaux s'il est ivre ou en état de maladie. »

Le décret exige, en outre, des conditions d'aptitude spéciale de la part de ceux qui sont appelés à conduire les travaux.

« A l'avenir, dit son art. 25 , ne pourront être employés en qualité de maîtres mineurs ou chefs particuliers de travaux de mines et minières, sous quelque dénomination que ce soit, que des individus qui auront travaillé comme mineurs, charpentiers, boiseurs ou mécaniciens depuis au moins trois années consécutives. »

Enfin, les art. 27 et 28 sont ainsi conçus :

Art. 27. « Indépendamment des livrets et registres d'inscription à la mairie, il sera tenu sur chaque exploitation un contrôle exact et journalier des ouvriers qui travaillent, soit à l'intérieur, soit à l'extérieur des mines, minières, usines et ateliers en dépendant : ces contrôles seront inscrits sur un registre qui sera coté par le maire et paraphé par lui tous les mois.— Ce registre sera visé par les ingénieurs, lors de leur tournée. »

Art. 28. « Dans toutes leurs visites, les ingénieurs devront faire faire, en leur présence, la vérification des contrôles des ouvriers.

» Le maire de la commune pourra faire cette vérification quand il le jugera convenable, surtout dans le moment où il y aura lieu de présumer qu'il peut y avoir quelque danger pour les individus employés aux travaux. »

Ce contrôle a pour objet de faire connaître exactement les ouvriers qui sont chaque jour occupés dans les travaux, afin que, dans le cas d'un accident, on puisse diriger les secours ou déterminer les victimes. Pour que ce contrôle remplisse bien son but, il doit présenter, *en tout temps*, *l'état exact et détaillé des ouvriers occupés sur les différents points des travaux*. (Voyez arrêté royal belge du 30 déc. 1840, *Code ann.*, p. 145).

701. — L'exploitant qui n'observe pas les dispositions des réglements portées dans l'intérêt des ouvriers, peut être poursuivi conformément aux articles 93 à 96 de la loi de 1810.

702. — Que si l'inobservation avait pour résultat d'amener la mort d'un ouvrier ou de lui occasionner des blessures, l'exploitant serait passible des peines prononcées par les art. 319 et 320 du Code pénal. — Il le serait également, si cet homicide ou ces blessures avaient été causés par sa faute.

703. — La faute ou l'inobservation des règlements peut être exclusivement imputable au directeur de l'exploitation ou à un maître ouvrier ; dans ce cas le concessionnaire ne serait point punissable, mais seulement le directeur ou le préposé : on verra, au Chapitre des *Contraventions*, des applications de ce principe.

704. — L'exploitant est passible de dommages-intérêts, lorsque des ouvriers sont tués ou blessés *par sa faute :* c'est ainsi qu'un exploitant a été condamné à une indemnité par le tribunal de St.-Étienne, pour avoir négligé, malgré les avertissements qu'il avait reçus, de remplacer le cable détérioré d'un puits d'extraction, dont la rupture avait occasionné la mort de deux ouvriers (PEYRET, n° 281). — La faute de l'exploitant devra d'ailleurs être établie avec certitude, et le juge devra tenir compte du caractère exceptionnellement chanceux et difficile de l'exploitation des mines.

705. — Si l'exploitant est pécuniairement responsable de ses fautes personnelles, faut-il en outre, suivant l'art. 1384 C. civ., le rendre civilement responsable, *au profit de ses ouvriers*, du dommage arrivé à ces derniers par la faute de l'un d'eux ou par la faute soit du directeur de l'exploitation, soit d'un chef de travaux?

PEYRET-LALLIER semble enseigner, au no 281 de son ouvrage, que le concessionnaire doit réparer le préjudice causé aux ouvriers par la faute de ses *directeurs de travaux*, et il enseigne, au no 284, qu'il serait bien rigoureux de rendre un exploitant responsable des fautes commises par l'un ou l'autre de ses nombreux *ouvriers*; il ajoute qu'il n'y a pas d'exemple qu'on ait voulu le traiter de la sorte.

Cette distinction me paraît exacte.

En ce qui concerne *le directeur* et *les chefs de travaux* ils sont les représentants directs du concessionnaire, c'est lui-même qui agit par eux; il n'y a d'ailleurs pas de raison pour ne pas lui appliquer, quant à eux, la responsabilité civile que l'art. 1384 du Code fait peser sur le maître à raison des actes ou omissions répréhensibles de ses préposés. Si donc la mort ou les blessures d'un ou plusieurs ouvriers sont imputables à la faute du directeur ou d'un chef de travaux, eux seuls seront passibles des *peines* prononcées par la loi, mais le concessionnaire sera civilement responsable envers les ouvriers ou leurs familles.

706. — En ce qui concerne la faute d'un *ouvrier* la question est délicate; je crois que la responsabilité civile de l'art. 1384 n'est pas alors applicable.

Le travail d'un ouvrier présente des chances de danger, plus ou moins grandes, que l'ouvrier lui-même connaît et qu'il assume; plus ces chances sont redoutables, plus le salaire est élevé. Parmi les circonstances qui augmentent les dangers d'un travail, se trouve celle du concours d'autres ouvriers qui doivent y être occupés : chaque ouvrier alors est exposé à devenir victime de l'imprudence de ses compagnons, et ce concours nécessaire, connu de ceux qui l'acceptent, devient surtout dangereux, lorsque le travail est déjà par lui-même entouré de dangers. Telle est précisément la situation des ouvriers mineurs : ils savent que leur métier est semé de périls, et de périls d'autant plus terribles, qu'il doit occuper à la fois, sur le même point, un grand nombre de travailleurs . dont l'un peut, par son imprudence, entraîner la perte des autres.

L'art. 1384 du Code civil doit donc être restreint au dommage qu'un ouvrier cause *à des tiers* dans l'exécution de son travail : ces tiers n'ont pas accepté de courir le danger dont ils sont les victimes, et ils n'ont reçu, pour cela, aucun salaire.

En vain dirait-on, avec un arrêt en sens contraire de la Cour de cassation de France (28 juin 1841, S. 1841, 1, 476) que l'art. 1384 est général et ne fait pas de distinction. Cet article doit être strictement interprété, comme constituant une exception à la règle que l'on n'est responsable que de son propre fait, et il est logiquement limité par la considération décisive que l'ouvrier se soumet aux chances de danger résultant de la coopération d'autres ouvriers au travail qu'il exécute, considération qui ne peut s'appliquer aux tiers, et qui dès lors laisse applicable à ces derniers, mais à eux seulement, le bénéfice de l'art. 1384, C. civil (En ce sens, Lyon, 29 déc. 1836, S. 1838, 2, 70; Toulouse, 26 janv. 1839, S. 1839, 2, 432).

S'il n'en était pas ainsi, la responsabilité des concessionnaires de mines serait désespérante. Les accidents acquièrent dans les exploitations souterraines des proportions malheureusement colossales : combien de fois l'inondation ou l'explosion de gaz inflammables n'a-t-elle pas tué quarante, cinquante ouvriers et plus, sans compter les blessés ! et combien de fois aussi ces catastrophes n'ont-elles pas été imputables à la faute d'un ouvrier !

Que deviendraient donc les concessionnaires s'ils devaient indemniser toutes les victimes d'un accident pareil? Une ruine entière serait incessamment suspendue sur leur tête.

Qu'on ne dise pas qu'en dégageant ainsi la responsabilité des concessionnaires, on relâchera leur surveillance et que les accidents seront plus nombreux, tandis que si leur responsabilité était plus complètement engagée, on les verrait apporter plus de sévérité dans le choix et dans la discipline de leurs ouvriers ! Ce stimulant serait d'une exagération injuste. Il n'est pas d'ailleurs nécessaire : la sécurité des ouvriers est protégée par la surveillance spéciale de l'administration des mines, par le propre intérêt des concessionnaires, et par la responsabilité qui leur incombe non-seulement à raison de leurs fautes personnelles, mais encore à raison de celles de leurs directeurs et chefs de travaux : aller plus loin, ce serait rendre leur position intolérable.

II. — CAISSES DE PRÉVOYANCE ET DE SECOURS.

707. — La fréquence et la gravité des accidents qui arrivent dans les travaux des mines ont fait sentir le besoin d'organiser des moyens particuliers de venir en aide aux ouvriers qui en sont les victimes.

En Allemagne et en Angleterrre, pays où l'exploitation des mines fleurit depuis des siècles, des caisses de secours ont été, dès longtemps, érigées près de chaque exploitation ou pour plusieurs exploitations réunies. M. AUGUSTE VISCHERS, membre du Conseil des mines de Belgique, a retracé les éléments de leur organisation dans une brochure publiée à Bruxelles en 1839, sous le titre de : *de l'Etablissement des Caisses de prévoyance en Belgique en faveur des ouvriers mineurs.* (Voyez aussi pour l'Allemagne, *Ann. des m.* 5ᵉ série, t. 5, p. 199 et ss.)

La France et la Belgique ont été sous ce rapport longtemps arriérées.

Le décret de 1813 avait compris la nécessité de secourir d'une manière spéciale les ouvriers des mines. Il ordonnait aux exploitants d'entretenir sur leurs établissements les médicaments et moyens de secours qui leur seraient indiqués par le ministre (art. 15); il permettait à celui-ci de leur imposer l'obligation d'avoir et d'entretenir à leurs frais un chirurgien spécialement attaché au service de l'établissement (art. 16) (1) ; enfin il mettait à leur charge les dépenses des secours donnés aux blessés, noyés ou asphixiés (art. 20).

Ces mesures étaient manifestement insuffisantes ; car elles ne soulageaient pas la détresse qui frappe si souvent, soit les ouvriers blessés ou mutilés et privés de leurs salaires, soit les familles des ouvriers tués.

708. — Aussi le gouvernement français essaya-t-il, lorsque des catastrophes émouvantes vinrent exciter sa sollicitude, d'organiser des moyens de secours plus efficaces. Le pays de Liége

---

(1) Il est digne de remarque qu'un édit du 14 mai 1604 prescrivait déjà aux exploitants « l'entretenement d'un ou deux prêtres pour dire la messe » et administrer les sacrements, l'entretenement d'un chirurgien et l'achat » des médicaments, afin que les pauvres blessés soient secourus gratuite- » ment, et, par cet exemple de charité, les autres plus encouragés au » travail des mines. » (LAMÉ-FLEURY, *Législ. minérale*, p. 87 et ss.)

(réuni à la France) fut le théâtre, en 1811 et 1812, d'accidents effroyables, dont le souvenir n'y est pas encore effacé. Le 10 janvier 1811, soixante-huit ouvriers furent asphixiés dans la houillère de Horloz. Le 28 février de l'année suivante, un malheur plus grand encore faillit arriver dans la houillère de Beaujonc : mais un maître mineur, HUBERT GOFFIN, dont le dévouement est devenu célèbre et que NAPOLÉON décora de la croix de la Légion-d'Honneur, sauva, par sa présence d'esprit et son courage héroïque, soixante-douze de ses compagnons, qu'une inondation avait voués à une mort presque certaine.

Ce fut alors que le gouvernement voulut, par un décret du 26 mai 1812, établir une caisse de prévoyance au profit des ouvriers mineurs du département de l'Ourthe (Pays de Liége) : mais les ressources n'en furent pas organisées d'une manière assez puissante, et la tentative n'eut d'autre résultat que de constituer, au profit de ces ouvriers, une rente annuelle de 2227 francs insuffisante pour soulager les nombreuses victimes, que les travaux miniers faisaient chaque année, et qui ne trouvèrent de secours que dans la générosité, malheureusement restreinte, des exploitants et du public.

709. — Des accidents terribles qui rappelaient ceux de 1811 et 1812, vinrent, près de trente ans plus tard, affliger de nouveau la province de Liége et consterner le pays tout entier. Des explosions de *feu grisou* firent périr, le 22 juin 1838, soixante ouvriers dans la houillère de l'Espérance, et le 8 avril 1839, cinquante-cinq ouvriers dans la houillère de Horloz.

On se mit enfin énergiquement à l'œuvre ; vingt-cinq exploitants décidèrent entre eux l'établissement d'une caisse de prévoyance dans la province de Liége : un arrêté royal du 24 juin 1839 en approuva les statuts.

Il s'en établit bientôt de semblables dans les principaux centres d'exploitation de la Belgique, et le roi sanctionna successivement les statuts des caisses :

De Namur, le 1er décembre 1839.

De Mons, le 30 décembre 1840.

De Charleroy, le 31   id.

Du Centre, le 30 septembre 1841.

Du Luxembourg, le 27 janvier 1844.

Enfin le gouvernement inséra dans tous les actes de concession, à partir de 1840, un article qui imposait au concessionnaire l'obligation de prendre part à une caisse de prévoyance autorisée par le Roi (sur la validité de cette clause, voyez n° 247).

710. — L'organisation des secours en faveur des ouvriers mineurs de la Belgique est actuellement établie sur les bases suivantes :

1° Il y a des caisses de *prévoyance* pour les exploitations réunies des principaux centres d'exploitation : elles sont au nombre de six et indiquées ci-dessus.

2° Il y a, en outre, une caisse de *secours* près de chacune de la plupart des exploitations.

La destination et les ressources de ces deux sortes de caisses sont différentes : elles n'ont de commun que le but général de soulager les ouvriers mineurs qui deviennent victimes des accidents de leurs travaux.

711. — Les caisses de *prévoyance* sont érigées pour les établissements réunis d'un centre d'exploitation : la puissance de l'association est seule capable de rendre ces caisses efficaces.

Les fonds d'une caisse commune de prévoyance se composent :

1° D'une retenue (d'un demi à un pour cent) sur le salaire des ouvriers. — Elle impose à l'ouvrier une cotisation d'autant plus insensible qu'elle ne se paie pas en une fois, mais à chaque quinzaine ; — elle enlève aux secours de la caisse le caractère d'une aumône, et elle permet de leur donner une abondance salutaire par l'augmentation des ressources.

2° D'une subvention des exploitants, égale à la retenue opérée sur les salaires.—Il est juste que les concessionnaires contribuent à secourir les ouvriers qui s'exposent dans l'intérêt de leur industrie; d'ailleurs la retenue effectuée sur les salaires allége d'autant la responsabilité pécuniaire des exploitants, quand elle se trouve engagée par leurs fautes personnelles ou par celles de leurs directeurs et de leurs chefs de travaux.

3° Des subsides du gouvernement. — Le budjet public alloue chaque année à chacune des caisses de prévoyance dûment autorisées des subsides qui, réunis, s'élèvent ordinairement à la somme de 45,000 francs.

4° Des donations et legs de particuliers (1).

____

(1) M. Visschers rapporte, dans une brochure publiée en 1847 sur la situation des caisses de prévoyance, qu'un avocat d'une fortune modeste, M. Dormal, a laissé, vers 1814, à la Caisse de prévoyance de Liége, un legs qui a produit net une somme de fr. 3,477-65 c.

712. — Mais je dois présenter sur ce point une observation importante. Reconnaître aux caisses de prévoyance la capacité de recevoir des legs et donations, c'est leur reconnaître la qualité de *personnes civiles*. Or, il est de principe en Belgique, que si des associations peuvent librement s'y former, elles ne peuvent jouir de la *personnification civile* qu'en vertu soit d'une loi, soit d'un arrêté royal *dans les cas où la loi permet au Roi de conférer cette personnification*. (Bruxelles, 3 et 14 août 1846 ; *Pas.* 1847, 2, 157 et 162, etc.) Il n'existe pas de loi belge qui autorise le gouvernement à ériger en personnes civiles les caisses de prévoyance ; elles sont donc légalement incapables de recueillir des libéralités. Il serait cependant à désirer que le législateur permît de les investir, dans une certaine mesure et sous certaines garanties, de la personnification civile : aussi le gouvernement a-t-il présenté un projet de loi dans ce sens à la Chambre des représentants, le 26 janvier 1854.

713. — Les distributions faites par les caisses de prévoyance sont *ordinaires* ou *extraordinaires*.

Les distributions ordinaires consistent dans des pensions viagères ou temporaires.

Une pension viagère est accordée :

1º A tout ouvrier mutilé et incapable de travailler, par suite de blessures reçues en travaillant à l'intérieur ou à l'extérieur de la mine ;

2º Aux veuves des ouvriers tués ;

3º Aux père et mère, aïeul et aïeule des ouvriers tués, lorsque, hors d'état de s'entretenir eux-mêmes, ils n'avaient d'autre soutien que le défunt.

Une pension temporaire est payée :

1º Aux enfants en bas âge des veuves dont le mari a été tué ;

2º Aux orphelins de père et mère, dont le père ou la mère, dernier survivant, a péri dans les travaux ;

3º Aux jeunes frères ou sœurs de l'ouvrier tué, lorsqu'ils sont dans le besoin, et que le défunt était leur unique soutien.

Des dons extraordinaires sont accordés, s'il y a lieu :

1º A des proches parents du défunt qui n'ont pas droit à la pension ;

2º A des ouvriers blessés grièvement, mais non incapables de travailler ;

3º A de vieux ouvriers devenus infirmes.

714. — Chaque caisse de prévoyance possède une Commission administrative, composée ordinairement de huit membres nommés par l'Assemblée générale des exploitants associés, et de deux membres de droit, le gouverneur de la province et l'ingénieur en chef des mines ou un ingénieur désigné par lui. Cinq des membres électifs sont choisis parmi les exploitants, et les trois autres parmi les maîtres mineurs.

715. — La Commission administrative a le maniement des fonds.

C'est elle qui fixe la quotité des pensions viagères ou temporaires, qui détermine ceux qui y ont droit, et qui accorde les secours extraordinaires. A cet égard, les statuts contiennent quelques dispositions très-sages. Ils portent que l'ouvrier ni ses proches n'auront droit à aucun secours, lorsque ses blessures ou sa mort seront le résultat d'une imprudence ou d'une faute grossière qui lui est imputable ; — que la parenté légitime donne seule le droit à la pension, — que la veuve qui se remarie ou qui vit publiquement en concubinage ne peut plus la toucher ; — que la pension est ôtée au titulaire qui vient à être frappé d'une peine afflictive ou infamante, et qu'elle peut l'être à celui qui est condamné à plus de six mois d'emprisonnement.

716.—J'ai dit que la Commission administrative accorde les pensions et les dons extraordinaires. On peut se demander si sa décision est souveraine, ou bien si l'ouvrier et ses proches indiqués par les statuts ont le droit de se pourvoir devant les tribunaux.

En ce qui concerne les dons extraordinaires, la Commission administrative est omnipotente, car les statuts, qui font la loi des associés, n'entendent par dons extraordinaires, que les secours que la Commission croit convenable d'accorder ; ils l'investissent ainsi d'un pouvoir discrétionnaire.

En ce qui concerne les pensions viagères ou temporaires, les statuts ne s'expriment pas de la sorte ; ils disent bien que la Commission les accorde, mais ils ne lui confèrent pas ici un pouvoir souverain d'appréciation, et comme les ouvriers contribuent à fournir la caisse de prévoyance, il faut dire qu'ils font partie d'une société dans laquelle ils effectuent un apport, et dans laquelle, par suite, ils ont des *droits civils*. Or, ces droits doivent être, comme tous les autres et à défaut de convention contraire, placés sous la sauve-garde des tribunaux. Si donc la

Commission administrative refusait une pension à un ouvrier ou à ses proches, ils pourraient saisir les tribunaux de la question de savoir s'ils ne se trouvent pas dans les conditions voulues par les statuts pour obtenir la pension refusée. De même, lorsque la Commission déciderait que le réclamant se trouve dans l'un des cas d'indignité ou de déchéance prévus par les statuts, par exemple, que l'ouvrier blessé ou tué a commis une faute grossière dans son travail, ou que la parenté du demandeur n'est pas légitime, ou qu'une veuve vit en concubinage public, sa décision pourrait également être contestée devant les tribunaux.

Sans doute, et l'expérience le prouve, la Commission administrative refusera bien rarement justice à l'ouvrier : mais elle n'est pas infaillible, et les *droits* du travailleur ne peuvent pas être victimes de ses erreurs ou de ses méfaits.

717. — La destination des caisses communes de prévoyance est, comme on vient de le voir, de secourir, au moyen de pensions, soit les ouvriers devenus incapables de travailler, soit les familles des ouvriers tués.

Autre est la destination de la *caisse de secours*, qui se trouve attachée à chaque exploitation isolément : elle consiste à fournir des secours momentanés aux ouvriers qui ne sont que blessés et qui peuvent, au bout d'un certain temps, reprendre leur travail. La caisse de secours leur procure gratuitement les soins du médecin et les médicaments; elle leur paie, en outre, tout ou partie de leur salaire durant le temps de la maladie.

718. — Les arrêtés royaux, qui ont approuvé les statuts des caisses communes de prévoyance, ont eu soin de stipuler que chaque exploitation associée devrait avoir une caisse spéciale de secours.

La caisse de secours est généralement alimentée par une retenue forcée de un et demi pour cent sur les salaires, et par les subventions des exploitants.

719. — L'exploitant qui a commis ou dont le directeur et les chefs de travaux ont commis une faute, est tenu de payer des dommages intérêts à l'ouvrier blessé ou à la famille de l'ouvrier tué (nos 704 et 705). Les secours reçus de la caisse de secours ou de la caisse de prévoyance atténuent la responsabilité du concessionnaire, puisqu'ils doivent être pris en considération pour déterminer le préjudice causé à l'ouvrier ou à sa famille ; mais ils sont, le plus souvent, au-dessous de la réparation du dommage souffert.

Ne pourrait-t·on pas prétendre que les exploitants, en subvenant aux caisses de secours et de prévoyance, et les ouvriers, en acceptant les subventions de leurs maîtres, ont entendu régler à forfait les indemnités que ceux-ci seraient tenus de payer? Je ne le pense pas. Les ouvriers ont le droit d'obtenir la réparation complète du préjudice qu'ils souffrent, lorsque ce préjudice est le résultat d'une faute dont l'exploitant est responsable : rien ne prouve qu'ils renoncent à ce droit en participant, ce qu'ils doivent d'ailleurs faire, aux caisses de secours et de prévoyance que leurs patrons subventionnent dans une certaine mesure; et si ces subventions sont payées, c'est qu'il est juste de faire participer les exploitants aux risques de l'entreprise ; c'est aussi parce que les caisses, dont les ressources sont en majeure partie fournies par les ouvriers eux-mêmes, allègent, comme on l'a vu tantôt, la responsabilité des exploitants dans les cas où elle est engagée, de telle sorte que ces derniers profitent toujours du produit de leur subvention.

720. — Pour terminer l'exposé des rapports des concessionnaires et de leurs ouvriers, j'ai à parler des livrets dont ceux-ci doivent se pourvoir.

La loi des 22 germinal — 2 floréal an XI disposait que nul ouvrier ne pouvait être employé s'il n'était porteur d'un livret, constatant qu'il était libre d'obligations ; elle laissait au gouvernement le soin d'en régler la forme, la délivrance et la tenue.

Un arrêté des consuls du 9 frimaire an XII régla cette organisation. Le décret du 3 janvier 1813 ordonna à tout ouvrier mineur de se munir d'un livret conformément aux dispositions qui précèdent, et il défendit aux exploitants d'employer un ouvrier qui ne serait pas porteur d'un livret en règle, portant l'acquit de son précédent maître (art. 25). L'exécution de l'arrêté du 9 frimaire an XII ayant provoqué des réclamations de la part des ouvriers mineurs du Hainaut, un arrêté royal du 30 décembre 1840 y apporta, dans leur intérêt, quelques modifications. L'organisation actuelle des livrets d'ouvriers mineurs peut être esquissée de la manière suivante.

721. — Le premier livret d'un ouvrier lui est délivré par le collége des bourgmestre et échevins du lieu de sa résidence, sur l'attestation de deux citoyens domiciliés, dont l'un au moins doit être patenté, qu'il est libre de tout engagement à raison de son travail (art. 3 de l'arr. de 1840).

Le premier feuillet du livret porte le sceau de la commune où il a été délivré, et contient les noms de l'ouvrier, son âge, le lieu de sa naissance, sa profession, son signalement, et le maître chez lequel il travaille. (Art. 2 de l'arr. du 9 frimaire an XII.)

L'ouvrier dépose son livret entre les mains de son maître, s'il l'exige (art. 5 de cet arrêté). Mais l'arrêté royal de 1840 (art. 7) lui permet de se faire donner par le maître un récépissé, contenant la date de son entrée et la teneur des engagements qui auraient été inscrits au livret.

L'ouvrier fait inscrire sur son livret le jour de son entrée; lorsqu'il change de maître, le jour de la sortie est énoncé, et le maître doit inscrire sur le livret que l'ouvrier est libre d'obligations ou qu'il est tenu de telles dettes : mais il ne peut y insérer aucune note désavantageuse à l'ouvrier (art. 4 et 8 de l'arrêté de l'an XII, art. 8 de l'arrêté de 1840).

Si le maître refusait de rendre le livret, il serait passible de dommages-intérêts, à moins qu'il n'eût un motif légitime de le refuser : si, par exemple, l'ouvrier avait voulu quitter avant le terme convenu, ou sans avoir donné congé suivant les usages, ou avant d'avoir acquitté les avances reçues par lui sur son salaire (art. 6 et 7 de l'arr. de l'an XII). Lorsque le maître préfère que son ouvrier quitte l'exploitation, quoiqu'il ait à réclamer certaine somme de lui, il la mentionne sur le livret, et les nouveaux maîtres de l'ouvrier sont obligés de lui retenir un cinquième de son salaire jusqu'à entière libération et d'en prévenir le précédent maître. (Art. 8 et 9 du même arrêté.) S'ils ne le faisaient pas, ils se rendraient personnellement responsables de la somme qu'ils auraient pu retenir.

Les contestations entre les maîtres et les ouvriers au sujet des livrets rentrent dans la compétence des juges de paix, conformément à la loi Belge du 25 mars 1841. (Art. 9 de l'arr. de 1840.)

722. — L'exploitant qui emploie un ouvrier non porteur d'un livret en règle, doit des dommages-intérêts au maître précédent, suivant les art. 11 et 12 de la loi du 22 germinal an XI.

Je viens d'en donner un exemple au numéro précédent : supposez un ouvrier débiteur de son patron ; il le quitte sans livret et trouve du travail chez un autre ; si celui-ci ne l'avait pas reçu, s'il avait exigé le livret, il y aurait vu mentionné la dette du maître précédent et aurait pu opérer des retenues. — Ou bien un ouvrier quitte son maître avant terme ; il n'obtient pas son livret, et il est reçu dans un autre atelier. Son ancien patron aura droit à des dommages intérêts s'il a souffert du départ prématuré de l'ouvrier, car il est probable que celui-ci ne l'aurait pas quitté sans observer le délai légal, s'il n'avait pu obtenir de l'ouvrage ailleurs.

Mais ce n'est là qu'une responsabilité civile ; tandis que le décret du 8 janvier 1813, en défendant à tout exploitant d'employer aucun individu qui ne serait pas porteur d'un livret en règle, y a ajouté une responsabilité pénale ; car les dispositions du décret sont sanctionnées par les peines des art. 93 à 96 de la loi de 1810.

723. — Enfin, l'arrêté royal de 1840 a ordonné aux exploitants sous la même sanction pénale, de tenir un registre d'inscription où ils doivent insérer les indications consignées au livret et concernant (art. 4) :

1° L'autorité qui a délivré le livret et la date de la délivrance ;

2° Les nom, prénoms, date et lieu de naissance, domicile et profession de l'ouvrier ;

3° Le dernier maître chez lequel il a travaillé, avec la mention de l'acquit de ses engagements ou des dettes, s'il en existe.

Ce registre d'inscription doit être visé par les ingénieurs lors de leurs tournées.

CHAPITRE XIX.

RAPPORTS DES CONCESSIONNAIRES ET DES INVENTEURS. — TRAVAUX
ANTÉRIEURS A LA CONCESSION.

—

SOMMAIRE.

III. — INDEMNITÉ DUE POUR LES TRAVAUX UTILES A L'EXPLOITATION.

—————

I. — INDEMNITÉ DUE POUR LA DÉCOUVERTE DE LA MINE.

724. — Lorsque l'inventeur d'une mine n'en obtient pas la concession, il jouit de certains droits contre le concessionnaire : d'une part, l'art. 16 de la loi de 1810 ordonne qu'une indemnité lui soit accordée par l'acte de concession; d'autre part, l'art. 46 soumet au Conseil de Préfecture le règlement des indemnités qu'il peut avoir à réclamer du chef de ses travaux. Voici le texte de ces deux dispositions :

« Art. 16. En cas que l'inventeur n'obtienne pas la concession d'une mine, il aura droit à une indemnité de la part du concessionnaire ; elle sera réglée par l'acte de concession. »

« Art. 46. Toutes les questions d'indemnité à payer par les propriétaires de mines, à raison des recherches ou travaux antérieurs à l'acte de concession, seront décidées conformément à l'art. 4 de la loi du 28 pluviôse, an VIII. »

L'indemnité de l'art. 16 et celle de l'art. 46 sont d'un ordre tout différent : la première est une récompense dont le gouvernement honore l'inventeur, et une sorte de dédommagement qu'il lui alloue, pour le bénéfice que l'exploitation de la mine découverte aurait pu lui procurer; la seconde consiste dans le paîment des dépenses que les recherches ont coûtées et des travaux utiles dont le concessionnaire pourra profiter (MIGNERON, *Ann. des M.*, 3e série, t. 2, p. 564; DUPONT, t. 1er, p. 318).

725. — L'indemnité de l'art. 16 a pour élément principal une sorte de dédommagement du bénéfice que l'inventeur aurait pu retirer de sa découverte. C'est ce qui résulte de la combinaison de cet article avec l'art. 46 : ce dernier accordant à l'inventeur *l'indemnité de ses travaux*, l'indemnité de l'art. 16 doit avoir un

autre objet, et ce ne peut être que de remplacer, dans une certaine mesure, le bénéfice dont l'inventeur est privé en n'obtenant pas la concession. Ainsi l'exige d'ailleurs la protection qui doit être accordée et que la loi de 1810 a voulu accorder à la recherche des mines ; on le fit justement remarquer au Conseil d'Etat lors de la discussion de l'art. 16 : « Si l'on n'indemnise l'inventeur, disait le comte de Segur, que de ses dépenses et non de la perte des bénéfices, qui que ce soit ne voudra entreprendre des recherches dont les frais demeurent à sa charge lorsqu'il échoue, et dont les avantages tournent au profit d'un autre lorsqu'il réussit. » (Locré, VIII, 9 et 10. — En ce sens, avis du C. des M. de Belg. du 15 nov. 1850, *Jur. supp.*, p. 2 et s.)

726. — Aux termes de l'art. 16, l'indemnité due à l'inventeur est réglée par l'acte même de concession : il le fallait ainsi, pour satisfaire aux vœux de Napoléon (séance du Conseil d'Etat du 8 avril 1809, Locré, V, 23) et à l'art. 17 qui avait fait passer ce vœu dans la loi, à savoir que la mine arrivât aux mains du concessionnaire vierge de tous droits antérieurs, soit du propriétaire de la surface, soit des inventeurs.

Mais cette exigence rend bien difficile la fixation de l'indemnité. Comment, en effet, déterminer à l'avance, même approximativement, le bénéfice que l'inventeur pourrait retirer de la mine ? Et comment apprécier la part qui doit lui être accordée, alors que, n'exploitant pas lui-même, il n'a aucun capital à exposer, aucune chance à courir ? Comment ne pas lui accorder trop ou trop peu ? L'arbitraire est ici sans limites, toute règle quelque peu précise d'évaluation fait défaut.

L'évaluation aurait certes été moins difficile après la mise en œuvre de la mine, après qu'on aurait pu juger, d'une manière au moins approximative, de sa fécondité, de sa valeur, des frais et des risques de son exploitation, etc. Mais puisque le législateur ne s'est pas arrêté à cette difficulté d'évaluation qu'il avait cependant prévue (Locré, VII, 9) (1), le gouvernement devra bien exécuter la loi, en arbitrant *ex œquo et bono* la récompense et le dédommagement qui sont dus à l'inventeur.

---

(1) « Il sera difficile, disait l'archi-chancelier, de régler l'indemnité. Ce sera un moyen de plus de forcer le propriétaire et l'inventeur de s'arranger de gré à gré, dans l'incertitude où ils seront sur la composition qu'ils obtiendront par l'acte du gouvernement. »

727. — Dupont (t. Ier, p. 319 et ss.) donne le chiffre de certaines indemnités accordées en France par des actes de concession, sans détailler d'ailleurs, ce qui lui était à la vérité impossible, les circonstances justificatives de la somme accordée. L'exemple le plus remarquable est celui de l'ordonnance du 21 août 1825 qui accorda une indemnité de deux millions de francs aux inventeurs des mines de sel gemme dans les départements de l'Est, indépendamment de la restitution de leurs frais de recherches et des travaux alors existants. Les autres indemnités varient entre quarante mille et quatre cents francs.

En Belgique, on peut citer comme exemple un avis du Conseil des mines du 15 novembre 1850 qui propose d'accorder une indemnité de 20,000 francs à l'inventeur d'une mine de plomb. (*Jur. supp.*, p. 2.)

728. — Toutes ces indemnités consistent dans une somme capitale une fois à payer. Ne pourrait-on pas allouer à l'inventeur une quotité du produit net de l'exploitation? Ce mode de règlement aurait d'abord l'avantage d'être moins arbitraire; il serait encore difficile, sans doute, de fixer, avant la mise en exploitation, la part de bénéfice qui doit être équitablement accordée à l'inventeur, sans compromettre d'ailleurs le succès de l'entreprise; mais cette fixation serait cependant beaucoup moins difficile que celle d'une somme principale. Elle aurait en outre l'avantage plus précieux encore de mettre l'indemnité en rapport avec le mérite de la découverte, puisque les sommes obtenues chaque année par l'inventeur au moyen de la redevance, seraient plus ou moins élevées suivant le produit plus ou moins grand de l'exploitation.

Le Conseil des Mines de Belgique a été d'avis, le 15 nov. 1850 (*Jur. supp.*, p. 2 et ss.) que l'indemnité de l'inventeur ne pouvait être ainsi réglée. Mais ses objections, ou plutôt ses scrupules, ne me paraissent pas fondés.

L'acte de concession, a-t-il dit, doit *purger* les droits de l'inventeur (art. 17); il doit donc les solder par une somme capitale. — La conclusion ne résulte pas de la prémisse. Tout ce que le législateur exige, c'est que l'indemnité due à l'inventeur soit réglée par l'acte de concession (art. 16); mais il n'a pas dit comment elle devait l'être, et s'il a ajouté, dans l'art. 17, que les droits de l'inventeur étaient purgés par la concession, il ne s'ensuit aucunement que ces droits ne puissent pas être purgés au moyen d'une redevance proportionnelle *fixée dans l'acte de concession même*. Les droits du propriétaire de la surface doivent aussi être réglés et purgés par l'acte concessionnel (art. 5 , 42 et 17) ; la loi n'est pas moins positive à cet égard que pour les droits de l'inventeur ; cependant les droits du propriétaire de la surface ont toujours été réglés au moyen d'une redevance , et la loi Belge du 2 mai 1837 a même consacré définitivement ce mode de règlement.

Mais, dit le Conseil des Mines, on va établir entre l'inventeur et le concessionnaire une espèce de communauté ; l'inventeur va acquérir le droit d'intervenir dans les opérations de l'entreprise , et des discussions sans fin vont surgir entre lui et l'exploitant. — Quant à la communauté dont le Conseil des Mines s'effraie, elle résulte à la vérité du système des redevances ; mais le principe en est si peu contraire à la loi qu'il a toujours été appliquée, comme je viens de le dire, au règlement des droits du propriétaire de la surface , et son application à l'inventeur est particulièrement juste, puisque , comme je l'ai dit aussi , c'est le meilleur moyen de proportionner son indemnité au mérite de sa découverte. — Quant à l'intervention de l'inventeur dans l'exploitation et aux discussions qui en surgiraient, l'inconvénient serait grave sans doute, et il suffirait peut-être pour faire repousser le système des redevances ; mais il est, en Belgique du moins, un moyen très-simple de l'écarter : c'est d'appliquer à l'inventeur et au concessionnaire les dispositions que la loi belge du 2 mai 1837 a portées, pour la fixation du produit net de l'exploitation entre le concessionnaire et les propriétaires de la surface. Cette fixation s'effectue, comme on sait (nos 405 et suivants), sans que l'exploitation soit assujettie à l'immixtion de personnes étrangères dans ses opérations , et les difficultés en sont promptement tranchées par voie administrative. Il suffirait donc que l'acte de concession , en réglant l'indemnité de l'inventeur au moyen d'une part du produit net, déclarât que celui-ci sera établi comme il l'est à l'égard du propriétaire de la surface , avec droit pour l'inventeur d'intervenir comme ce dernier peut le faire.

729. — Mais c'est ici que le Conseil des Mines de Belgique a éprouvé un dernier scrupule. L'indemnité accordée à l'inventeur par l'art. 16 est un droit civil ; la Constitution belge porte que les contestations qui ont un pareil droit pour objet sont du ressort exclusif du pouvoir judiciaire. L'acte de concession qui les sou-

mettrait à une juridiction administrative , ne serait-il pas in-
constitutionnel? — Le Conseil des Mines l'a cru, mais il est,
à mon sens , tombé dans une erreur certaine. L'indemnité de
l'art. 16 est pour l'inventeur un droit particulier, un droit *sui
generis* : civil , si l'on veut, en un certain sens, puisqu'il consiste
dans une prestation pécuniaire qu'un citoyen doit à un autre ;
mais il est en même temps, et c'est ici le point essentiel , un
droit administratif, si l'on peut ainsi dire , en ce sens que la loi
accorde à l'administration un pouvoir discrétionnaire pour le
régler comme elle le juge convenir. Si donc le gouvernement
trouve bon de le régler au moyen d'une part dans le produit
net de l'exploitation , mais sans que l'inventeur ait le droit de
s'immiscer dans les opérations de cette dernière , pourquoi ne
pourrait-il pas prescrire un mode de liquidation du produit net
qui remplisse sa volonté, dussent les tribunaux ne pas y intervenir? J'ajoute que si le scrupule d'inconstitutionnalité du Conseil
des Mines était fondé, la loi belge du 2 mai 1837 serait inconsti-
tutionnelle , ce qui n'est venu à la pensée d'aucun de ses auteurs
ni du Conseil des Mines lui-même. En effet, si le droit de l'inventeur était un droit purement civil, et si, par suite, les contestations dont son évaluation peut être l'objet étaient exclusivement de la compétence judiciaire , il faudrait en dire autant des
droits du propriétaire de la surface, et alors la loi du 2 mai 1837
aurait violé la Constitution , en soumettant à une juridiction
administrative les débats du propriétaire et du concessionnaire
sur la fixation du produit net.

Je conclus donc que si le gouvernement trouvait juste et convenable de régler les droits de l'inventeur par l'acte de concession
au moyen d'une redevance, il pourrait le faire comme je viens
de l'exposer, sans contrevenir à la loi de 1810 ni à la Constitution
belge.

730. — Le pourrait-il aussi au moyen d'une quotité dans le
produit *brut* de l'exploitation? Le Conseil des Mines a répondu
négativement , dans le même avis du 15 novembre 1850, en
invoquant quelques-uns des motifs qui viennent d'être réfutés.
Le pouvoir discrétionnaire du gouvernement va donc, selon moi,
jusqu'à consacrer ce mode de règlement. Mais il ne serait pas
sage de l'admettre, puisqu'alors le concessionnaire serait exposé
à devoir payer une indemnité à l'inventeur, quand il serait lui-
même en perte.

731. — L'indemnité de l'article 16 est exigible dès l'acte de concession, si elle a été fixée à une somme capitale : le gouvernement pourrait cependant, en vertu de son pouvoir discrétionnaire, accorder un certain terme pour le paiement. (Décret du 19 juin 1852; *Ann. des Mines*, 5e série, t. Ier, p. 64, 3e série, t. VIII, p. 601.)

732. — L'indemnité de l'art. 16 devant être réglée par l'acte de concession, et celui-ci purgeant la mine des droits de l'inventeur aux termes de l'art. 17, l'inventeur ne peut réclamer son indemnité après que la concession a été octroyée.

Mais l'art. 17 consacre le remède à la rigueur de son principe; il exige que les inventeurs aient été entendus ou légalement appelés, c'est-à-dire que la demande en concession ait été dûment publiée et notifiée, conformément aux articles 23 à 26. Si elle ne l'a pas été, l'acte de concession ne crée pas de déchéance contre la réclamation de l'inventeur. Ainsi l'a décidé une ordonnance française du 18 mars 1843 dans l'espèce suivante. Le 16 mai 1835, un sieur FABRE avait demandé la concession de certaines mines d'antimoine, de plomb et de cuivre dans le département de l'Aude, *en prétendant les avoir découvertes*. Les sieurs PALIOPY et RIBES formèrent ensuite la même demande : c'était là une demande en concurrence qui, suivant l'art. 26, aurait dû être notifiée au sieur FABRE; elle ne le fut pas. Une ordonnance du 27 avril 1838 accorda néanmoins la concession aux sieurs PALIOPY et RIBES, sans régler les droits de la qualité d'inventeur que le sieur FABRE avait invoquée. Celui-ci n'avait donc pas été mis régulièrement en demeure de réclamer l'indemnité de l'article 16. Il se pourvut, en conséquence, contre l'acte de concession, et son opposition fut accueillie par l'ordonnance précitée du 18 mars 1843, par le motif que le sieur FABRE n'avait été ni entendu ni légalement appelé lors de l'instruction de la demande des sieurs RIBES et PALIOPY. (*Ann. des Mines,* 4e série, t. III, p. 902.)

733. — Pour avoir droit à l'indemnité de l'article 16, il faut réunir les conditions constitutives du titre d'inventeur; je les ai expliquées aux nos 198-202, et l'on a vu, au no 203, que le gouvernement est seul compétent pour statuer sur le fait de leur existence.

II. — INDEMNITÉ DUE POUR LES FRAIS DE RECHERCHE.

734. — Indépendamment du droit à une récompense pour sa découverte, l'inventeur a le droit de se faire indemniser par le concessionnaire : 1º de ses frais de recherche ; 2º de la valeur des travaux qui peuvent être utiles à l'exploitation de la mine.

Ces deux chefs d'indemnité, *frais de recherche proprement dits et travaux utiles*, ne doivent pas être confondus, car ils ne sont pas régis par des principes identiques. — Examinons-les successivement.

735. — Les recherches peuvent avoir exigé, c'est même le cas le plus fréquent, des travaux qui ne sont pas profitables à l'exploitation ultérieure de la mine, et dont tout le résultat a été de conduire à la découverte du gisement. Il est cependant juste que le concessionnaire en indemnise l'inventeur, suivant cette maxime de droit et d'équité, que personne ne doit s'enrichir au détriment d'autrui.

736. — L'explorateur fait souvent plus de dépenses qu'il n'aurait fallu en faire pour découvrir la mine, si l'on n'avait pas été dans l'incertitude sur la disposition du gîte à l'époque des recherches : ce ne sera pas une raison pour le concessionnaire de refuser le remboursement des dépenses faites ; la recherche des mines est aventureuse de sa nature, et le concessionnaire lui-même aurait probablement aussi fait des dépenses en pure perte s'il s'était livré à l'exploration du gîte concédé. On pourra toutefois refuser à l'inventeur la dépense des travaux qui auraient été manifestement pratiqués sans raison suffisante (*Ann. des Mines*, 3ᵉ série, t. XIII, p. 729).

737. — Celui-là seul qui a découvert la mine peut répéter ses frais de recherche. En conséquence, si des travaux d'exploration ont été abandonnés par leur auteur comme infructueux, qu'un autre vienne les reprendre, les poursuivre, et qu'il découvre la mine, les dépenses de ce dernier devront seules être remboursées, car lui seul est inventeur, et le premier explorateur avait travaillé à ses risques et périls : les seuls travaux de recherche que le législateur ordonne de récompenser et de payer, sont ceux qui, poussés avec énergie et persévérance, ont doté le pays d'une mine nouvelle. Le comte REGNAUD s'est, au surplus, exprimé dans ce sens au Conseil d'Etat sans rencontrer de contradicteur.

« Il est rare, a-t-il dit, que les premiers travaux conduisent à découvrir une mine ; on ne la trouve pour l'ordinaire qu'après des recherches longues et infructueuses, entreprises à grands frais et ensuite abandonnées, par plusieurs compagnies successives. Les nouveaux entrepreneurs profitent des travaux précédents, mais ils n'en tiennent pas compte à ceux qui les ont faits, car s'il leur fallait rembourser toutes les dépenses précédentes, et qui ont causé la ruine de leurs auteurs, ils ne pourraient se charger de l'entreprise. On ne doit donc obliger le concessionnaire que d'indemniser l'inventeur, c'est-à-dire celui dont les recherches récentes ont réussi. »

738. — Mais il ne faut pas s'y tromper. — Le comte Regnaud supposait, et j'ai supposé avec lui, des travaux de recherches abandonnés par une Compagnie et repris par une autre *qui lui est étrangère et qui ne lui paie rien* : les travaux primitifs ne sont alors remboursés, ni à la première Compagnie parce qu'ils ont été stériles, ni à la seconde parce qu'ils n'ont pas été supportés par elle. — Le contraire peut arriver.

Et d'abord, le même explorateur qui avait commencé et abandonné la recherche, peut la reprendre et la conduire à bonne fin. Tous ses travaux devront lui être remboursés, car ils ont tous été dépensés par lui, et tous ont contribué à la découverte dont le bénéfice sera recueilli par le concessionnaire. Un travail de recherche n'a pas besoin d'être poursuivi sans désemparer ; il a naturellement ses périodes d'insuccès et de réussite, il peut présenter des intervalles plus ou moins longs : l'explorateur a pu ne plus posséder assez de ressources, il a pu engloutir dans son entreprise la somme qu'il s'était proposé d'y consacrer ; plus tard, revenant à meilleure fortune ou changeant de résolution, il reprend avec une nouvelle énergie ses travaux abandonnés, il réussit : pourquoi serait-il traité avec moins de faveur que s'il avait poursuivi tout d'un trait son exploration ? sauf à ne point rembourser, comme je l'ai dit tantôt (n° 736) les travaux qui auraient été manifestement pratiqués dans l'ignorance de l'art des mines et inutiles à la découverte.

Ces principes devraient également être suivis dans le cas de deux explorateurs successifs, dont l'un serait le représentant de l'autre ; si, par exemple, un héritier reprenait la recherche abandonnée par son auteur, ou que le premier explorateur s'adjoignît des associés.

739. — Supposez même que la seconde Compagnie fût étrangère à la première; si néanmoins elle a dû payer les travaux abandonnés de celle-ci, elle pourra comprendre la somme payée dans les frais de recherches que le concessionnaire est tenu de lui restituer. Ainsi, un propriétaire a recherché des mines dans son héritage; un tiers vient lui proposer de reprendre les recherches abandonnées, et le propriétaire exige comme condition de son consentement, le paîment d'une certaine somme destinée à couvrir tout ou partie de ses dépenses, ou bien, le tiers s'adresse au gouvernement pour en obtenir une permission de recherches, et le gouvernement trouve convenable de la subordonner au paîment de la somme susdite. L'exploration reprise fait découvrir la mine, mais l'entrepreneur n'obtient pas la concession. Je pense qu'il faudra lui payer, en sus de ses propres travaux, la somme qu'il a dû débourser pour les travaux primitifs.

740. — L'inventeur a le droit d'exiger ses frais de recherche immédiatement après la concession; il n'est pas tenu d'en demeurer à découvert, et le gouvernement ne pourrait pas ici, comme pour l'indemnité de l'art. 16, accorder terme au concessionnaire.

III. — INDEMNITÉ DUE POUR LES TRAVAUX UTILES A L'EXPLOITATION.

741. — Je viens de parler des frais de recherches proprement dits, c'est-à-dire des travaux qui ont conduit à la découverte de la mine; l'inventeur doit recevoir la somme qu'ils lui ont coûtée.

Mais des travaux qui ont été inutiles à la découverte de la mine peuvent être utiles à son *exploitation*; ils sont aussi compris dans l'indemnité de l'art. 46, puisqu'elle est accordée, en termes généraux, *pour les travaux antérieurs à la concession* : seulement, si le montant des dépenses faites excédait le profit que le concessionnaire peut en retirer dans son exploitation, la valeur de ce profit devrait seule être payée.

742. — D'après cela, l'indemnité des frais de recherche diffère sous un double rapport de l'indemnité des travaux utiles. D'une part, la première a son origine dans la découverte qui a été le résultat des frais à rembourser, et par suite elle n'appartient qu'à l'inventeur de la mine; la seconde se fonde sur l'utilité des travaux existants pour l'exploitation elle-même, et, par suite,

elle n'est pas attachée à la qualité d'inventeur. D'autre part, l'indemnité des frais de recherches consiste dans leur remboursement intégral, parce qu'elle a pour objet d'éviter une perte à l'explorateur qui a réussi et qui ne devient pas concessionnaire, l'indemnité des travaux utiles, au contraire, ne peut dépasser leur utilité pour l'exploitation, parce qu'elle a uniquement pour objet de faire payer au concessionnaire le profit qu'il en retire.

743. — Une ordonnance française du 13 septembre 1820 (citée par RICHARD, n° 159) porte qu'il faut considérer « comme travaux utiles au concessionnaire tous les puits, galeries et ouvrages d'art quelconques qui seront reconnus applicables à la poursuite d'une bonne exploitation, *et tous ceux qui seront reconnus avoir contribué à faire connaître le gîte exploitable.* » Ces derniers me paraîtraient plutôt constituer en général des frais de recherches proprement dits, car la découverte d'une mine ne consiste pas seulement à en faire connaître *l'existence*, mais à en déterminer *les allures et la richesse* (n° 202) : le concessionnaire devrait donc en payer toute la dépense, fût-elle plus élevée que leur utilité pour l'exploitation ultérieure de la mine.

744. — Relativement aux travaux utiles, il faudra qu'ils soient reconnus applicables à la poursuite d'une *bonne* exploitation : mais cela étant reconnu, le concessionnaire ne pourra se soustraire au paiment de leur valeur, en évitant de s'en servir, et en préférant un mode d'exploitation qui lui permette de s'en passer ; il devra, sans doute, jouir d'une liberté d'appréciation assez grande dans la conduite d'une exploitation dont il doit subir la responsabilité ; mais si la direction choisie paraissait réellement dictée par le désir de ne point employer les travaux existants, il n'en serait pas moins tenu de les payer, sauf à lui de ne pas s'en servir s'il le trouve bon.

Dans le cas même où le mode d'exploitation légitimement admis par lui aurait enlevé, dans le principe, toute utilité aux travaux antérieurs, il devrait encore les payer si, plus tard, il venait à en tirer parti. Et il importerait peu qu'un jugement passé en force de chose jugée eût sanctionné la direction préférée par le concessionnaire, et décidé que, pris égard à cette direction, les travaux existants n'étaient pas utiles : l'exception de chose jugée ne serait pas opposable, car la demande d'indemnité formée plus tard par l'auteur des travaux s'appuierait sur une *cause nouvelle*, à savoir l'usage que le concessionnaire en fait.

745. — Le concessionnaire ne peut pas non plus retarder le paîment des travaux utiles en retardant l'ouverture de son exploitation. C'est ce qui a été reconnu dans une espèce rapportée aux *Annales des mines*, 3ᵉ série, T. XIII, page 729 : il y a lieu de procéder au règlement de l'indemnité, y a-t-on dit, aussitôt que la concession a été instituée : dès ce moment, le concessionnaire se trouve libre de prendre possession des travaux existants ; la livraison des ouvrages est faite alors, et, d'après le Code civil, le prix de la chose est dû aussitôt qu'elle est livrée.

Mais si les travaux ne devaient être utiles que successivement, ils ne devraient être payés qu'au fur et à mesure de leur emploi : l'obligation du concessionnaire est toujours corrélative au profit qu'il réalise, et il serait injuste de lui imposer des avances qui seraient écrasantes peut-être, et qu'il n'aurait pas faites s'il avait lui-même exécuté tous ses travaux.

746. — Le règlement de l'indemnité due par le concessionnaire, à raison des frais de recherche et des travaux antérieurs à la concession, est attribué par l'art. 46 de la loi de 1810 au Conseil de préfecture, sauf recours au Conseil d'Etat.

Cette compétence subsiste toujours en France ; mais elle est tombée en Belgique par l'effet de la loi fondamentale de 1815 et de la Constitution de 1831, qui ont aboli le contentieux administratif et qui l'ont restitué aux tribunaux, en tant qu'il s'appliquait à la matière *des droits civils*. Or telle est bien la nature du droit qui consiste à pouvoir réclamer contre le concessionnaire les frais de la découverte de la mine concédée ou la valeur des travaux utiles à son exploitation : aussi l'abrogation de l'art. 46 a-t-elle été formellement reconnue par la Cour de cassation de Belgique dans un arrêt du 20 avril 1849. (Pas. 1849, 1, 389.)

CHAPITRE XX.

DES ANCIENNES CONCESSIONS.

—

SOMMAIRE.

I. — INTRODUCTION.

747. — La loi du 21 avril 1810 n'était pas faite pour un pays
vierge de toute exploitation minière. Sans avoir réussi dans l'extraction des richesses souterraines comme elle aurait pu le faire, la
France s'y était livrée dans plusieurs de ses anciennes provinces.
En 1810, elle étendait d'ailleurs son empire sur des contrées
étrangères à son ancien territoire, et parmi elles se trouvaient
les vétérans de la robuste industrie des mines : je veux parler

du comté de Hainaut et de la principauté de Liége, pays belges devenus départements français. On ne pouvait faire table rase des exploitations nombreuses de l'ancienne France et des pays réunis ; la loi de 1810 devait régler la transition de la législation ancienne à la législation nouvelle, sous peine de fouler aux pieds les droits acquis les plus sacrés, et de produire dans cette branche importante de l'industrie nationale un bouleversement désastreux.

Tel fut l'objet des articles 51 à 56 ; ils sont ainsi conçus :

TITRE VI.

DES CONCESSIONS OU JOUISSANCES DE MINES, ANTÉRIEURES A LA PRÉSENTE LOI.

§ Ier. *Des anciennes concessions en général.*

51. — Les concessionnaires antérieurs à la présente loi deviendront, du jour de sa publication, propriétaires incommutables, sans aucune formalité préalable d'affiches, vérifications de terrain ou autres préliminaires, à la charge seulement d'exécuter, s'il y en a, les conventions faites avec les propriétaires de la surface, et sans que ceux-ci puissent se prévaloir des articles 6 et 42.

52. — Les anciens concessionnaires seront, en conséquence, soumis au paîment des contributions, comme il est dit à la section II du titre IV, articles 33 et 34, à compter de l'année 1811.

§ II. *Des exploitations pour lesquelles on n'a pas exécuté la loi de 1791.*

53. — Quant aux exploitants de mines qui n'ont pas exécuté la loi de 1791, et qui n'ont pas fait fixer conformément à cette loi les limites de leurs concessions, ils obtiendront les concessions de leurs exploitations actuelles conformément à la présente loi ; à l'effet de quoi les limites de leurs concessions seront fixées sur leurs demandes ou à la diligence des préfets, à la charge seulement d'exécuter les conventions faites avec les propriétaires de la surface, et sans que ceux-ci puissent se prévaloir des articles 6 et 42 de la présente loi.

54. — Ils paîront en conséquence les redevances, comme il est dit à l'article 52.

55. — En cas d'usages locaux ou d'anciennes lois qui donneraient lieu à la décision de cas extraordinaires, les cas qui se présenteront seront décidés par les actes de concession ou par les jugements de nos cours et tribunaux, selon les droits résultant pour les parties, des usages établis, des prescriptions légalement acquises, ou des conventions réciproques.

56. — Les difficultés qui s'élèveraient entre l'administration et les exploitants, relativement à la limitation des mines, seront décidées par l'acte de concession.

A l'égard des contestations qui auraient lieu entre des exploitants voisins, elles seront jugées par les tribunaux et cours.

Pour l'intelligence de ces articles, il est indispensable de connaître en substance les règles juridiques de l'exploitation des mines en France et en Belgique avant la publication de la loi du 28 juillet 1791, ainsi que les dispositions de celle-ci sur les exploitations alors existantes.

748. — La législation des mines a subi, en France, bien des variations. M. REGNAUD en présenta le tableau rapide à l'Assemblée constituante dans la séance du 20 mars 1791 : en remontant à l'année 1321, il divisa les actes législatifs intervenus sur cette matière en cinq périodes, dont chacune vit supprimer ou profondément modifier les institutions que d'autres avaient vu établir (*Code ann.*, p. 267).

Cependant, un principe général se retrouve dans la plupart de ces régimes : les mines ne sont pas abandonnées à la libre et exclusive disposition des propriétaires de la surface; elles ne peuvent être exploitées qu'avec l'autorisation du Roi ou de fonctionnaires qui le remplacent, et leur exploitation est soumise à la surveillance plus ou moins bien organisée de l'administration, ainsi qu'à une contribution publique.

Ce principe, qui pouvait être fécond, ne produisit presqu'aucun résultat pendant des siècles entiers. Le génie de l'industrie n'avait pas pris son essor, et l'autorité administrative ne sut pas remplir sa mission : on vit accorder à quelques grands seigneurs ou à des aventuriers des concessions immenses, et les grands-maîtres des mines, chargés d'octroyer les concessions, commirent tant de vexations et d'abus qu'ils firent supprimer leur charge (1740).

749. — L'impuissance du monopole que l'on avait pris coutume d'accorder devint tellement frappante, qu'un arrêt du Conseil du 13 mai 1698 tomba dans un excès contraire : pour donner de l'élan à l'exploitation des mines dont le besoin se faisait le plus vivement sentir, à celle des mines de charbon, il permit à tout propriétaire de les exploiter dans son fonds. Mais la liberté illimitée de tous ne fut pas plus féconde que le monopole de quelques-uns : l'exploitation de la houille demeura sans vigueur « soit par

la négligence des propriétaires à faire la recherche et exploitation des mines de charbou, soit par le peu de facultés ou de connaissances de la part de ceux qui en tentèrent l'entreprise, soit parce que la liberté indéfinie qui leur avait été laissée fit naître en plusieurs occasions une concurrence nuisible à leurs entreprises respectives. » Ces motifs déterminèrent le gouvernement, au mois de janvier 1744, à révoquer l'arrêt du Conseil de 1698 et les mines de charbon redevinrent, comme toutes les autres, sujettes à concession.

750. — Le développement général de l'industrie et la surveillance plus habile de l'administration des mines avaient enfin donné l'impulsion à l'exploitation des richesses souterraines de la France, lorsque éclata la révolution française. L'assemblée constituante, qui portait son attention et qui exerçait sa force d'initiative sur tous les intérêts fondamentaux du pays, ne pouvait laisser la législation des mines dans l'état presque barbare (cette expression n'est pas trop forte) où elle était encore plongée : aussi lui donna-t-elle, par la loi du 28 juillet 1791, l'organisation complète qui y était depuis si longtemps attendue.

Voici quels en furent les principes pour les exploitations des mines en général.

Les mines et minières, tant métalliques que non métalliques, ainsi que les bitumes, charbons de terre ou de pierre et pyrites, sont à la disposition de la nation, en ce sens qu'elles ne peuvent être exploitées que de son consentement et sous sa surveillance (art. 1er).

Les concessions sont accordées par le Roi, sur l'avis des directoires du Département et du District (art. 8), après affiches et publications (art. 11 et 12).

Leur étendue ne peut excéder six lieues carrées (art. 5).

Elles sont accordées pour cinquante ans au plus (art. 19), et elles sont sujettes à révocation si l'exploitation n'en est pas commencée dans les six mois ou demeure interrompue pendant plus d'un an sans cause légitime (art. 14 et 15).

Le propriétaire de la surface jouit d'un droit de préférence à l'obtention de la concession : celle-ci ne peut être accordée à une autre personne, avant qu'il n'ait été sommé de s'expliquer, dans le délai de six mois, s'il entend ou non procéder à l'exploitation aux mêmes clauses et conditions que les concessionnaires (art. 10); elle ne peut lui être refusée, lorsque sa propriété seule ou réunie à celle de ses associés est d'une étendue propre à former une exploitation (art. 10 et 3), et qu'il possède les facultés nécessaires pour assurer cette dernière (art. 9).

751. — La loi du 28 juillet 1791 ne fut pas rétroactive; elle ne mit pas les exploitations alors existantes à la disposition de la nation, ce qui eût été le comble de l'injustice : le principe de son art. 1er n'eut de force que pour l'avenir.

Elle maintient (art. 4) les concessionnaires actuels qui ont découvert les mines qu'ils exploitent, et ce, jusqu'au terme de leur concession, qui ne peut toutefois excéder cinquante années à partir de la publication de la loi.

Leur concession ne peut non plus avoir une étendue de plus de six lieues carrées; elle doit être, le cas échéant, restreinte à cette limite par le Directoire du département (art. 4, § 2).

Tous les concessionnaires maintenus sont tenus, en outre, aux termes de l'art. 26, « de remettre aux archives du département, dans les six mois de la publication de la loi, un état double, détaillé et certifié véritable, contenant la désignation des lieux où sont situées les mines qu'ils font exploiter, la nature de la mine, le nombre d'ouvriers qu'ils emploient à l'exploitation, les quantités de matières extraites; et si ce sont des charbons de terre, ce qu'ils en font tirer par mois, ensemble les lieux où s'en fait la principale consommation, et le prix des dits charbons; enfin le plan des ouvrages existants. »

Cependant la loi de 1791 ne protégea pas toutes les exploitations établies : parmi elles, il en était qui devaient leur origine à des abus scandaleux, au mépris des droits les plus respectables : on avait vu des concessions englober des héritages dans lesquels les propriétaires exploitaient des mines qu'ils avaient eux-mêmes découvertes; ces propriétaires, inventeurs et exploitants à la fois, avaient été ainsi victimes d'une spoliation odieuse : l'art. 6 de la loi leur permet de demander la réparation de cette iniquité, et de recouvrer leurs exploitations contre le concessionnaire.

752. — La loi du 28 juillet 1791 devint obligatoire en Belgique le 25 frimaire an IV (16 décembre 1795) : elle y trouva deux pays, dont les exploitations de mines, également florissantes, étaient régies par des lois ou usages basés sur des principes tout différents.

753. — Dans le Hainaut (département de Jemmappes), les mines de houille n'appartenaient pas au propriétaire du sol; elles formaient un émolument de la Haute-Justice; les Seigneurs hauts-

justiciers, étaient maîtres *de l'avoir en terre non extrayé*, au moins pour ce qui concernait la houille ; ils avaient le droit de l'exploiter, soit par eux-mêmes, soit par d'autres, auxquels ils accordaient habituellement des concessions perpétuelles ou temporaires, moyennant une redevance qui s'appelait droit de *cens* ou *d'entre cens*, et qui consistait dans une certaine quotité du produit de l'exploitation (DELEBECQUE, n°s 397 et ss; BRIXHE, V° Terrage *initio*).

754. — Au pays de Liége (département de l'Ourthe), le propriétaire du sol avait le droit d'exploiter les mines enfouies dans son héritage, ou d'en permettre l'exploitaton à d'autres moyennant un *droit de terrage* dont la convention fixait l'importance et qui, à défaut de convention, était du 80e panier de charbon extrait.

La coutume avait établi une prescription particulière pour acquérir le droit d'exploiter la houille sons l'héritage d'autrui. Lorsqu'au vu et su du propriétaire, ou après l'avoir averti, on avait paisiblement enfoncé une bure dans un fonds, et que, parvenu à la veine, on l'avait travaillée pendant quarante jours, on acquérait le droit d'exploiter cette veine par la bure enfoncée, mais non une autre veine ni par une autre bure, à charge d'ailleurs de payer le droit de terrage au propriétaire. Cette prescription constituait plutôt une permission tacite d'exploiter moyennant la redevance usitée.

Mais il y avait un moyen d'acquérir le droit d'exploitation malgré le propriétaire du sol. Les mines de houille du pays de Liége étaient généralement englouties sous des eaux que la nature du sol et des extractions mal conduites y avaient accumulées ; les démerger, c'était les rendre utiles et les transformer ainsi en une propriété nouvelle : pour y parvenir, il fallait creuser des canaux souterrains aboutissant, d'une part, aux veines de houille dont les eaux s'abattaient sur eux, et, d'autre part, dans le vallon de la Meuse où les eaux s'écoulaient. Des entreprises de ce genre étaient de grandes affaires, pour ce temps là surtout : on les encouragea par une large et juste récompense. La coutume établit que celui qui, à l'aide d'une pareille galerie d'écoulement (appelée *areine*) démergerait un canton houiller, acquerrait la propriété des mines y existantes, et que personne ne pourrait les exploiter sans lui payer un *cens d'areine*, dont le taux, en l'absence de convention, était, comme celui du droit de terrage, du 80e panier.

II. — EXAMEN DE L'ART. 51 DE LA LOI DE 1810.

755. — Après cette rapide exquisse, j'aborde l'examen des art. 51 et 53 de la loi de 1810.

La loi du 28 juillet 1791 n'avait admis que des concessions temporaires ; elle avait limité à un maximum de cinquante ans la durée des anciennes concessions qu'elle maintenait (art. 4, § I), et des concessions nouvelles qu'elle permettait d'accorder (art. 19). Le législateur de 1810 voulut, au contraire, favoriser plus puissamment l'exploitation des mines, en attachant à leur concession ce caractère de stabilité et de propriété qui est indispensable à la formation et au succès de toute grande entreprise : il déclara donc (art. 7) que la concession d'une mine conférait à son obtenteur une propriété perpétuelle, disponible et transmissible comme toute autre propriété. Fallait-il appliquer ce principe aux concessions alors existantes comme aux concessions futures? Les auteurs du projet de la loi de 1810 ne l'avaient pas cru. Les premières rédactions se bornaient à conserver les concessionnaires actuels dans leurs droits, en ajoutant qu'à l'expiration de leur concession ils auraient la préférence pour en obtenir une autre suivant la loi nouvelle. NAPOLÉON comprit aussitôt l'inconvénient de faire coexister pendant un demi-siècle des concessions temporaires et des concessions perpétuelles, il comprit l'utilité de leur imprimer à toutes le cachet et la force de la perpétuité : il déclara donc « qu'il convenait d'admettre les concessionnaires actuels à demander immédiatement la perpétuité de leur concession. » (LOCRÉ, V, 49, séance du 8 avril 1809.) En conséquence les rédactions suivantes accordèrent aux concessionnaires actuels le droit de devenir sur le champ propriétaire incommutables *en demandant une concession nouvelle.* La septième rédaction alla plus loin encore ; considérant sans doute que tous les concessionnaires ne manqueraient pas de former cette demande, le législateur résolut de les gratifier d'une concession perpétuelle sans qu'ils eussent besoin de la solliciter, et l'article 51 disposa que « les concession-
» naires antérieurs à la présente loi deviendraient, du jour de sa
» publication, propriétaires incommutables, sans aucune formalité
» préalable d'affiches, vérification de terrain ou autres prélimi-
» naires, à la charge seulement d'exécuter, s'il y en a, les con-

» ventions faites avec les propriétaires du sol, et sans que ceux-ci
» puissent se prévaloir des art. 6 et 42. »

756. — Ce qui caractérise l'art. 51, c'est donc que les concessionnaires dont il parle jouissent des avantages de la loi nouvelle
sans l'accomplissement d'aucune formalité : ils étaient concessionnaires temporaires d'après la loi de 1791, ils sont devenus,
de plein droit et sans rien faire, concessionnaires perpétuels
d'après la loi de 1810.

757. — Mais quels concessionnaires sont ainsi gratifiés par
l'art. 51 ?

Ce sont, dit-il, *les concessionnaires antérieurs à la présente loi.*

Ce sont donc, d'abord, ceux qui avaient obtenu une concession temporaire après la loi de 1791. Le gouvernement leur
avait accordé, en vertu de l'art. 8 de cette dernière, une concession qui, suivant l'art. 19, ne pouvait durer plus de cinquante
ans. L'art. 51 de la loi de 1810 s'adresse à *ces concessionnaires*
antérieurs, et transforme leur concession temporaire en une
concession perpétuelle.

758. — Mais la loi de 1791 ne s'était pas bornée à autoriser
pour l'avenir des concessions de mines. Elle aussi avait trouvé
des concessions établies, que son article 4 avait maintenues,
mais seulement pour le terme fixé dans leur titre et jamais
pour plus de cinquante ans à partir de la publication de la loi.

L'art. 51 de la loi de 1810 s'applique également à ces concessionnaires là, pourvu qu'ils aient exécuté la loi de 1791 (Br.
cass., 9 nov. 1827; Brux. 21 janvier 1837). En effet, il déclare
propriétaires incommutables de plein droit *les concessionnaires*
antérieurs à la présente loi (de 1810) : ces expressions générales comprennent *les concessionnaires maintenus* par l'art. 4 de la loi de 1791,
puisqu'ils peuvent se dire *concessionnaires antérieurs à la loi de*
1810, puisque, lors de la publication de l'art. 51, ils avaient
une *concession* consacrée par la loi précédente, une concession
équivalente à celles qui avaient été obtenues sous l'empire de
la loi de 1791.

Mais, pour jouir du bénéfice de l'art. 51, ces anciens concessionnaires maintenus par la loi de 1791 devaient avoir rempli
les formalités auxquelles celle-ci avait subordonné la maintenue.
C'est ce qui résulte de l'art. 53 qui a précisément pour objet les
anciens concessionnaires *qui n'avaient pas exécuté la loi de* 1791,
et qui, au lieu de leur accorder *de plein droit, sans formalité aucune,*

comme l'art. 51 le fait, la propriété incommutable de leurs mines, leur donne seulement le droit de l'obtenir *au moyen d'une concession nouvelle précédée de toutes les formalités prescrites par la loi de* 1810.

Puisque l'art. 51 s'applique aux concessionnaires que la loi de 1791 avait maintenus et qui avaient exécuté cette dernière, il faut donc rechercher : 1o quels étaient les concessionnaires maintenus par la loi de 1791, et 2o quelles étaient les formalités qu'ils avaient dû remplir.

III. CONDITIONS DE LA MAINTENUE D'APRÈS LA LOI DE 1791.

759. — Les concessionnaires maintenus étaient indiqués par l'art. 4 ainsi conçu :

« Les concessionnaires actuels, ou leurs cessionnaires, qui ont découvert les mines qu'ils exploitent , seront maintenus jusqu'au terme de leur concession , qui ne pourra excéder cinquante ans, à compter du jour de la publication du présent décret.

» En conséquence, les propriétaires de la surface , sous prétexte d'aucune des dispositions contenues aux articles 1 , 2 et 3, ne pourront troubler les concessionnaires actuels dans la jouissance des concessions , lesquelles subsisteront dans toute leur étendue si elle n'excède pas celle qui est fixée par l'article suivant (six lieues carrées); et dans le cas où elles excéderaient cette étendue , elle y seront réduites par les directoires de Département , en retranchant, sur la désignation des concessionnaires , les parties les moins essentielles aux exploitations. »

Il résulte de là que trois conditions *intrinsèques* étaient requises pour la maintenue ; il fallait :

1o Que les exploitants actuels fussent concessionnaires ;

2o Que leurs mines fussent en état d'exploitation ;

3o Qu'ils les eussent découvertes (voyez toutefois le no 771).

J'explique successivement chacune de ces trois conditions.

760. — L'art. 4 de la loi de 1791 n'a pas maintenu tous *les exploitants* actuels , et elle ne devait pas les maintenir , car parmi eux il pouvait s'en trouver dont l'exploitation était illégitime. La loi s'est donc servie d'une expression moins large pour désigner les exploitants qu'elle maintenait; elle a déclaré maintenir les exploitants qui étaient *concessionnaires.*

Cette qualification ne doit pas toutefois être prise à la lettre, en ce sens qu'elle s'appliquerait uniquement aux exploitants pourvus d'une *concession* : les concessionnaires de l'art. 4 sont, comme l'a très-bien dit le comte Stanislas Girardin, tous les possesseurs d'exploitations *légitimement établies d'après les lois et les actes de l'administration publique en vigueur lors de leur ouverture* (Rapport au Corps Législatif, Locré, XXX, 25).

761. — En conséquence, c'est encore le comte Girardin qui parle, les concessions ou exploitations légitimement établies sont, en France : 1o celles qui avaient été autorisées par le Roi en son Conseil ou par les fonctionnaires, grands-maîtres surintendants des mines ou contrôleurs généraux de finances, qui avaient reçu des ordonnances royales la charge de permettre l'exploitation des mines, les actes de permission s'appelant d'ailleurs indifféremment *octroi, priviléges, arrêts, lettres-patentes, concessions, permissions ;* — 2o celles qui avaient pù être ouvertes pour les mines de charbon, depuis 1698 jusqu'à 1744 (no 749), par les propriétaires de la surface ou de leur consentement (Locré, *ibid*).

En ce qui concerne ces exploitations de mines de houille, Dupont (t. Ier, p. 581) enseigne avec M. De Cheppe (*Ann. des M.,* 3e série, t. 18, p. 758), que l'art. 51 ne leur est pas applicable et qu'elles sont seulement protégées par l'art. 53, c'est-à-dire que leurs possesseurs ne sont pas maintenus de plein droit, mais qu'ils peuvent demander une concession conformément à la loi de 1810. Je ne vois point sur quoi cette opinion s'appuie. On dit que les propriétaires qui exploitaient des mines de houille en vertu de l'arrêté du Conseil de 1698 n'avaient pas de *concession:* mais les concessions maintenues par l'art. 4 de la loi de 1791 s'entendaient et devaient s'entendre de toute *exploitation légitimement établie* d'après la loi de son ouverture, et spécialement il serait bien singulier et bien injuste de traiter avec moins de faveur les propriétaires qui, en entreprenant une exploitation de houille dans leurs héritages, avaient répondu à l'appel de l'arrêt de 1698. Il faut donc admettre avec le comte Girardin que l'art. 51 les a déclarés propriétaires incommutables de plein droit à l'égal des autres exploitants légitimes (1).

---

(1) Dans l'espèce citée par M. de Cheppe, on n'a pas décidé qu'en principe le propriétaire, exploitant en vertu de l'arrêt 1698, ne pouvait être considéré comme concessionnaire dans le sens de l'art. 51, mais on a refusé au propriétaire qui était en cause le bénéfice de cet article, *parce qu'il n'avait pas exécuté la loi de* 1791, et qu'il était ainsi réduit à invoquer l'art. 53 de la loi de 1810.

762. — Quant à la Belgique, « la loi de 1791, continuait le comte GIRARDIN, a dû y produire, lorsqu'elle y a été publiée, les mêmes effets qu'en France. Les mots *concession* et *concessionnaires* renfermaient donc aussi tous les actes et toutes les sources légitimes d'où provenait le droit d'exploiter une mine. » (Avis du C. des M. de Belg., 1er août 1845; *Jur.*, p. 186 et s.)

Ainsi, les concessionnaires de l'art. 4 étaient, dans le Hainaut, les seigneurs hauts justiciers ou leurs permissionnaires (n° 753, application Brux. 15 mars 1819) et dans le pays de Liége, les propriétaires de la surface, les arniers et les cessionnaires des uns ou des autres (BRIXHE, V° *Maintenue*, n° XXI).

763. — Mais ceux qui exploitaient une mine lors de la publication de la loi de 1791 doivent-ils, soit en France, soit en Belgique, pour profiter de la maintenue de l'art. 4 (et par suite de l'art. 51 de la loi de 1810) *justifier* du titre ou du fait qui légitimait leur exploitation?

Ainsi, en France, doivent-ils produire l'acte de l'autorité publique qui leur avait accordé une concession, ou prouver que leur exploitation charbonnière avait été ouverte en vertu de l'arrêt du Conseil de 1698 et avant sa révocation en 1744?

Dans le Hainaut, doivent-ils établir que l'exploitation du charbon avait été entreprise par un seigneur haut justicier ou avec sa permission?

Enfin, dans le pays de Liége, sont-ils tenus de prouver que l'exploitation de la mine avait été ouverte par le propriétaire du sol, un arnier ou leur ayant-cause?

Ces justifications, qui devraient se rapporter souvent à des époques reculées, pourraient être très-difficiles et même parfois impossibles?

Aussi, la question se produisit-elle en Belgique bientôt après la publication de la loi de 1791; elle fut très-sagement résolue par le ministre de l'intérieur CHAPTAL dans une lettre qu'il adressa le 18 brumaire an IX (9 nov. 1800) au Préfet du département de Jemmappes.

« Je dois fixer votre attention, disait-il, sur les maximes du droit civil admises chez tous les peuples.

» Ces maximes accordent la plus grande faveur à la possession qu'elles regardent comme une présomption légale du titre de propriété, quand elle est immémoriale, ou même quand elle a duré trente ans.

» Il n'y a d'exception à la règle qui vient d'être rappelée , que dans le cas de minorité , de fraude , violence ou clandestinité.

» Suivant un autre principe , la preuve testimoniale de l'existence d'un titre est reçue quand il a été perdu par un incendie , par les malheurs de la guerre , ou autre force majeure.

» D'un autre côté , les quittances d'une rente ou autre rétribution annuelle payée pour la concession d'un droit ou d'un héritage, constatent valablement cette concession.

» Ces principes posés , il sera facile de statuer sur la légitimité de la jouissance des entrepreneurs d'exploitations de mines au département de Jemmappes ; et pour en assurer d'autant l'application , on formera six classes.

» La première , des hauts justiciers qui extrayaient des mines de houille ;

» La deuxième , des citoyens qui ont des titres valables de concession , ou autres équipollents, des hauts justiciers ;

» La troisième , des citoyens qui , sans avoir des titres de cette nature, produisent des quittances de paîment des hauts justiciers soit pour l'obtention de ces sortes de concessions, soit du paîment du droit *d'entre-cens;*

» La quatrième , des entrepreneurs de mines de houille , qui n'ont ni titre de concession , ni quittance de paîment du prix ou d'entre-cens , mais dont l'exploitation remonte à trente ans et au-delà ;

» La cinquième , des entrepreneurs qui , dépourvus de titres et de quittances , n'exploitent que depuis moins de trente ans ;

» La sixième et dernière , des exploitants dont l'extraction est postérieure à l'union du Hainaut autrichien à la république, ou aux actes qui ont préparé cette union.

» Ceux de la première classe avaient la propriété des mines ; ils n'étaient pas sujets à concession ; l'extraction de fait à laquelle ils se sont livrés était licite d'après la coutume du Hainaut : elle doit avoir pour eux l'effet d'une concession.

» Les entrepreneurs des deuxième et troisième classes sont présumés avoir été munis d'une concession valable. L'équité veut qu'ils soient maintenus.

» Il en est de même de ceux de la quatrième classe, car la prescription active équivaut à un titre d'acquisition.

» Les exploitants de la cinquième sont réduits à l'avantage de la simple possession, ils sont dans une position bien moins favorable; cependant s'ils ont fait de grandes avances pour leur exploitation, il est naturel de croire que le principe en a été légitime; on doit se rappeler ici que les hauts justiciers veillaient avec grand soin à ce que personne n'usurpât leurs droits.

» Quant aux entrepreneurs de la 6e classe, ils exploitent illégalement depuis l'union du département de Jemmappes à la République. On objecterait inutilement que la loi du 28 juillet 1791, sur les mines, n'y a été publiée que longtemps après cette union. En l'an IV, le régime féodal a été supprimé dans cette contrée, au moment de son union à la république; ainsi, le droit de concéder des mines qui y étaient des propriétés publiques, aux termes de la coutume du Hainaut, est passé des seigneurs hauts justiciers au gouvernement.

» D'après ces observations, citoyen, il sera aisé d'admettre ou d'éloigner les extracteurs qui se livrent aux travaux des mines. Je vous invite à examiner attentivement le mérite de leurs prétentions et à m'écrire séparément pour chacun d'eux, à mesure que les renseignements vous parviendront. »

764. — Ces décisions résultaient, comme disait le ministre, des principes du droit commun. Aussi doivent-elles être appliquées, non seulement aux mines du Hainaut, à l'occasion desquelles la lettre ministérielle les porta, mais aussi à la France et aux autres parties de la Belgique.

Il faut en excepter toutefois la décision relative aux exploitations ouvertes dans l'intervalle qui s'écoula entre la réunion de la Belgique à la France et la publication de la loi de 1791 dans le premier de ces pays. Le ministre déclare illicites les exploitations ouvertes à cette époque dans le comté de Hainaut, parce que *l'avoir en terre non extrayé* y appartenait aux seigneurs hauts justiciers en vertu du régime féodal, et que ce régime y avait été aboli dès l'instant de l'incorporation de la Belgique à la République française. La décision est exacte, mais elle ne s'appliquerait point, par exemple, aux exploitations ouvertes à la même époque dans le pays de Liége par un propriétaire du sol ou par un arnier, car leur droit aux mines n'avait rien de féodal, et il ne leur fut enlevé que par la publication de la loi de 1791 dans les départements réunis.

765. — La deuxième condition de la maintenue, c'est que le concessionnaire antérieur à cette publication devait *exploiter alors* la mine concédée : l'art. 4, en effet, ne maintient les concession-

la calamine et le plomb) : aucune disposition de la loi, ont dit les Cours de Liége et de Cassation, ne considère les mines de diverses espèces concédées à la même personne dans le même terrain comme formant un tout indivisible, et la maintenue ne peut dès lors profiter qu'à celle dont l'exploitation avait été ouverte (Liége, 31 juillet 1847; Cass. Belg., 26 avril 1849; *Pas.* 1849, 1, 389).

770. — Il a été décidé aussi qu'une mine ne s'était pas trouvée en exploitation lors de la publication en Belgique de la loi de 1791, par cela qu'à cette époque elle avait été l'objet, non d'une exploitation suivie et régulière, mais de travaux insignifiants (Liége, 19 fév. 1852; *Pas.* 1857, 2, 425). — C'est là, on le comprend aisément, une question de fait, sur laquelle il est impossible de poser des règles précises et absolues.

771. — L'art. 4 de la loi de 1791 posait, comme troisième condition de la maintenue, que le concessionnaire-exploitant *eût découvert* la mine exploitée.

Mais ce n'était pas là une condition véritable.

On a vu, au n° 751, que les vastes concessions accordées par le gouvernement français avaient parfois dépouillé des propriétaires de la surface *qui avaient découvert* et qui exploitaient des mines dans leurs fonds; on a vu aussi que la loi de 1791, par son art. 6, avait permis à ces propriétaires-inventeurs de rentrer dans la mine qu'ils avaient découverte et dont ils avaient été spoliés. — Supposez maintenant une personne qui, lors de la loi de 1791, était concessionnaire d'une mine et l'exploitait : cette double circonstance d'un titre de concession et du fait de l'exploitation, suffisait-elle toujours pour que le concessionnaire-exploitant fût maintenu ? Non, car il se pouvait que la mine concédée et exploitée *eût été découverte* par un propriétaire de la surface, qui en avait été dépouillé autrefois comme je viens de le dire, et qui avait ainsi le droit de la récupérer aux termes de l'art. 6. Que fallait-il donc pour que la maintenue fût certaine et inattaquable ? Il fallait que le concessionnaire-exploitant *eût découvert* lui-même la mine exploitée, car alors il n'avait à craindre la revendication de personne. Eh bien ! c'est à ce point de vue, c'est par corrélation à l'art. 6 que l'art. 4 a exigé chez le concessionnaire qu'il maintenait la découverte de la mine; c'est pour manifester qu'il ne suffisait pas *toujours* à la maintenue, d'un titre de concession et d'une exploitation en activité, et que si la découverte de la mine ne s'y joignait pas , la maintenue *pouvait* s'évanouir devant la réclamation du propriétaire-inventeur de l'art. 6.

Mais dès que ce dernier n'était pas applicable , le concessionnaire-exploitant était maintenu par l'art. 4 sans qu'il fût inventeur de sa mine. Ainsi un individu avait obtenu la concession d'une mine , il l'exploitait en 1791 : il jouissait de la maintenue sans avoir à établir en outre sa qualité d'inventeur. Seulement , si cette même mine avait été autrefois découverte par le propriétaire du sol qui l'avait exploitée , le droit à la revendication s'ouvrait contre le concessionnaire en vertu de l'art. 6 , et la maintenue de l'art. 4 s'effaçait.

Telle est donc toute la portée de ces mots de l'art. 4 : les concessionnaires actuels *qui ont découvert* les mines qu'ils exploitent.... (Brux. , 12 janvier 1832 ; Brixhe , Vo *Maintenue* , no XLIII).

La loi a toujours été appliquée en ce sens ; jamais on n'a refusé la maintenue à un concessionnaire qui exploitait lors de la publication de la loi de 1791, sous prétexte qu'il ne justifiait pas de sa qualité d'inventeur. Et comment l'aurait-on fait en Belgique , où les abus que l'art. 6 avait voulu réparer ne s'étaient heureusement jamais produits ?

772. — En résumé, les conditions *intrinsèques* de la maintenue accordée par l'art. 4 de la loi de 1791 se réduisent aux termes suivants :

1o Une exploitation en activité lors de la publication de la dite loi ;

2o Une concession , c'est-à-dire une exploitation légitime d'après les lois en vigueur lors de son ouverture , — sauf, pour la France , l'application de l'art. 6 , s'il y échet.

773. — Mais indépendamment de ces conditions *intrinsèques* , la loi de 1791 assujettissait les anciens concessionnaires à certaines *formalités*.

C'est ainsi que l'a pensé la loi de 1810 , car dans l'intitulé de la section 2 du titre VI, elle parle *des exploitations pour lesquelles on n'a pas exécuté la loi de* 1791, et dans l'art. 53, le premier de la section , elle s'occupe *des exploitants de mines qui n'ont pas exécuté la loi de* 1791, *et qui n'ont pas fait fixer, conformément à cette loi , les limites de leurs concessions.*

Ces exploitants-là ne sont point traités comme ceux de l'art. 51 ; ils ne sont pas proclamés propriétaires incommutables de plein droit et sans aucune formalité ; ils ont seulement le droit d'obtenir la concession de leurs exploitations, en se conformant à toutes les formalités prescrites par la loi nouvelle pour les demandes en concession.

Je recherche en ce moment quels sont les concessionnaires favorisés par l'art. 51 de la loi de 1810 ; je dois donc rechercher ce que les anciens exploitants avaient dû faire *pour exécuter la loi de* 1791.

774. — De tous les articles de la loi de 1791, il n'y en a que deux qui s'occupent de formalités à remplir par les anciens concessionnaires : ce sont l'art. 4 § 2 et l'art. 26. Le premier ordonne à ceux dont les concessions auraient plus de six lieues carrées de les faire réduire à cette limite par le directoire du département ; l'art. 26 enjoint à tous les concessionnaires maintenus de déposer aux archives départementales l'état et le plan de leur exploitation.

On a prétendu que l'art. 53 de la loi de 1810 se référait uniquement aux dispositions de ces articles 26 et 4 § 2. S'agissait-il d'une concession excédant six lieues carrées ? Son titulaire avait dû la faire réduire par le directoire du Département suivant l'art. 4 § 2 ; il avait dû, en outre, déposer les pièces mentionnées en l'art. 26. S'agissait-il d'une concession n'excédant pas six lieues carrées, le dépôt de ces pièces avait été la *seule* formalité à remplir, aucune délimitation officielle n'avait été nécessaire.

Adopté par un arrêt, très-laconique d'ailleurs, de la Cour de Bruxelles (16 mai 1832), ce système a été repoussé par la Cour de cassation de Belgique qui, le 28 janvier 1853 (*Pas.* 1853, 1, 188), a proclamé la nécessité d'une délimitation officielle de *toutes* les anciennes concessions, sans distinguer si elles avaient plus ou moins de six lieues carrées d'étendue.

« Considérant, a-t-elle dit, que la loi de 1791 décrète par son article 4 que les concessionnaires antérieurs *seront* maintenus pour un terme de 50 ans au plus, sous l'obligation de voir réduire leurs concessions à six lieues carrées si elles excédaient cette étendue ;

» Considérant que l'autorité départementale était chargée d'opérer cette réduction ; mais que pour reconnaître les concessions qui devaient la subir, il était indispensable que tout concessionnaire fît vérifier et fixer par elle les limites de sa concession ;

» Considérant que la loi du 21 avril 1810 ne permet aucun doute sur cette obligation et constate de la manière la plus certaine en son article 53 que tous les exploitants sans distinction ont dû, en exécution de la loi de 1791, faire fixer les limites de leurs concessions. » (Conforme DE CHEPPE, *Ann. des Mines*, 3ᵉ série, t. XIII, p. 756 et 757.)

775. — Ainsi donc, il n'a pas suffi aux anciens exploitants dont le périmètre n'atteignait pas six lieues carrées, de déposer aux archives du département les plans et pièces mentionnées en l'art. 26 ; ils ont dû, en outre, *faire délimiter leurs concessions par l'autorité Départementale.*

Mais n'ont-ils pas dû faire davantage ? N'ont-ils pas dû obtenir du *gouvernement* la maintenue de leurs exploitations, au moyen d'une demande soumise aux mêmes formalités *d'affiches*, *de publication*, etc., que les *demandes en concession ?*

L'autorité administrative semble l'avoir ainsi compris. On peut citer comme exemple des arrêtés rendus par le préfet de l'Ourthe le 29 germinal an X et le 17 brumaire an XI (DELEBECQUE, n° 965), et qui paraissent bien assujettir les anciens concessionnaires à l'obligation d'une *demande en maintenue*, sur laquelle *le gouvernement* avait à statuer après l'accomplissement des diverses formalités d'affiche et de publication. — DELEBECQUE (n° 965) et DUPONT (t. Ier, p. 579 et 592, etc.) se sont ralliés à cette pratique administrative.

La Cour de cassation de Belgique ne s'est pas montrée aussi exigeante dans son arrêt du 28 janvier 1853. Suivant elle, l'art. 53 de la loi de 1810 et la loi de 1791 n'ont imposé, pour toute formalité, que la fixation des limites de la concession *par le Directoire du Département* et le dépôt des pièces de l'art. 26. C'est, à mon sens, le système le plus exact. Il ne s'agit pas de créer des formalités qu'il aurait peut-être été sage de faire accomplir, mais de rechercher celles dont la loi a ordonné l'accomplissement. Or la loi de 1791 n'a pas subordonné la maintenue à une demande adressée au gouvernement, jugée par lui, et précédée de toutes les formalités des demandes en concession. L'art. 53 de la loi de 1810 l'avait ainsi compris, puisqu'il parle des concessionnaires *qui n'ont pas fait fixer, conformément à la loi de* 1791, *les limites de leurs concessions ;* or, suivant l'art. 4 de la loi de 1791, cette délimitation devait être l'œuvre du Directoire du Département, sans accomplissement préalable de telle ou telle formalité.

Je conclus. Les anciens exploitants qui avaient formé et fait accueillir par le gouvernement leur demande en maintenue, avaient sans doute et surabondamment exécuté la loi de 1791 ; ils devaient donc jouir de l'art. 51 de la loi de 1810, c'est-à-dire devenir propriétaires incommutables de leurs concessions, de plein droit, sans aucune formalité nouvelle. Mais ceux qui, sans aller aussi loin, avaient fait délimiter leur exploitation par le Directoire du Département, ceux-là aussi avaient exécuté la loi de 1791 à suffisance de droit, et devaient jouir du même bénéfice, sans en être réduits à former une demande en concession conformément à l'art. 53.

776. — Je viens de déterminer les concessionnaires auxquels s'applique l'art. 51 de la loi de 1810. Ce sont :

1o Ceux qui avaient obtenu une concession temporaire sous l'empire de la loi de 1791 ;

2o Les concessionnaires antérieurs à celle-ci, qui exploitaient leurs mines lors de sa publication, et qui avaient fait ensuite délimiter officiellement leur ancienne concession.

Mais suivant l'art. 15 de la loi de 1791, les concessions nouvellement octroyées et les anciennes concessions maintenues étaient frappées de déchéance, si leurs travaux cessaient pendant un an, à moins que la cessation n'eût eu des causes légitimes dont l'administration était juge.

Cette déchéance était-elle encourue de plein droit, ou ne l'était-elle que par une décision administrative précédée de mise en demeure?

La question est importante au point de vue de l'art. 51 de la loi de 1810. Si la déchéance était encourue de plein droit, le concessionnaire qui avait suspendu ses travaux depuis plus d'un an lors de la publication de cette loi, ne pouvait profiter du bienfait de l'art. 51, puisque, frappé de déchéance, il avait perdu sa concession et n'était plus concessionnaire. Que si, au contraire, la déchéance ne pouvait résulter que d'une ordonnance administrative, et qu'elle n'eût pas été prononcée lors de la publication de la loi de 1810, le concessionnaire qui aurait été dans le cas de l'encourir, ne l'avait pas cependant encourue, il était resté concessionnaire, et le bénéfice de l'art. 51 ne pouvait lui être refusé. Comment donc la déchéance de l'art. 15 de la loi de 1791 était-elle encourue ?

La question est fort ancienne, et l'administration française s'est toujours prononcée contre la déchéance de plein droit. « Tant que la loi de 1791 a été en vigueur, disait le ministre de l'intérieur en 1813 (LOCRÉ, XXXV, 1), jamais le gouvernement n'a disposé d'une mine concédée, quoique le concessionnaire fût dans le cas de la déchéance, sans annuler préalablement la concession existante par un acte émané de son autorité, et cet acte était toujours précédé d'une interpellation de répondre ou d'une mise en demeure. » Une ordonnance du 10 mai 1838 (*Ann. des Mines*, 3e série, t. XIII, p. 749) a fait application de cette doctrine, que tous les auteurs ont adoptée (DELEBECQUE, no 961 ; DUPONT, t. 1er, p. 585 ; PEYRET, no 490 ; DALLOZ, no 462).

Le Conseil des Mines de Belgique a cependant émis plusieurs fois un avis contraire (avis des 2 et 30 mars 1838, *Jur.*, p. 30 et 40 ; du 19 nov. 1852, *Jur. supp.*, p. 88). Suivant lui, la déchéance pour cessation de travaux avait lieu de plein droit, par le motif que la loi de 1791 ne la subordonnait ni à une mise en demeure, ni à une décision administrative. A la vérité, le gouvernement, comme le déclarait le ministre de l'intérieur en 1813, ne suivait pas une doctrine aussi rigoureuse ; mais sa conduite était simplement une preuve des ménagements que l'administration apportait dans l'exercice de ses pouvoirs.

Je crois, au contraire, avec tous les auteurs, que la conduite tenue par le gouvernement était pour lui une nécessité légale. En vain observe-t-on que l'art. 15 de la loi de 1791 ne subordonnait la déchéance ni à une mise en demeure ni à une ordonnance de l'administration. C'est précisément ce silence qui rendait nécessaires la mise en demeure et le décret de déchéance, puisque, d'après le droit commun, auquel la loi spéciale des mines n'apportait aucune dérogation, les déchéances n'existent pas de plein droit : c'est là un principe élémentaire, et c'est un principe de justice ; car, par cela même qu'une déchéance peut constituer une pénalité très-rigoureuse, il ne faut en frapper que celui qui ne satisfait pas à la sommation de remplir ses obligations : peut-être n'était-il en retard de les remplir, que parce qu'il croyait l'autre partie indifférente à leur accomplissement, et son retard ne devient punissable que quand il se perpétue après une sommation d'y mettre fin. Ces principes protecteurs du droit commun sont surtout applicables en matière de concession de mines : enlever à un concessionnaire, sans sommation ni autre formalité, une propriété considérable qu'il a peut-être enrichie par des travaux coûteux, la lui enlever, sans rien dire, par cela seul qu'il aurait cessé ces travaux pendant plus d'une année, et cela au vu et au su de l'administration elle-même, c'eût été d'une rigueur injuste ; si un texte formel l'avait consacrée, il faudrait bien s'y soumettre ; mais il n'existe heureusement pas.

777. — L'art. 14 de la loi de 1791 frappait également de déchéance le concessionnaire qui ne commençait pas ses travaux dans le délai de six mois après son décret de concession; mais il n'édictait pas non plus ici une déchéance de plein droit, et elle n'existait, par conséquent aussi, qu'en vertu de l'ordonnance qui la prononçait après une mise en demeure infructueuse.

778. — Je suppose donc que le titulaire d'une maintenue ou d'une concession octroyée sous l'empire de la loi de 1791 eût pu être frappé de déchéance pour cessation de travaux, mais que la déchéance n'eût pas été prononcée à sa charge lors de la loi de 1810 : Je viens de dire qu'il a profité de l'art. 51, et que par suite il est resté concessionnaire de sa mine.

Mais je demande ensuite, si, après la loi de 1810, il peut encourir la déchéance que la loi de 1791 permettait de décréter contre lui. — Le Conseil des Mines de Belgique a également décidé l'affirmative dans ses avis des 2 et 30 mars 1838. Sa décision est également inadmissible. J'ai démontré longuement, aux n⁰ˢ 268 et suivants, que la loi de 1810 avait répudié le système des déchéances pour cause d'inexploitation, et qu'assimilant la propriété de la concession aux autres propriétés afin de lui donner une constitution aussi solide, elle n'avait pas voulu permettre qu'on enlevât à un concessionnaire la concession qu'il laissait inexploitée, pas plus qu'on ne dépouille un propriétaire de l'héritage qu'il laisse en friche. Si cela est certain, il ne l'est pas moins que l'art. 51 de la loi de 1810 a rendu les eoncessionnaires antérieurs propriétaires perpétuels et incommutables de leur concession à l'égal des nouveaux concessionnaires, et qu'il a eu précisément pour objet de les assimiler à ces derniers, afin qu'il n'y eût désormais qu'une seule et même espèce de concessions (n⁰ 755). Les concessionnaires antérieurs à la loi de 1810 ont donc été à l'abri des anciennes déchéances, de même que les concessionnaires nouveaux : les titres des uns ont été rendus perpétuels et irrévocables comme devaient l'être ceux des autres.

IV. — EXAMEN DE L'ART. 53 DE LA LOI DE 1810.

779. — J'ai achevé le commentaire de l'art. 51 et je passe à celui de l'art. 53.

La loi de 1810 trouvait établies des exploitations de diverses espèces :

1º Les concessions obtenues après la loi de 1791 ;

2º Les concessions antérieures à cette loi qui avaient été maintenues par elle et qui l'avaient exécutée. Ces deux classes de concessions ont fait l'objet de l'art. 51 : elles ont été, de plein droit, assimilées à des concessions nouvelles.

3º Les exploitations ouvertes *sans concession après la publication de la loi de* 1791. La loi de 1810 n'a pas sanctionné ces entreprises illicites. La Commission du Corps-Législatif avait, à la vérité, proposé de déclarer concessionnaires *tous ceux qui étaient en possession d'une mine en activité :* à quoi bon, disait-elle, les déposséder pour mettre d'autres concessionnaires à leur place? Mais cette rédaction qui protégeait les exploitations ouvertes sans concession, même après la loi de 1791, ne fut pas adoptée (Cons. des M. de Belg., 1er août 1845, *Jur.*, p. 186; Cass. B., 11 juin 1842, *Pas.* 1842, 1, 281). Les possesseurs de ces exploitations ont donc dû ou devraient former une demande en concession régie par les principes ordinaires; mais il est à remarquer que leurs travaux établis ont pu ou pourraient constituer en leur faveur un motif de préférence.

780. — Il y avait enfin, lors de la loi de 1810 :

4º Les exploitants antérieurs à la loi de 1791 qui avaient été maintenues par elle, mais qui ne l'avaient pas exécutée, c'est-à-dire qui n'avaient pas fait fixer les limites de leurs concessions (nos 773 et ss.).

C'est pour ceux-là précisément que l'art. 53 a été fait : « Quant » aux exploitants de mines qui n'ont pas exécuté la loi de 1791, » et qui n'ont pas fait fixer, conformément à cette loi, les limites » de leurs concessions, ils obtiendront la concession de leurs » exploitations actuelles conformément à la présente loi; à l'effet » de quoi, les limites de leurs concessions seront fixées sur leurs » demandes ou à la diligence des préfets, à la charge seulement » d'exécuter les conventions faites avec les propriétaires de la » surface, et sans que ceux-ci puissent se prévaloir des art. 6 et 42 » de la présente loi. »

Deux conditions sont requises pour l'application de l'art. 53 :

1º Le concessionnaire doit réunir les conditions *intrinsèques* exigées par la loi de 1791 pour l'existence de la maintenue, c'est-à-dire avoir possédé, lors de la publication de cette loi, une exploitation ouverte et légitime (nos 759 - 772) ;

2º La concession doit avoir été exploitée lors de la loi de 1810 ou dans l'année qui suivit.

781. — En premier lieu, le concessionnaire doit avoir été maintenu par la loi de 1791 (avis du Cons. des M. de Belg. 3 oct. 1845, *Jur.* p. 189 en note). Supposez, en effet, qu'il ne l'eût pas été, que, par exemple, il n'eût pas eu d'exploitation en activité à cette époque. La mine serait, par cela même, tombée sous l'application de l'art. 1er de la loi de 1791, elle aurait pu être concédée à un autre par le gouvernement ; et le concessionnaire n'aurait pu l'exploiter sans concession. Or l'art. 53 de la loi de 1810 n'a certainement pas voulu soustraire à la main-mise nationale des mines qui en avaient été frappées, et faire revivre des titres que la loi de 1791 avait anéantis. La rédaction le prouve d'ailleurs clairement : il parle des exploitants *qui n'avaient pas exécuté la loi de* 1791 *et qui n'avaient pas fait fixer, conformément à cette loi, les limites de leurs concessions :* il suppose donc des concessions réunissant les conditions *intrinsèques* de la maintenue, car, pour les autres, il n'avait pu être question d'en faire fixer les limites, encore moins d'exécuter à leur égard la loi qui les avait mises à la disposition de la nation.

782. — L'art. 53 exige, en outre, une exploitation en activité lors de sa publication (Cons. des M. de B. 1er août 1845, *Jur.* p. 186 ; 29 avril 1854, *Jur. supp.* p. 97) : il n'accorde, en effet, aux anciens concessionnaires que le droit d'obtenir la concession de leur exploitation *actuelle.* Toutes les mines du pays sont libres dans les mains du gouvernement, voilà la règle. Il y a des mines qui ne peuvent plus être concédées, voilà l'exception, et ces mines-là sont celles dont les concessionnaires sont maintenus par les art. 51 et 53. Donc toutes les mines qui ne tombent pas sous l'application de ces articles, sont, par cela même, à la disposition du gouvernement. Or comme l'art. 53 ne maintient que les exploitations *actuelles,* il s'ensuit que les exploitations alors abandonnées étaient rendues concessibles.

Ajoutons toutefois que l'instruction ministérielle du 3 août 1810 (A § 11 *initio*) a permis aux anciens exploitants de profiter du bénéfice de l'art. 53, en reprenant leurs travaux dans l'année qui suivit la publication de la loi.

783. — L'art. 53 appelait les anciens exploitants à régulariser leur position par une *demande en maintenue;* ils ne répondirent pas tous à son appel et continuèrent néanmoins leurs travaux.

Il importait cependant que leurs titres fussent vérifiés et leurs limites officiellement fixées. Le gouvernement ne pouvait laisser librement exister des exploitations qui ne réunissaient peut-être pas les conditions voulues par l'art. 53. D'autre part, la loi de 1810 avait frappé toutes les concessions, les anciennes comme les nouvelles, de redevances au profit de l'Etat, dont l'une au moins, la redevance fixe, dépendait essentiellement de l'étendue des périmètres. Enfin, l'ignorance où l'on était des véritables limites des exploitations existantes entravait la marche de l'administration, en ce que l'on ne connaissait pas avec précision les mines qui pouvaient être concédées.

En conséquence, le décret du 6 mai 1811, organique des redevances au profit de l'Etat, ordonna aux exploitants de se mettre en règle, et imposa plus sévèrement ceux qui ne le feraient point.

Le décret du 3 janvier 1813 leur enjoignit à son tour de demander la concession de leurs exploitations dans le délai d'une année.

784. — Bientôt après, la Belgique fut séparée de la France; le trouble qui résulta de la séparation permit aux exploitants de continuer leurs travaux sans faire régulariser leurs titres.

Pour les y contraindre, un arrêté royal du 18 septembre 1818 ordonna que la concession de toute exploitation non régularisée fût demandée avant le 1er janvier 1819, sous peine d'être interdite à partir de cette époque, et prohiba immédiatement toutes celles de ces exploitations qui n'étaient pas notoirement en activité au 1er janvier 1814.

La sanction des dispositions de cet arrêté consistait dans les peines qui garantissaient les arrêtés royaux.

Consistait-elle, en outre, dans la déchéance du droit conféré par l'art. 53 d'obtenir la concession des exploitations anciennes? M. BRIXHE l'avait pensé (*Rep.* V° *Maintenue*, n° XL), sans développer d'ailleurs son opinion. Mais la Cour de Bruxelles a décidé le contraire le 21 janvier 1837 : l'arrêté de 1818, en effet, ne prononce pas de déchéance, et les déchéances n'existent qu'en vertu d'une disposition formelle de la loi. (Conformes : DELEBECQUE, n°s 980 - 982; Cons. des M. de B. 7 avril 1843, *Jur.* p. 147).

Concluons donc que les anciens exploitants qui réunissaient les conditions intrinsèques d'une demande en maintenue, n'ont pas dû faire régulariser leur position dans un délai fatal.

785. — Certaines substances qui ne sont pas concessibles sous l'empire de la loi de 1810 avaient pu être et avaient été concédées sous l'empire de la législation antérieure. On s'est demandé si les anciennes exploitations de ces substances ont profité des art. 51 et 53, de telle façon qu'elles seraient devenues perpétuelles alors même qu'elles auraient été temporaires auparavant.

La question s'est présentée relativement à des terres pyriteuses et vitrioliques situées dans les communes d'Urcel et de Chaillevet, département de l'Aisne, et pour lesquelles deux décrets du 11 mai 1807 avaient institué des concessions de cinquante années. Les concessionnaires ont prétendu que leurs concessions avaient été rendues perpétuelles par l'art. 51 de la loi de 1810. Mais il a été décidé que cet article ne pouvait s'appliquer qu'aux substances que la loi a maintenues dans la classe des gîtes concessibles, et non à celles qu'elle a affranchies de cette condition, parce qu'elles étaient une dépendance de la propriété du sol.

« Le principe de non rétroactivité, a dit avec raison M. De Cheppe (*Ann. des M.*, 3e série, t. 12, p. 635) veut que les concessionnaires de ces dernières substances en conservant la jouissance pendant toute la durée qui a été fixée par leurs titres ; mais il n'exige rien de plus. Le législateur, pour mieux assurer l'aménagement des mines, pour prévenir les graves inconvénients qui résultaient des jouissances temporaires que l'on accordait autrefois, ayant décidé par l'art. 7 que les concessions seraient désormais perpétuelles, a voulu que les anciennes concessions reçussent dès ce moment le même caractère : tel est le sens, le but de l'art. 51. Par conséquent, par ces mots *concessionnaires antérieurs*, il n'a pu entendre que les concessionnaires de *mines*, que ceux qui exploitaient les gîtes minéraux, dont il voulait garantir la bonne exploitation, en inspirant à leurs possesseurs, par la perpétuité qu'il donnait à leur jouissance, cet esprit de sage économie, de conservation, qui s'attache à une propriété que l'on regarde comme un patrimoine, comme un bien de famille. Quant aux autres concessionnaires, il n'y avait aucun motif pour leur accorder la même faveur. Il y aurait même eu de la contradiction à procéder ainsi : car, rendre une concession perpétuelle de temporaire qu'elle était, c'est en quelque sorte la concéder de nouveau ; c'est la prendre où elle finit pour la faire revivre, et une loi qui n'admet plus les concessions d'une certaine matière minérale, n'a pu avoir la pensée de donner la perpétuité à ces mêmes concessions.... Les propriétaires du sol sont d'ailleurs fondés à revendiquer, à l'expiration du terme de la concession, ce qui, d'après la loi nouvelle, forme une dépendance de la propriété de la surface; c'est envers eux que l'on serait injuste, si on leur interdisait de rentrer dans ce qui leur appartient, dans un bien dont ils n'étaient privés que temporairement. »

786. — Cette dernière considération me suggère une observation assez importante sur le point qui nous occupe. Dans certains pays, notamment au pays de Liége, le propriétaire du sol pouvait exploiter les substances minérales ou fossiles enfouies dans son héritage ou concéder à d'autres le droit de les exploiter. Une concession de ce genre qui aurait pour objet (je le suppose) une substance que la loi de 1810 n'a pas rangée dans la classe des mines, ne pourrait donc pas invoquer le bénéfice des art. 51 et 53, lesquels ne s'appliquent, comme on vient de le dire, qu'aux anciennes concessions *de mines*. Mais il faut remarquer qu'elle serait néanmoins maintenue conformément à l'acte qui l'a institué, de telle sorte qu'elle demeurerait perpétuelle si elle avait été accordée à perpétuité, La raison en est que le propriétaire du sol aurait seul intérêt à la faire aujourd'hui considérer comme anéantie, puisque la substance autrefois concédée et que nous supposons ne plus être concessible, serait à sa disposition, si l'ancienne concession n'existait pas. Mais comme c'est précisément le propriétaire du sol ou ses auteurs qui ont institué cette concession ancienne, il est évident qu'ils doivent la respecter, et qu'elle trouvera ainsi sa maintenue dans le droit qu'ils avaient de l'établir à l'époque où ils l'ont établie. — Je connais d'anciens octrois accordés au pays de Liége par un propriétaire du sol et portant concession du *schiste alumineux* renfermé dans ses héritages : le schiste alumineux ne constitue pas aujourd'hui une mine concessible, les art. 51 et 53 n'ont donc pas confirmé les anciens octrois dont je parle ; mais ils sont valables et perpétuels vis-à-vis du propriétaire actuel du sol, parce qu'il doit respecter la cession à perpétuité que ses auteurs ont jadis légitimement consentie ; et ils sont valables vis-à-vis du gouvernement, parce que le schiste alumineux n'est pas sujet à concession.

V. — NATURE DU DROIT ACCORDÉ PAR L'ART. 53.

787. — Après avoir déterminé les exploitants qui peuvent invoquer l'art. 53 de la loi de 1810, j'ai à définir le droit qu'il leur attribue.

« Ils obtiendront, dit-il, les concessions de leurs exploitations actuelles, conformément à la présente loi, à l'effet de quoi les limites de leurs concessions seront fixées sur leurs demandes ou à la diligence des Préfets. »

Il suit incontestablement de cette disposition que la demande en concession, ou plutôt en maintenue, formée par les exploitants de l'art. 53, doit être précédée des mêmes formalités d'affiches, de publications et d'avis préalables que les demandes en concessions proprement dites : les mots *conformément à la présente loi* le prouvent d'autant plus, que l'art. 51, avec lequel l'art. 53 est mis en opposition, n'a dispensé de toutes formalités préalables que les concessionnaires dont il parle (DUPONT, t. 1er, p. 596, etc.). Il était d'ailleurs utile de publier la demande en maintenue ; c'était le moyen de donner l'éveil aux personnes intéressées à soutenir que la demande ne réunissait pas les conditions légales, et que, par suite, la mine pouvait leur être concédée (C. des M. de Belg. 21 fév. 1845 ; *Jur.*, p. 163).

788. — La demande en maintenue doit, par application de ce principe, être accompagnée d'un plan régulier de la surface conformément à l'art. 30 de la loi de 1810. Cette application se justifie encore par le motif que la maintenue a précisément pour objet de fixer avec exactitude les limites de la concession.

789. — Mais faut-il pousser plus loin l'assimilation des demandes en maintenue de l'art. 53 et des demandes en concession ordinaires ? faut-il appliquer aux premières les règles *intrinsèques* qui gouvernent les secondes ?

Le Conseil des Mines de Belgique paraît admettre l'affirmative. Dans un avis du 21 février 1845 (*Jur.*, p. 163) il a, en effet, décidé que le gouvernement avait le droit de refuser une maintenue, dont le titre serait d'ailleurs incontestable, si la mine n'était pas jugée susceptible d'une exploitation régulière ; et dans un rapport qui a servi de base à un autre avis du 7 nov. 1840 (*Jur.*, p. 115), il paraît également assimiler, pour le fond comme pour la forme, les demandes en maintenue aux demandes en concession.

Cette doctrine répugne au texte et à l'esprit de la loi.

Les exploitants ont à justifier qu'ils se trouvent dans les conditions de l'art. 53 , c'est-à-dire qu'ils possédaient, lors de la loi de 1791, une exploitation ouverte et légitime , qui était encore en activité lors de la loi de 1810 ou dans l'année suivante (nᵒˢ 781-783) : mais cette justification faite , la maintenue qu'ils réclament, en remplissant les formalités légales, ne peut pas leur être refusée comme pourrait l'être une demande en concession.

Voyez , en effet, la rédaction *toute spéciale* de l'art. 53 ! Il ne dit pas que les exploitants dont il parle demanderont une concession qui pourra leur être refusée pour tel ou tel motif ; il leur reconnaît et il leur accorde *le droit d'obtenir* ce qu'ils demandent : *ils* OBTIENDRONT , dit-il , *la concession de leurs exploitations actuelles.* — Aussi le décret du 3 janvier 1813 en ordonnant aux anciens exploitants de former leur demande en maintenue dans le délai d'une année, s'exprime-t-il de la manière suivante : (art. 1ᵉʳ) « Les exploitants qui , conformément aux dispositions de la loi » du 21 avril 1810 , *ont le droit d'obtenir la concession de leurs* » *exploitations actuelles...* »

Pour l'art. 53 , qu'est-ce donc en réalité que la demande en concession ? c'est la vérification du titre à la maintenue , c'est la régularisation d'une exploitation existante et la fixation de ses limites. Cela est si vrai que l'art. 53 ne frappe pas de déchéance l'exploitant qui ne demande pas sa maintenue , mais qu'il enjoint seulement au préfet de fixer d'office les limites de la concession , reconnaissant par là , d'une manière non équivoque , le droit acquis de l'exploitant à conserver son exploitation.

L'esprit de la loi , qui était un esprit de justice , le voulait d'ailleurs ainsi.

Ni la loi de 1791 ni celle de 1810 , comme je l'ai dit au début de ce chapitre , n'étaient faites pour un pays vierge d'exploitations minières : elles trouvèrent en France , et plus encore en Belgique, une multitude d'exploitations qui en faisaient la richesse et l'honneur, et qui étaient conformes aux lois du pays. Fallait-il anéantir ces établissements florissants et légitimes ? Non , sans doute : c'eût été la plus monstrueuse et la plus funeste injustice; c'eût été la violation des droits les mieux acquis.

Aussi la loi de 1791 déclare-t-elle maintenir les exploitations en activité et légitimement ouvertes. Dans son respect pour ces exploitations si intéressantes , elle ne voulut même pas en assujettir la maintenue à quelque formalité dont l'inaccomplissement eût été une cause de déchéance : elle exigea seulement, et encore fut-ce d'une manière implicite, que tous les concessionnaires maintenus fissent vérifier et fixer les limites de leurs concessions (nos 772). Il y en eut qui ne le firent pas : la loi de 1791 n'avait point pour cela déclaré leurs exploitations illicites, et l'administration n'avait pas même sévi contre eux ; leurs travaux avaient une origine légitime et ils étaient utiles au pays.

La loi de 1810 trouve ces exploitations en activité. Pouvait-elle, pour un défaut de demande en fixation de limites, venir menacer leur existence, compromettre leurs droits acquis? La rigueur aurait été grande, elle aurait été injuste. Aussi, bien loin de la déployer, la loi de 1810 couvrit-elle de son indulgence le retard que les anciens exploitants avaient mis à faire régulariser leurs titres ; elle les maintint à son tour, car, par son article 53, elle leur reconnut le droit d'obtenir la concession de leurs exploitations actuelles, sans les frapper de déchéance, pas plus que la loi de 1791 ne l'avait fait, au cas où ils ne la demanderaient pas.

Il ne s'agit donc point pour un ancien exploitant de venir solliciter une concession du gouvernement ; il ne demande point ce qu'il n'a pas ; il réclame, au nom de la loi et de la justice, la reconnaissance de ce qu'il a. J'ai ouvert, dit-il, avant la publication de la loi de 1791 une exploitation de mines, et je l'ai ouverte légitimement, en vertu d'une concession de l'autorité compétente, de mon droit de haute justice, de mon droit de propriétaire du sol, etc. J'exploitais cette mine lorsque la loi de 1791 fut publiée : elle ne me l'a pas ravie, elle m'a laissé mon bien. La loi de 1810 est apparue: mon exploitation était toujours ouverte ; elle devait la respecter aussi, elle la fait. Seulement elle m'a dit d'exposer mes titres et de faire fixer mon périmètre. Mes titres, les voici : je demande qu'on les vérifie et que ma concession soit délimitée.

Tel est et tel doit être le sens de l'art. 53 : le gouvernement qui statue a devant lui une mine exploitée, une ancienne concession, à laquelle il doit donner non pas une existence, mais une consécration nouvelle (1).

______

(1) La nature des demandes en maintenue a été ainsi appréciée par le Conseil d'Etat de France dans une affaire dont RICHARD rend compte au n° 278 (voyez t. 2, p. 519 et 520).

790. — Comment dès lors pourrait-il appliquer à la reconnais·
sance forcée d'une exploitation existante les principes qui régissent
l'octroi volontaire des concessions?

Ainsi d'abord, pour prendre l'application que le Conseil des
mines en a faite dans son avis du 21 février 1845, comment
serait-il possible de refuser une maintenue, sous prétexte que la
concession à maintenir ne se prêterait pas à une exploitation régulière? Refuser la maintenue, c'est sans doute vouloir anéantir la
concession ancienne, car autrement le refus n'aurait pas d'intérêt.
Mais est-il donc possible de soutenir que l'art. 53 de la loi de 1810
ait permis au gouvernement de détruire une concession légitimement acquise avant la loi de 1791 et légitimement exploitée depuis,
qu'il lui ait permis de ruiner un citoyen qui avait travaillé sous
la foi des lois de son pays, et ce, parce que cinquante ans, cent
ou deux cents ans plus tard, son exploitation sera jugée trop petite
pour être régulière et profitable? La rétroactivité ne se présume
point parce qu'elle est une iniquité, et c'est faire injure au législateur de 1810 que de l'en accuser.

791. — Si les demandes en maintenue devaient être *examinées
à toutes fins*, suivant les expressions du Conseil des mines (avis
du 21 février 1845), c'est-à-dire sans doute si elles devaient être
examinées comme une demande en concession (sauf les concur-
rences qui sont écartées), le gouvernement serait donc en droit
d'exiger de l'ancien concessionnaire la justification des facultés
nécessaires pour conduire les travaux, et s'il appréciait que cette
justification n'est pas faite, il lui serait donc libre alors de refuser
une concession! — Mais ce serait le comble de l'injustice! Jamais
la loi de 1810 n'a pu livrer ainsi à la merci du gouvernement les
vieilles et légitimes exploitations du pays. Jamais elle n'a pu permettre d'exproprier un citoyen sous le prétexte qu'il n'est plus
assez riche pour faire valoir sa propriété!

772. — Il y aurait cependant quelque chose de plus fort encore.
Le gouvernement n'est pas tenu d'octroyer une concession alors
même que toutes les conditions légales en sont constatées : il peut
trouver utile de suspendre l'octroi des concessions par des considérations de pure économie sociale (n° 177). Dira-t-on donc qu'il
aurait le droit de refuser une maintenue et de suspendre une
exploitation en pleine activité, parce qu'il le croirait utile à la
chose publique? Il faudrait bien le dire, si les demandes en maintenue devaient être examinées *à toutes fins* comme les demandes

en concession : mais le droit et l'équité se révolteraient contre de pareilles conséquences. Elles condamnent le système qui les produit !

793. — Aussi le Conseil des mines lui-même les a-t-il parfois repoussées. J'en trouve la preuve dans un avis du 25 février 1842 *(Jur.* p. 137). Une société charbonnière du Hainaut réclamait la maintenue d'une concession de houille sous un périmètre de 756 hectares ; elle produisait la copie collationnée d'un octroi du 3 avril 1715 , par lequel les seigneurs hauts justiciers avaient auto- risé ses fondateurs à extraire du charbon dans toute l'étendue de ce périmètre ; elle établissait que depuis lors son exploitation n'avait pas cessé d'être en activité. Mais des concurrents lui oppo- saient que le périmètre de la maintenue réclamée était trop étendu, et que l'intérêt général exigeait la division des exploitations. Le Conseil des mines examina-t-il *à toutes fins* la demande en con- cession ? Examina-t-il en conséquence le motif invoqué par les concurrents de l'ancien concessionnaire ? Pas le moins du monde, et consacrant en termes formels le système *des droits acquis à la maintenue,* il en déduisit une fin de non recevoir. « Attendu, dit-il, que le moyen tiré de l'intérêt général sur la division des exploi- tations, moyen invoqué principalement par les demandeurs en concurrence, ne peut être pris en considération alors qu'il s'agit, comme dans le cas actuel, *de droits acquis à la propriété de la mine.* »

794. — Je conclus de tout ce qui précède que quand il s'agit d'une demande en maintenue , « le gouvernement se trouve en présence d'un ancien possesseur et exploitant , muni d'anciens octrois, qui revendique des droits acquis, qui a le droit d'obtenir la maintenue demandée, et que la mission du gouvernement se borne à reconnaître ces droits acquis en en délimitant le péri- mètre. » (Brux. 9 février 1857 ; *Pas.* 1857 , 2 , 158.)

795. — Le périmètre de l'ancienne concession ne peut donc subir aucune atteinte ; il doit être délimité à vue des anciens titres et maintenu dans toute son étendue , à moins qu'il n'excède six lieues carrées, auquel cas il y est réduit conformément à l'art. 4 § 2 de la loi de 1791 (DELEBECQUE, n° 973 ; PEYRET, n° 492 ; DUPONT, t. Ier , p. 597 ; RICHARD , n° 278).

DELEBECQUE en cite un exemple remarquable. « Les sociétés de la Hestre et de Marimont (Hainaut) avaient demandé la délimi- tation de leurs exploitations respectives ; il n'existait aucun débat entre elles sur les limites des territoires où elles prétendaient avoir le droit d'exploiter. Cependant, le 6 octobre 1810, intervint un décret qui, basé sur le nouveau plan de l'ingénieur des mines, attribue à la Société de Marimont une portion du territoire de la concession de la Hestre *et vice versa*; sur la réclamation de la Société de la Hestre, ce décret fut révoqué le 15-21 février 1814 et comme l'occupation de 'la Belgique par les puissances alliées rendait ce décret sans application, le prince souverain porta, le 1er nov. 1814, un arrêté qui confirma ce retrait. »

En vain, pour modifier deux anciens périmètres au moyen de cette espèce d'échange, le gouvernement invoquerait-il le bien-être des exploitations. Le parti pourrait être sage à ce point de vue, observe DELEBECQUE (no 985), mais la loi ordonne de respecter des droits acquis.

796. — Il suit encore de ces principes que le gouvernement n'a pu légalement concéder à autrui tout ou partie d'une ancienne concession, quoique non encore maintenue. A la vérité, tant que la maintenue n'avait pas été accordée aux termes de l'art. 53, la propriété de la mine n'appartenait pas à l'exploitant, en ce sens qu'il n'avait pas de titre reconnu, de titre assuré, en ce sens que le gouvernement pouvait ne pas reconnaître à son profit l'existence des conditions voulues par l'art. 53, et qu'alors il se trouvait réduit à la position d'un demandeur en concession ordinaire, exposé à des demandes en concurrence. En ce sens donc, on peut admettre ce qu'a dit la Cour de cassation de Belgique dans un arrêt du 28 janvier 1853 (*Pas.* 1853, 1, 188), à savoir que jusqu'à la délimitation officielle de sa concession, l'ancien exploitant possédait précairement et n'était pas propriétaire.

797. — Mais je suppose qu'en fait un ancien concessionnaire se rouvât dans les conditions requises par l'art. 53; je dis qu'aucune partie de sa concession n'a pu être valablement concédée à autrui, même avant l'obtention de la maintenue. C'est une conséquence directe : 1o du caractère de ses droits, qui étaient des droits *acquis*, et 2o de l'absence de tout délai *fatal*, endéans lequel il aurait dû les faire vérifier *à peine de déchéance*. Sans doute, aussi longtemps que les conditions de la maintenue n'étaient pas reconnues, et que les limites des anciennes exploitations n'étaient pas officiellement fixées, le gouvernement pouvait, même sans le vouloir, porter atteinte aux concessions anciennes. Aussi l'administration provoqua-t-elle instamment leur régularisation ; aussi

prit elle des mesures multipliées pour y arriver (nᵒˢ 783 et 784).
Mais, parmi ces mesures, ni la loi de 1791, ni celle de 1810, ni
le gouvernement ne placèrent jamais la déchéance (nᵒ 784) : on
comprenait trop bien le respect et les ménagements mêmes qui
étaient dus à des établissements légalement érigés, à des exploitations fondées et soutenues à grands frais : on ne pouvait pas en
dépouiller les possesseurs, sous prétexte de l'inaccomplissement
d'une formalité quelconque. Or, ce serait en réalité autoriser la
déchéance, dont les lois ni le gouvernement n'ont jamais voulu,
que de considérer comme valables les concessions qui auraient
été octroyés au détriment d'une ancienne exploitation ayant droit
à la maintenue.

798. — Ainsi donc, en résumé, la maintenue de l'art. 53 forme
un droit acquis pour l'ancien concessionnaire ; elle ne peut lui
être refusée dès que les conditions requises par cet article sont
constatées ; elle doit recevoir les limites que les anciens titres lui
attribuent ; et avant même que le décret de maintenue ait été
rendu, l'ancienne exploitation n'a pu subir aucune atteinte par
des concessions octroyées à autrui.

Mais à cela près (et sauf ce qui sera dit plus loin des redevances),
l'ancienne concession maintenue est assimilée aux concessions
nouvelles, tant sous le rapport des droits que sous celui des
obligations.

Ainsi, elle devient une propriété perpétuelle, disponible et
transmissible comme tous autres biens (art. 7) ; ainsi, elle confère
le droit d'occuper la surface pour les besoins de l'exploitation
(art. 43 et 44), etc.

Par contre, elle est grevée des mêmes charges. Ses travaux
doivent respecter les propriétés réservées par l'article 11. Elle est
chargée envers l'État des redevances établies par les articles 33 et
34. Elle est soumise au pouvoir de police dont les articles 47 à 50
investissent l'administration et à toutes ses conséquences, etc.

799. — J'admettrais aussi avec le Conseil des mines de Belgique
(avis du 21 février 1845), que le demandeur en maintenue peut
être contraint, comme le demandeur en concession, de souscrire
un cahier des charges. Mais celui-ci ne peut pas contenir des
clauses contraires au texte ou au vœu de la loi, et notamment il
ne peut pas imposer au concessionnaire l'exécution de tels ou
tels travaux *au point de vue d'une exploitation régulière et profitable*
(nᵒˢ 268 et ss.).

800. — Le gouvernement est compétent pour statuer sur l'existence des conditions de la maintenue : c'est là précisément le premier objet de la mission qui lui a été confiée par l'art. 53 (Cons. des M., avis du 17 oct. 1851 et du 1er déc. 1854 ; *Jur. supp.*, p. 18 et 109). La Constitution belge n'a pas détruit cette attribution ; à la vérité, elle a mis dans la compétence exclusive du pouvoir judiciaire toutes les contestations qui portent sur les droits civils : mais si le droit à la maintenue est un droit acquis pour les anciens exploitants, il ne l'est que sous certaines conditions dont le gouvernement a reçu la mission d'apprécier l'existence : l'exploitant ne peut séparer son droit à la maintenue de l'obligation qui lui a été imposée par l'art. 53 d'en demander la reconnaissance au gouvernement, et, par suite, la Constitution belge ne lui a pas permis de décliner à cet égard la compétence administrative.

801. — Investi du droit de vérifier l'existence des conditions de la maintenue, le gouvernement l'est également du droit de vérifier les limites de cette dernière (Avis précités du C. des M.) : Le texte de l'art. 53 est formel sur ce point ; et puisqu'en présence de ce texte catégorique, on ne peut douter de la compétence du gouvernement à l'effet de reconnaître les limites des anciennes concessions, c'est encore une raison pour décider que le gouvernement est compétent pour statuer sur l'existence des conditions de la maintenue elle-même. Je répète que la Constitution belge n'a pu exercer d'influence sur cette attribution gouvernementale : l'ancien exploitant a reçu sans doute de la loi de 1810, comme de la loi de 1791, le droit de conserver sa concession dans toute son étendue (à moins qu'elle n'excédât six lieues carrées) ; mais son droit a été du même coup soumis au jugement de l'adminis·tration. Si donc le demandeur en maintenue n'est point d'accord avec l'autorité administrative sur les limites de son ancienne exploitation, ces difficultés seront décidées par l'acte de concession : l'art. 56 § 1 de la loi de 1810 a eu soin de le déclarer. A la vérité, les contestations sur les limites *d'une concession* sont, en Belgique, de la compétence exclusive du pouvoir judiciaire : mais c'est qu'il s'agit alors d'un droit reconnu, d'un droit qui n'est pas soumis à la vérification ultérieure de l'administration.

802. — En reconnaissant au gouvernement le droit de statuer sur l'existence et sur les limites d'une maintenue, conformément à l'art. 53, je n'entends parler que des anciennes concessions dont il s'agit dans cet article, c'est-à-dire de celles qui ont besoin, précisément, d'être reconnues par le gouvernement, faute d'avoir été régularisées auparavant, et qui sont, par cela même, soumises à l'appréciation de l'autorité administrative, ainsi que je viens de l'expliquer. Mais s'il s'agissait d'une concession ancienne de l'art. 51, je pense que la question de son existence et de son étendue échapperait à la compétence du gouvernement, parce que les concessions de l'art. 51 ont été maintenues et consacrées par cet article même, sans formalités ni vérifications administratives, et que le droit qui en résulte est un droit civil ordinaire, un vrai droit de propriété, indépendant de toute appréciation ultérieure du gouvernement (C. des M., 1er déc. 1854; *Jur. supp.*, p. 109). Si donc quelqu'un se prétendait propriétaire d'une mine aux termes de l'art. 51 de la loi, l'autorité administrative devrait se dessaisir et renvoyer cette question de propriété devant les tribunaux, par application de l'art. 28 dans sa partie finale.

803. — Lorsqu'une contestation s'élève *entre deux exploitants voisins* sur leurs limites respectives, le même article 56 § 2 la soumet aux tribunaux : « Ce sont alors, disait la Commission du Corps Législatif en proposant d'insérer l'art. 56 dans la loi, des propriétaires qui plaident pour faire régler leurs droits et leurs limites ; la compétence appartient essentiellement aux tribunaux ordinaires : c'est une conséquence du principe consacrée par l'art. 7 de la loi. » (Locré, XXVII, 32.)

Remarquons toutefois qu'en France l'interprétation des actes administratifs devrait être préalablement renvoyée à l'administration.

804. — Il arrivait fréquemment que l'administration n'avait pas tous ses apaisements sur l'existence des conditions de la maintenue ou sur les limites de son périmètre, et que néanmoins elle voulait confirmer l'exploitation demanderesse. Parfois aussi il importait à la régularité de l'exploitation d'agrandir ses anciennes limites ; ou bien encore il fallait, conformément au vœu de la loi de 1810, étendre à toutes les veines de houille du périmètre une ancienne concession qui n'en comprenait que quelques-unes.

Dans ces hypothèses, et surtout dans la première, le gouvernement avait pris pour règle d'accorder *maintenue et, pour autant que de besoin, concession nouvelle* des mines indiquées dans l'acte de concession. C'est encore la marche qui est suivie actuellement dans les demandes en maintenue sur lesquelles le gouvernement est appelé à statuer. (Brixhe, V° *Maintenue*, nos 23 à 28;

DELEBECQUE, n° 985 ; C. des M., avis du 5 mai 1843 et du 21 février
1845, *Jur.*, p. 151 et 163).

VI. — DES REDEVANCES DUES PAR LES ANCIENNES CONCESSIONS.

805. — On a vu (n° 798) que les anciens concessionnaires,
porteurs d'un acte de maintenue, sont grevés des mêmes obligations que les concessionnaires nouveaux.

Il en est toutefois autrement à l'égard des redevances que les
art. 6 et 42 accordent au propriétaire de la surface. Les concessionnaires maintenus ont été dispensés de les acquitter ; mais ils
ont été chargés, par contre, d'exécuter les anciennes conventions faites avec les propriétaires du sol.

Le législateur a craint de donner à la loi un effet rétroactif
en imposant aux anciens exploitants une charge dont ils n'auraient pas été grevés d'après la loi de leur institution ; la loi
de 1791 ni la législation antérieure de la France n'attribuaient,
en effet, aux propriétaires fonciers une redevance sur les concessions de mines. (Cass. Fr., 2 février 1858 ; S. 1859, 1, 47).
La crainte du législateur de 1810 n'était cependant qu'un scrupule
mal fondé : puisqu'il transformait les concessions antérieures,
qui n'étaient que temporaires aux termes de la loi de 1791, en
propriétés perpétuelles, il aurait pu certainement, en échange
de ce bienfait, faire peser sur elles la charge qu'il imposait aux
nouvelles concessions ; ce fut donc plutôt par générosité, comme
le disait d'ailleurs le comte GIRARDIN (LOCRÉ, XXX, 26), qu'ils
n'en furent pas grevés.

806. — Mais le principe de la non rétroactivité aurait été
réellement méconnu, si les anciens exploitants avaient été déliés
des redevances promises par eux ou leurs auteurs aux propriétaires de la surface : aussi les art. 51 et 53 déclarèrent-ils expressément qu'elles devaient être payées comme par le passé.

807. — Cette réserve des conventions antérieures fut principalement utile pour le pays de Liége. Les propriétaires de la
surface y avaient la propriété des mines : on ne pouvait, en
général, les exploiter que de leur consentement, et quiconque
les exploitait était tenu de leur payer un tantième de l'extraction,
sans qu'il y eût même de convention à cet égard, la coutume
tenait lieu de contrat dans le silence des parties.

Si le *droit de terrage* a été stipulé par une convention formelle, il est hors doute que l'ancien exploitant, maintenu par l'art. 51 ou l'art. 53 de la loi de 1810 en est demeuré chargé : il s'agit bien alors d'une de ces conventions faites avec le propriétaire de la surface, que les dits articles ont formellement prescrit d'exécuter. La solution doit être la même à l'égard des droits de terrage acquis au propriétaire par le seul effet de la coutume; celle-ci formait entre les parties, comme je l'ai dit tantôt, une convention tacite aussi efficace qu'une convention expresse. L'art. 55 dissiperait le doute, s'il pouvait en exister, car il enjoint aux tribunaux de faire respecter les droits qui résultaient des *usages établis*, à l'égal de ceux qui résultaient de *conventions réciproques*. (Brixhe, V° *Terrage*, t. II, p. 404 et s.; Delebecque, n° 987, *in fine*; Liége, 18 oct. 1819, arrêt rapporté par Brixhe, en note.)

808. — Mais à quels concessionnaires peut-on aujourd'hui réclamer ce droit de terrage conventionnel ou coutumier?

C'est uniquement aux exploitants antérieurs à la publication de la loi de 1791 dans le pays de Liége, c'est-à-dire antérieurs au 25 frimaire an IV (16 décembre 1795). En conséquence on ne peut le réclamer à charge des concessions accordées en vertu de la loi de 1791 ou de la loi de 1810.

809. — Cela est incontestable et incontesté pour les concessions octroyées en exécution de la loi de 1810, qui, ayant elle-même réglé les droits du propriétaire du sol sur les mines non encore concédées, a évidemment abrogé les anciens usages qui réglementaient ces droits-là.

810. — Mais relativement aux concessions octroyées sous l'empire de la loi de 1791, la Cour de Liége a décidé qu'elles étaient assujetties aux anciens droits de terrage : arrêt du 26 janvier 1817 concernant une concession accordée en 1806 (Brixhe, V° *Terrage*, p. 408 et 409); arrêt du 18 octobre 1819 concernant une concession du 11 janvier 1808 (*Pasicrisie*, à cette date; Brixhe, V° *Terrage*, p. 406 en note).

Si ces arrêts avaient été fondés sur ce que les concessions litigieuses constituaient en réalité des maintenues d'exploitations anciennes, leur décision serait exacte et rentrerait dans les termes de la doctrine posée au n° 813. Mais ils paraissent décider, par la généralité de leurs motifs, que les concessions *nouvelles* octroyées sous l'empire de la loi de 1791 ont été, comme les concessions anciennes, grevées du droit de terrage. Sous ce rapport, leur décision ne serait pas admissible.

DELEBECQUE (n° 989) a victorieusement refuté tous les arguments de la Cour de Liége. Mais il suffit d'une observation aussi simple que décisive pour démontrer leur impuissance. Qu'était-ce donc que le droit de terrage du pays de Liége? C'était le prix du droit que le propriétaire avait d'exploiter la houille de son fonds, c'était le prix de la cession qu'il faisait de ce droit à un maître de fosse. Après la publication de la loi de 1791, le propriétaire conserva-t-il le droit d'exploiter par lui-même ou celui de permettre l'exploitation à un autre? Non certainement. Comment donc lui reconnaître encore le droit de terrage, qui résultait d'un droit de propriété désormais anéanti? Ce serait faire survivre l'effet à sa cause.

811. — Le droit de terrage étant uniquement dû par les exploitations antérieures à la loi de 1791, il suit qu'il ne peut être réclamé que dans les limites de la concession ancienne. Et comme tout demandeur est tenu d'établir le fondement de son droit, celui qui réclame un droit de terrage à charge de certaines mines est obligé de prouver qu'elles sont situées dans les *Prises* de l'ancienne exploitation, c'est-à-dire, dans les terrains que les maîtres de fosse avaient le droit de déhouiller (BRIXHE, V° *Prises*). Le moyen de preuve le plus simple consisterait à établir que le terrage était autrefois payé par l'exploitation défenderesse au maître du terrain, à raison duquel il est aujourd'hui réclamé.

812. — Si, comme il est arrivé souvent, le périmètre de l'ancienne concession avait été agrandi par le décret de maintenue, le propriétaire du territoire annexé ne pourrait réclamer sur l'agrandissement que les redevances établies par la loi de 1810. C'est pour cela que le gouvernement, en accordant à un ancien exploitant *maintenue* et, *pour autant que de besoin, concession nouvelle* du périmètre repris en l'acte de concession (n° 804) ordonnait aux concessionnaires d'exécuter, à l'égard des propriétaires du sol que la *maintenue* concernait, les conventions antérieures, et fixait, pour les mines tombant sous la *concession*, l'indemnité due aux propriétaires de la surface en vertu des art. 6 et 42 de la loi de 1810. (BRIXHE, V° *Maintenue*, n° 27.)

Que si le décret n'indiquait pas séparément les terrains compris dans la maintenue et ceux de la concession nouvelle, le demandeur serait obligé, comme je l'ai dit au n° précédent, d'établir que le terrain pour lequel il réclame le droit de terrage fesait partie des *prises* de l'ancienne exploitation.

813. — Il importerait peu d'ailleurs que la maintenue eût été qualifiée de *concession*, et que le gouvernement, laissant à l'écart les conventions antérieures à la loi de 1791, eût réglé les droits du propriétaire de la surface conformément aux articles 6 et 42 de la loi de 1810. Si, en fait, la concession prétendûment nouvelle est la maintenue d'une ancienne exploitation, les droits de terrage dus par cette dernière continuent d'être exigibles. Les arrêtés de concession ne sont rendus *que sauf les droits des tiers :* un ancien exploitant ne peut se débarrasser des obligations qui lui incombent, en demandant une concession au lieu d'une maintenue, et si l'acte de concession règle les droits des propriétaires de la surface, c'est pour autant qu'ils ne l'aient pas été autrefois par des conventions ou des usages, dont la loi de 1810 elle-même a prescrit le maintien (Cass. B. 10 juin 1842, *Pas.* 1842, 1, 348; Delebecque, n° 992; Brixhe, V° *Terrage*, p. 411 et ss.)

814. — Mais il faut cependant que le titulaire de la concession à laquelle le droit de terrage est réclamé soit l'ancien exploitant ou qu'il le représente (exemples : Liége 5 mars 1853, Cass. B. 10 juin 1842, *Pas.* 1854, 1, 218; 1842, 1, 348). Supposez une ancienne exploitation qui payait le terrage; son propriétaire l'a abandonnée; elle n'a donc pas été maintenue, ni par la loi de 1791 qui ne maintenait que les exploitations en activité, ni par celle de 1810 qui n'a confirmé que les exploitations maintenues par la loi précédente. Dès lors la mine est devenue disponible entre les mains du gouvernement, l'ancienne concession a complètement disparu pour faire place à une autre, qui lui est étrangère sous le rapport de son origine et de ses droits, et qui doit l'être aussi sous celui des obligations (Delebecque, n° 991).

815. — En ce qui concerne la prescription du droit de terrage, le tribunal et la Cour de Liége ont décidé (5 mars 1853, *Pas.* 1854, 1, 218), que les arrérages n'en étaient pas prescriptibles par cinq ans :

« Attendu que le droit de terrage ne tombe dans aucune des catégories de créances prévues par l'art. 2277 du Code civil; que le droit de terrage n'est pas payable par année ni à des termes périodiques plus courts, puisque ce droit n'a rien d'actuel, n'est pas périodiquement exigible ni à une époque quelconque qu'on puisse fixer à l'avance, mais qu'il est conditionnel et subordonné à une extraction ; que dès lors, étant de principe que les prescriptions sont de droit étroit et ne peuvent s'étendre d'un cas à un autre, quelle qu'en soit l'analogie, la prescription de l'art. 2277 du Code civil est, sous tous les rapports, inapplicable à la prescription du droit de terrage. »

816. — Le même arrêt du 5 mars 1853 a décidé, relativement à la prescription extinctive du droit lui-même : 1° qu'elle était suspendue pendant tout le temps que la mine n'était pas exploitée ; 2° qu'elle était interrompue par des actes de concession ou de vente qui avaient mis le droit de terrage à charge du concessionnaire ou de l'acquéreur, sans qu'il fût d'ailleurs nécessaire que le titulaire du droit y fût intervenu (cass. B. 17 mars 1854, *Pas.* 1854, 1,218).

817. — Si les concessions maintenues ne sont pas assujetties aux redevances établies par la loi de 1810 au profit des propriétaires du sol, elles le sont, au contraire, aux redevances fixe et proportionnelle établies par les art. 33 et suivants au profit de l'État (art. 52 et 54).

Cependant la plupart de ces concessions n'avaient pas eu d'impôts à payer sous l'empire des lois qui les avaient vues naître. Ainsi elles n'en payaient pas en Belgique avant la publication de la loi de 1791, et cette loi n'en avait pas non plus établi. En France, au contraire, avant 1791, les exploitations de mines étaient frappées de l'impôt du dixième au profit du Roi, mais beaucoup en avaient obtenu l'exemption.

La loi de 1810 n'a pas fait de distinction entre les concessions de la France et celles des pays réunis ; elle les a grevées toutes des mêmes redevances publiques que les concessions nouvelles : et en cela, elle n'a pas été entachée du vice de rétroactivité, car il est dans la nature des lois d'impôt de frapper des propriétés qu'elles ne frappaient pas auparavant.

Mais en même temps que la loi de 1810 étendait les redevances publiques établies par elle aux anciennes concessions, elle devait les affranchir des anciennes taxes qu'elles payaient à l'Etat ; c'est ce qu'elle a fait par son article 40 ainsi conçu :

« Les anciennes redevances dues à l'État, soit en vertu des lois, ordonnances ou règlements, soit d'après les conditions énoncées en l'acte de concession, soit d'après les baux et adjudications au profit de la régie du domaine, cesseront d'avoir cours à dater du jour où les redevances nouvelles seront établies. »

L'art. 41 a immédiatement ajouté :

« Ne sont point comprises dans l'abolition des anciennes redevances, celles dues à titre de rentes, droits et prestations quelconques, pour cession de fonds ou autres causes semblables, sans déroger toutefois à l'application des lois qui ont supprimé les droits féodaux. »

Quel est le sens précis de ces deux articles?

818. — Les redevances de l'art. 40 sont celles qui étaient dues à l'Etat *à titre de la concession de la mine*, à titre de son domaine éminent, de son droit de concéder ; ce sont, en d'autres termes, celles qui, pouvant être considérées comme un impôt, tenaient la place des redevances instituées par les art. 33 et suivants de la loi de 1810 : aussi l'art. 40 les fait-il cesser avec les redevancés nouvelles.

819. — Mais il était arrivé que la régie du domaine avait elle-même entrepris l'exploitation de certaines mines, et qu'elle avait ensuite cédé son établisssement à des particuliers, en stipulant : 1º un prix en capital ou en rente pour les ouvrages existants et les accessoires de l'exploitation ; 2º une redevance au profit de l'Etat, à titre de la mine ou d'impôt public.

Cette dernière redevance a seule été abolie par l'art. 40 ; c'est elle seule qu'il a désignée en parlant des redevances dues à l'Etat *d'après les baux et adjudications au profit de la régie du domaine.*

Mais quant au prix en capital ou en rente que ces mêmes baux et adjudications stipulaient pour la valeur des travaux, ustensiles, etc., de l'exploitation dont ils contenaient la cession, il ne pouvait être anéanti, car il formait pour l'Etat une véritable créance civile : aussi a-t-elle été expressément réservée par l'art. 41 sous la dénomination *de rentes, droits ou prestations pour cession de fonds et autres causes semblables.* (DELEBECQUE, nos 969 et 970 ; MERLIN, *Questions de Droit*, Vº *Mines*, § 4.)

820. — La distinction des anciennes redevances dues à l'Etat *à titre d'impôt* et au domaine privé de l'Etat *à titre de créance*, s'est nettement produite dans une affaire importante, que la Cour de Liége a décidée par deux arrêts du 6 mars 1828 et du 24 juin 1829.

Le gouvernement autrichien exploitait la mine de calamine au territoire de Moresnet. La France conquit ce pays en même temps que la Belgique, et le gouvernement français continua l'exploitation. Un arrêté du 23 germinal an IX la délimita. Elle fut ensuite, sous la date du 16 frimaire an XIV, adjugée aux enchères publiques à un sieur Dony pour le terme de cinquante ans (1). Le prix de l'adjudication consista dans une somme annuelle de quarante mille cinq cents francs, et l'art. 22 du cahier des charges porta, en outre, que la redevance annuelle au profit de l'État serait du 20me du produit brut des matières extraites jusqu'à 28 mètres de profondeur, du 60me jusqu'à 50 mètres, et du 100me à une plus grande profondeur. Après les évènements de 1814, le territoire de Moresnet devint un territoire neutre entre la Prusse et le royaume des Pays-Bas. Des commissaires de ces deux puissances dirigèrent des poursuites contre l'adjudicataire pour obtenir le paîment de la double redevance ci-dessus indiquée. L'adjudicataire prétendit qu'il avait été libéré de l'une et de l'autre par la loi du 21 avril 1810, et qu'il n'était plus tenu que des redevances nouvelles. La Cour de Liége décida : 1o que la redevance établie par l'art. 22 du cahier des charges sur le produit brut de l'extraction avait été abolie par l'art. 40 de la loi de 1810 et remplacée par la redevance proportionnelle des art. 33 et suivants ; 2o mais que la prestation annuelle de 40,500 francs formait le prix de la cession des travaux et des établissements adjugés, et qu'elle rentrait ainsi dans la réserve de l'art. 41.

821. — Parmi les anciennes redevances connues en Belgique, on distinguait les droits *de cens et d'entre cens :* c'était la redevance moyennant laquelle les seigneurs hauts justiciers du Hainaut accordaient à un maître de fosse le droit d'exploiter les mines de charbon gisantes dans leur seigneurie.

Cette redevance fut supprimée par la publication, dans le Hainaut, des lois abolitives du régime féodal dont elle était une conséquence (Cass. Fr. 16 vendém. an XII, 23 vendém. an XIII ; MERLIN, *Quest. de Droit*, Vo *Mines*, §§ I et IV ; Cass. B. 2 avril 1840, etc.).

Les droits de cens et d'entre-cens n'existaient donc déjà plus lors de la loi du 21 avril 1810. S'ils avaient encore existé, ils auraient été abolis par son article 40, car ils constituaient, au fond, une redevance publique, que les seigneurs hauts justiciers

____

(1) Le Sr Dony fut ensuite représenté par la Société de la Vieille Montagne.

du Hainaut, plus heureux que les seigneurs de France (ordonn. fr. du 30 mai 1413), avaient usurpée sur les régales du souverain (MERLIN, *Quest. de Droit*, V° *Mines*, § IV).

822. — Les charbonniers, porteurs de permissions seigneuriales, cédaient à d'autres personnes l'exploitation par eux établie, moyennant une redevance spéciale à leur profit et l'acquittement des droits d'entre cens promis au seigneur, concédant primitif.

La question s'est élevée de savoir si l'arrière-cessionnaire avait été libéré par l'abolition des institutions féodales, non-seulement des droits d'entre-cens, mais encore des redevances dues au charbonnier cédant.

La Cour de Bruxelles a décidé la négative par trois arrêts du 20 juin 1815, du 26 juillet 1817 et du 9 nov. 1827, qui tous ont confirmé des jugements rendus par le tribunal de Mons.

Les deux derniers arrêts ont été bien rendus, parce que leur espèce rentrait précisément dans les termes de la question ci-dessus posée, c'est-à-dire qu'il y s'agissait d'une cession de charbonnage moyennant : 1° l'acquittement des droits d'entre-cens au seigneur, à la décharge du cédant, et 2° le paiment à celui-ci d'une redevance spéciale. L'abolition des droits féodaux avait eu pour conséquence d'anéantir la première obligation, mais elle n'avait pu porter atteinte à la seconde. Comme le fait très-bien ressortir M. DELEBECQUE (n° 412), il y avait une différence essentielle entre les droits d'entre-cens stipulés par le seigneur pour prix de la permission d'exploiter qu'il accordait, et la redevance stipulée par le charbonnier pour la cession des ouvrages qu'il avait faits et de l'exploitation qu'il avait établie. On comprend aisément que les droits d'entre-cens aient dû s'évanouir avec la seigneurie haute justicière qui en avait été la cause ; tandis que les lois abolitives de la féodalité auraient consacré une injustice flagrante, si elles avaient anéanti une redevance qui n'avait pas sa cause dans le droit de haute justice, mais dans l'usage que le maître de fosse avait faite de la permission seigneuriale et dans les établissements coûteux qu'il avait lui-même formés : cette redevance n'avait rien de féodal, et le caractère de féodalité se rencontrait uniquement dans les droits d'entre-cens dont l'arrière-cessionnaire du droit de charbonnage était en même temps grevé.

Mais telle n'était pas l'espèce de l'arrêt du 20 juin 1815.

Le Chapitre de SAINTE WAUDRU, à Mons, avait cédé en 1756 au sieur RICHEBÉ le droit d'exploiter les mines de charbon sous le territoire de Quaregnon, à charge par le concessionnaire de payer une redevance du 30ᵉ panier des charbons extraits. RICHEBÉ avait cédé en 1783, aux sieurs BARBIEUX ET STERLIN, représentés ensuite par la Société du RIEU-DE-CŒUR, son droit de charbonnage avec les ouvrages qui s'y trouvaient avoir été faits. Le prix de la vente était de 25,500 livres comptant, et les concessionnaires s'étaient, en outre, obligés à payer à RICHEBÉ et à ses ayants cause le 30ᵉ de tous les charbons qui s'extrairaient sur toute l'étendue du charbonnage. — En 1809, la Société du RIEU-DE-CŒUR refusa de payer la redevance du trentième panier; elle y fut condamnée par le tribunal de Mons et la Cour de Bruxelles par le motif que cette redevance provenait d'un contrat entre particuliers, et que le cédant RICHEBÉ n'avait pas stipulé en qualité de seigneur ou possesseur de fief, qualité qui ne lui appartenait même pas.

Cette décision me paraît contraire aux lois abolitives de la féodalité. Dans le fait, la redevance du 30ᵉ panier promise à RICHEBÉ était la représentation de celle qu'il devait lui-même au Chapitre de Sᵗᵉ WAUDRU; il ne l'avait stipulée que pour recevoir des mains de son cessionnaire ce qu'il était tenu de payer à son propre cédant, seigneur haut justicier. L'abolition des hautes justices vint détruire les droits d'entre cens; mais à qui leur abolition devait-elle profiter? Évidemment à l'exploitant des mines, au cessionnaire de RICHEBÉ, et non pas à RICHEBÉ lui-même. N'eût-il pas été étrange que celui-ci fût libéré du 30ᵉ panier vis-à-vis de son seigneur, et qu'il continuât de se le faire payer par son cessionnaire? Les lois abolitives de la féodalité permettaient-elles qu'une redevance féodale subsistât, par cela que le premier débiteur l'avait à son tour stipulée d'un autre, et alors que lui-même en était affranchi?

M. DELEBECQUE répond que l'abolition de la redevance du 30ᵉ panier due par RICHEBÉ au Chapitre de Sᵗᵉ-WAUDRU était pour son cessionnaire, la société du RIEU-DE-CŒUR, *res inter alios acta*, qui ne devait pas profiter à cette dernière. Il faut dire au contraire que cette abolition devait profiter à celui qui était réellement grevé de la redevance féodale, c'est-à-dire à l'exploitant sur les charbons duquel elle était prise.

Ah! sans doute, si la redevance du 30ᵉ panier stipulée par RICHEBÉ avait été indépendante du droit féodal d'entre cens dû par lui au seigneur haut-justicier, si, par exemple, RICHEBÉ avait été libéré anciennement de ce droit-là par une circonstance quelconque, et que, ne le devant plus au seigneur concédant primitif, il eût néanmoins stipulé pour lui-même une redevance du 30ᵉ panier à charge de son cessionnaire, et si la cour de Bruxelles avait reconnu ce point de fait dans son arrêt, la décision rendue par elle serait irréprochable, car aucun caractère féodal n'aurait entaché la redevance du 30ᵉ panier stipulée par RICHEBÉ. Mais il paraissait bien, au contraire, que cette redevance était destinée à balancer le droit d'entre cens dont RICHEBÉ était tenu lui-même envers son concédant seigneurial, et c'est dans cette hypothèse que M. DELEBECQUE a raisonné pour justifier l'arrêt du 20 juin 1815. Or, je répète, en terminant, que l'abolition du droit d'entre cens, au profit de RICHEBÉ, devait entraîner celle de la redevance égale du 30ᵉ panier au profit de l'exploitant. Quant au prix des ouvrages établis et cédés ensuite par RICHEBÉ, il avait été payé au moyen de la somme principale de 25,500 liv.

LIVRE II.

DES MINIÈRES.

———

CHAPITRE PREMIER.

DES MINIÈRES EN GÉNÉRAL.

—

SOMMAIRE.

———

823. — « Nous avons eu l'honneur, messieurs, disait le comte GIRARDIN au Corps-Législatif, de vous faire observer, en commençant ce rapport, que les mines ne pouvaient faire partie de la propriété de la surface ; et l'argument le plus fort en faveur de ce système est qu'elles ne sont pas divisibles de leur nature. Mais ce raisonnement n'est pas applicable aux mines superficielles, désignées sous le nom de *minières*, et, si vous avez reconnu qu'on a dû détacher les mines proprement dites de la propriété du sol, parcequ'elles sont formées dans un système naturel qui n'a aucun rapport avec les divisions des terrains qui les couvrent, et parce que leur exploitation doit se faire en grand, vous reconnaîtrez aussi que les minières, placées à la surface du sol, ou presqu'immédiatement au-dessous de la couche végétale, pouvant être exploitées sans de grands travaux et sans compromettre en rien les ressources de l'avenir, doivent rester à la disposition du propriétaire de la superficie. »

824. — Aux termes de l'art. 3 de la loi du 21 avril 1810, « les » minières comprennent *les minerais de fer dits d'alluvion, — les* » *terres pyriteuses propres à être converties en sulfates de fer, — les* » *terres alumineuses et les tourbes.* »

On s'est demandé si cette énumération était restrictive, ou si elle était purement énonciative, de telle sorte qu'il fût permis d'y faire entrer une substance que la loi n'y a point nominativement désignée.

Les principes que j'ai développés aux numéros 7 et suivants de cet ouvrage doivent faire considérer comme restrictive l'énumération des minières. En règle générale, selon le vœu formel de l'art. 552 du Code civil qui a servi de point de départ à la loi du 21 avril 1810, toutes les substances minérales ou fossiles, superficielles ou souterraines, que renferme un héritage, appartiennent à son propriétaire, elles sont à sa libre disposition, sauf les restrictions établies par le législateur. Mais ces restrictions sont des exceptions, c'est la liberté qui est la règle, et par conséquent toute substance qui n'est pas nominativement classée par la loi du 21 avril 1810, doit être rangée dans celle des trois catégories légales, où la libre propriété du maître du sol reçoit les moindres atteintes. Or si cette liberté est demeurée plus intacte à l'égard des *minières* qu'à l'égard des *mines*, il est également vrai qu'elle est demeurée plus intacte encore à l'égard des *carrières*. C'est donc dans cette dernière catégorie que doit être classée toute substance qui ne figure pas dans les énumérations de la loi, et ainsi l'énumération des minières est restrictive comme celle des mines.

825. Les minières ne sont pas soumises au régime des concessions ; mais pour être laissées à la disposition des propriétaires de la superficie, leur exploitation ne jouit cependant pas d'une liberté aussi étendue que l'exploitation du sol même. L'art. 57 déclare, au contraire, « qu'elle est assujettie à des règles » spéciales, qu'elle ne peut avoir lieu sans permission, » et l'art. 58 ajoute que « la permission détermine les limites de l'ex- » ploitation et les règles sous les rapports de sûreté et de salubrité » publiques. »

826. — L'article 58 confère à l'administration le droit :

1° De déterminer les *limites* de l'exploitasion ;

2° D'en déterminer les règles sous les rapports de *sûreté et de salubrité publiques*.

Dans les six premières rédactions du projet de loi, l'art. 58 était ainsi conçu : « La permission fixe l'espèce de travaux et les règles de l'exploitation, sous les rapports de l'utilité, de la sûreté publique, de la salubrité, de l'emploi et du ménagement des matières dans l'intérêt de la consommation et des arts. » (Locré, VI, 17.)

Cette disposition donnait à l'autorité administrative une mission plus étendue que celle de l'art. 58 de la loi, en ce qu'elle lui permettait *de fixer l'espèce des travaux* et de régler l'exploitation sous le rapport *de son utilité*.

Le législateur n'avait fait ici qu'appliquer aux minières le système auquel il s'était d'abord arrêté pour l'exploitation des mines. J'ai expliqué comment il avait voulu faire intervenir l'administration dans la direction des travaux des mines et soumettre les exploitants aux ordres des ingénieurs, et comment NAPOLÉON avait écarté ce système de subordination, pour y substituer un système de liberté, dans lequel les exploitants de mines conduiraient leurs travaux selon qu'ils le croiraient utile, recevant seulement les *conseils* des ingénieurs, et n'ayant à recevoir leurs *ordres* qu'au point de vue de la *sureté* publique (nᵒˢ 268 et ss.). Ce régime de libre exploitation, ayant prévalu pour la classe des mines, devait à plus forte raison prévaloir pour celle des minières, et voilà pourquoi, comme j'ai déjà eu occasion de le faire remarquer au nᵒ 282, la rédaction définitive de l'art. 58

n'accorda plus à l'autorité administrative le droit de régler l'exploitation des minières sous le rapport de son *utilité*. Cependant l'administration, en France du moins, s'attribue formellement ce pouvoir (Circulaires du 17 avril 1845 et du 10 mai 1849; *Ann. des M.*, 4e série, t. VII, p. 580 et t. XV, p. 600). Mais il me paraît évident qu'elle s'arroge, sous ce rapport, un droit que le texte et l'esprit de la loi lui refusent: « il est de principe, dit un avis du Conseil des Mines de Belgique (du 12 janvier 1849, *Jur.* p. 273), que les exceptions confirment la règle dans les cas non exceptés, et la loi ayant pris soin de déterminer elle-même, dans l'art. 58, les réserves et conditions auxquelles se trouvent soumises les permissions, on ne peut leur en imposer d'autres. »

827. — La première attribution de l'autorité administrative consiste donc, suivant l'art. 58, à *déterminer les limites de l'exploitation* des minières.

Cette attribution lui fut contestée dans la séance du Conseil d'Etat du 18 novembre 1809 (LOCRÉ, XXI, 7) :

« M. le comte DEFERMON pense qu'on ne doit pas régler les proportions, et laisser chacun exploiter dans la mesure de son intérêt.

» M. le comte REGNAUD fait observer que M. DEFERMON a déjà présenté cette observation; qu'elle a été discutée et qu'on a reconnu qu'il est indispensable de faire des règlements.

» M. le comte DEFERMON répond que jusqu'ici on s'en est passé; jamais on n'a obligé un exploitant de ne tirer que jusqu'à concurrence d'une certaine quantité; jamais la loi n'a défendu de tirer au-delà de telle autre.

» M. le comte REGNAUD dit que des limites sont nécessaires; l'Etat a intérêt à ce que les minières ne soient pas épuisées, afin qu'elles fournissent toujours à ses besoins.

» M. le comte PORTALIS dit que, tous les jours, le Conseil d'Etat ajoute de semblables conditions aux concessions qu'il propose au chef du gouvernement d'accorder.

» L'article est adopté. »

Au surplus, dans la pratique, il arrivera bien rarement que l'administration restreigne l'exploitation des minières; les limites en sont naturellement réglées par les besoins mêmes de l'industrie; dès qu'ils sont satisfaits, l'intérêt des exploitants est de restreindre leurs travaux, et s'ils ne le sont pas, il serait injuste et impolitique de sacrifier les besoins réels du présent aux besoins

.éventuels de l'avenir : la nature, dans sa libéralité, a prodigué au sol des richesses que les hommes n'épuiseront pas, ou tout au moins, le génie de l'homme, fécondant d'autres forces de la nature, saura bien remplacer celles que les générations passées auraient fini par épuiser.

828. — L'art. 58 charge, en second lieu, l'autorité administrative de *déterminer les règles de l'exploitation des minières sous les rapports de sûreté et de salubrité publiques.*

La loi soumet donc les minières à une surveillance de police.

A cet égard, faut-il dire que la police des minières est régie par les mêmes dispositions légales ou réglementaires que la police des mines?

J'ai exposé ailleurs, dans son ensemble et ses détails, l'organisation de cette dernière (nᵒˢ 299 et suiv.).

La police des mines a trois objets principaux : la sûreté des ouvriers mineurs, celle des exploitations elles-mêmes, et celle de la surface. La loi du 21 avril 1810, les avait toutes trois placées sous la protection de son art. 50, dont la portée était qu'il appartenait au préfet de prendre telles mesures de précaution qu'il jugeait convenir pour garantir les intérêts confiés à sa sollicitude (nᵒˢ 305 et 306). L'expérience fit sentir la nécessité de donner à la surveillance de police de l'administration des mines une organisation spéciale, plus précise et plus forte. Ce fut l'objet du décret du 3 janvier 1813 (nᵒ 307). Mais ce décret ne réglementa pas la police des mines dans toute son étendue; il l'organisa en tant qu'elle avait pour objet de garantir la sûreté des ouvriers et celle des exploitations, et non point en tant qu'elle avait pour objet de garantir la sûreté du sol; la protection de cette dernière fut laissée sous l'empire de l'art. 50 de la loi de 1810, en sorte qu'aujourd'hui la sûreté des ouvriers et des exploitations de mines est protégée par le décret du 3 janvier 1813, et la sûreté de la surface par l'art. 50 précité (nᵒ 334 et ss.).

Il s'agit donc de savoir si la police des minières est soumise à la même organisation.

En ce qui concerne le décret du 3 janvier 1813, son application aux minières n'est pas douteuse, car ses articles principaux, et notamment ceux qui dominent tous les autres, mentionnent expressément les minières à côté des mines (art. 10, 11, 25 et 29) : ainsi l'a décidé le Conseil des Mines de Belgique dans deux avis du 23 octobre 1846 et du 10 août 1849 (*Jur.*, p. 219 et 296). Toutes les règles que nous avons développées précédemment en commentant le décret de 1813 par rapport aux mines (nᵒˢ 308 et ss.) seront donc directement applicables aux minières.

829. — Mais en est-il de même de l'art. 50 de la loi de 1810, lequel a conservé pour objet spécial de régir le pouvoir de police de l'administration, en tant que ce pouvoir est destiné à protéger la sûreté du sol : en d'autres termes, le Préfet (Députation permanente) peut-il prendre, pour garantir la surface contre l'exploitation des minières, les mesures qu'il peut prescrire contre l'exploitation des mines?

Le Conseil des Mines de Belgique a opiné pour l'affirmative dans son avis du 10 août 1849 (*Jur.*, p. 296 et ss.). La question est délicate. J'incline cependant pour la solution du Conseil, quoique tous les arguments dont il l'ait appuyée ne me semblent pas fondés. Ainsi, il commence par dire que l'art. 50 soumet au pouvoir de police du Préfet toutes les exploitations, sans distinguer entre les mines, les minières et les carrières. Mais la place de l'art. 50 et l'économie de la loi dans l'arrangement de ses dispositions, prouvent à l'évidence que l'art. 50 n'a été directement fait que pour les mines. J'en dirai autant de l'art. 30 du décret du 18 nov. 1810, organique du corps des ingénieurs; il est la reproduction de l'art. 50, et quelque général qu'il soit, il n'a eu en vue, comme lui, que les exploitations des mines. Mais je crois que l'applicabilité de l'art. 50 à l'exploitation des minières résulte des deux considérations suivantes. La première, que le Conseil des Mines n'a pas fait valoir, c'est que l'art. 58 de la loi, en soumettant les minières à des règles et à une surveillance de police pour la *sûreté et la salubrité publiques*, les a virtuellement soumises aux principes que d'autres articles de la loi avaient posés touchant ces règles de sûreté, et par suite au principe de l'art. 50, le seul qui s'en soit spécialement occupé. C'est ainsi que quand l'art. 82 de la loi a voulu soumettre l'exploitation des carrières à la surveillance de l'administration des mines, elle s'en est référée à cet article 50. La seconde considération, que le Conseil a développée et qui corrobore la première, c'est que le décret de 1813, en organisant le principe de l'art. 50 en ce qui concerne spécialement la sûreté des ouvriers et des exploitations, n'a pas hésité à comprendre dans cette organisation les minières en même temps que les mines. On concevrait difficilement que les minières fussent assimilées aux mines, par application de l'art. 50, relativement à la sûreté des ouvriers et des exploitations, et qu'elles ne le fussent pas relativement à la sûreté de la surface, que ce même article a également placée sous la sauvegarde du même pouvoir de police.

Quoi qu'il en soit, le doute que l'interprétation rigoureuse de la loi fait naître sur la question, devrait engager le gouvernement à porter un règlement général d'administration qui consacrerait expressément l'application de l'art. 50 aux exploitations de minières ; le gouvernement aurait le droit d'édicter ce règlement, car il peut réglementer l'exécution des lois, et l'art. 58 de la loi de 1810 a chargé l'administration de réglementer les minières au point de vue de la sûreté publique.

830. — En France, il existe des règlements de police pour l'exploitation des minières dans chacun des départements où le besoin s'en est fait sentir : on peut citer le règlement du 22 avril 1844 pour les minières du département du Cher (*Annales des Mines*, 4ᵉ série, t. V, p. 713), celui du 12 septembre 1845 pour le département de la Mayenne (*Ann. des M.*, 4ᵉ série, t. VIII, p. 841), — celui du 11 mai 1849 pour le département du Pas-de-Calais (id. t. XV, p. 600), etc. Il vaut mieux, du reste, adopter le système des règlements locaux ; les règles de l'exploitation variant suivant la nature du terrain et la disposition des gîtes, un règlement général pourrait contenir des prescriptions bonnes pour certaines localités, mais mauvaises pour certaines autres.

831. — Les ingénieurs ont le droit et le devoir, aux termes de l'art. 48, de donner aux exploitants de mines des *conseils* sur la direction de leurs travaux et sur les améliorations qui pourraient y être apportées ; ils ont le droit d'inspecter, même à ce seul point de vue et indépendamment de toute surveillance de police, les exploitations des concessionnaires (nᵒ 300).

Il en est autrement des exploitations de minières : à leur égard la surveillance de police est la seule mission dont l'art. 58 investisse les ingénieurs ; le pouvoir de conseiller que l'art. 48 leur confie ne s'applique point à elles, et l'accès des travaux pourrait leur être interdit, s'il était réclamé dans un autre but que l'exercice du droit de police.

832. — Le législateur a considéré l'exploitation des mines comme intéressant la prospérité nationale à un plus haut degré que celle des minières. C'est pour cela qu'il a permis au gouvernement (art. 10) d'autoriser des recherches de *mines* dans un

terrain malgré le propriétaire. Cette disposition exceptionnelle n'est pas applicable aux minières, qui ne peuvent être explorées que par le maître du sol ou de son consentement. Toutefois, l'art. 79 permet aux maîtres de forges dûment établis de rechercher les minières de fer dans les terrains qui ne leur appartiennent pas.

833. — L'exploitation des mines jouit d'une autre faveur : ceux qui s'y livrent peuvent occuper le terrain d'autrui pour y établir leurs travaux, puits, machines, magasins, etc. Les art. 43 et 44 qui leur confèrent ce droit d'occupation ne parlent également que des propriétaires de *mines*, et comme ils sont une exception à la liberté des héritages, ils ne pourraient non plus être invoqués par les exploitants de minières. Ceux-ci sont donc obligés de travailler sur leurs propres terrains ou de s'entendre avec les propriétaires des terrains où ils veulent établir leurs travaux.

Les exploitants de minières ne pourront pas davantage recourir à l'expropriation que la loi belge du 2 mai 1837 autorise exceptionnellement pour l'établissement des chemins des exploitants de *mines*.

Mais les exploitations de minières pourront se prévaloir d'une disposition de droit commun, de l'art. 682 du Code civil, lorsque, pour arriver des terrains où ils exploitent ou de leurs magasins jusqu'à la voie publique, ils n'auront d'autre moyen que celui de passer sur les héritages de leurs voisins.

834. — Par contre, il est une restriction fort importante que le législateur a apportée à l'ouverture des travaux de mines, et qui ne sera point applicable à celle des travaux de minières : C'est la restriction de l'art. 11 qui défend de pratiquer des recherches, d'ouvrir des puits et galeries ou d'établir des magasins, machines, etc., dans les enclos murés, cours ou jardins, et dans certains autres endroits. Cette prohibition, exceptionnelle encore, n'étant édictée que pour les exploitations de mines, ne peut être étendue aux minières.

835. — Signalons enfin une dernière différence : elle consiste en ce que les exploitations de minières ne doivent pas les redevances fixe et proportionnelle que les art. 33 et suivants ont établies à charge des mines : « les minières, disait le comte GIRARDIN dans son Rapport au Corps Législatif (LOCRÉ, XXX, 29), sont des productions du sol et ne doivent pas dès lors payer les

redevances établies par la loi, le sol, dont elles sont souvent l'unique produit, payant déjà la contribution foncière. »

Sur ce dernier point, je ferai remarquer que suivant l'art. 81 de la loi du 3 frimaire an VII, les mines ne sont évaluées pour l'impôt foncier qu'à raison de la superficie du terrain occupé pour leur exploitation *et sur le pied des terrains environnants*. Il en résulte, dit un arrêt de la Cour de cassation belge du 11 fév. 1841 (*Pas.* 1841, 1, 64), que la loi frappe de l'impôt foncier, non le produit des mines ou des minières, mais le produit du sol envisagé comme terrain ordinaire, puisque c'est à celui-là seul que les terrains environnants peuvent servir d'objet de comparaison.

836. — De ce que le produit des minières n'est pas soumis à l'impôt foncier, le même arrêt en a conclu qu'il n'est pas frappé du privilége que la loi du 12 novembre 1808 accorde à l'Etat sur les fruits du sol, pour le recouvrement de cet impôt; les minerais extraits servent donc de garantie à tous les créanciers du propriétaire, sans que le fisc puisse réclamer privilége pour la contribution foncière qui lui est due sur le fonds où l'extraction s'est opérée.

CHAPITRE II.

DES MINERAIS DE FER NON CONCESSIBLES. — DE LA CESSION DU DROIT
DE LES EXPLOITER, ETC.

SOMMAIRE.

II. — DU PRIX DES MINERAIS QUE LE PROPRIÉTAIRE EXPLOITE ET DOIT VENDRE AUX MAÎTRES DE FORGES.

III. — DU DROIT DES USINIERS D'EXPLOITER LES MINIÈRES AU LIEU ET PLACE DU PROPRIÉTAIRE.

837. — Le fer est la plus importante des minières comme la houille est la plus importante des mines : le fer et la houille sont le pain nourricier de l'industrie.

Les gîtes de fer ont une si grande importance, que le législateur n'a pas cru pouvoir leur appliquer entièrement le régime de liberté qui gouverne l'exploitation des minières en général, et qu'il les a parfois soumis au régime des concessions, afin d'en empêcher le gaspillage et la ruine.

Je m'occuperai plus tard des gîtes de fer que la loi a déclarés concessibles.

Je parlerai ici de ceux qui ne le sont pas.

I. — DE L'EXPLOITATION DES MINIÈRES DE FER PAR LE PROPRIÉTAIRE.
— DE SON OBLIGATION D'EXPLOITER.

838. — Le propriétaire qui veut exploiter le fer dans son héritage n'a d'autre formalité à remplir que celle d'une déclaration au préfet du département (Députation permanente de la province); le préfet lui donne acte de sa déclaration, ce qui lui vaut permission.

Telle est la disposition de l'art. 59.

Déroge-t-elle à celle de l'art. 58, en ce sens que le préfet ne pourrait pas, aux termes de ce dernier, *fixer les limites de l'exploitation et en déterminer les règles sous le rapport de la sûreté publique?* —Je ne le pense pas.

En ce qui concerne d'abord la fixation des limites de l'exploitation, c'est des minières de fer surtout qu'il est permis de dire avec M. le comte REGNAUD : « que l'État a intérêt à ce qu'elles ne » soient pas épuisées, afin qu'elles fournissent toujours à ses » besoins » (LOCRÉ, XXI, 7), et avec M. le comte GIRARDIN « qu'elles sont des richesses nationales qu'il importe de mé- » nager » (LOCRÉ, XXX, 29). Sans doute, comme je l'ai fait précédemment observer (no 827), l'administration fera rarement usage de sa prérogative, et elle ne contrariera pas la satisfaction des besoins réels du présent dans l'intérêt des besoins éventuels de l'avenir; mais toujours est-il que cette prérogative, stipulée expressément par le législateur, dans l'art. 58, pour toutes les minières en général, ne peut être refusée à l'administration pour les minières les plus précieuses.

II.

En ce qui concerne la sûreté publique , il est plus impossible encore de ne pas appliquer la disposition générale de l'art. 58 aux minières de fer , leur exploitation étant aussi dangereuse , si pas plus , que celle des autres minières , et nécessitant au même degré une surveillance de police.

En conséquence , il faut dire que si , en vertu de l'art. 59 , le préfet est obligé de donner acte aux propriétaires de leur déclaration de vouloir exploiter le minerai de fer de leurs terrains , et si cet acte leur vaut permission , le préfet peut, dans cet acte , comme dans toute autre permission et en vertu de l'art. 58 , déterminer les limites de l'exploitation et la régler sous le rapport de la sûreté publique. (Comparez Dupont , t. II , p. 65 et ss.)

839. — Par suite, le propriétaire doit indiquer dans sa déclaration le mode général d'exploitation qu'il se propose de suivre , car les règles à lui prescrire dans l'intérêt de la sûreté publique dépendront du mode d'exploitation suivi dans ses travaux.

840. — Le propriétaire qui exploiterait du minerai de fer sans avoir fait une déclaration préalable et sans en avoir obtenu acte , se rendrait coupable de contravention aux art. 58 et 59 de la loi, et serait passible des peines prononcées par l'art. 96 (Jug. du trib. de Liége , 20 fév. 1847 ; *Belg. judiciaire* , t. III , p. 981).

841. — Le législateur n'a pas permis aux propriétaires fonciers de laisser inexploitées les minières de fer enfouies dans leurs héritages. Aujourd'hui, comme autrefois, il a voulu assurer l'exploitation de ces richesses essentielles à l'industrie, en conférant aux maîtres de forges le droit de les exploiter à défaut des propriétaires. Un édit de Louis XIV, du mois de juin 1680, autorisait les maîtres de fourneaux où l'on traitait le minerai de fer, à extraire ce minerai dans les fonds voisins, dont les propriétaires, après sommation , avaient refusé d'établir des fourneaux semblables. La loi du 28 juillet 1791 leur reconnaissait le même privilége ; elle l'avait organisé dans son titre II , dont les dispositions ont été généralement reproduites dans les art. 59 à 67 de la loi de 1810.

842. — L'article 59 ordonne en conséquence au propriétaire d'exploiter le minerai de fer « en quantité suffisante pour fournir, » autant que faire se peut, aux besoins des usines établies dans » le voisinage avec autorisation légale. »

A la séance du Conseil d'État du 4 juillet 1809 (Locré, X , 8), les expressions *dans le voisinage* furent l'objet des observations suivantes qui servent à en déterminer le sens :

« M. le comte de Cessac dit que ces expressions, *les usines
établies dans le voisinage*, sont trop vagues et ne désignent pas
suffisamment les usines dont on veut parler.

» M. le comte Fourcroy répond qu'elles sont expliquées par
l'usage de chaque localité.

» M. le comte Defermon observe que quelquefois les entrepreneurs d'usines vont chercher des matières dans des lieux
plus éloignés.

» M. le comte de Ségur dit que la disposition *n'y fait pas
obstacle*; qu'elle se borne à régler les obligations de ceux qui
exploitent; qu'au surplus, pour tout concilier, on peut expliquer
qu'il ne s'agit que des usines *qui ont besoin* de s'approvisionner
dans le fonds voisin. »

Il résulte de cette discussion que le voisinage de l'art. 59 peut
s'entendre d'une usine placée à une distance considérable du lieu
de l'exploitation, si le minerai de fer réclamé est réellement
nécessaire aux besoins de cette usine, et s'il ne peut lui être
livré par une exploitation plus rapprochée.

« Beaucoup d'usines, dit à cet égard M. De Cheppe (*Ann. des M.*,
3e série, t. XI, p. 638), sont obligées de tirer de fort loin tout
le minerai qu'elles consomment; les gîtes de fer les plus rap-
prochés en sont quelquefois à 10 ou 15 lieues et même davantage.
Par exemple, les gîtes de fer de Rangié dans l'Arriége alimentent
des usines situées dans le Département du Tarn, c'est-à-dire à
plus de 40 lieues. Dans d'autres localités, les forges ne peuvent
être alimentées convenablement que par plusieurs minières qui
sont placées de différents côtés, et il arrive souvent que les gîtes
voisins du côté du midi sont à 10 ou 12 lieues, tandis que ceux
du nord se trouvent à une ou deux lieues ou plus près encore.

» Le rayon du voisinage varie donc à l'infini, selon les localités, les accidents qui peuvent se rencontrer : on ne saurait lui
appliquer une règle fixe et uniforme.

» Aussi la loi ne l'a pas déterminée; elle a employé une expression qui pourrait se prêter à la diversité des cas; et c'est en
connaissance de cause qu'on en a agi ainsi; c'est la nature même
des choses qui veut qu'en ces sortes d'affaires il n'intervienne que
des solutions spéciales, particulières à chaque minière.

» Par conséquent, lorsque des questions de voisinage se présentent pour des usines, c'est aux préfets de statuer suivant les
espèces et les circonstances. »

« Le rayon du voisinage, dit encore le même ingénieur, (id., t. XII, p. 655), varie, diminue ou s'étend selon tous les accidents qui peuvent se rencontrer ; et dès qu'une usine manque d'une certaine qualité de minerai qui lui est nécessaire pour sa fabrication, dès que, par son éloignement des autres lieux qui pourraient le lui procurer, ou par une cause fortuite, telle que le mauvais état des chemins, elle ne peut en obtenir que sur la minière où elle demande à venir puiser, elle se trouve dans le cas prévu par ce même article 59, et peut en invoquer le bénéfice. Peu importe qu'elle possède d'autres minerais, si elle n'a pas celui sans lequel sa fabrication ne pourrait s'opérer ou resterait imparfaite. C'est aux *besoins* des usines que la loi a voulu pourvoir, et une usine qui réclame un minerai indispensable pour donner au fer la bonne qualité qu'il doit avoir, a réellement *besoin* de ce minerai. »

Ces principes ont été consacrés dans un arrêté ministériel français du 30 juin 1837 et adoptés par tous les auteurs (DELEBECQUE, nos 1018 et 1027; PEYRET, no 527; DUPONT, t. II, p. 73, etc.).

843. — L'arrêté français du 30 juin 1837 (*Code Ann.*, p. 445) décide, en outre, qu'il ne peut être accordé des *cantonnements* à des usines du voisinage, c'est-à-dire que certaines usines ne peuvent obtenir de s'approvisionner dans un canton de minières, de telle sorte qu'aucune autre usine ne pourrait plus venir concourir avec elles, et que le propriétaire lui-même ne pourrait exploiter ce canton quoique leurs besoins fussent d'ailleurs pleinement satisfaits. « L'art. 59 de la loi, dit une circulaire française du 2 oct. 1837 (*Code ann.*, p. 451), en établissant au profit des maîtres de forges une servitude sur les minières de leur voisinage, n'a pas entendu leur conférer ici un droit exclusif, à l'aide duquel ils pourraient évincer les autres établissements qui auraient besoin de ces mêmes minerais. Cet article porte uniquement que tout propriétaire de minière ne pourra refuser de satisfaire autant que possible aux besoins des maîtres de forges qui sont établis dans le voisinage. Les dispositions qui suivent confèrent à ces maîtres de forges la faculté d'obliger ce propriétaire à laisser exploiter à sa place s'il ne veut pas exploiter lui-même. Elles leur donnent aussi le droit d'être servis les premiers, de préférence aux autres usines qui ne peuvent se dire voisines, mais, leurs approvisionnements réglés, le propriétaire est libre de vendre du minerai à d'autres, d'en expédier où bon lui semble.... En général, il y

aurait de très-graves inconvénients à affecter à des mines des périmètres qui leur seraient exclusivement réservés. L'administration y trouverait sans doute plus de facilité pour prévenir les contestations entre les maîtres de forges, mais une semblable mesure dérogerait au principe de la loi, puisqu'elle équivaudrait à une sorte de régime de concession des minières de fer, régime que le législateur interdit, sauf les cas exceptionnels qu'il a prévus ; on ajouterait arbitrairement des limites à l'exercice du droit de propriété; on entraverait les améliorations qui pourraient être obtenues dans les forges, par des mélanges de minerais provenant de différents lieux ; on compromettrait l'avenir de l'industrie, en créant, en faveur de quelques maîtres de forges, des droits absolus qui empêcheraient la formation de nouvelles usines, et même, dans certains cas, mettraient obstacle à ce que les usines actuellement existantes pussent prendre de l'accroissement. Il est donc ici dans l'intérêt de tous que l'on n'établisse pas ces sortes de cantonnements. »

844. — Lorsque plusieurs usines du voisinage sont en concurrence pour obtenir les produits d'une minière, c'est le préfet qui détermine les proportions dans lesquelles chacune d'elles y a droit (art. 64).

Ces proportions sont naturellement déterminées suivant les besoins et les ressources des usines concurrentes, ainsi que le décide expressément une ordonnance du Conseil d'Etat du 15 février 1850 (*Ann. des M.*, 4ᵉ série, t. XVII, p. 672). Si l'une des usines s'approvisionnait seule à la minière, et qu'il fût question de permettre à des usines nouvelles de s'y approvisionner désormais, il serait juste de ne point porter brusquement une trop forte atteinte à l'approvisionnement habituel de la première et de ménager ses intérêts légitimes, en ne diminuant que graduellement les quantités de minerai qui jusqu'alors lui avaient été fournies. (Consultez *Ann. des M.*, 3ᵉ série, t. V, page 668, t. IX, p. 642.)

845. — Au surplus, lorsque de nouvelles usines réclament leur approvisionnement à une exploitation de minerais de fer, l'exploitant doit, si cela est possible, agrandir son exploitation, car l'art. 59 lui ordonne d'exploiter, autant que faire se peut, une quantité suffisante pour fournir aux besoins des usines du voisinage.

C'est également le préfet qui statue sur le point de savoir si l'exploitation est activée d'une manière suffisante et autant qu'il est possible (art. 62).

La loi s'en est référée sur ce point, et elle ne pouvait poser de règle plus précise, à la sagesse de l'administration. Il faudra mettre en balance, d'une part, les besoins des maîtres de forges, d'autre part, l'étendue de la minière, la richesse, la facilité ou la difficulté de l'extraction, les usages, etc. : si l'exploitation doit être active, elle ne doit pas non plus être compromise dans son aménagement et dans son avenir par un excès de production. (Comparez DELEBECQUE, nᵒ 1021 ; voyez aussi plus loin le nᵒ 852.)

846. — L'art. 64 soumet les décisions du préfet à un recours au Conseil d'Etat.

Ce dernier n'existe plus en Belgique.

Mais n'a-t-il pas été remplacé, quant à l'attribution dont il s'agit, par le Conseil des Mines que la loi du 2 mai 1837 a institué, *pour exercer*, dit son article 1ᵉʳ, *les attributions conférées au Conseil d'Etat par la loi du* 21 *avril* 1810. A s'en tenir aux termes de cette disposition, et l'art. 64 de la loi de 1810 chargeant le Conseil d'Etat de statuer sur le recours formé contre les décisions du préfet, il semblerait que le Conseil des Mines dût être investi, en Belgique, de la même attribution. Il n'en rien pourtant. Le Conseil des Mines de la loi belge de 1837 est uniquement chargé de donner des *avis* (art. 3, 4, etc.) ; sa mission ne comprend aucunement une juridiction administrative en degré d'appel. D'ailleurs, l'art. 64 de la loi de 1810, en permettant le recours au Conseil d'Etat contre les décisions du préfet, ne faisait qu'appliquer le principe des lois contemporaines de la France sur le contentieux administratif, à savoir que le Conseil d'Etat était le tribunal d'appel des décisions rendues par les préfets ou les conseils de préfecture. Or ce principe n'existe plus en Belgique, et à défaut d'une loi qui y ait expressément conféré à une autorité nouvelle le *droit de juridiction* du Conseil d'Etat, il faut bien admettre qu'aucun recours n'est possible contre les arrêtés pris par la Députation permanente en matière de minières.

847. — La Cour de Douai (29 août 1838) et la Cour de cassation de France (13 nov. 1839, S. 1840, 1, 58) ont rendu, à l'égard de la compétence des préfets, une décision dont le principe et les détails méritent d'être examinés.

Un propriétaire du département du Nord, le sieur LEFRANC, après avoir extrait dans son fonds une certaine quantité de minerai, avait traité avec des sieurs PILLION et DESTOUCHES qui étaient en instance pour obtenir l'autorisation d'établir une usine dans le voisinage. Un sieur Dumont, maître d'une usine établie dans le Département, cita le sieur Lefranc devant le tribunal d'Avesnes pour qu'il eût à lui livrer les minerais extraits aux conditions qui seraient réglées par des experts. — Le sieur Lefranc soutint que l'usinier n'avait pas besoin des minerais réclamés, et qu'au surplus l'administration était seule compétente pour statuer sur la réalité du besoin.

La Cour de Douai repoussa ces moyens de défense :

« Attendu qu'il ne s'agit pas d'une demande en extraction de minerai de fer, mais d'une réclamation par un maître de forges du minerai extrait par le propriétaire qui prétend en disposer au préjudice de l'usinier ; qu'un tel débat est de la compétence des tribunaux ordinaires ; que sans doute le maître de forges n'a sur le minerai extrait dans le voisinage de son usine qu'un droit relatif à ses besoins ; mais que les besoins de Dumont, seul maître de forges du voisinage, résultent suffisamment de sa demande et de sa coopération aux travaux d'extraction ; — qu'obliger l'usinier, à chaque acquisition qu'il veut faire de minerai extrait, à rapporter la preuve qu'il en a besoin, ce serait exposer l'usine au chômage contre le vœu manifeste de la loi, et entraver incessamment l'industrie si importante du fer ; que ce serait au propriétaire qui prétend que le minerai extrait de son terrain n'est pas nécessaire au service de l'usine à en apporter la preuve.... »

Lefranc se pourvut en cassation ; mais son pourvoi fut rejeté par les motifs suivants :

« Attendu que le procès n'a eu pour objet ni de contraindre le propriétaire à extraire le minerai nécessaire à l'usine du Sr Dumont, ni d'autoriser le maître de forges à l'exploiter lui-même, ni de déterminer la quantité de minerai à extraire, soit par le propriétaire du terrain, soit par le maître de forges, ni de prononcer sur la concurrence entre deux maîtres de forges, points soumis à la juridiction administrative par les art. 60 et 64 de la loi du 21 avril 1810 ;

» Attendu qu'il s'agit seulement d'une demande en délivrance du minerai déjà extrait, au prix qui serait amiablement convenu ou réglé par des experts, et que les art. 65 et 66 relatifs au règlement du prix du minerai extrait, soit par le propriétaire, soit par le maître de forges, n'admettent pas la compétence de l'autorité administrative ; il en est de même, art. 63, du règlement de l'indemnité lors de la remise du terrain après la cessation de l'exploitation ;

» Attendu que du silence de la loi, sous ce double rapport, et de l'absence de toute disposition attributive d'une juridiction spéciale et exceptionnelle, résulte la conséquence de l'application du droit commun, qui soumet les citoyens à la juridiction générale des tribunaux ordinaires;...

II.

» Attendu que de l'obligation imposée par l'art. 59 de la loi au proprié-taire du terrain, d'exploiter le minerai nécessaire aux usines du voisinage , résulte la conséquence que tout minerai extrait volontairement par le propriétaire est de droit supposé avoir cette destination et ne peut pas être refusé aux maîtres de forges; le propriétaire du terrain ne peut pas être admis à en disposer à leur préjudice , et en présumant les besoins de l'usinier, d'après l'extraction antérieure et les autres circonstances de la cause , l'arrêt dénoncé n'a eu d'autre portée que le minerai actuellement extrait, sans préjugé ni conséquence pour l'avenir. »

848. — Ces arrêts ont été justement critiqués (Dupont, t. II , p. 82 et ss. ; *Ann. des M.* , 3ᵉ série, t. XVI , p. 709).

En ce qui concerne la question de compétence, il appartient, suivant eux, aux tribunaux de statuer sur les besoins d'une usine , *lorsqu'elle réclame des minerais déjà extraits*. Cette opinion repose sur ce que la loi de 1810 n'a pas spécialement prévu le cas d'une extraction déjà faite , et que ceux de ses articles qui con-sacrent la compétence des préfets s'occupent d'extractions à faire. Mais cet argument *a contrario* n'est pas suffisant pour faire recon-naître aux tribunaux , dans un seul cas particulier , une compé-tence que le législateur leur a refusée dans tous les autres cas de la même matière. Le maître de la minière a la propriété des mine-rais qui sont extraits comme de ceux qui ne le sont pas encore ; il l'a même à un plus haut degré, si c'est possible. Il ne peut être dépouillé de son bien que dans les termes de la loi, c'est-à-dire par un usinier *qui a besoin* des minerais , extraits ou non. Or à qui le législateur a-t-il attribué compétence pour juger de l'existence et de l'étendue de ce besoin ? A l'autorité administrative seulement, et il ne pouvait l'attribuer qu'à elle ; car l'appréciation des besoins d'une usine se rattache à des idées, à des faits d'économie indus-trielle , qui sortent du cadre des questions judiciaires et se ratta-chent à une mission purement administrative. Qu'importe, au point de vue de l'appréciation des besoins de l'usine demanderesse, qu'il s'agisse de minerais extraits ou de minerais à extraire ? On ne saisit pas , quoi qu'en ait dit la Cour de cassation , de raison plausible de différence , et puisque le législateur , conformément à la division naturelle des pouvoirs , a expressément chargé l'administration d'apprécier les besoins de l'usinier qui réclame des minerais non extraits , il a voulu évidemment la charger de cette même appréciation lorsque l'extraction des minerais a déjà été faite.

En un mot l'économie de la loi de 1810 est évidemment de faire apprécier les *besoins* des maîtres de forges par le pouvoir administratif et de faire régler par le pouvoir judiciaire les *indemnités* dues au propriétaire-exploitant, sans distinguer le cas où l'extraction du minerai serait faite de celui où elle ne le serait pas.

849. — L'appréciation des besoins de l'usine demanderesse constitue, avons-nous dit, une question qui rentre dans le domaine administratif et qui sort du cadre naturel des questions judiciaires : la mission des tribunaux, en effet, consiste à statuer d'après des règles fixes que les lois ont posées, et non d'après des circonstances industrielles et locales, tels que l'état de l'exploitation du fer, la richesse de la minière ligitieuse, les besoins industriels de l'usine qui réclame, etc., toutes circonstances et conjectures dans l'appréciation desquelles le pouvoir judiciaire devrait se lancer pour décider si un usinier a droit ou non aux minerais qu'il demande d'acheter. La Cour de cassation de France a bien senti qu'il n'en pouvait être ainsi, et pour échapper à cet inconvénient inadmissible, elle a posé en principe absolu, « que tout minerai extrait volontairement par un exploitant de » minière est de droit supposé destiné aux maîtres de forges du » voisinage et ne peut leur être refusé. » — Voilà sans doute une règle fixe qui mettrait les tribunaux à l'aise. Mais où donc la Cour suprême l'a-t-elle trouvée ? Où est le texte qui consacre cette présomption *de droit ?* Il n'y en a pas d'autre que l'art. 59. Mais l'art. 59 se borne à déclarer que le propriétaire doit fournir *aux besoins* des usines du voisinage. La question des besoins à satisfaire est donc toujours la question à résoudre. Or, certainement de ce que des minerais ont été extraits, il ne s'ensuit pas, par une présomption de droit, que les usiniers voisins en aient besoin ; car l'exploitant a pu les extraire pour les vendre à d'autres, comme c'est son droit, dès que le voisinage peut s'en passer. Ainsi, c'est poser une règle arbitraire, c'est faire une loi nouvelle au lieu de s'en tenir à la loi existante, que d'attribuer *de droit* aux usiniers du voisinage tous les minerais extraits, sans qu'il faille se livrer ultérieurement à l'examen de leurs besoins.

850. — Aussi la cour de Douai n'était-elle pas allée aussi loin que la Cour de Cassation ; s'attribuant une compétence qu'elle n'avait pas, elle avait examiné, *au fond*, la question des besoins de l'usinier demandeur, et elle l'avait résolue en faveur de ce

dernier. Sous ce rapport , son arrêt était peut-être exact , pris égard aux circonstances de la cause , mais il n'en sortait pas moins de sa compétence. Ajoutons que si l'usinier doit justifier de ses besoins , alors même qu'il réclame des minerais déjà extraits , la justification qu'il fournit doit être appréciée au point de vue de la légitime protection que le législateur a accordée à l'industrie du fer et en se gardant de tout esprit de lésinerie. L'administration consultera toutes les circonstances, et, sous ce rapport, le fait que les minerais sont déjà exploités, pourra constituer à ses yeux, non pas une présomption *légale* en faveur de l'usinier voisin, mais une preuve à l'appui du besoin qu'il en éprouvait et que l'exploitant avait voulu se mettre en état de satisfaire.

851. — « Lorsque le propriétaire d'une minière est en même temps propriétaire d'une forge du voisinage, dit DUPONT (t. 1er, p. 89), il est soumis à l'obligation de satisfaire, autant possible, aux besoins des forges voisines, y compris la sienne, tout comme si la minière appartenait à un autre qu'à lui-même. Le Préfet règle, en pareil cas, conformément à l'art. 64, les quantités de minerai que le propriétaire de la minière doit fournir aux forges du voisinage, la sienne comprise ; ce principe dérive des termes formels de l'art. 59 qui est conçu en termes généraux, et qui impose au propriétaire de la minière l'obligation de satisfaire, autant que possible, aux besoins des usines du voisinage, sans distinguer s'il possède ou non une forge ; il est conforme, en outre, à l'intention dominante du législateur, qui a été de pourvoir à l'approvisionnement des usines à fer. Cette intention serait évidemment méconnue et éludée, s'il suffisait à un maître de forges d'acquérir dans le voisinage une riche minière pour en monopoliser l'usage à son profit, au détriment des forges voisines.

» Ajoutons que le principe énoncé plus haut et dont l'application mécontente aujourd'hui tel maître de forges, propriétaire de minière, pourra demain assurer son approvisionnement, en lui permettant de participer aux produits d'une autre minière possédée par l'un de ses concurrents, alors que la sienne sera épuisée ou qu'il aura besoin, pour son industrie, d'employer des minerais de qualité différente. D'autre part, ce principe, en ne permettant pas à un maître de forges de se reposer entièrement sur la minière qu'il possède, le force à faire des recherches de minerai pour assurer ses approvisionnements à venir, et il est conforme, en cela, aux intérêts généraux de l'industrie métallurgique. »

852. — Cependant, si la minière qu'un maître de forges possède n'était pas assez riche pour servir d'approvisionnement à des usines nouvelles en même temps qu'à la sienne ; si, exploitée pour d'autres besoins que les siens, elle devait bientôt être épuisée, il faudrait la réserver exclusivement à son propriétaire, et ne point laisser compromettre l'usine existante par l'exploitation excessive d'une minière, dont l'étendue et la richesse n'excéderaient pas les besoins légitimes de l'usinier auquel elle appartient (Comp. PROUDHON, n° 729).

853. — Si le propriétaire du sol avait cédé son droit d'extraire à un maître de forges, celui-ci serait également tenu, dans les termes que je viens d'exprimer, de fournir aux besoins des usines du voisinage, tout comme le propriétaire exploitant le doit, quoiqu'il soit lui-même maître de forges (DUPONT, t. 2, p. 100 ; DALLOZ, n° 628 ; PEYRET, n° 532).

II. — DU PRIX DES MINERAIS QUE LE PROPRIÉTAIRE EXPLOITE ET
DOIT VENDRE.

854. — Pour assurer l'approvisionnement des usines, il ne suffisait pas de leur conférer le droit d'acheter les produits des minières ; il fallait empêcher les exploitants d'exiger un prix exorbitant du minerai à vendre. De là, l'art. 65 :

« Lorsque les propriétaires feront l'extraction du minerai pour le vendre aux maîtres de forges, le prix en sera réglé entre eux de gré à gré, ou par des experts choisis ou nommés d'office, qui auront égard à la situation des lieux, aux frais d'extraction et aux dégâts qu'elle aura occasionnés. »

Le comte DEFERMON avait proposé au Conseil d'Etat de laisser les propriétaires et les maîtres de forges régler entre eux le prix de gré à gré. Le comte FOURCROY lui répondit qu'il importait d'empêcher que les propriétaires, en mettant au minerai un prix excessif, ne paralysassent les forges ou ne fissent trop renchérir le fer. NAPOLÉON déclara qu'il admettait ce mode de fixation, mais à la condition que les contestations qui pourraient s'élever fussent portées devant les tribunaux et non devant l'autorité administrative (LOCRÉ, V, 56).

855. — Il ne s'agit donc pas ici d'une expertise qui ferait la loi aux parties, sans pouvoir être critiquée par elles, mais d'une expertise ordinaire, placée sous le contrôle des tribunaux, auxquels elle sert de guide, mais dont ils peuvent s'écarter. (Art. 323 C. de proc. civ.; DELEBECQUE, no 1034.)

856. — Ce qui doit être payé au propriétaire, c'est le prix *vénal* du minerai. Ce n'est pas seulement le prix de revient, car alors le propriétaire serait privé du bénéfice de son droit d'exploitation; c'est le prix courant qui pourrait être généralement obtenu des autres amateurs. En un mot, vis-à-vis des usiniers du voisinage, l'exploitant n'est pas maître de fixer librement le prix de sa chose; mais vis-à-vis d'eux, il doit néanmoins obtenir le prix réel et venal de ses minerais.

857. — « Le minerai, se demande PROUDHON (*De la Propriété*, no 731), doit-il être passé au patouillet et lavé avant d'être mesuré et livré au maître du haut fourneau?

« Quand on ne consulterait que les seuls principes du droit commun sur la solution de cette question, il est facile de comprendre qu'elle devrait être affirmative, et que chacune des parties pourrait exiger que le prix de l'extraction ne fût fixé que sur la quantité de mine mesurée après sa purgation et son lavage, attendu que, suivant les règles du droit et de l'équité, chacun doit avoir la faculté de faire reconnaître la vraie valeur de la chose sur laquelle il traite, et que cette vérification ne pourrait se faire exactement sur des produits de mines toujours plus ou moins mélangés de terre avant d'avoir passé au lavage.

» Et c'est ainsi que la question se trouve décidée par l'art. 13, titre II de la loi du 28 juillet 1791, portant qu'indépendamment du prix du *minerai lavé*, il sera payé au propriétaire, par les maîtres de forges, une indemnité à raison de la non-jouissance de leurs terrains et des dégâts faits à la superficie. »

858. — La fixation du prix par les experts et les tribunaux n'est pas immuable et définitive. Les parties ne seraient pas, à la vérité, admises à en provoquer une nouvelle lors de chaque livraison de minerai; mais elles y seraient recevables à la charge d'articuler un changement notable dans les circonstances qui ont présidé à l'évaluation première, soit par rapport aux frais de l'exploitation et à la qualité du minerai, soit par rapport à la hausse ou à la baisse du fer (Comp. PROUDHON, no 732; PEYRET, no 539).

859. — Les minerais doivent être payés par l'usinier avant qu'il n'en prenne possession. La loi l'ordonne ainsi, par son article 66, lorsqu'il s'agit du maître de forges qui exploite la minière d'autrui ; il doit en être de même, lorsqu'il achète les minerais que le propriétaire exploite. Il y a même raison de décider, et d'ailleurs, d'après les principes de la vente, l'acheteur doit payer son prix en prenant livraison, à moins de convention contraire.

Cependant s'il y avait urgence, si le maître de forges avait un besoin pressant du minerai, de telle sorte qu'il ne pût, sans un grave préjudice, attendre la fin de l'expertise ou des débats soulevés par l'expertise même, le tribunal pourrait, je pense, autoriser la prise de possession, à charge par l'usinier, de consigner une somme qui serait provisoisement déterminée ou le montant de l'estimation des experts, si l'expertise a été faite (Arg. par analogie des art. 1613 et 1653 du Code civil). Cette décision concilie tous les intérêts, et le vœu de la loi est de ne pas laisser en souffrance la précieuse industrie du fer (PEYRET, nº 541).

III. — DU DROIT DES USINIERS D'EXPLOITER LES MINIÈRES AU LIEU ET PLACE DU PROPRIÉTAIRE.

860. — Lorsque le minerai de fer n'est pas exploité comme les besoins de l'industrie sidérurgique le demandent, la loi du 21 avril 1810, suivant en cela les traditions de la loi de 1791 et de la législation antérieure (nº 841), permet aux maîtres de forges d'occuper la minière et de se livrer eux-mêmes à son exploitation.

Cette atteinte à la liberté de la propriété est fondée sur le même intérêt public, qui a fait imposer aux exploitants de minières l'obligation d'en vendre les produits aux maîtres de forges. Mais elle est plus grave encore, en ce que le propriétaire est évincé de son domaine et supplanté par un étranger. C'est pour cela que le législateur a pris soin de déterminer avec précision les cas dans lesquels cette espèce d'expropriation peut être subie, et les formalités ou conditions auxquelles elle est subordonnée : tel a été l'objet des art. 60 à 64 et de l'art. 66.

Art. 60. Si le propriétaire n'exploite pas, les maîtres de forges auront la faculté d'exploiter à sa place, à la charge : 1º d'en prévenir le propriétaire, qui, dans un mois à compter de la signification, pourra déclarer qu'il entend exploiter lui-même; 2º d'obtenir du préfet la permission, sur l'avis de l'ingénieur des mines, après avoir entendu le propriétaire.

Art. 61. Si, après l'expiration du délai d'un mois, le propriétaire ne déclare pas qu'il entend exploiter, il sera censé renoncer à l'exploitation, le maître de forges pourra, après la permission obtenue, faire les fouilles immédiatement dans les terres incultes ou en jachères, et, après la récolte, dans toutes les autres terres.

Art. 62. Lorsque le propriétaire n'exploitera pas en quantité suffisante, ou suspendra les travaux d'extraction pendant plus d'un mois sans cause légitime, les maîtres de forges se pourvoiront auprès du préfet pour obtenir la permission d'exploiter à sa place.

Si le maître de forges laisse écouler un mois sans faire usage de sa permission, elle sera regardée comme non avenue, et le propriétaire du terrain rentrera dans tous ses droits.

Art. 63. Quand un maître de forge cessera d'exploiter un terrain, il sera tenu de le rendre propre à la culture ou d'indemniser le propriétaire.

Art. 64. En cas de concurrence entre plusieurs maîtres de forges pour l'exploitation dans un même fonds, le préfet déterminera, sur l'avis de l'ingénieur des mines, les proportions dans lesquelles chacun d'eux pourra exploiter, sauf le recours au Conseil d'Etat.

Art. 66. Lorsque les maîtres de forges auront fait extraire le minerai, il sera dû au propriétaire et avant l'enlèvement du minerai, une indemnité qui sera réglée par expert, lesquels auront égard à la situation des lieux, aux dommages causés, à la valeur du minerai, distraction faite des frais d'exploitation.

861. — Les maîtres de forges ont le droit d'exploiter eux-mêmes le mineraï de fer dans le terrain d'autrui :

1o Lorsque le propriétaire n'exploite pas (art. 60);

2o Lorsqu'il n'exploite pas en quantité suffisante (art. 62);

3o Lorsqu'il suspend ses travaux d'extraction pendant plus d'un mois sans cause légitime (art. 62).

Mais, dans chacun de ces trois cas, il faut que le maître de forges qui aspire à exploiter soit un maître de forges *du voisinage, légalement établi, et ayant besoin du minerai*. Les art. 60 et 62 n'ont pas spécifié ces conditions, parce qu'il était inutile de le faire : en effet, s'ils accordent aux maîtres de forges le droit d'exploiter par eux-mêmes, c'est uniquement à titre de sanction de l'obligation d'exploiter que l'art. 59 impose au propriétaire; or celui-ci n'est obligé d'exploiter que pour fournir *aux besoins* des usines établies dans *le voisinage avec autorisation légale* (Instruction minist. du 3 août 1810, § V).

862. — Le maître de forges doit demander au préfet la permission d'exploiter, et la permission doit être précédée de certaines formalités destinées à protéger les intérêts du propriétaire.

Voyons d'abord le cas où il s'agit d'une minière qui n'est pas exploitée, mais que le maître de forges veut contraindre le propriétaire à exploiter.

Et d'abord, l'usinier est tenu « de prévenir le propriétaire qui, » dans un mois à compter de la notification, peut déclarer qu'il » entend exploiter lui-même. » Ce sont les termes de l'art. 60 ; il en résulte :

1º Que le propriétaire doit être prévenu par le maître de forges lui-même, et non par l'administration ;

2º Qu'il doit l'être par une notification, c'est-à-dire par un exploit d'huissier, car les notifications officielles de particulier à particulier ne se font pas autrement.

La formalité de la notification au propriétaire par le maître de forges est un préalable nécessaire à l'octroi de la permission ; elle constitue une formalité substantielle : aussi un arrêté ministériel du 31 juillet 1837 a-t-il annulé une ordonnance de permission rendue par le préfet du Nord, par le motif que le propriétaire n'avait pas reçu de notification du maître de forges lui-même, mais une simple notification administrative (*Ann. des Mines*, 3ᵉ série, t. XII, p. 649).

Le maître de forges fera donc bien de joindre à sa requête en permission l'original de l'exploit de notification signifié au propriétaire.

863. — Je renvoie aux nᵒˢ 895 et 896 pour la question de savoir à qui la notification doit être faite, lorsque le propriétaire de la minière a cédé son droit d'exploitation.

864. — Un délai d'un mois est laissé au maître de la minière pour délibérer sur le parti qu'il veut prendre ; la permission qui serait accordée au maître de forges avant l'expiration de ce délai serait entachée de nullité (arrêté du 31 juillet 1837 cité au nᵒ précédent).

Il est même plus régulier que le maître de forges laisse écouler un mois après la signification, et qu'alors seulement il adresse sa requête à l'autorité administrative ; car si le propriétaire déclarait, endéans ce délai, qu'il entend exploiter lui-même, la requête de l'usinier deviendrait sans objet.

A plus forte raison, en supposant que le maître de forges forme sa demande avant l'expiration du mois , l'administration ne devrait-elle instruire la demande qu'après le mois écoulé.

865. — Lorsque le propriétaire veut échapper à l'exploitation de l'usinier, en fesant la déclaration qu'il entend exploiter lui-

même, il doit faire cette déclaration au secrétariat de la préfecture (greffe de la Députation permanente) conformément à l'art. 59. L'acte qui lui en sera donné lui vaudra permission d'exploiter, et de satisfaire ainsi aux besoins des usiniers du voisinage qui voulaient exploiter à sa place.

866. — Si le propriétaire ne fait pas sa déclaration endéans le délai d'un mois, le préfet procède à l'instruction de la demande.

L'art. 60 a placé parmi les éléments de l'instruction : 1o l'avis de l'ingénieur des mines ; 2o l'avis du propriétaire lui-même.

L'un et l'autre constituent une formalité substantielle, car ils ont tous deux pour objet d'éclairer l'autorité administrative sur les diverses questions que la requête en permission peut soulever : l'usinier demandeur a-t-il ses forges dans le voisinage? Est-il légalement établi? A-t-il besoin du minerai? Le propriétaire n'a-t-il pas exploité? Ne peut-il invoquer aucune excuse légitime? etc.

867. — Selon l'art. 60, le préfet doit spécialement appeler le propriétaire à s'expliquer sur la demande. Cette notification administrative est indépendante et distincte de la notification extra-judiciaire qui émane du maître de forges ; celle-ci a pour objet de savoir si le propriétaire ne veut pas couper court à toute demande d'exploitation en déclarant qu'il entend exploiter lui-même ; l'autre est destinée à provoquer ses observations sur la légitimité de la permission sollicitée par l'usinier.

868. — Tant que le délai d'un mois ne s'est pas écoulé depuis la sommation signifiée par le maître de forges, le propriétaire a le droit d'empêcher la permission au profit de ce dernier, en déclarant qu'il veut lui-même exploiter sa minière. Mais, le mois expiré, peut-il encore faire sa déclaration, et aura-t-elle une égale puissance?

Il pourra la faire sans doute, et l'autorité pourra repousser la demande en permission dont elle est saisie, car elle jouit d'un pouvoir discrétionnaire pour accueillir ou rejeter une demande de ce genre, et la déclaration du propriétaire peut constituer, à ses yeux, un motif de refus.

Mais, et c'est en cela que consiste la différence, la déclaration faite par le propriétaire après le délai d'un mois n'est pas, comme celle qui serait faite auparavant, un obstacle légal et absolu à l'octroi de la permission. Les art. 60 et 61 n'accordent au propriétaire que le délai d'un mois pour empêcher, par la seule puissance de sa volonté, que les maîtres de forges exploitent sa minière. Sa déclaration ultérieure peut bien être pour l'administration, suivant les circonstances, un motif de ne pas le déposséder de son bien et de le laisser fournir lui-même aux besoins des usiniers; mais elle ne se trouve plus dans les termes de la loi pour constituer, à elle seule, un empêchement prohibitif de toute permission. DUPONT (t. 2, p. 108) paraît cependant être d'une opinion contraire.

869.—Je viens de m'occuper du cas où le propriétaire du sol *n'exploite pas* le minerai de fer et des formalités à remplir par les maîtres de forges pour exploiter à sa place.

L'art. 62 les autorise à demander également une permission d'extraire, lorsque le propriétaire exploite en quantité insuffisante ou qu'il a suspendu ses travaux pendant plus d'un mois sans cause légitime.

Cette insuffisance ou cette interruption illégitime de l'exploitation ne constituent pas à l'encontre du propriétaire une cause irrémissible de déchéance; je veux dire que, malgré leur réalité, l'administration pourrait ne pas accueillir la demande du maître de forges, si le propriétaire offrait de reprendre son exploitation ou de lui donner l'activité nécessaire : l'art. 62 ne prononce pas, en effet, de déchéance absolue; il se borne à disposer que, dans les cas qu'il prévoit, les maîtres de forges se pourvoiront auprès du Préfet pour obtenir la permission d'exploiter à la place du propriétaire. Mais si celui-ci n'exécutait pas son offre de mieux exploiter, les usiniers auraient le droit de renouveler leur requête, et la conduite du propriétaire constituerait, en général, un puissant motif de l'accueillir.

870. — Le propriétaire-exploitant ne peut être accusé d'extraire en qualité insuffisante ou d'avoir interrompu son extraction sans cause légitime, s'il n'a pas obtenu du maître de forges une demande de minerai : il n'était pas obligé d'exploiter à l'avance, sans être certain de pouvoir débiter le produit de son exploitation. Mais c'est aller trop loin, ce me semble, que d'exiger, comme le fait DELEBECQUE (no 1022), qu'il y eût marché conclu entre le propriétaire et le maître de forges *quant au prix* du minerai : à défaut d'accord sur ce point, il suffirait que le maître de forges eût offert de payer le minerai d'après la loi; le propriétaire n'est pas libre de demander le prix qu'il veut, et il ne lui est pas permis de ne pas exploiter, sous prétexte que le maître de forges

n'accepte pas le prix qu'il demande. Si donc son refus d'exploitation se fonde sur ce motif, l'administration pourra juger que le propriétaire n'a pas eu de motif légitime pour suspendre l'extraction, et elle pourra octroyer au maître de forges une permission d'exploitation en vertu de l'art. 62.

871. — Lorsqu'un usinier reproche au propriétaire de la minière d'exploiter en quantité insuffisante ou d'avoir suspendu son exploitation sans cause légitime, c'est le préfet qui est appelé par l'art. 62 à statuer sur la légitimité de ce reproche et sur la déchéance postulée à l'égard du propriétaire.

M. DELEBECQUE (no 1024) émet l'avis que depuis la Constitution belge de 1831 le pouvoir judiciaire est seul compétent, en Belgique, pour trancher la contestation : comme il s'agit, dit-il, de dépouiller le propriétaire d'un droit inhérent à sa propriété, la règle constitutionnelle institue la compétence des tribunaux.

Je ne le crois pas. L'éviction du propriétaire, dans le cas de l'art. 62, constitue une sorte d'expropriation pour cause d'utilité publique ; c'est une restriction apportée à son droit de propriété dans l'intérêt si précieux de l'industrie sidérurgique. Or, de même que la Constitution belge n'a pas enlevé au pouvoir administratif le droit de décider quand il y aurait lieu à expropriation, elle ne lui a pas enlevé davantage celui de décider quand il serait légitime et opportun de supplanter le propriétaire du sol dans l'exploitation d'une minière. La raison en est, dans les deux cas, qu'il s'agit bien, à la vérité, du droit civil de propriété, mais que ce droit lui-même est soumis par la loi (art. 544 Code civil) à des restrictions légales ou réglementaires, que parmi ces restrictions se trouvent celles de l'expropriation publique et de l'art. 62 de la loi du 21 avril 1810 , et que l'administration est légalement chargée d'apprécier l'opportunité de leur application. Ajoutez à cela que la question de la suffisance d'une exploitation de minerai ou de la légitimité de son interruption sort, par sa nature même, du cercle des questions judiciaires : elle peut se rattacher à une foule de circonstances industrielles ou locales dont l'appréciation rentre dans le domaine administratif.

Cependant il pourrait s'élever une question préjudicielle que les tribunaux auraient seuls le droit de juger : si, par exemple, une convention avait été conclue entre le propriétaire exploitant et le maître de forges, et que le premier alléguât qu'il n'a pas exploité parce que le second n'exécutait pas ses propres obligations. « Ce ne serait pas, dit avec raison DELEBECQUE (no 1025), à un magistrat de l'ordre administratif qu'il appartiendrait de décider du mérite d'une telle opposition, de la validité et des conséquences d'une convention purement civile ; les tribunaux ordinaires devraient donc juger de la contestation, et ce ne serait qu'après une décision en sa faveur, que le maître de forges pourrait se pourvoir auprès du préfet pour obtenir la permission d'exploiter. »

872. — Avant de statuer sur la demande en permission formée à raison de l'insuffisance ou de l'interruption de l'exploitation du propriétaire, le préfet doit appeler celui-ci à présenter ses observations et prendre l'avis de l'ingénieur des mines. La prudence et la justice le veulent ainsi ; l'art. 62 le prouve d'ailleurs, car en disant que les maîtres de forges *se pourvoiront auprès du préfet pour obtenir la permission d'exploiter*, il se réfere évidemment à l'art. 60, no 2, lequel détermine les éléments essentiels de l'instruction des demandes en permission dont le préfet est saisi.

873. — Mais le maître de forges n'a pas besoin de faire au propriétaire la notification prescrite par l'art. 60, no 1, et le propriétaire ne jouit pas du délai d'un mois que cet article lui accorde. Cette notification et ce délai ne sont exigés par la loi qu'à l'égard du propriétaire qui n'a pas encore exploité sa minière ; il faut bien alors qu'il soit averti qu'on veut le contraindre à en entreprendre l'exploitation et qu'il ait un certain délai pour délibérer s'il l'entreprendra. Mais lorsqu'il s'agit d'un propriétaire exploitant, auquel on reproche de ne pas exploiter assez ou d'avoir suspendu son exploitation sans cause légitime, il suffit qu'il soit entendu sur la demande en permission du maître de forges (DELEBECQUE, no 1026). Toutefois, comme je l'ai fait remarquer au no 868, le propriétaire *pourra,* quoiqu'il soit en faute, ne pas être déclaré déchu, et obtenir, s'il y a lieu, un délai pour reprendre son exploitation interrompue, ou donner plus d'activité à son exploitation insuffisante.

874. — Il est possible que plusieurs maîtres de forges se trouvent en concurrence pour exploiter le minerai de fer dans un même héritage.

Il y a, dans ce cas, deux questions à résoudre : La première, vis-à-vis du propriétaire : permettra-t-on à un autre d'exploiter à sa place? — La seconde, entre les maîtres de forges eux-mêmes : dans quelles proportions chacun d'eux obtiendra-t-il la permission d'exploiter? — C'est le préfet qui statue sur l'une et l'autre (art. 64), sauf, en France, le recours au Conseil d'Etat (pour le recours en Belgique, voyez le nᵒ 846).

875. — Après avoir dit quand et comment les maîtres de forges peuvent obtenir la permission d'exploiter une minière qui ne leur appartient pas, il faut examiner les obligations que la permission leur impose.

Vis-à-vis de l'administration, le maître de forges est traité comme un exploitant ordinaire; il est donc soumis aux lois et règlements qui régissent l'exploitation des minières de fer, et notamment aux lois et règlements de police.

876. — Vis-à-vis du propriétaire, il doit d'abord « faire usage » de la permission dans le délai d'un mois ; sinon elle est regardée » comme non avenue, et le propriétaire rentre dans tous ses » droits. » (Art. 62, § 2.)

La déchéance est ici encourue de plein droit à la différence de celle que la loi permet de prononcer contre le propriétaire qui n'exploite pas suffisamment ou qui interrompt son exploitation : c'est ce qui résulte de la comparaison des deux dispositions de l'art. 62. La première, qui s'occupe de la déchéance du propriétaire, lui permet d'invoquer une cause légitime qui justifie l'insuffisance ou la suspension de ses travaux, et elle n'accorde d'ailleurs aux maîtres de forges que le droit de se pourvoir auprès du préfet pour obtenir une permission. La seconde disposition au contraire (les termes en sont rapportés ci-dessus), ne réserve pas au maître de forges la faculté d'excuser le retard apporté à l'ouverture de ses travaux, et par le seul fait de ce retard, elle déclare la permission non avenue, et fait rentrer le propriétaire dans tous ses droits, sans l'astreindre à une demande quelconque (DELEBECQUE, nᵒ 1030; PEYRET, nᵒ 534. — Contr. DUPONT, t. 2, p. 113). — Je ferais toutefois exception pour les cas réels de force majeure, laquelle fait exception à toutes les règles.

877. — En conséquence, si l'usinier voulait se servir d'une permission dont il n'a pas fait usage endéans le mois, le propriétaire serait en droit de s'opposer aux travaux; et si, au mépris de cette opposition, l'usinier exploitait la minière, le propriétaire s'adresserait aux tribunaux pour faire respecter sa propriété désormais devenue libre.

Le tribunal saisi ne pourrait pas, comme on vient de le voir, écouter les excuses mises en avant par l'usinier. Mais il est possible que celui-ci prétende que le délai d'un mois n'est pas écoulé (no 879) ou qu'il a commencé ses travaux endéans ce délai, ou qu'il y a eu force majeure : le tribunal serait compétent pour statuer sur la contestation; car comme elle n'a pas été soumise à la compétence administrative, elle tombe sous l'empire du pouvoir judiciaire. La compétence des tribunaux devrait même être admise en France, à moins que la contestation ne dépendît de l'interprétation de la permission octroyée par le préfet; en dehors de ce cas, il ne s'agirait pas d'apprécier la permission administrative ni de l'anéantir, mais de statuer sur l'existence de la déchéance consacrée par le texte de l'art. 62.

878. — Le permissionnaire déchu devrait former une demande nouvelle, qui serait instruite à nouveau, et à l'égard de laquelle le propriétaire aurait les mêmes droits que si aucune permission n'avait été précédemment obtenue. Ainsi, dans le cas de l'art. 60, c'est-à-dire dans le cas où le propriétaire n'a pas encore exploité sa minière, le maître de forges devrait de nouveau le sommer de déclarer s'il entend exploiter, et la déclaration affirmative du propriétaire dans le délai d'un mois, ferait obstacle à la permission.

879. — L'usinier-permissionnaire est obligé, en second lieu, de ne faire ses fouilles qu'après la récolte dans toutes les terres qui ne sont pas incultes ou en jachères (art. 61). Il suit de là que le délai d'un mois, imparti à l'usinier pour entreprendre ses travaux sous peine de déchéance, ne commence à courir, dans ce cas, qu'après la récolte faite.

880. — Le maître de forge-permissionnaire doit, en troisième lieu, payer au propriétaire une juste et préalable indemnité, conformément aux dispositions suivantes :

« Art. 66. Lorsque les maîtres de forges auront fait extraire le minerai, il sera dû au propriétaire du fonds, et avant l'enlèvement du minerai, une indemnité qui sera réglée par experts, lesquels auront égard à la situation des lieux, aux dommages causés, à la valeur du minerai, distraction faite des frais d'exploitation.

» Art. 63. Quand un maître de forges cessera d'exploiter un terrain, il sera tenu de le rendre propre à la culture, ou d'indemniser le propriétaire. »

Les développements que j'ai présentés sur ce point, aux numéros 856 à 859, sont ici applicables.

881. — Lorsque le terrain où la minière est enfouie a été donné à bail, le fermier peut réclamer une partie de l'indemnité. Ce principe a été reconnu au Conseil d'Etat : « M. le comte Réal observe qu'aucun article du projet de loi ne décide à qui l'indemnité sera payée lorsque le terrain est affermé. — M. le comte Regnaud dit qu'elle doit l'être au fermier, quand l'extraction empêche les récoltes; que si le fonds est détérioré, le propriétaire doit avoir part à l'indemnité dans une juste proportion. » (Locré, X, 14.)

Pour régler équitablement les droits respectifs de l'un et de l'autre, on distinguera : 1º la valeur du minerai; 2º les détériorations subies par le fonds même; 3º les pertes éprouvées quant à la simple jouissance. Les deux premiers chefs d'indemnité seront alloués au bailleur et le troisième au locataire. Ou bien, et cela serait plus simple encore, on déterminera la perte éprouvée par le fermier dans ses récoltes et dans les autres émoluments de sa jouissance, et l'on allouera au propriétaire le reste de l'indemnité.

882. — Lorsque la permission est accordée à raison de l'insuffisance ou de l'interruption de l'exploitation entreprise par le propriétaire du sol, et que l'usinier prend ainsi possession d'une minière déjà exploitée, il doit indemniser son prédécesseur des travaux utiles qu'il y trouve établis. L'indemnité ne serait pas, sans cela, juste et complète; on peut d'ailleurs invoquer par analogie l'art. 46, suivant lequel le concessionnaire d'une mine doit payer les travaux antérieurs qui peuvent utilement servir à l'exploitation de la concession.

883. — Le maître de forges ne peut exploiter la minière que pour les besoins de son usine : d'une part, c'est pour eux seulement qu'il a obtenu de déposséder le propriétaire; d'autre part, l'étendue d'une servitude se détermine par les besoins du fonds dominant, et il s'agit ici d'une servitude imposée sur la minière au profit des forges voisines.

Le permissionnaire ne peut donc, sans l'assentiment du propriétaire, extraire du minerai pour d'autres maîtres de forges, ni leur transmettre tout ou partie de sa permission (Dupont, t. II, p. 118).

884. — Le permissionnaire est obligé d'exploiter la minière suivant les règles de l'art : n'en ayant pas la propriété, il n'a pas le droit d'en abuser, et la régularité de l'exploitation est

nécessaire pour assurer l'abondance de ses produits dans le présent et dans l'avenir.

Si l'exploitation était irrégulière, le propriétaire pourrait réclamer des dommages-intérêts. Il pourrait aussi demander la résolution de la permission, car celle-ci n'a pu être accordée au maître de forges que sous la condition implicite de la perdre, s'il ne remplissait pas ses obligations : l'autorité compétente devrait seulement examiner si les abus commis sont assez graves, pour entraîner la mesure rigoureuse de la déchéance.

L'autorité compétente serait, en Belgique, le pouvoir judiciaire : la loi du 21 avril 1810 n'a pas constitué l'administration juge de ce différend là, et la circonstance qu'il a pour objet l'exécution d'un acte administratif ne suffit pas, en Belgique, pour rendre les tribunaux incompétents.

885. — Le permissionnaire est également tenu de certaines obligations vis-à-vis des maîtres de forges du voisinage.

Si ces derniers ont besoin des produits de la minière, ils peuvent demander de l'exploiter avec lui, chacun dans la proportion réglée par le préfet (art. 64) : la permission obtenue par un maître de forges à l'égard d'une minière n'est donc pas exclusive de permissions nouvelles au profit d'autres usiniers. Le permissionnaire actuel ne peut pas les écarter en offrant de leur livrer le minerai dont ils ont besoin ; il est obligé de subir leur participation *à l'exploitation* même de la minière, dans les proportions déterminées par le préfet.

886. — Si le permissionnaire actuel avait fait des approvisionnements de minerais, les usiniers voisins auraient-ils le droit de les acheter jusqu'à due concurrence? L'art. 64 ne leur reconnaît pas ce droit là, il leur confère seulement celui de demander à leur tour une permission qui vienne limiter la permission existante, et qui les autorise à exploiter eux-mêmes la minière. Mais quant aux minerais extraits jusqu'alors, ils sont devenus la propriété du permissionnaire, et aucune disposition de la loi ne l'oblige à s'en dépouiller en faveur de ses voisins (Conf. Dupont, t. II, p. 119 ; Contr. Richard, t. II, p. 565).

Cependant, s'il y avait eu fraude dans l'extraction, si le permissionnaire actuel, menacé de demandes en concurrence, avait exploité avec une activité excessive, au-delà de ses besoins réels, pour diminuer les ressources de la minière, les maîtres de forges qui obtiendraient ensuite la permission d'exploiter avec lui, auraient le droit, à titre de dommages-intérêts, de participer aux produits de cette extraction surabondante.

887. — DUPONT (t. 2 , p. 125) enseigne que la servitude d'exploitation imposée aux minières a pour base l'intérêt public, et qu'elle doit avoir ses effets en tout temps, nonobstant toutes cessions ou conventions antérieures; puis il cite comme exemple le cas d'un propriétaire du sol qui cède à un maître de forges le droit d'exploiter sa minière, et qui peut néanmoins réclamer le droit de l'exploiter en concurrence, s'il devient lui-même usinier dans le voisinage.

Le principe posé par DUPONT n'est pas exact, quoique l'exemple donné le soit. Je m'explique. Il est vrai que le propriétaire du sol qui cède à un maître de forges le droit d'exploiter sa minière, peut demander de participer à l'exploitation lorsqu'il devient lui-même usinier. Mais c'est uniquement par le motif que la cession qu'il a consentie en qualité de propriétaire ne l'a pas dépouillé des droits qui lui appartiennent en qualité de maître de forges. Supposez, au contraire, que la convention contienne en outre, de la part du propriétaire, renonciation à réclamer une part des produits de la minière pour l'usine qu'il possède ou qu'il pourrait un jour posséder dans le voisinage, cette renonciation serait parfaitement valable.

DUPONT pousse trop loin les exigences de l'intérêt public. Tout ce que le législateur a décrété dans l'intérêt général, c'est que le propriétaire d'une minière ne jouirait pas du droit que possèdent les propriétaires en général, à savoir le droit de ne pas exploiter leurs héritages ou de n'en vendre les produits qu'à qui bon leur semble; c'est que le maître d'une minière ne pourrait dire : je ne veux pas tirer parti de mon bien ou je ne veux pas vous vendre mes minerais, ou je ne veux vous les vendre qu'à tel prix. Mais la loi n'a pas défendu aux maîtres de forges de rendre au propriétaire d'une minière la liberté naturelle de son domaine; elle ne leur a pas défendu de renoncer au droit d'exploiter telle ou telle minière. Une renonciation de ce genre, dès qu'elle est certaine, doit donc être respectée par son auteur.

888. — Par la même raison, les usiniers qui se trouvent en concurrence relativement à l'exploitation d'une minière, peuvent régler entre eux leurs droits respectifs, de telle sorte que, liés par ce règlement amiable, ils ne sont pas recevables à en provoquer un autre de la part de l'administration.

IV. — DE L'EXPLOITATION DES MINIÈRES DANS LES BOIS ET FORÊTS.

889. — La permission d'exploiter les minières, situées dans les forêts est soumise à des conditions spéciales.

« Art. 67. Si les minerais se trouvent dans les forêts impériales, dans celles des établissements publics, ou des communes, la permission de les exploiter ne pourra être accordée qu'après avoir entendu l'administration forestière. L'acte de permission déterminera l'étendue des terrains dans lesquels les fouilles pourront être faites : ils seront tenus, en outre, de payer les dégâts occasionnés par l'exploitation, et de repiquer en glands ou plants les places qu'elle aurait endommagées, ou une autre étendue proportionnelle déterminée par la permission. »

« Si l'exploitation doit être opérée dans des forêts dépendantes du domaine public ou des bois communaux, dit l'instruction ministérielle du 3 août 1810 (§ V), la loi a prescrit des mesures tendantes à empêcher la dévastation de ces propriétés. Il faut alors que l'administration forestière soit entendue conjointement avec l'administration des mines, afin qu'il ne soit consacré à l'extraction que les terrains reconnus indispensablement nécessaires, et qu'il soit pris tous les moyens de conservation et de reproduction que les circonstances locales permettent.

» Dans ce cas, le préfet ne devra prononcer sur la permission à accorder, qu'après avoir vu les rapports du conservateur des forêts et de l'ingénieur des mines, et après avoir même, s'il le jugeait nécessaire, mis ces fonctionnaires à portée de se communiquer leurs vues et de concerter la détermination à proposer.

» Les permissions de cette espèce seront soumises par le préfet au ministre de l'intérieur, qui statuera définitivement, après avoir pris l'avis de l'administration générale des mines et celui de l'administration générale des forêts. »

890. — L'art. 67 ne parle que des forêts de l'Etat, des communes et des établissements publics ; il ne parle pas des bois des particuliers ; cependant il les mentionnait également dans toutes les rédactions successives du projet de loi (LOCRÉ, X, 16 ; XXIV, 21, etc.), et les procès-verbaux de LOCRÉ ne nous apprennent point pourquoi les bois des particuliers disparurent de la rédaction définitive.

Quoi qu'il en soit, l'art. 67 ne leur est pas directement applicable. En conséquence, la permission d'exploiter une minière gisante dans un bois particulier ne présenterait aucune irrégularité, si elle n'était pas précédée de l'avis de l'administration forestière : mais le préfet qui doit accorder la permission, a la faculté de prendre cet avis, et il fera bien de le prendre, tant dans l'intérêt du propriétaire que dans l'intérêt général qui réclame aussi la bonne exploitation des bois particuliers.

Le préfet pourra également imposer au permissionnaire les conditions spéciales reprises à l'art. 67 pour le repiquage des places endommagées

891. — La loi de 1791 contenait, dans son titre deuxième, un article 15 ainsi conçu :

« Ne pourront les maîtres de forges faire aucune exploitation ou fouille dans les bois et forêts, sans avoir, indépendamment des formalités prescrites par les art. 7, 8 et 9 du présent titre, indemnisé préalablement les propriétaires de gré à gré ou à dire d'experts choisis ou nommés d'office, lesquels experts seront obligés, dans leur estimation, d'avoir égard à la valeur superficielle des dits bois et forêts, et au retard qu'éprouvera le recru ; et les dits maîtres de forges seront tenus de laisser au moins 20 arbres ou baliveaux de la meilleure venue, par arpent, et de ne leur causer aucun dommage ni dégradation, sous les peines portées par les ordonnances. Ne pourront, au surplus, les dits maîtres de forges faire des fouilles dans l'étendue de plus d'un arpent, par chaque année ; et l'exploitation finie, ils nivelleront le terrain le plus que faire se pourra, et repiqueront de plants ou semis les places endommagées. »

Les détails de cette disposition n'ont pas été reproduits par l'art. 67 de la loi de 1810, sauf quant au repiquage en glands ou semis des terrains endommagés. Il en résulte qu'ils ne sont plus aujourd'hui *légalement* obligatoires; mais le préfet ou les tribunaux pourront encore s'y conformer, s'ils le jugent convenable.

Ainsi l'exploitation des maîtres de forges n'est pas nécessairement restreinte à une certaine étendue de terrain par année; cela est d'autant plus certain que le projet de la loi de 1810 contenait une restriction analogue, dont le Conseil d'Etat adopta la suppression (Locré, XIX, 11). Mais le préfet pourrait la consacrer dans l'acte de permission, s'il y trouvait le moyen de concilier l'intérêt des exploitations forestières et celui de l'industrie. De même il pourrait ordonner la conservation d'un certain nombre de baliveaux par hectare.

Les tribunaux, à leur tour, en évaluant les indemnités dues au propriétaire du sol, pourront prendre pour éléments d'appréciation la valeur superficielle des bois et forêts et le retard qu'éprouvera le recru.

V. — DE LA CESSION DU DROIT D'EXPLOITER CONSENTIE PAR LE PROPRIÉTAIRE DU SOL.

892. — Le propriétaire du sol peut céder le droit d'exploiter les minières de son héritage, car aucune loi ne le défend.

Quels sont les effets de la cession vis-à-vis de l'administration et des maîtres de forges.

Un arrêté ministériel français du 12 juin 1837 (*Code Ann.*, p. 441 ; DE CHEPPE, *Ann. des Mines*, 3e série, t. XI, p. 628) a cru devoir les déterminer dans les termes suivants :

« Sur le rapport du conseiller d'Etat, directeur général des Ponts et chaussées et des mines, au sujet de contestations qui se sont élevées relativement à des cessions de la faculté d'exploiter, faites à des tiers par des propriétaires de terrains sur lesquels il existe des minerais de fer d'alluvion ;

» Vu l'avis du Conseil général des mines, du 11 mai 1837 ;

» Vu les art. 59 et 60 de la loi du 21 avril 1810, ainsi conçus :

» Art. 59. Le propriétaire du fonds sur lequel, etc.

» Art. 60. Si le propriétaire n'exploite pas, etc. »

» Considérant que ces dispositions n'interdissent pas aux propriétaires des minières de céder à des tiers la faculté d'exploiter à leur place ;

» Mais que ces sortes de cessions ne peuvent et ne doivent point changer les obligations qui sont imposées par la loi à ces propriétaires, soit envers l'administration, soit vis-à-vis les maîtres de forges, ni modifier en aucun cas les règles qu'elle a établies à cet égard ;

» Que la loi en spécifiant que les rapports entre les propriétaires du sol, l'autorité administrative et les maîtres de forges seraient immédiats, a eu expressément pour but de veiller à ce que l'approvisionnement des usines se fît de la manière la plus sûre et la plus prompte ;

» Qu'en conséquence ces propriétaires peuvent bien céder leur droit d'exploitation, mais non s'exempter de leurs obligations, ni convertir en une action personnelle contre leurs cessionnaires l'action directe que l'administration et les maîtres de forges, possesseurs d'usines régulièrement autorisées, ont, aux termes de la loi, le pouvoir d'exercer vis-à-vis d'eux ;

» Arrête ce qui suit :

» Art. 1er. Les déclarations qui seraient formées par des tiers , pour l'exploitation de minerais de fer d'alluvion , comme cessionnaires du propriétaire sur le terrain duquel existent ces minerais , pourront être admises à la condition qu'elles soient accompagnées de pièces authentiques attestant qu'ils ont reçu de ce propriétaire le mandat de faire , en son nom , la déclaration qu'exige de sa part l'art. 59 de la loi du 21 avril 1810.

» Dans ce cas le préfet pourra donner acte des dites déclarations, lequel ne vaudra permission que pour le propriétaire du sol.

» 2. Les maîtres de forges continueront de s'adresser directement au propriétaire du sol , pour le mettre en demeure de fournir aux besoins des usines , dans les circonstances prévues par l'art. 60 de la loi du 21 avril 1810. »

L'idée-mère de cet arrêté et les conséquences qu'elle engendre me paraissent inadmissibles.

893. — Suivant lui , la cession du droit d'exploiter les minières d'un héritage ne serait pas régie par les principes du droit commun ; elle serait une cession d'un genre tout particulier.

D'après la loi commune , celui qui cède un droit en investit le cessionnaire , et la loi reconnaissant cette investiture , permet au cessionnaire d'exercer par lui-même et pour lui-même le droit que la cession lui a rendu propre et personnel : ainsi le concessionnaire d'une mine qui aliène une concession transmet ses droits à l'acquéreur , lequel les exerce envers le gouvernement et toute autre personne ; — il en est de même de la cession d'un usufruit, d'une créance, etc.

Dans le système de l'arrêté du 12 juin 1837, la cession du droit d'exploiter une minière n'aurait de réalité qu'entre le cédant et l'acquéreur ; mais celui-ci serait comme n'existant pas vis-à-vis de l'administration et des maîtres de forges , à tel point qu'il ne pourrait faire *pour lui-même* la déclaration de vouloir exploiter, et que l'acte qui lui serait donné de sa déclaration ne vaudrait permission que *pour le propriétaire du sol.*

Où le ministre de 1837 a-t-il trouvé ce régime singulier ? Il ne nous le dit pas ; il se borne à affirmer que « la cession faite par » le propriétaire ne peut ni ne doit changer les obligations qui » lui sont imposées par la loi, soit envers l'administration , soit » vis-à-vis des maîtres de forges , ni modifier en aucun cas les » règles qu'elle a établies à cet égard. »

Cette affirmation n'est pas une preuve, ou si elle en était une, elle le serait pour tous les droits du monde ; car tous imposent certaines obligations à leur titulaire, ce qui n'empêche pas qu'ils

sont pleinement et entièrement cessibles, et que les obligations
qui s'y trouvent attachées passent, avec eux, du cédant au cessionnaire : ainsi en est-il d'une concession de mines qui impose
des obligations, soit envers le gouvernement, soit vis-à-vis des
propriétaires du sol, et qui peut cependant être complètement
cédée, de telle sorte que les obligations inhérentes à la concession
passent avec elle et comme elle à l'acquéreur.

On comprendrait le système de l'arrêté ministériel, si l'obligation qui incombe au propriétaire vis-à-vis des maîtres de forges
était une obligation *personnelle*, alors, en effet, il ne pourrait
s'en décharger à son gré et se substituer un autre débiteur.
Mais l'obligation d'exploiter le minerai de fer pour fournir aux
besoins des usines du voisinage est une obligation *réelle*, c'est
une obligation qui résulte du droit d'exploiter que la loi reconnaît
aux propriétaires : ceux-ci ne sont tenus d'exploiter que parce que
et pour autant qu'ils aient le droit de le faire : leur obligation est
inhérente à leur droit, et par conséquent ils n'en sont plus grevés
lorsqu'ils ont cédé leur droit lui-même : le principal et l'accessoire, le droit d'exploiter et l'obligation de le faire, passent
également au cessionnaire.

894. — Donc le cessionnaire du droit d'exploiter une minière
doit être considéré comme réellement investi de ce droit vis-à-
vis de l'administration et des maîtres de forges.

Vis-à-vis de l'administration : par conséquent la déclaration
de vouloir exploiter lui vaudra permission pour lui-même, et
non pour le propriétaire du sol, et c'est lui par conséquent qui
sera en rapport avec l'autorité administrative.

Remarquez le résultat auquel conduirait le système contraire !
Si le cessionnaire, qui seul exploite de fait, commettait une
contravention dans le cours de son exploitation, l'administration aurait le droit de poursuivre le propriétaire-cédant,
puisqu'il serait le seul exploitant en titre, le seul reconnu,
le seul auquel la permission a été accordée, conséquence aussi
inévitable qu'inadmissible, et qu'un avis du Conseil des mines
de Belgique, en date du 7 août 1846, a justement condamnée
(*Jur.*, p. 212).

Je termine cette discussion, en fesant remarquer que l'administration française paraît s'en être départie.

En effet, l'arrêté de 1837 dispose, comme on l'a vu (n° 892),
que la permission donnée au cessionnaire ne vaudra permission

que pour le propriétaire du sol. Or les règlements publiés ultérieurement disposent au contraire que si le déclarant est aux droits du propriétaire, l'acte qui lui sera donné de sa déclaration vaudra permission *pour lui-même* (V. les règlements cités au n° 830).

895. — Le cessionnaire sera également investi de son droit vis-à-vis des maîtres de forges. C'est donc à lui qu'ils devront faire sommation d'exploiter, lorsqu'il n'exploitera pas (art. 60) ou qu'il exploitera d'une manière insuffisante (art. 62).

Toutefois, la sommation ne devra être adressée au cessionnaire que quand il aura fait à la préfecture la déclaration qu'il entend exploiter, ou qu'il aura spécialement notifié la cession au maître de forges : autrement, celui-ci, ne le connaissant pas officiellement comme cessionnaire, s'adresserait à bon droit au propriétaire pour faire la sommation d'exploiter.

896. — On peut se demander si, dans tous les cas, la sommation d'exploiter ne doit pas, *en outre*, être adressée au propriétaire du sol, quoiqu'il ait cédé son droit d'exploitation.

Je suis porté à le croire. Sans doute, le cessionnaire est investi du droit d'exploiter vis-à-vis des maîtres de forges, et c'est pour cela que la sommation doit lui être notifiée. Mais si le cessionnaire ne met pas son droit à profit, le propriétaire a la faculté d'exploiter lui-même pour empêcher que les maîtres de forges ne viennent s'implanter dans sa minière et s'en approprier les produits. A ce point de vue, il n'est pas dépouillé de son droit vis-à-vis d'eux; il faut donc qu'il soit aussi mis en demeure de l'exercer, avant que sa minière ne soit livrée à des mains étrangères.

897. — L'arrêté du 12 juin 1837 décide que la cession doit être établie par des pièces authentiques.

C'est une règle de prudence, dictée par l'intérêt des propriétaires. Mais l'administration peut s'en départir suivant les circonstances, si, par exemple, il était constant que l'acte de cession sous seing-privé qui lui est présenté, émane réellement du maître de la minière : c'est ce qui arriverait notamment, si ce dernier intervenait en personne dans la déclaration faite par le cessionnaire.

898. — Les effets de la cession entre le cédant et le cessionnaire seront réglés par la convention intervenue et par les principes, soit du droit commun, soit des lois et règlements sur les minières.

Ainsi, le cessionnaire est tenu d'exploiter suivant les règles de l'art et en bon père de famille, alors surtout que la minière n'est pas cédée jusqu'à épuisement. Fût-elle même cédée de la sorte, le propriétaire pourrait avoir intérêt à ce qu'elle fût régulièrement exploitée : si, par exemple, le prix de la session était fixé suivant la quantité des matières extraites, à raison d'une certaine redevance par mètre cube ou par mesure locale ; la régularité de l'exploitation exercerait, en ce cas, de l'influence sur la redevance stipulée ; le propriétaire aurait donc le droit d'y veiller, et de réclamer, le cas échéant, des dommages-intérêts ou la résolution de la convention (Bourges, 2 juin 1840 ; S. 1842, 1, 106).

899. — La durée de la cession consentie par le propriétaire du sol, dépendra des stipulations du contrat, et, à défaut de stipulation spéciale sur ce point, elle dépendra des circonstances : il est impossible de poser à cet égard des règles précises et absolues. Dans l'espèce d'un arrêt de la Cour de Dijon, maintenue en Cassation, le 22 juillet 1834 (S. 1834, 1, 541), la durée de la permission a été fixée par les usages locaux ; la convention ne contenait l'indication d'aucun terme, et la durée consacrée par l'usage était de trois ans à partir du jour de la permission. — Dans un arrêt du 11 mai 1854 (*Pas.*, 1857, 2, 63), la Cour de Liége a décidé qu'une permission, dont le terme avait été également passé sous silence, devait être considérée comme perpétuelle, par le motif notamment qu'elle était liée à une concession de mines octroyée elle-même à perpétuité. — Dans un autre arrêt (inédit) du 16 mai 1855, la même Cour a également déclaré perpétuelle, à raison des circonstances, une cession de minière dont la durée n'avait pas été fixée.

900. — Aux termes des articles 60 et 62, le maître de forges obtient la permission d'exploiter lui-même le minerai de fer, lorsque le propriétaire n'exploite pas du tout ou qu'il n'exploite pas en quantité suffisante ; mais si le maître de forges laisse écouler *un mois* sans faire usage de sa permission, elle est censée non avenue et le propriétaire rentre dans tous ses droits sans formalité aucune.

Cette disposition serait-elle applicable au cessionnaire qui demeurerait un mois sans mettre à fruit la cession ? En principe, il faut répondre négativement, comme l'a fait la Cour de Liége dans un arrêt du 26 février 1852 (*Belg. jud.*, t. X, p. 1293) : la déchéance rigoureuse dont la loi a frappé le maître de forges qui vient obtenir, contre et malgré un propriétaire, le droit de disposer du bien de celui-ci, n'a pas été faite pour une permission qui prend son origine dans une convention librement consentie (Comp. Cass. Fr. , 22 juillet 1834 ; S. 1834, 1, 541); les règles du droit commun sont alors seules applicables, et, d'après ces règles, la résolution d'un contrat doit être précédée d'une mise en demeure et demandée aux tribunaux, qui prononcent suivant les circonstances (art. 1184, Code civil. — Consultez Liége, 27 déc. 1856; *Pas.*, 1858, 2, 87).

901. — Mais il est possible qu'*en fait* les parties *aient eu l'intention* de soumettre la cession à l'empire de l'art. 62 de la loi de 1810 ; dans ce cas, et dans ce cas seulement, la déchéance de plein droit qu'il prononce frappera le cessionnaire négligent.

C'est ce qu'a décidé la Cour de Paris par arrêt de 3 juillet 1848 (*Journ. du Palais*, 1848, t. II, p. 215).

« Considérant que les conventions doivent s'interpréter d'après la nature de l'objet auquel elles s'appliquent et d'après l'ensemble de leurs dispositions ;

» Considérant que l'exploitation des mines et minières forme une matière toute spéciale qui est réglée par la loi du 21 avril 1810 , et que de l'ensemble de l'acte notarié du 12 septembre 1821 , contenant cession par Tisserand à Delasalle du droit d'extraire le minerai de fer existant sur sa propriété, et notamment de la stipulation relative aux prix , il résulte qu'il a été dans la commune intention des parties que cette cession fût soumise aux dispositions de l'art. 62 de la dite loi.... »

902. — Le maître de forges qui exploite contre le gré du propriétaire ne peut exploiter que jusqu'à concurrence de ses besoins (n° 883). Il n'en est pas de même de celui qui a obtenu du consentement du propriétaire le droit d'exploiter une minière, à moins encore que la convention n'ait restreint de la sorte, d'une manière expresse ou implicite, l'étendue du droit d'exploitation. Toutefois si la cession n'avait pas été faite jusqu'à épuisement, le cessionnaire ne devrait pas exploiter d'une manière abusive; il ne devrait point, par exemple, à l'approche de la cessation de son terme, extraire des quantités excessives de minerai, et en former des approvisionnements contraires aux usages et aux règles d'une loyale exploitation.

903. — Le prix de la cession du droit d'exploiter une minière de fer consiste ordinairement dans une redevance proportionnelle

à la quantité extraite, c'est-à-dire dans une redevance de tant....
par mètre cube ou autre quantité convenue. Est-il libre alors au
cessionnaire de n'extraire que la quantité qu'il lui plaît, dût la
redevance se réduire à des sommes insignifiantes? La réponse
dépendra de la convention et des circonstances ; on peut néanmoins poser en principe que, dans le doute, il faudra refuser
au cessionnaire la faculté de borner à son gré l'importance des
extractions, et qu'il faudra par suite accorder au propriétaire le
droit de poursuivre la résolution du contrat si les extractions sont
abusivement trop faibles. Les tribunaux auront à consulter toutes
les circonstances capables de condamner ou de légitimer la conduite du concessionnaire. (Liége, 25 févr. 1852; *Pas.* 1852, 2, 232.)

Je citerai comme application un arrêt de la Cour de Bordeaux
en date du 4 mai 1846 (S. 1847, 2, 15) : il est relatif à une exploitation de carrières; mais il s'applique par analogie à celle des
minières :

« Attendu qu'il fut passé entre les parties, le 25 août 1841, une convention verbale suivant laquelle le Sr Normand était autorisé à extraire de la
pierre de taille de la carrière de la dame Crosillac, à la charge par lui de
payer la somme de 4 fr. par 100 ; — Attendu que la modicité du prix fixé
démontre qu'il était dans l'intention des parties qu'une partie considérable
de pierres devait être extraite, parce que sans cela l'intimée n'aurait retiré
de sa propriété qu'un trop modique revenu ; — Attendu qu'il est constant
qu'à l'époque où la dame Crosillac a intenté son action, le Sr Normand
n'avait fait l'extraction que de 1,953 pierres et seulement de 9,100 de plus
à la date où le tribunal rendit son jugement, ce qui fait 11,053 pierres,
pendant l'espace de trois ans ; — Attendu qu'on ne peut admettre que la
convention ait été faite pour obtenir un résultat aussi désavantageux ;
— Attendu que ce même produit démontre que Normand n'a pas exécuté
la convention, et que, pour ce motif, elle doit être résiliée, ainsi que
cela a été ordonné par le premier juge. »

Pour éviter toute difficulté de ce genre, les parties prennent
quelquefois la sage précaution de déterminer le rendement *minimum* que la redevance doit produire.

904. — La Cour de Liége a rendu, le 7 mai 1855, un arrêt analogue à celui de la Cour de Bordeaux.

« Considérant, a-t-elle dit, qu'en 1835 les appelants Mineur ont concédé
à l'intimé Champeaux le droit d'extraire exclusivement, *au fur et à mesure
de ses besoins*, et de la manière qu'il l'entendrait, le minerai de fer gisant dans
le pré Mattelet, qu'ils ont fait cette cession moyennant 3,600 francs et à la
charge de payer annuellement, le 1er août, deux francs par cense de mine

non lavée ; — Considérant que les conventions doivent s'interpréter et s'exécuter de bonne foi ; qu'il est indubitable qu'en traitant pour l'exploitation avec l'intimé Champeaux, les appelants ont voulu faire fruit du minerai gisant dans leur propriété ; qu'on ne saurait donc leur prêter l'intention de laisser l'acquéreur exploiter à son gré et reculer indéfiniment leur jouissance ; que le contraire ressort de la teneur de la convention et notamment de l'obligation imposée à l'exploitant de régler annuellement le dérentage stipulé pour l'extraction du minerai ; que ce que les intimés ont pu faire précédemment n'est qu'une tolérance qui ne saurait tirer à conséquence ; d'où il suit qu'il leur incombe d'exploiter dans la mesure de leurs besoins conformément à ce qui a été convenu, et qu'il ne leur est pas loisible de cesser ou suspendre à leur gré l'exploitation de la mine concédée par les appelants. » (Voyez encore Liége, 27 décemb. 1856 ; *Pas.* 1858, 2, 87.)

905. — Le propriétaire qui a cédé le droit d'exploiter sa minière n'est pas déchu du droit accordé par les art. 59 et suivants, d'exiger la délivrance d'une partie des minerais, s'il possède ou vient à posséder une usine dans le voisinage (Cass. Fr., 9 février 1842 ; S. 1842, 1, 106). Par la cession, il a bien perdu le droit qu'il avait en qualité de propriétaire du sol, mais non ceux qui lui appartiennent comme usinier ; à moins cependant de convention contraire, car il n'est pas défendu de renoncer au droit de s'approvisionner dans telle ou telle minière (no 887).

VI. — DE LA RECHERCHE DES MINIÈRES DE FER DANS LE TERRAIN D'AUTRUI.

906. — On a vu (no 832) qu'en général le propriétaire d'un héritage a seul le droit d'y rechercher les minières, et que les étrangers ne peuvent obtenir ici du gouvernement, comme en matière de mines, une permission de recherches.

Le législateur en a disposé autrement *en faveur des maîtres de forges légalement établis.*

L'art. 79 est ainsi conçu :

« L'acte de permission des usines à traiter le fer autorise les » impétrants à faire des fouilles même hors de leurs propriétés » et à exploiter les minerais par eux découverts ou ceux antérieu- » rement connus, à la charge de se conformer aux dispositions » de la section II. » — C'est-à-dire des art. 59 et suivants dont je viens de présenter le commentaire.

L'art. 79 ne confère donc pas seulement aux usiniers le droit d'exploiter les minerais de fer déjà connus, il leur accorde celui de pénétrer dans l'héritage d'autrui pour y faire des recherches.

907. — Mais il soumet le second droit aux mêmes formalités que le premier : il exige, par suite et notamment, que le maître de forges obtienne du préfet la permission d'entreprendre ses fouilles. Il exige également, par application de l'art. 60, que le maître de forges notifie au propriétaire son intention de demander une permission de recherches, et par application du même article, il faut décider que le propriétaire pourra écarter les fouilles dont on le menace, en déclarant qu'il entend y procéder lui-même. Que si cependant les recherches du propriétaire étaient infructueuses, l'usinier pourrait être autorisé à en pratiquer de nouvelles, de même qu'il peut obtenir la permission d'exploiter une minière lorsque le propriétaire l'exploite en quantité insuffisante ou cesse de l'exploiter.

Inutile de faire remarquer que l'explorateur doit indemniser le propriétaire conformément au principe des art. 63 et 66.

908. — La loi de 1810 ne dit pas que la permission de recherches emporte celle de se livrer à l'exploitation de la minière découverte ; le maître de forges doit donc se pourvoir d'une permission nouvelle portant sur le droit d'exploiter. C'est ainsi que le décidait la loi de 1791, titre II, art. 6, 7 et 8 combinés avec les art. 9 et 10 ; sa décision doit encore être suivie aujourd'hui, parce qu'elle est rationnelle.

Le propriétaire pourra d'ailleurs empêcher la permission d'exploitation que solliciterait l'inventeur de la minière, en déclarant qu'il veut exploiter par lui-même. Telle était encore la disposition de l'art. 9, titre II de la loi de 1791 : la disposition générale de l'art. 60 de la loi de 1810 doit avoir la même portée.

909. — Il est à remarquer que ni l'une ni l'autre loi n'accorde d'indemnité à l'inventeur d'une minière : mais les principes du droit commun exigent que le propriétaire, s'il veut lui-même exploiter, rembourse à l'usinier inventeur les frais de sa découverte et les travaux utiles à l'exploitation de la minière. On peut appliquer ici par analogie les règles relatives à la découverte des mines (nos 734 et ss.).

CHAPITRE III.

DE LA CONCESSIBILITÉ ET DES CONCESSIONS DES MINES ET MINIÈRES DE FER.

SOMMAIRE.

III. — RÉGIME PRATIQUÉ EN BELGIQUE DEPUIS 1837.

IV. — CONCESSIONS OCTROYÉES SOUS LES HOLLANDAIS.

I. — PRINCIPES GÉNÉRAUX DE LA LOI DE 1810.

910. — J'ai parlé jusqu'ici des minerais de fer en tant qu'ils peuvent être exploités sans concession ; je dois parler maintenant de leur concessibilité.

En général, la classification légale des substances minérales ou fossiles en *mines*, *minières* et *carrières*, repose *sur leur nature minéralogique*, et la place qu'une substance occupe dans cette classification légale ne peut varier *suivant le mode d'exploitation* dont elle est susceptible dans chaque cas particulier. Une substance est une *mine*, si elle contient en couches, en filons ou en amas de l'or, de l'argent, du zinc, du plomb, de la houille, etc. (art. 2) ; — elle est une *minière*, si elle est de la terre alumineuse ou de la tourbe, etc. (art. 3) — elle est une *carrière*, si elle est de la pierre à bâtir, de la marne, du sable, etc. (art. 4). Et elle demeure telle, mine, minière ou carrière, sans distinguer, si, en fait et suivant les circonstances de chaque espèce, elle peut ou doit être exploitée à ciel ouvert, avec ou sans travaux d'art, imparfaits ou réguliers. (Voyez nos 2 à 6.)

911. — Appliqué au fer, ce système aurait eu pour conséquence de le faire considérer *invariablement* comme mine ou comme minière, suivant que la loi l'aurait rangé dans l'une ou l'autre de ces classes.

Mais le législateur n'a pas cru devoir procéder à l'égard du fer comme à l'égard des autres substances.

Considérant, d'une part, que les minerais de fer gisent souvent à la surface ou à une faible profondeur, que leur exploitation se prête aux divisions de la propriété superficielle, que les propriétaires fonciers étaient depuis longtemps en possession du droit de les exploiter, sans que l'expérience eût signalé à charge de leurs travaux des abus dans le passé et des dangers pour l'avenir, le législateur a cru qu'il ne fallait pas enlever les minerais de fer au propriétaire du sol en les rangeant, purement et simplement, dans la classe des mines, mais qu'ils pouvaient être rangés dans la classe des minières, lorsque leur exploitation n'exigeait pas des travaux d'art réguliers, ni, par suite, une vaste étendue de terrain et des garanties spéciales de fortune ou de capacité.

Considérant, d'autre part, que cette exploitation par travaux d'art réguliers pouvait aussi être nécessaire, que sa régularité dans le présent et dans l'avenir ne permettait plus alors de l'abandonner aux divisions de la surface et de la laisser pratiquer indifféremment par tous les propriétaires, le législateur n'a pas voulu non plus placer les minerais de fer dans la classe des minières purement et simplement, et il a pensé qu'ils devaient appartenir à la classe des mines, lorsque des travaux d'art souterrains et réguliers étaient nécessaires à leur bonne exploitation.

Dans le système qui précède, on ne prend donc pas en considération la *nature chimique* des minerais de fer : ils ne sont pas considérés comme minières, par cela que le fer se combine avec tels ou tels éléments, ni comme mines, par cela qu'il se combine avec des éléments différents. On ne prend pas non plus pour base *le mode de gisement* des minerais : on ne recherche pas s'ils gisent en amas, en couches ou en filons, pour déclarer qu'ils constituent, soit des minières, s'ils gisent en amas, — soit des mines, s'ils gisent en filons ou en couches.

Ce qui l'emporte, c'est *le mode d'exploitation dans chaque cas spécial,* c'est la nécessité ou la non nécessité de travaux d'art réguliers. Sont-ils nécessaires? Le minerai de fer est considéré comme mine. Ne le sont-ils pas? Il est considéré comme minière.

912. — Ce système est-il bien celui de la loi du 21 avril 1810 ?

A s'en tenir aux art. 2 et 3, on répondrait négativement :

« Sont considérés comme mines, dit l'art. 2, les masses de substances connues pour contenir en filons, en couches ou en amas, de l'or, de l'argent, du platine,.... *du fer en filons ou couches....* »

« Les minières comprennent, dit l'art. 3, *les minerais de fer dits d'alluvion....* »

Ainsi, le fer gît-il *en filons ou en couches?* L'art. 2 le range dans la classe des mines, et comme il ne le range dans cette classe que quand il gît en couches ou en filons, tandis qu'il considère comme mines les autres substances en filons, en couches *ou en amas,* il faudrait dire, ce semble, que le fer gisant *en amas* n'est pas considéré comme mine.

D'un autre côté, l'art. 3 place les minerais de fer *dits d'alluvion* dans la classe des minières, et par la combinaison de cet article avec l'article précédent, il semblerait bien que les minerais de fer *d'alluvion* dont il parle sont précisément les minerais de fer *en amas,* que l'art. 2 n'a pas voulu ranger dans la classe des mines.

Ainsi donc, si la loi de 1810 ne s'était occupée des minerais de fer que dans les art. 2 et 3, leur classification dans les mines ou les minières présenterait le même caractère de fixité que celle des autres substances, et elle serait fondée, soit sur le mode de leur gisement, soit sur leur nature chimique, sans pouvoir être modifiée suivant les nécessités de l'exploitation dans chaque cas particulier : le fer serait toujours une mine, s'il gisait en filons ou en couches (art. 2); il serait toujours une minière, s'il constituait le fer dit d'alluvion (art. 3).

913. — Mais les articles 2 et 3 ont été complétés et, si l'on veut, modifiés par les art. 68 et 69 qui sont ainsi conçus :

« Art. 68. Les propriétaires ou maîtres de forges ou d'usines exploitant les minerais de fer d'alluvion, ne pourront, dans cette exploitation, pousser des travaux réguliers par galeries souterraines, sans avoir obtenu une concession, avec les formalités et sous les conditions exigées par les articles de la section Ire du titre III et les dispositions du titre IV.

» Art. 69. Il ne pourra être accordé aucune concession pour minerai d'alluvion ou pour des mines en filons ou en couches que dans les cas suivants :

» 1° Si l'exploitation à ciel ouvert a cessé d'être possible, et si l'établissement de puits, galeries et travaux d'art est nécessaire ;

» 2° Si l'exploitation, quoique possible encore, doit durer peu d'années, et rendre ensuite impossible l'exploitation avec puits et galeries. »

C'est dans la combinaison de ces articles 68 et 69 avec les articles 2 et 3 qu'il faut chercher le système réel de la loi de 1810 à l'égard des minerais de fer (Cass. B., 19 janv. 1856).

En ce qui concerne la classe des minières, l'article 3 y a bien rangé, *purement et simplement*, les minerais de fer *dits d'alluvion et rien que ceux-là*; mais il résulte : 1° de l'article 68, que les minerais de fer d'alluvion sont à considérer comme des mines concessibles, et non pas comme des minières, lorsque leur exploitation réclame des travaux d'art réguliers par galeries souterraines; 2° de l'article 69, que les minerais de fer en filons ou couches ne sont pas considérés comme des mines concessibles, mais, par conséquent, comme des minières, lorsque leur exploitation n'exige pas des travaux d'art réguliers et souterrains.

En ce qui concerne la classe des mines, l'article 2 y a bien placé, *purement et simplement*, le fer *en filons ou en couches, et non le fer en amas*; mais il résulte : 1° de l'article 69, que le fer en filons ou couches n'est une mine concessible, que si des travaux d'art réguliers par galeries souterraines sont nécessaires à son exploitation; 2º de l'art. 68, que le fer d'alluvion ou en amas devient une mine sujette à concession, s'il ne peut être exploité qu'à l'aide de ces travaux-là.

914. — Le tort du législateur de 1810 a été de rédiger en termes trop absolus les articles 2 et 3 en ce qui concerne les minerais de fer; mais les articles 68 et 69 en ont pu réduire et en ont certainement réduit la portée. Aussi est-on généralement d'accord sur les principes que je viens d'exposer.

Il n'y a même pas de controverse quant aux minerais dits d'alluvion. On reconnaît que s'ils constituent ordinairement des minières (art. 3), ils constituent toutefois, exceptionnellement, des mines concessibles, lorsque leur exploitation actuelle ou le bien-être de leur exploitation future réclament un ensemble de travaux d'art (art. 68 et 69).

Mais il y a controverse quant au fer en filons ou en couches. Il forme une minière, avons-nous dit, malgré l'art. 2 qui le range dans la classe des mines, car l'art. 69 n'en permet la concession que quand des travaux d'art réguliers sont nécessaires à son exploitation.

Quelques-uns, et notamment RICHARD (t. 2, nº 283) ont prétendu, au contraire, que le fer *en filons ou couches* était *toujours* concessible, même dans les affleurements superficiels ou peu profonds, pour l'exploitation desquels on pouvait se passer de vrais travaux d'art. L'esprit de la loi de 1810, ont-ils dit, proteste contre le système, qui tend à laisser exploiter par le propriétaire du sol la partie supérieure des substances rangées dans la catégorie des mines. Ce système était celui de la loi de 1791, dont l'article 1er permettait aux propriétaires fonciers d'extraire les mines jusqu'à cent pieds de profondeur; mais il a été proscrit par la loi de 1810, après que l'expérience de la législation précédente en eut fait ressortir les funestes abus. Comment croire que le législateur ait voulu se départir de cette pensée fondamentale et prudente à l'égard des mines de fer, qui présentent un si haut intérêt pour l'industrie nationale? Comment croire qu'il ait voulu autoriser l'exploitation des affleurements ferrifères, au risque de compromettre les filons et les couches qui gisent dans la profondeur?

A la vérité, continue-t-on, l'art. 69 ne permet la concession des mines de fer, même en filons ou en couches, que si l'exploitation à ciel ouvert n'est plus possible ou si elle doit empêcher plus tard l'exploitation avec puits et galeries. Mais on ne peut admettre que l'art. 69 ait abrogé par là l'art. 2 qui place le fer en couches ou en filons dans la classe des mines, purement et simplement, à l'égal des autres substances qu'il énumère. — La rédaction de l'art. 69, dit-on enfin, s'explique par les travaux préparatoires. La cinquième rédaction du projet de loi portait : « il ne pourra être accordé aucune concession pour des minerais » de fer d'alluvion ou pour des mines en filons ou en couches » *exploitées jusqu'à présent* que dans les cas suivants : ..... » les mots *exploitées jusqu'à présent* révèlent la pensée du législateur. En 1810, beaucoup de propriétaires du sol avaient entrepris l'exploitation des minerais de fer, sans distinguer s'ils gisaient en filons, en couches ou en amas ; la loi n'a pas voulu anéantir ces entreprises ; mais elle n'a voulu sanctionner que celles-là ; et si les mots *exploitées jusqu'à présent* n'ont pas été reproduits dans la rédaction définitive, leur suppression n'a pu être l'effet que d'une inadvertance. Donc l'art. 69 ne s'applique qu'aux minerais de fer en filons ou couches qui étaient exploités en 1810, donc les minerais en filons ou couches non exploités *alors* sont purement et simplement des mines, comme toutes les autres substances énumérées dans l'art. 2.

Cette interprétation de l'art. 69 n'est pas admissible ; victorieusement combattue par DUPONT (t. II, p. 40 et ss.), elle a été condamnée par un arrêt de la Cour de cassation de Belgique en date du 19 janvier 1856 (*Pas.* 1856, 1, 117) :

« Sur le premier moyen de Cassation tiré de la violation des articles 1, 2, 3, 5, 6, 7, 17, 19, 57, 59 à 68 et 69 de la loi du 21 avril 1810, en ce que l'arrêt attaqué a décidé que les mines de fer en filons et en couches, qui existent à la surface du sol et peuvent être exploitées à ciel ouvert, appartiennent au propriétaire superficiaire à l'exclusion des concessionnaires des mines de fer gisantes sous le même terrain :

» Attendu que pour fixer la portée réelle des articles 1, 2, 3, 68 et 69 de la loi du 21 avril 1810, il est indispensable de rapprocher ces différentes dispositions, de les considérer comme destinées à s'expliquer et à se compléter réciproquement, et de les concilier ainsi dans leur application ;

» Attendu que si dans la généralité de leurs termes, l'article 2 considère comme mines celles contenant du fer en filons ou couches, et l'article 3 qualifie minières les minerais de fer d'alluvion, les dispositions plus spéciales des articles 68 et 69 portent : le premier, que les minerais de fer non exploitables à ciel ouvert, sont soumis à la nécessité d'une concession comme les mines proprement dites, et le second, que les mines de fer en filons ou couches ne sont susceptibles de concession et ne sont ainsi, sous ce rapport, envisagées comme véritables mines, que lorsque l'exploitation à ciel ouvert n'en est plus possible, ou que dans peu d'années elle doit rendre impossible l'exploitation avec puits et galeries; qu'il résulte donc de la disposition de l'art. 69, mis en rapport avec les articles 2, 3, 5 et avec les principes généraux du droit, que les mines de fer en filons ou couches, sont traitées par le législateur comme simples minières et restent comme telles à la disposition du propriétaire de la surface, aussi longtemps qu'aux termes de cet article, elles peuvent être exploitées à ciel ouvert;

» Attendu que cette entente de l'art. 69 est la seule compatible avec ses termes clairs et précis; que vainement on cherche à ne voir dans cet article qu'une simple disposition transitoire; qu'il est vrai que dans une première rédaction on lisait, après les mots : *filons ou couches*, ceux-ci : *exploitées jusqu'à présent à ciel ouvert*, mais que ces mots furent supprimés sans explications par la commission du Corps Législatif et que leur suppression ne donna également lieu à aucune remarque au Conseil-d'Etat, circonstances qui démontrent que ces expressions n'avaient ni la portée ni l'importance qu'y attache le pourvoi, et que dans sa dernière rédaction l'art. 69 reproduisait exactement la véritable pensée de ses auteurs; que cette pensée s'était d'ailleurs déjà manifestée dans les délibérations du Conseil d'État du 20 juin et surtout du 10 octobre 1809 ;

» Attendu qu'organe de la commission du Corps Législatif, le comte STANISLAS DE GIRARDIN exprimait dans son rapport du 14 avril 1810 la même pensée en énonçant : que les *mines superficielles*, désignées sous le nom de *minières*, pouvant être exploitées sans de grands travaux et sans compromettre en rien les ressources de l'avenir, doivent rester à la disposition du propriétaire de la surface ;

» Attendu qu'il suit de là que l'arrêt attaqué a sainement interprêté l'art. 69 précité et n'a ainsi violé ni cet article ni aucune des autres dispositions invoquées de la loi du 21 avril 1810;

» Sur le deuxième moyen de cassation tiré de la violation, sous un autre rapport, des art. 1, 2, 3, 5, 6, 7, 17, 19, 57, 59 à 68 et 69 de la loi du 21 avril 1810, en ce que l'arrêt attaqué suppose qu'une mine est divisible, en ce sens qu'elle serait susceptible à la fois de l'exploitation du concessionnaire et de l'exploitation du propriétaire de la surface;

» Attendu que l'art. 7 de la loi du 21 avril consacre le principe de l'indivisibilité des mines, mais que ce principe n'est point applicable aux minières, soumises par les dispositions du titre VII de la loi à des règles toutes différentes, et que les mines exploitables à ciel ouvert sont assimilées aux minières par l'art. 69 ;

» Attendu que la loi du 21 avril, en établissant une distinction essentielle entre les mines de profondeur et celles qui s'exploitent à la surface, ne défend par aucune de ses dispositions l'exploitation simultanée des unes et des autres à des titres différents; que le deuxième moyen est donc également non fondé. »

915. — Tels sont donc, en résumé, les principes de la loi du 21 avril 1810 sur la concessibilité des minerais de fer.

Exploitables sans travaux d'art souterrains et réguliers, ces minerais, quelle que soit leur nature chimique, quel que soit le mode de leur gisement (en filons, en couches ou en amas), ne sont pas concessibles, ils appartiennent à la classe des minières.

S'ils ne peuvent être exploités sans de vrais travaux d'art, ils sont, toujours aussi, sujets à concession ; ils appartiennent toujours à la classe des mines.

II. — RÉGIME PRATIQUÉ EN FRANCE. — CONCESSIONS.

916. — Cela posé, j'examine de plus près les articles 68 et suivants de la loi de 1810.

L'art. 68 défend aux propriétaires et aux maîtres de forges de pousser des travaux réguliers par des galeries souterraines, sans avoir obtenu une concession.

La violation de cette défense exposerait son auteur aux peines dont les art. 93 et 96 atteignent toutes les contraventions *aux lois* et règlements sur les mines.

917. — Mais quels sont les travaux qui rendent une concession nécessaire ?

Dans le projet de loi, l'art. 68 interdisait de *pousser des travaux d'exploitation en galeries souterraines*. Ce fut la Commission du Corps Législatif qui proposa d'ajouter le mot *réguliers* qui s'y trouve aujourd'hui. « Le changement proposé, disait-elle, a pour but de mieux caractériser l'exploitation qui exige une concession ; car de ce qu'un mineur fait au fond d'un puits une petite fouille latérale, il n'y a pas lieu à exiger qu'il y ait une concession. L'esprit de l'article étant de ne la rendre nécessaire que quand il faut pousser des travaux réguliers, et en grand, par des galeries d'exploitation. » (LOCRÉ, XXVII, 34.)

Une circulaire française du 30 juin 1819 a développé la même idée dans les termes suivants :

« Par cette expression de *travaux réguliers*, il ne faut point entendre des fouilles de quelques mètres de profondeur, pratiquées çà et là, au moyen de petits puits de toute dimension, soutenues par un boisage provisoire, ou souvent même sans boisage, et destinées à être abandonnées au bout de quelques semaines ou de quelques mois. Cette expression ne s'applique pas non plus à des chambres sans suite, à des boyaux étayés par un boisage volant, et à de petites galeries non coordonnées entre elles, dont la direction se règle au hasard, suivant la rencontre des nids de minerais. A plus forte raison, ne devez-vous point considérer comme travaux d'art de véritables excavations à ciel ouvert, parce qu'elles se combineraient avec quelque fouille souterraine momentanée, ou parce que les entailles auraient lieu par banquettes étagées, ou bien encore parce l'extraction s'exécuterait au moyen de treuils ou de tout autre mécanisme. »

On doit donc distinguer, au point de vue qui nous occupe, trois modes d'exploitation : l'exploitation *à ciel ouvert proprement dite*, c'est-à-dire à tranchée ouverte, sans fosse ni lumière, sans puits ni galerie quelconques ; — l'exploitation par *travaux d'art réguliers*, — et une exploitation *mixte*, tenant le milieu entre les deux autres, qui n'est pas à tranchée ouverte, puisqu'elle peut se faire par puits et galeries, mais qui ne se pratique pas non plus avec un système coordonné de véritables travaux d'art.

L'art. 68 ne défendant aux exploitants, non porteurs de concession, que les travaux d'art *réguliers par galeries souterraines*, il leur permet, par cela même, l'exploitation à tranchée ouverte et l'exploitation mixte qui viennent d'être définies (1).

918. — Aux termes de l'art. 69, il ne peut être accordé de concession pour des minerais de fer que dans les cas suivants :

« 1° Si l'exploitation à ciel ouvert cesse d'être possible, et si l'établissement de puits, galeries et travaux d'art est nécessaire ;

» 2° Si l'exploitation, quoique possible encore, doit durer peu d'années, et rendre ensuite impossible l'exploitation avec puits et galeries. »

L'épithète de *réguliers* ne se trouve pas ici accolée aux mots *travaux d'art*. Faut-il en conclure qu'une concession deviendra nécessaire aux termes de l'art. 69, alors qu'elle ne le serait pas aux termes de l'art. 68, c'est-à-dire que de petits puits, de petites galeries, insuffisants, aux termes de celui-ci pour rendre une concession nécessaire, devraient suffire aux termes de celui-là ? Non, sans doute. Il y a entre l'art. 68 et l'art. 69 une corrélation manifeste, et la concession ne doit être demandée dans l'esprit

---

(1) En ce qui concerne l'exploitation des carrières, les expressions *à ciel ouvert* ont une signification plus restreinte. (Voyez le chapitre des *Carrières*.)

de l'un comme de l'autre, que si des travaux d'art *réguliers* sont indispensables à l'exploitation. L'omission du mot *réguliers* dans l'art. 69 s'explique par son inutilité même, en présence de l'art. 68 dont l'article suivant n'est que le complément.

919. — La rédaction de l'art. 69 est plus répréhensible sous un autre rapport.

A le prendre à la lettre, il faudrait dire :

1° Qu'une concession de minerai de fer ne pourrait être octroyée que si son exploitation sans travaux d'art *avait déjà été entreprise*. « Si l'exploitation à ciel ouvert *cesse* d'être possible... » dit le n° 1....; « Si cette exploitation, *quoique possible encore*, doit durer peu d'années... » dit le n° 2; toutes expressions qui dénotent bien une exploitation *déjà établie* à ciel ouvert, mais devant cesser actuellement ou dans un délai peu éloigné.

2° Que le fait de l'exploitation du minerai de fer sans travaux d'art réguliers en exclurait la concession dans le même territoire; en d'autres termes, la concession ne pourrait avoir lieu *qu'après* que l'exploitation à ciel ouvert serait devenue impossible ou dangereuse pour le bon aménagement du gîte (DELEBECQUE, n° 1078; DUPONT, t. 2, p. 136).

920. — L'administration française ne s'est pas asservie à cette application littérale de l'art. 69; elle a suivi une autre marche plus conforme à son esprit.

D'une part, lorsqu'elle a reconnu que des minerais de fer étaient susceptibles d'exploitation par travaux d'art réguliers, elle les a concédés, sans se préoccuper du point de savoir si l'exploitation à ciel ouvert en avait déjà été entreprise ou en était encore possible.

Mais d'autre part, elle a en même temps permis aux propriétaires du sol de se livrer dans leurs terrains à cette exploitation superficielle, aussi longtemps qu'elle était possible dans le présent sans être dangereuse pour l'avenir.

Elle a donc fait *co-exister*, ce qui n'était pas défendu par la loi (n° 914 *in fine*), l'exploitation sans travaux d'art réguliers par le propriétaire du sol et l'exploitation au moyen de travaux de ce genre par un concessionnaire.

Et prévoyant que des contestations pourraient surgir entre eux quant à la possibilité de l'exploitation de tel ou tel gîte à ciel ouvert, elle a chargé les préfets de trancher la difficulté dans chaque cas spécial où elle se présenterait (DE CHEPPE, *Ann. des M.*, 4ᵉ série, t. 18, p. 559).

921. — Ce système de l'administration française est nettement consacré dans une concession de mines de fer du 23 déc. 1829 (*Ann. des Mines*, 2ᵉ série, t. VIII, p. 257), et dans les concessions qui furent ultérieurement accordées. Il fait l'objet d'une clause spéciale du cahier des charges de chaque concession, et il est devenu plus général encore depuis que le modèle de cahier des charges, adopté en 1843, l'a consacré dans les termes suivants :

« Art. 13. — La présente concession est faite sous toutes réserves des droits qui résultent, pour les propriétaires de la surface, des articles 59 à 69 de la loi du 21 avril 1810, tant à l'égard des minerais de fer dits *d'alluvion*, que relativement aux minerais en filons ou en couches qui seraient situés près de la surface, et susceptibles d'être exploités à ciel ouvert, pourvu que ce mode d'exploitation ne rendre pas impossible l'exploitation ultérieure, par travaux souterrains, des minerais situés dans la profondeur.

» Sont pareillement réservés tous les droits résultant, pour les propriétaires de la surface, de l'article 70 de la même loi, à raison des exploitations qui auraient été faites au profit de ces propriétaires antérieurement à la concession.

» En cas de contestation entre les propriétaires du sol et le concessionnaire, sur la question de savoir si un gîte de minerai doit ou non être exploité à ciel ouvert, ou si ce genre d'exploitation, déjà entrepris, doit cesser, il sera statué par le préfet, sur le rapport des ingénieurs des mines, les parties ayant été étendues, sauf le recours au ministre des travaux publics. »

922. — Lorsque le cahier des charges réserve formellement le droit du propriétaire aux minerais de superficie, la concession ne les comprend certainement pas.

Mais *quid* s'il est muet à cet égard? La réserve est-elle de droit au profit du propriétaire, ou la concession comprend-elle les minerais de superficie comme ceux de profondeur?

La question a été parfaitement traitée par DUPONT (t. II, p. 50 et ss.), et je ne crois pouvoir mieux faire que de reproduire les documents qu'il cite et les développements auxquels il se livre.

« Parmi les actes de concessions de mines de fer rendus depuis le 21 avril 1810, les uns, en très-grande majorité, contiennent un article qui réserve les droits des propriétaires de la surface sur les minerais exploitables à ciel ouvert, tandis que les autres, antérieurs à 1829, sont muets sur ce point : il y a lieu de se demander naturellement si, pour le cas de ces derniers, le droit des propriétaires subsiste malgré le silence de l'acte de concession.

» La question a été résolue négativement par le Conseil d'Etat dans les circonstances suivantes :

» Les mines de fer de Mondalazac ont été concédées par ordonnance du 23 janvier 1828 (*Annales des Mines*, 2e série, t. IV, p. 513) à la Compagnie de Decazeville, sans qu'il soit mentionné dans l'ordonnance aucune réserve des droits des propriétaires sur les minerais exploitables à ciel ouvert.

» Néanmoins, en vertu de la jurisprudence établie, l'administration préfectorale de l'Aveyron a pensé que ce silence de l'ordonnance de concession ne portait pas atteinte aux droits des propriétaires sur ces minerais, et c'est ainsi que, le 10 novembre 1846, une décision du préfet de l'Aveyron, donnant acte à MM. Riant et Compagnie, gérants de la Société des forges et fonderies d'Aubin, de leur déclaration, les a autorisés à ouvrir une exploitation superficielle de minerai de fer dans un terrain à eux appartenant et compris dans le périmètre de la concession de Mondalazac.

» La Compagnie de Decazeville a réclamé contre cet arrêté, et a poursuivi d'abord la Compagnie d'Aubin devant le tribunal de Rodez qui, par un jugement interlocutoire, a ordonné une expertice préjudicielle pour vérifier si le minerai en question était d'alluvion ou s'il provenait de filons ou couches.

» Le tribunal de Rodez avait évidemment excédé sa compétence en voulant interpréter un acte de concession et prononcer sur la validité d'un permis d'exploiter, délivré par l'administration préfectorale; aussi, sans qu'il fût nécessaire de prendre un arrêté de conflit, et après que le préfet eût été invité par le ministre à proposer un déclinatoire, la Compagnie de Decazeville a abandonné son action judiciaire et présenté sa réclamation au ministre des travaux publics.

» La Compagnie de Decazeville a fondé sa réclamation :

» 1o Sur ce que le gisement du minerai de fer de Mondalazac constitue une mine, selon les termes de l'art. 2 de la loi du 21 avril 1810, et non une minière ou dépôt de minerai d'alluvion;

» 2o Sur ce que l'art. 3 de cette loi classe les minerais de fer d'alluvion dans une catégorie spéciale, celle des minières, qui font l'objet des dispositions du titre VII;

» 3o Sur ce que toute mine de fer, d'après l'art. 5 de la même loi, ne peut être exploitée qu'en vertu d'un acte de concession délibéré en conseil d'Etat;

» 4° Sur ce que l'art. 12 interdit toutes recherches et, à plus forte raison, toute exploitation dans un terrain déjà concédé;

» 5° Sur ce que l'art. 59 désigne formellement les minerais de fer d'alluvion comme étant ceux dont l'exploitation peut être autorisée par le préfet;

» 6° Sur ce que le minerai oolithique de Mondalazac est un oxyde anhydre et non un hydroxide de fer, ce qui s'oppose à ce qu'on le classe parmi les minerais d'alluvion;

» 7° Enfin sur ce que, d'après la rédaction rapportée par LOCRÉ, qui avait été adoptée par le Conseil d'Etat, lors de la discussion de la loi du 21 avril 1810, l'art. 69 qui assimile aux minières les mines de fer en filons ou couches, ne s'applique qu'à celles de ces mines qui ont été exploitées à ciel ouvert avant l'institution de la concession.

» Le Conseil des Mines émit, à la date du 29 octobre 1847, un avis motivé qui nous paraît pleinement conforme à l'esprit de la loi, et que nous reproduisons en entier (*Annales des Mines*, 4° série, t. XVIII, p. 554) :

» Le Conseil, vu les pièces produites; — Considérant que la loi du 21 avril 1810 a soumis l'exploitation des minerais de fer à un régime spécial, et que, par son article 69, elle a dérogé aux prescriptions des articles 2, 5 et 12, qui ne sont applicables aux mines de fer que sous la réserve des droits conférés aux propriétaires du sol ;

» Considérant que les minerais de fer constituent des minières et sont regardés comme minerais d'alluvion, lorsque leurs gîtes sont irréguliers ou peu réguliers et sont voisins de la surface du sol, et qu'ils constituent des mines lorsqu'ils sont en filons ou couches, c'est-à-dire en gîtes régu-liers; que la composition chimique des minerais est tout-à-fait étrangère à leur classement en minières ou en mines, les minerais dits d'alluvion étant tantôt des oxydes anhydres et tantôt des oxydes hydratés, les deux sortes d'oxydes se trouvant assez fréquemment réunis dans les gîtes appelés d'alluvion, et les mines en filons ou couches étant elles-mêmes constituées soit par des oxydes anhydres, soit par des oxydes hydratés ; que l'application de l'une des deux dénominations établies par la loi dépend donc d'un mode de gisement des minerais, et nullement de leur nature chimique ;

» Considérant que, de même que certaines minières sont exploitables par travaux souterrains, de même certaines mines sont exploitables à ciel ouvert dans toute leur étendue; mais que la plupart des mines ne sont exploitables à ciel ouvert que dans la partie de leurs gîtes qui affleure à la surface du sol; que les minières exploitables par travaux souterrains sont concessibles comme les mines, aux termes de l'article 68 de la loi du

21 avril 1810, lorsque les travaux souterrains doivent être permanents et réguliers, et que, de leur côté, d'après l'art. 69, les mines sont soumises au régime des minières pour la partie des gîtes en filons ou couches qui peut être exploitée à ciel ouvert ; mais en ce qui concerne l'assimilation aux minières de la tranche superficielle des mines, l'article 69 n'établit aucune distinction entre les mines qui auront été exploitées à ciel ouvert avant l'institution de la concession et celles qui auront été tout d'abord exploitées par travaux souterrains ; que l'intérêt public exigeant que les deux sortes d'exploitation puissent être poursuivies en même temps, le gouvernement concède les mines de fer lorsqu'il est démontré qu'elles sont susceptibles d'être exploitées utilement par travaux souterrains ; que les propriétaires du sol conservent dès lors le droit d'exploiter à ciel ouvert la tranche superficielle des mines de fer en filons ou couches, lors même qu'avant la concession on n'y aurait pratiqué que des travaux souterrains ; que ce droit qui résulte du texte de la loi a été confirmé par une longue jurisprudence ; qu'aussi, depuis plusieurs années, tous les actes de concession de mines de fer renferment-ils cette clause, que la concession est faite sous toutes réserves des droits résultant, pour les propriétaires de la surface, des articles 59 à 69 de la loi du 21 avril 1810, tant à l'égard des minerais de fer dits d'alluvion, que relativement aux minerais en filons ou couches qui seraient situés près de la surface et susceptibles d'être exploités à ciel ouvert ;

» Considérant que les droits des propriétaires du sol ne peuvent s'étendre que sur la portion des gîtes en filons ou couches qui comporte des travaux à ciel ouvert ; que tous travaux souterrains, lors même qu'ils ne seraient ni permanents ni réguliers, leur sont interdits, le concessionnaire devant avoir la faculté d'exercer dans toute sa plénitude et sans aucune entrave son droit de propriété sur les gîtes situés dans la profondeur et exploitables par travaux souterrains ; que c'est d'après ces principes que, depuis plusieurs années, les actes de concession des mines de fer disposent à la suite des réserves dont il vient d'être question, que l'exploitation à ciel ouvert qui serait entreprise par les propriétaires du sol, doit être conduite de telle manière qu'elle ne rende pas impossible l'exploitation ultérieure par travaux souterrains des minerais situés dans la profondeur, et qu'il appartient au préfet de déterminer les limites de cette exploitation à ciel ouvert ;

» Considérant que, bien que l'ordonnance royale qui a concédé les mines de fer de Mondalazac, ne stipule pas de réserves en faveur des propriétaires de la surface, leurs droits n'en subsistent pas moins, puisqu'ils résultent formellement des dispositions de l'art. 69 de la loi du 21 avril 1810 ; qu'ainsi, malgré le silence de l'acte de concession, tout propriétaire du sol dans l'enceinte de la concession de Mondalazac, peut être autorisé à exploiter à ciel ouvert la couche du minerai de fer oolitique qui y existe, s'il est reconnu que l'exploitation superficielle qu'il a le projet de pratiquer, n'est pas de nature à mettre obstacle plus tard à l'exploitation souterraine ;

» Considérant que l'homologation qui a été donnée par M. le préfet de l'Aveyron à la déclaration faite par la Compagnie des forges et fonderies d'Aubin, ne porte pas d'une manière explicite que cette Compagnie ne pourra entreprendre que des travaux à ciel ouvert, et que ces travaux devront être arrêtés lorsqu'ils pourront empêcher l'exploitation ultérieure par travaux souterrains, pense :

» 1° Qu'il n'y a pas lieu d'accueillir la réclamation de la Compagnie des houillères et fonderies de l'Aveyron ;

» 2° Qu'il y a lieu de confirmer l'homologation donnée par le préfet de l'Aveyron, à la déclaration faite par la Compagnie des fonderies et forges d'Aubin, mais en faisant observer à ce magistrat qu'il aura à prendre un arrêté portant :

» *A*. Que la dite Compagnie des forges et fonderies d'Aubin ne devra entreprendre que des travaux d'exploitation à ciel ouvert ;

» *B*. Que les travaux à ciel ouvert qu'elle pratiquera, devront être arrêtés lorsqu'ils pourront rendre impossible l'exploitation ultérieure par travaux souterrains, des gîtes situés dans la profondeur ;

» *C*. Qu'en cas de contestation entre les deux Compagnies sur la question de savoir si une portion de la couche du minerai oolithique de Mondalazac doit ou non être exploitée à ciel ouvert, ou si ce genre d'exploitation, déjà entrepris, doit être interrompu, il sera statué par le préfet, sur le rapport des ingénieurs des mines, les parties ayant été entendues, sauf le recours à M. le ministre des travaux publics ;

» *D*. Que MM. les ingénieurs des mines du mines du département devront exercer et faire exercer une active surveillance sur les travaux d'exploitation des deux Compagnies. »

« Le 31 août 1848, M. le ministre des travaux publics a rendu une décision conforme à l'avis précité du Conseil des mines ; la Compagnie des houillères et forges de l'Aveyron s'est pourvue contre cette décision, et le Conseil des mines appelé de nouveau à émettre un avis sur cette affaire, s'est exprimé dans les termes suivants, dans la séance du 3 août 1849 :

» Le Conseil......

» Considérant, quant au moyen principal, la violation des art. 3, 5 et 12 de la loi du 21 avril 1810, et la fausse application de l'art. 69 ;

» Qu'en reprochant à la décision ministérielle de violer les art. 3, 5 et 12 de la loi de 1810, en tant qu'il résulte de ces articles ou plus exactement des titres I et II de la dite loi, que *tout gîte en filons ou en couches est une mine, et qu'une mine ne peut être exploitée qu'en vertu d'une concession*, les requérants raisonnent comme s'il ne s'agissait pas, dans leur espèce, de *minerais de fer*, comme si l'art. 69 n'existait pas, lequel article stipule, relativement à ces minerais, une exception formelle au principe général de la loi ci-dessus rappelée.

» Que c'est ici l'art. 69 qui règle la matière; que la vraie question est de savoir si la décision ministérielle attaquée est conforme à cet article, et qu'en arguant contre elle de ce que l'interprétation qui en résulterait, pour l'art. 69, aurait pour effet de mettre cet article en contradiction manifeste avec le principe de la loi, on tombe dans un cercle vicieux, et l'on ne fait précisément que confirmer d'autant mieux que le dit article a été interprété suivant la pensée du législateur;

» Que pour attribuer au dit article un autre sens que celui que lui a donné M. le ministre, les requérants sont obligés de supposer, sans en fournir la preuve, qu'une erreur de copiste aurait supprimé du texte de la loi, contre l'intention de ses auteurs, les mots *exploitées jusqu'à présent à ciel ouvert* qui, rétablis dans le § 1er de l'art. 69, en changeraient en effet complètement le sens; qu'en tout cas, le texte de la loi est formel et ne se prête point à équivoque;

» Considérant, quant au moyen subsidiaire, qu'alors même que la réserve de *l'exploitation à ciel ouvert au profit des propriétaires de la surface* n'a pas été stipulée dans l'ordonnance de concession des mines de Mondalazac, cette ordonnance n'a toujours pu concéder que ce qui est concessible, aux termes de l'art. 69 de la loi, et que s'il peut être utile, pour définir explicitement les droits de chacun, d'exprimer ces réserves dans les actes de concessions (comme on le fait aujourd'hui), leur omission ne peut créer en aucune façon au concessionnaire des droits contre la loi, ni encore moins préjudicier aux droits imprescriptibles du propriétaire de la surface;

» Se référant d'ailleurs, en tant que de besoin, à son avis du 29 octobre 1847, estime qu'il y a lieu de rejeter le pourvoi. »

« Le 31 août 1849, le ministre des travaux publics a transmis toutes les pièces du dossier au président du Conseil d'Etat, en maintenant sa précédente décision du 31 août 1848.

» Le 13 août 1850, la section du contentieux a rendu un arrêt contraire, qui admet le pouvoir de la Compagnie de Decazeville, et annulle l'arrêté du préfet de l'Aveyron du 10 décembre 1846, et la décision ministérielle du 31 août 1848.

» Voici le texte de l'arrêt du Conseil d'Etat (LEBON et GAUTÉ, 1850, p. 768; DEVILLENEUVE, 51-2-126, et *Annales des Mines*, 4e série, t. XVIII, p. 551) :

» Au nom du peuple français,

» Le Conseil d'Etat, section du contentieux, vu les requêtes sommaires et ampliatives présentées au nom de la Compagnie des houillères et fonderies de l'Aveyron, les dites requêtes enregistrées au secrétariat général du Conseil d'Etat, les 29 novembre 1848 et 1er mars 1849, et tendant à ce qu'il plaise au Conseil annuler une décision du ministre des travaux publics, en date du 31 août 1848, laquelle a maintenu un arrêté du préfet de l'Aveyron , en date du 10 novembre 1846 , autorisant la Compagnie des forges et fonderies d'Aubin à exploiter à ciel ouvert les minerais d'un terrain dont elle est propriétaire , et compris dans le périmètre de la concession de Mondalazac ;

» Ce faisant, déclarer que c'est à tort que le ministre des travaux publics a maintenu le dit arrêté préfectoral, et condamner la Compagnie des forges et fonderies d'Aubin aux dépens ;

» Vu la décision attaquée ;

» Vu le mémoire en défense présenté par la Compagnie d'Aubin, le dit mémoire enregistré au secrétariat du contentieux le 18 juillet 1849 , et tendant au rejet du pouvoir avec dépens ;

» Vu les observations du ministre des travaux publics, enregistrées au secrétariat du contentieux le 4 septembre 1849 ;

» Vu l'ordonnance du 23 janvier 1828, constitutive de la concession de Mondalazac ;

» Vu toutes les pièces jointes au dossier ;

» Vu la loi du 21 avril 1810 ;

» Ouï M. Daverne, maître des requêtes, en son rapport ;

» Ouï M. Friquet, avocat de la Compagnie des houillères et fonderies de l'Aveyron, et M. Fabre, avocat de la Compagnie des forges et fonderies d'Aubin , en leurs observations ;

» Ouï M. Cornudet, maître des requêtes, commissaire du gouvernement, en ses conclusions ;

» Considérant que, par l'ordonnance en date du 23 janvier 1828, sus visée, il a été fait à M. Decazes, auteur de la Compagnie des houillères et fonderies de l'Aveyron , la concession sans aucune réserve des mines de fer situées dans la commune de Salles-Comtaux , comprise dans le périmètre déterminé par la dite ordonnance ;

» Considérant qu'aux termes de l'art. 2 de la loi du 21 avril 1810, sus visée, sont considérées comme mines les masses de substances minérales qui contiennent du fer en filons ou couches ; que si , d'après l'art. 69 de la même loi, il ne peut être accordé de concession, même pour des mines en filons ou couches , qu'autant que l'exploitation à ciel ouvert cesse d'être possible, ou que l'exploitation, quoique possible encore, doit durer peu d'années , et rendre ensuite impossible l'exploitation avec puits et galeries , il résulte des termes mêmes du dit art. 69, comme de ceux de l'article 70, que cette interdiction ne s'applique qu'au cas où il existerait avant la concession une exploitation à ciel ouvert et pouvant être continuée sans inconvénient ;

» Considérant que dans l'espèce, il n'est pas contesté que le gisement du minerai dont il s'agit constitue une mine en filons ou couches , et que son exploitation à ciel ouvert n'avait pas été commencée antérieurement à l'acte de concession ; que dès lors , le dit gisement se trouvait compris dans la concession faite en 1828, et que l'autorité administrative n'a pu en 1846, accorder aux propriétaires de la surface la permission de l'exploiter à ciel ouvert , décide :

» Art. 1er.—L'arrêté du préfet de l'Aveyron, en date du 10 novembre 1846, et la décision ministérielle en date du 31 août 1848, confirmative du dit arrêté , sont annulés.

» Art. 2 — La compagnie des forges et fonderies d'Aubin est condamnée aux dépens.

» Art. 3 — Expédition de la présente décision sera transmise au ministre des travaux publics. »

« La jurisprudence adoptée par le Conseil d'Etat dans le présent arrêt, conduit donc à dire que le propriétaire du sol ne peut exploiter à ciel ouvert la tranche superficielle des couches en filons de minerai de fer comprise dans un terrain concédé, que dans le cas où il aurait commencé cette exploitation avant l'acte de concession. Nous croyons, malgré notre déférence pour les décisions du Conseil, devoir opposer à cette jurisprudence les motifs suivants.

» Observons d'abord que d'après l'esprit de l'art. 69, la permission , pour le propriétaire , d'exploiter à ciel ouvert les mines de fer en filons ou couches, doit durer aussi longtemps que la *possibilité* d'exploiter de la sorte, sans compromettre ensuite l'exploitation avec puits et galeries; or les exploitations superficielles établies dans ces conditions n'ont qu'une durée assez limitée, et lorsqu'il existe quelque part un filon ou une couche de minerai de fer situé à la surface ou très-près de la surface, la possibilité d'exploiter à ciel ouvert doit plus durer évidemment chez le propriétaire dont le terrain est vierge que chez celui où ce mode d'exploitation est déjà entrepris; il serait donc bizarre que le premier ne pût pas jouir du tout de la permission laissée au second, par ce motif que sa jouissance serait plus longue.

» Dira-t-on que l'exception spécifiée par la jurisprudence du 13 août 1850, a pour but de sauvegarder les *droits acquis?* A cela il est facile de répondre, que pour qu'il y eût droit acquis, il faudrait que l'exploitation à ciel ouvert eût été entreprise non pas seulement avant la concession, mais avant la loi de 1810, alors que la législation de 1791 permettait aux propriétaires du sol les exploitations superficielles de filons et couches ; restreindre l'art. 69 aux travaux commencés avant 1810, et donner à cet article une application purement transitoire, c'est adopter l'opinion de M. RICHARD , opinion que nous avons déjà discutée et qui ne peut se soutenir qu'en supposant que ces mots « *exploitées jusqu'à*

présent à ciel ouvert, » ont été omis par inadvertance dans l'art. 69 ;
or, nous avons exposé, p. 41, que le retranchement de ces mots
importants avait été sciemment et volontairement opéré par le
Conseil d'Etat, qui n'avait fait en cela qu'adopter la suppression
proposée par la Commission du Corps Législatif dans la séance
du 17 mars 1810 : il n'est donc pas possible de restreindre l'application de l'art. 69 aux seuls travaux antérieurs à la loi de 1810.

» Occupons-nous maintenant des exploitations simplement antérieures à la concession : supposons, par exemple, une exploitation
à ciel ouvert entreprise en 1826 par un propriétaire du sol, à
l'intérieur de la concession instituée en 1828 à Mondalazac :
d'après l'arrêt du 13 août 1850, ce propriétaire aura le droit
exceptionnel de poursuivre son exploitation à ciel ouvert sur la
couche concédée après l'acte de concession, et pourtant d'où
dérive ce droit? D'une contravention punissable en police correctionnelle. Et, en effet, si les tranches superficielles des couches
ou filons de minerai de fer sont des mines concessibles, comme
le suppose l'arrêt du 13 août 1850, les art. 5 et 12 de la loi de 1810
s'opposaient, en 1826, à ce que le propriétaire pût exploiter à
ciel ouvert ou autrement; l'exploitation entreprise par celui-ci
était donc une contravention susceptible d'être poursuivie d'office
(art. 95) : or, comment une contravention pareille pourrait-elle
engendrer un droit? On ne saurait éviter cette anomalie qu'en
admettant que les tranches superficielles des couches et filons de
minerais de fer ont été placées essentiellement comme minières
par l'art. 69, ce qui est l'opinion que nous avons exposée.

» L'arrêt précité soulève encore des difficultés secondaires,
justement signalées dans un article inséré aux *Annales des Mines*
(4e série, t. XVIII, p. 551). Si le droit à l'exploitation du minerai
superficiel n'est acquis qu'aux propriétaires qui ont commencé
cette exploitation avant la concession, on crée entre les divers
propriétaires dont les terrains sont compris dans le périmètre
concédé une inégalité qui n'est pas justifiée. Dans le cas, au
contraire, où l'arrêt doit être entendu dans ce sens, que tous les
propriétaires auront le droit d'exploiter les minerais superficiels,
par cela seul que l'un d'eux aura commencé l'exploitation avant
la concession, on est conduit à se demander pourquoi ceux-là
seraient exceptionnellement favorisés par le fait d'autrui.

» Terminons au sujet de cette question, en observant que
depuis l'arrêt du 13 août 1850, le Conseil d'Etat a fait insérer

dans les concessions de fer nouvellement instituées la réserve des droits des propriétaires. On peut en voir des exemples dans le décret du 1er décembre 1851 (*Annales des Mines*, 4e série, t. XX, p. 723), portant concession des mines de fer de Barbières (Drôme), dans le décret du 21 avril 1852 (*Annales des Mines*, 5e série, t. 1, p. 33), relatif aux mines de fer de Portes et Comberedonde (Gard), et dans le décret du 31 août 1852 (*Annales des Mines*, 5e série, t. II, p. 163), qui se rapporte aux mines de fer de Villecombe (Côte-d'Or).

» Ces actes de concession stipulent formellement que les seuls minerais concédés sont ceux exploitables par travaux souterrains réguliers, à l'exclusion des minerais d'alluvion et des minerais en filons ou couches qui seraient situés près de la surface et susceptibles d'être exploités à ciel ouvert : il est dit, en outre, qu'en cas de contestation entre les propriétaires du sol et le concessionnaire, sur la question de savoir si un gîte *doit ou non être exploité à ciel ouvert*, ou si ce genre d'exploitation déjà entrepris doit cesser, il sera statué par le préfet sur le rapport des ingénieurs des mines.

» Le Conseil d'Etat, en formulant ces réserves, ne les a pas restreintes exclusivement aux propriétaires qui avaient exploité avant la concession; nous sommes donc portés à croire qu'il a dérogé implicitement à la jurisprudence admise dans l'arrêt du 10 août 1850, pour revenir à la jurisprudence traditionnelle établie par une foule d'actes de concession rendus depuis 1829, et formellement consacrée par l'ordonnance déjà citée du 21 novembre 1821.

» Admettre le contraire serait, ce nous semble, rendre inconciliable l'arrêt du 10 août 1850 et les réserves formulées dans les trois décrets précités. En effet, lorsque ces décrets exceptent de la concession faite les portions du gîte susceptibles d'être exploitées à ciel ouvert, ce n'est pas à titre de massifs à réserver, comme ceux qui sont souvent désignés aux abords d'une ville ou sur le bord d'une rivière, c'est à titre de massifs à exploiter par les propriétaires, et cela est si vrai que l'article relatif à la réserve prévoit et règle d'avance les contestations à intervenir entre les concessionnaires et les propriétaires, sur la question de savoir si une portion du gîte est susceptible d'être exploitée à ciel ouvert. Il faut donc admettre l'une des hypothèses suivantes : ou bien la réserve faite a *concédé aux propriétaires, comme mines exploitables à ciel ouvert*, la portion superficielle des gîtes de fer, ou bien elle n'a fait, en considérant ces portions de gîtes comme *minières*, que donner satisfaction à un droit de ces derniers, qui dérive de la loi du 21 avril 1810.

» La première hypothèse n'est pas admissible, car les substances minérales renfermées dans le sein de la terre *existantes à la surface* (art. 1er), qui sont classés comme mines, ne peuvent être concédées qu'après l'accomplissement des formalités prescrites au titre IV de la loi, et les propriétaires du sol n'ont pas accompli ces formalités : il faut donc revenir à la deuxième hypothèse et admettre que la réserve faite n'est que la satisfaction donnée à un droit qui résulte, pour les propriétaires de l'art. 69 de la loi de 1810, et qui est antérieur à l'acte de concession. Ce droit, disons-nous, est antérieur à l'acte de concession, il en est donc indépendant, et nous arrivons à cette conséquence que les propriétaires de Mondalazac, qui puisent leur faculté d'exploiter à ciel ouvert dans la loi des mines, n'ont pas pu être frustrés de leurs droits par le silence de l'acte de concession sur ce droit même, ce qui est contraire à l'arrêt de la section du contentieux, du 10 août 1850.

» Nous nous sommes étendus longuement sur cette question des droits des propriétaires sur les minerais de fer superficiels, parce qu'elle nous paraît d'une haute importance. Nous avons laissé complètement de côté comme oiseuse, la question de savoir s'il aurait mieux valu laisser ces minerais à la disposition des concessionnaires ou bien à celle des propriétaires : nous pensons, en règle générale, que la loi constitutive de la propriété des mines est une de celles qu'on ne saurait laisser trop longtemps intacte, et nous nous étudions seulement à l'interpréter. Cette loi a séparé en général la propriété des mines de celles de la surface, mais elle a dérogé formellement à ce principe pour les minerais de fer de toute espèce, par les art. 3 et 69, et en cela, elle a sanctionné un usage établi en France depuis des siècles : or, l'exception stipulée dans la loi est aussi sacrée que la règle générale, et nous avons cru devoir développer, à l'appui de cette exception, tous les motifs qui nous ont été inspirés par l'étude de la question. »

923. — Voici donc quel est, en France, le régime des concessions de minerais de fer.

La concession est octroyée lorsque les minerais sont susceptibles d'être exploités souterrainement ; mais le propriétaire du sol conserve le droit d'exploiter en même temps les minerais de superficie, jusqu'à ce que l'administration ait spécialement décidé entre lui et le concessionnaire, que le gite de tel ou tel terrain n'est plus exploitable sans travaux d'art réguliers ou sans danger pour l'exploitation ultérieure des minerais de profondeur.

924. — L'art. 68 dispose que l'obtention d'une concession de minerais de fer est soumise aux mêmes conditions et formalités que la concession d'une mine ordinaire. J'ajoute qu'au fond, elle confère les mêmes droits et impose les mêmes obligations.

925. — Les concessions de mines de fer se distinguent cependant presque toujours des concessions d'autres substances, en ce que le gouvernement leur impose des redevances plus élevées au profit des propriétaires de la surface. On sait qu'en France, le gouvernement a toute latitude pour fixer le taux des redevances ; la loi de 1810 ni aucune autre n'y a restreint sa liberté d'appréciation entre un *minimum* et un *maximum*. Or, comme les mines de fer sont, le plus souvent, gisantes à une faible profondeur et susceptibles d'une exploitation plus facile, les actes de concession accordent habituellement au propriétaire du sol une redevance proportionnelle, calculée sur la quantité de minerai brut extraite de chaque héritage. C'est ainsi que des ordonnances de concession en date des 5 janvier et 26 novembre 1853 allouent une redevance de 15 ou 20 centimes par mètre cube de minerai extrait aux propriétaires sous les terrains desquels l'extraction a lieu. (*Annales des Mines*, 5ᵉ série, t. II, p. 39 et 392.)

926. — L'art 70 impose aux concessionnaires de mines de fer deux obligations spéciales. Il est ainsi concu :

« En cas de concession, le concessionnaire sera toujours tenu : 1ᵉ de fournir aux usines qui s'approvisionnaient de minerai sur les lieux compris en la concession, la quantité nécessaire à leur exploitation, au prix qui sera porté au cahier des charges ou qui sera fixé par l'administration, 2ᵉ d'indemniser les propriétaires au profit desquels l'exploitation avait lieu, dans la proportion du revenu qu'ils en tiraient. »

927. — L'octroi de la concession d'une mine de fer ne pouvait apporter le trouble dans l'exploitation des forges qui s'y approvisionnaient précédemment, et rien n'était plus juste que d'imposer au concessionnaire l'obligation de continuer à fournir aux besoins de ces usines : c'est ce qu'a fait le nᵒ 1 de l'art. 70.

928. — Il faut remarquer que cette disposition, exceptionnelle d'ailleurs, parle uniquement des usines qui *s'approvisionnaient*, c'est-à-dire qu'elle ne parle pas des usines qui, *après la concession*, voudraient venir s'approvisionner à la mine concédée, en sorte qu'aux termes de la rédaction limitative de l'art. 70, les *concessionnaires* de mines de fer ne sont pas grevés de l'obligation générale qui pèse sur les exploitants non-concessionnaires, de fournir du minerai aux usines du voisinage, à moins cependant d'une clause expresse de l'acte de concession (C. d'Etat de France, 10 juin 1857 ; Sirey, 1858, 2, 380).

929. — L'art. 70 établit une autre différence entre l'exploitant qui est concessionnaire et celui qui ne l'est pas. Le prix du minerai que ce dernier fournit aux usiniers est réglé par des experts sous le contrôle des tribunaux (art. 65 et 66). L'art. 70 dispose, au contraire, que le prix du minerai livré par l'exploitant-concessionnaire sera fixé par le cahier des charges de la concession ou par l'administration. Peyret (nᵒ 559) et Delebecque (nᵒ 1082) ont fait justement observer que cette différence n'a pas de raison d'être. Le comte Girardin a bien dit dans son rapport au Corps Législatif (Locré, XXX, 29) « que la sagesse de la disposition de l'art. 70 était facile à saisir ; que le gouvernement étant le plus grand consommateur des produits des forges, il avait, sous ce rapport, un immense intérêt à maintenir le prix du fer à un taux modéré, et que, pour y parvenir, il devait se réserver de fixer la valeur du minerai dans l'acte de concession. » Mais cette considération, applicable au gouvernement, ne l'est pas aux maîtres de forges. D'ailleurs, le gouvernement n'a pas le droit de se créer la position privilégiée de fixer lui-même le prix du minerai qu'il veut acheter, et dans tous les cas, fût-il même permis d'invoquer ici l'intérêt du gouvernement à la modicité du prix du fer, cet intérêt réclamerait·également la fixation administrative du prix des minerais exploités par un non-concessionnaire, en sorte que la loi est inconséquente, en même temps qu'elle est injuste. A tous égards donc, il eût mieux valu abandonner à l'autorité impartiale et indépendante des experts et des tribunaux, la solution de ce débat pécuniaire. — Ajoutons, au surplus, que la plupart des actes de concession disposent que le prix du minerai sera réglé par experts, en sorte que l'administration semble elle-même répudier le pouvoir que la loi lui attribue mal à propos.

930.—L'art. 70 impose, en second lieu, au concessionnaire l'obligation « d'indemniser les propriétaires au profit desquels l'exploitation avait lieu, dans la proportion du revenu qu'ils en tiraient. »

Le législateur distingue ici les propriétaires qui n'avaient pas encore exploité le minerai de fer de leurs héritages, et ceux qui, l'exploitant, ne peuvent plus l'exploiter.

Aux premiers, il n'accorde pas d'indemnité spéciale ; d'où la conséquence qu'ils ne peuvent réclamer que les redevances ordinaires établies par les art. 6 et 42 de la loi de 1810.

Aux seconds, il accorde une indemnité particulière *dans la proportion du revenu qu'ils tiraient de leur exploitation.*

Le motif et la nature de cette indemnité spéciale sont difficiles à déterminer.

En effet, ou bien le propriétaire du sol peut encore exploiter sans travaux d'art réguliers et sans compromettre d'ailleurs l'avenir de l'exploitation, et alors il peut et doit continuer ses travaux à son profit, sans indemnité spéciale ; ou bien, l'exploitation à ciel ouvert est devenue impossible dans le présent ou dangereuse pour l'avenir, et alors le propriétaire a perçu tout ce qu'il devait percevoir, en sorte qu'il ne doit pas avoir à revendiquer sur le fer de profondeur plus de droits que sur toute autre mine concessible.

Pour trouver un motif à une indemnité spéciale il faudrait supposer que le concessionnaire vient *par ses propres travaux et sans nécessité* faire cesser *prématurément* l'exploitation du propriétaire ; mais cette supposition même paraît illégale, car dans l'esprit de la loi, l'exploitation du concessionnaire ne doit point entraver celle du propriétaire de la surface.

Quoi qu'il en soit, ce ne serait guère que dans cette hypothèse, si elle se réalisait, que l'indemnité spéciale de l'art. 70 pourrait se justifier, et cependant il faut en convenir, le texte de l'article semble l'accorder dans tous les cas où une exploitation à ciel ouvert a été entreprise, et alors même qu'elle ne cesse point *par la faute du concessionnaire.*

Il y a plus : l'instruction ministérielle du 3 août 1810, s'expliquant sur l'indemnité spéciale de l'art. 70, développe précisément une hypothèse où la cessation de l'exploitation par le propriétaire est le résultat de la nature des choses. Aussi, tout en appliquant alors la règle de l'indemnité spéciale, l'auteur de l'instruction est-il fort embarrassé pour la définir (§ III) :

« On sent, dit-il, que cette dernière condition (d'indemniser
le propriétaire du revenu qu'il retirait de son exploitation)
ne sera pas toujours rigoureusement exécutable. Il faut ici
observer l'esprit de la loi, qui est de réserver aux propriétaires
des terrains le plus grand avantage possible : mais, lorsque des
exploitations superficielles auront ouvert les terrains, y auront
donné accès aux eaux, que celles-ci se seront accumulées, il
faudra que les fouilles du concessionnaire soient portées assez
profondément pour être à l'abri des dangers continuels que lui
présenterait le voisinage des masses supérieures ; il faudra qu'il
se débarrasse des eaux, ou par des galeries d'écoulement, ou à
l'aide de machines assez puissantes. Il pourra alors être accordé
aux propriétaires des terrains une portion de bénéfice, les dépenses prélevées, et il ne faut pas perdre de vue que si on élève
le prix des minerais au-delà d'une certaine limite, on paralysera
l'activité des usines, abus qui serait nuisible à l'État et au propriétaire lui-même. »

931.—Pour moi, la seule application rationnelle de l'art. 70
me paraît être la suivante :

Si l'exploitation établie par le propriétaire n'est plus possible
sans travaux d'art réguliers, ou si, quoique possible encore,
elle est devenue compromettante pour la bonne exploitation
ultérieure du minerai, sans que l'exploitation souterraine du
concessionnaire ait contribué à amener ces résultats, le propriétaire n'a pas droit à une indemnité spéciale à charge du concessionnaire qui exploite seul désormais.

Mais si l'exploitation superficielle doit prendre fin *plus tôt
qu'elle ne l'aurait fait*, et cela à cause de l'exploitation souterraine du concessionnaire, le propriétaire a droit d'obtenir, selon
les termes de l'art. 70, une indemnité proportionnée au revenu
qu'il aurait tiré de son exploitation.

932.—L'art. 70 ne dit point par quelle autorité l'indemnité
sera réglée. Elle doit l'être par le gouvernement dans l'acte de
concession. C'est une application de l'art. 6 auquel il n'est pas
dérogé sous ce rapport, et c'est une conséquence du principe de
l'art. 17, applicable aux concessions de mines de fer comme à
toutes autres, à savoir qu'elles doivent être purgées, au moment
même de leur émanation, des droits du propriétaire du sol.

III. — RÉGIME PRATIQUÉ EN BELGIQUE DEPUIS 1837.

933. — Les développements auxquels je viens de me livrer sur les concessions de minerais de fer ont perdu beaucoup de leur intérêt en Belgique, ces minerais n'y étant plus concessibles depuis 1837.

Avant l'année 1826, on trouverait difficilement une concession de fer octroyée sur le territoire belge. Mais en cette année-là et dans les années suivantes, un grand nombre de demandes en concessions furent formées et beaucoup furent accueillies : elles étaient même trop nombreuses, il faut le dire, pour que l'intérêt de l'industrie sidérurgique en pût être le vrai mobile.

La révolution de 1830 ayant supprimé le Conseil d'Etat, dont l'avis, aux termes de la loi de 1810, devait précéder les arrêtés de concession, les demandes en concession de mines de fer qui n'avaient pas été accueillies à cette époque, ne purent avoir aucune suite.

La loi du 2 mai 1837 établit un Conseil des Mines pour remplir les fonctions que la loi du 21 avril 1810 conférait au Conseil d'Etat; mais elle fit une exception formelle pour l'avis à donner sur les demandes en concession *de mines de fer*, de sorte que depuis lors ces mines ont cessé de pouvoir être concédées.

Le projet de loi ne consacrait pas cette exception spéciale; il ne contenait rien qui rendît dorénavant impossibles les concessions de minerais de fer. Il avait seulement, tout en les maintenant, voulu mettre une barrière aux *abus*, disait l'Exposé des motifs, qui s'étaient produits à leur occasion sous l'ancien gouvernement. A cet effet, le projet de loi proposait de déterminer avec plus de précision les cas dans lesquels on pourrait accorder une concession de mines de fer; et pour y arriver, il proposait d'interdire la concession aussi longtemps que *l'exploitation à ciel ouvert serait possible, et de considérer comme telle toute exploitation qui se pratiquerait même par des puits et des galeries, mais sans l'aide de galerie d'écoulement. (Code ann.*, p. 417).

La Chambre des représentants renvoya l'examen du projet à une commission spéciale. Quelques uns soutinrent, dans le sein de cette commission, que ce qu'il y avait de mieux à faire pour le moment, c'était de suspendre l'émission de toute concession nouvelle de minerais de fer, et de s'en tenir à l'état de choses actuel, où les propriétaires et les maîtres de forges exploitaient sans travaux d'art réguliers, en fournissant néanmoins abondamment aux besoins de l'industrie; cette opinion ne prévalut point, et la majorité de la commission fut d'avis de maintenir la concessibilité des minerais de fer dans les deux cas de l'art. 69 de la loi de 1810, en donnant à son tour une nouvelle définition, assez embarrassée, de l'exploitation à ciel ouvert.

Mais l'opinion qui s'était produite au sein de la commission spéciale fut énergiquement soutenue devant les Chambres représentatives, et elle finit par triompher. M. FALLON en a retracé le triomphe dans un rapport du 8 décembre 1836 (*Code ann.*, p. 429) :

« Les abus nombreux qui avaient eu lieu, sous le gouvernement précédent, dans l'application de la loi à la mine et au minerai de fer; la difficulté de parer à l'arbitraire qui pouvait résulter du vague des dispositions de cette loi, et de mieux préciser les circonstances où les concessions de la mine de fer deviendraient indispensables; l'injustice de priver le propriétaire du sol, avant que la nécessité publique en soit bien contestée, d'une richesse, d'une exploitation aussi facile, alors que ce minerai acquérait chaque jour plus de valeur, que la loi avait donné le moyen de le faire exploiter par le maître de forges, à défaut par le propriétaire de la surface de l'exploiter lui-même, et qu'en respectant les usages observés dans le pays depuis plusieurs siècles, l'élan actuel des propriétaires du sol garantissait suffisamment que les besoins des forgeries n'en seraient que plus abondamment pourvus; le danger, enfin, de faire de ce minerai l'objet d'un monopole, dont la grande industrie pourrait se saisir au préjudice du propriétaire foncier : toutes ces considérations, appuyées de toute part, déterminèrent le ministre de l'intérieur à proposer lui-même l'ajournement de toute discussion ultérieure, jusqu'au moment où le gouvernement jugerait utile de ressaisir la Chambre de la question.

» L'ajournement fut adopté; la disposition concernant la mine de fer fut écartée du projet, et l'on inséra, dans l'article premier, la clause qui garantissait qu'aucune concession de mine de fer ne pourrait avoir lieu avant qu'il y fût autrement pourvu par la législature. »

934. — Depuis lors, l'opportunité de mettre fin au sursis décrété par la loi du 2 mai 1837 et d'en revenir aux principes de l'art. 69 de la loi de 1810, soit purement et simplement, soit en les

modifiant, a été fréquemment agitée. En 1853, le Gouvernement demanda même aux autorités compétentes leur avis sur un avant-projet de loi qu'il avait cru devoir rédiger. Mais la question n'a pas encore été résolue, et il ne semble pas qu'elle doive l'être de sitôt. Me proposant uniquement dans cet ouvrage, comme j'ai déjà eu occasion de le dire, d'examiner la législation actuelle, telle qu'elle est, et non telle qu'elle pourrait ou devrait être, je me tiendrai ici en dehors de la polémique dont je viens de parler.

935. — De ce que les minerais de fer ne sont pas concessibles en Belgique, s'ensuit-il que les propriétaires ou les maîtres de forges puissent, dans leur exploitation, pousser des travaux réguliers par galeries souterraines? Le Conseil des Mines a répondu négativement. « La loi du 2 mai 1837, dit-il dans un avis du 10 août 1849 (*Jur.*, p. 296), n'a dérogé à aucune disposition de la loi de 1810, en ce qui regarde la concessibilité soit de la mine, soit du minerai de fer d'alluvion, puisqu'elle se borne seulement à tenir en surséance toute demande en concession de ces substances..... En conséquence, si le propriétaire ou le maître de forges exploitant pousse des travaux réguliers par des galeries souterraines, sans avoir obtenu une concession, ce fait illicite constitue une contravention à l'art. 68 de la loi de 1810. Il doit en être dressé procès-verbal à la diligence des officiers des mines, et ce procès-verbal, qui doit naturellement rapporter soigneusement toutes les circonstances propres à éclairer le pouvoir judiciaire sur la nature du fait et ses conséquences, est transmis au procureur du roi, chargé, par l'art. 95 de cette loi, d'en poursuivre la répression par l'application des peines comminées dans l'art. 96. »

936. — La législation actuelle de la Belgique aboutit donc à ce résultat, que les minerais de fer dont l'exploitation réclame des travaux d'art réguliers est légalement impossible (sauf pour les concessions octroyées sous le gouvernement hollandais) : d'une part, on ne peut les exploiter sans concession, parce que la loi de 1837 n'a pas abrogé l'art. 68 de la loi de 1810, et d'autre part, la concession n'en peut avoir lieu, parce que la même loi a suspendu l'application de l'art. 69.

Ce résultat se présente rarement. Ce n'est pas cependant que les exploitations de minerai de fer par travaux d'art réguliers soient sans exemple; il en est dans lesquelles on rencontre un tel système coordonné de travaux, avec galerie d'écoulement et machine d'extraction, qu'il serait difficile de ne pas y voir les travaux d'art réguliers que l'art. 68 a eu pour objet de proscrire. Mais l'administration ferme les yeux et laisse faire, soit parce que les exploitations ainsi organisées observent les règles de l'art des mines, soit parce que leur prohibition aurait pour conséquence, dans l'état de la législation, de frapper de stérilité des richesses précieuses.

Toutefois, l'autorité supérieure n'est pas toujours d'aussi bonne composition. Je citerai comme exemple un arrêté royal du 31 décembre 1852 (*Pasinomie*, à cette date; *Moniteur*, 7 janvier 1853). Plusieurs communes avaient cédé à des exploitants le droit d'extraire le minerai de fer dans des terrains communaux, et la Députation permanente de Namur avait approuvé les conventions avenues. Le gouverneur de la province demanda l'annulation de l'approbation, par le motif que les minerais litigieux ne pouvaient être exploités sans travaux d'art réguliers, et par suite, sans concession, et que si les concessions de mines de fer avaient cessé de pouvoir être accordées en Belgique depuis la loi du 2 mai 1837, il n'en résultait pas que l'exploitation par travaux d'art eût été librement permise. L'arrêté royal du 31 décembre 1852 a accueilli le recours du gouverneur et annulé les arrêtés de la Députation.

937. — Au surplus, l'exploitation par travaux d'art réguliers constitue une assez rare exception, le minerai s'exploitant presque toujours soit à tranchée ouverte, soit, et le plus souvent, par puits et galeries d'une faible importance.

On trouve des détails intéressants sur ce dernier point dans une notice récemment publiée par M. l'ingénieur Bouhy sur l'exploitation du minerai de fer dans la province du Hainaut (Liége, 1857). Ces détails sont également vrais pour l'exploitation de la plupart des autres bassins ferrifères de la Belgique.

Voici comment M. Bouhy s'exprime :

« On enfonce un puits jusqu'au gîte et on ne l'arrête qu'au niveau des eaux; ce puits est de forme circulaire, de 1^m 50 à 1^m 80 de diamètre, et les parois sont garnies avec des aires, c'est-à-dire avec des branchages, planches, etc.; on pratique alors successivement dans le gîte et à partir de ce puits, des galeries horizontales que l'on arrête ordinairement lorsqu'elles ont atteint une longueur de 10 à 15 mètres, on les pousse dans toutes les directions, le puits étant pris pour point de départ; il n'y a ordinairement qu'une galerie en exploitation et rarement on travaille dans deux à la fois ; lorsqu'une galerie a atteint la longueur de 10 à 15 mètres, on en ouvre une autre à côté et au même niveau, et ainsi de suite ; entre ces galeries, on laisse des massifs de minerai pour soutenir le terrain. Lorsque le premier étage est sillonné d'un plus ou moins grand nombre de galeries, on se reporte à un niveau supérieur immédiatement au toit des premières galeries, et l'on exploite une nouvelle tranche horizontale de la même manière que la tranche précédente ; on remonte ainsi successivement jusqu'à la tête du gîte. Avant de commencer l'extraction à un étage supérieur, on remblaie le fond du puits jusqu'au niveau du nouvel étage ; les galeries sont remblayées au fur et à mesure qu'on les abandonne.

» Quelquefois, on exploite le gîte de haut en bas ; on commence par la tête et l'on va en descendant jusqu'à ce que l'on soit arrêté par les eaux.

» Dans le premier mode, de bas en haut, on est exposé à perdre du minerai en plus ou moins grande quantité, parce qu'il se détache souvent du ciel et des parois de la galerie et qu'il se mélange avec les remblais ; dans le second mode, de haut en bas, l'enlèvement de la première tranche produit un mouvement très-sensible dans la couverture du gîte, et les eaux pluviales peuvent alors arriver très-facilement dans les travaux et gêner beaucoup les mineurs ; cependant, comme la couverture des gîtes n'est pas souvent assez imperméable pour s'opposer à la filtration des eaux superficielles, on n'échappe pas toujours, en exploitant de bas en haut, à l'inconvénient que présente l'affluence de ces eaux.

» Les galeries d'exploitation n'ont pas toujours une direction constante ; comme on rencontre fréquemment dans les gîtes de minerai de fer, des masses plus ou moins volumineuses d'argile ou d'autres roches stériles, les mineurs les contournent avec des galeries, et ces dernières présentent ainsi, la plupart du temps, une direction irrégulière.

» On donne à ces galeries d'exploitation une hauteur de 1^m80 à 2^m10, et une largeur de 1^m50 à 1^m80 ; le minerai détaché est placé dans des paniers à peu près hémisphériques, qui sont conduits sur des traîneaux jusqu'aux puits ; ces paniers, qui peuvent contenir de 30 à 35 kilogrammes de minerai, sont amenés au jour au moyen d'un treuil à une ou deux manivelles établi à l'orifice du puits.

» Lorsque l'exploitation est terminée par un puits, on remblaie entièrement ce dernier et l'on en ouvre un autre à quelque distance ; les travaux de deux puits sont souvent isolés par un massif (esponte) de minerai.

» L'exploitation, telle que nous venons de la décrire sommairement, est pratiquée à l'entreprise par des ouvriers au nombre de trois, quelquefois quatre ; ces ouvriers se chargent d'exploiter et d'amener au jour le minerai moyennant un prix fixe de tant par cense de minerai brut extrait ou de minerai lavé ; on préfère souvent payer les ouvriers à la cense lavée, parce que alors leur intérêt est de laisser le moins possible des pierres dans le minerai qu'ils extraient, ce qui est aussi à l'avantage du propriétaire de la minière ; ces ouvriers ont à leur charge tous les frais d'exploitation ; ils doivent fournir le bois pour le soutènement des galeries, les outils pour détacher le minerai, les paniers pour le transport, l'huile et les lampes d'éclairage, etc. ; le maître de la minière n'a à son compte que le creusement des puits, et doit donner les treuils ; cependant, il arrive quelquefois (comme cela se pratique assez généralement dans la province de Namur, surtout dans les minières libres appartenant aux administrations communales) que les ouvriers creusent les puits à leurs frais et doivent fournir tous les appareils quelconques. Dans certains cas, le propriétaire livre aux ouvriers les bois pour l'étançonnage des galeries ; il leur retient alors de ce chef, et suivant le prix du bois, de fr. 0-50 à fr. 0-70 par cense de minerai brut extrait.

» Les trois ouvriers qui exploitent par un puits, forment une *bande* ; deux d'entre eux travaillent à l'intérieur, et le troisième reste à la surface pour la manœuvre du treuil et pour déposer, en tas, le minerai extrait.

» On paie au chef de bande (qui partage également avec ses deux associés), 5 à 8 fr. par cense brute extraite ; ce qui dépend de la profondeur de l'exploitation, des circonstances de gisement et de la difficulté du travail ; une bande de trois ouvriers peut exploiter par jour de 1 1/2 à 2 1/2 censes de minerai brut ; quand on paie à la cense lavée, on donne de 10 à 17 fr. par cense, selon la profondeur à laquelle a lieu l'extraction (de 8 à 30 mètres) et selon le rendement en minerai lavé (65 à 45 °/o du minerai brut).

» Comme le minerai est souvent plus riche sous le niveau des eaux qu'au dessus, on poursuit l'exploitation en profondeur, et l'on épuise alors les eaux au moyen de tonnes et de treuils, par un puits spécial ; dans ce cas, on ajoute aux prix ci-dessus donnés, fr. 0-50 à fr. 1-00, par cense de minerai brut.

» Quand les ouvriers cessent l'exploitation par un puits, ils doivent remblayer ce puits à leurs frais.

» Les travaux établis, comme nous venons de l'indiquer, obligent quelquefois à prendre certaines dispositions particulières pour fournir de l'air en quantité suffisante aux mineurs ; lorsque les circonstances le permettent, on fait entrer l'air par un puits et on le fait sortir par un autre puits ; quand on n'a pas ce moyen, on établit des conduits en bois dans le puits d'extraction et dans la galerie; l'air sort par ces conduits, et la marche du courant est quelquefois activée par un petit ventilateur mû à bras d'homme et disposé à l'orifice du puits. »

IV. — CONCESSIONS OCTROYÉES SOUS LES HOLLANDAIS.

938. — Si des concessions de mines de fer ne peuvent plus être accordées en Belgique, il y en eut beaucoup par contre, ai-je déjà dit, qui furent octroyées de 1826 à 1830.

Comprennent-elles les minerais de superficie comme les minerais de profondeur, ou bien les propriétaires du sol et les maîtres de forges ont-ils conservé le droit d'exploiter, dans leur périmètre, les minerais exploitables à ciel ouvert?

C'est là une question fort importante et bien souvent agitée devant les tribunaux. Elle a subi différentes phases qu'il est inutile de retracer.

939. — La première période commence par un arrêt de la Cour de Bruxelles du 7 juin 1843 et se termine à un arrêt de la Cour de Liége du 14 avril 1851.

A cette époque, les concessionnaires de mines de fer soutinrent que la loi de 1810 n'admettait pas le concours d'un propriétaire exploitant à ciel ouvert et d'un concessionnaire exploitant dans les entrailles du sol. Ils défendirent le système que j'ai signalé au n° 913. L'art. 69, dirent-ils, interdit la concession des mines et minerais de fer aussi longtemps que l'exploitation à ciel ouvert en est possible et sans danger pour l'avenir. C'est le gouvernement qui est chargé d'apprécier si cette exploitation doit cesser et si le régime des concessions doit prendre sa place. Donc, par cela même que le gouvernement a octroyé une concession de mines de fer, il y a présomption légale qu'il a vérifié l'existence des conditions voulues par l'art. 69 , c'est-à-dire que l'exploitation du propriétaire doit être remplacée par celle d'un concessionnaire.

C'était donner trop de portée à la lettre de l'art. 69.

Le texte de cette disposition paraît bien, à la vérité , ne faire naître le régime des concessions *qu'après* les exploitations à ciel ouvert , et exclure, par suite, le concours de l'exploitation superficielle et de l'exploitation souterraine.

Mais de là ne résulte point la présomption *légale* que le gouvernement, en accordant une concession de mines de fer, ait constaté l'impossibilité de l'exploitation à ciel ouvert, puisqu'après tout le gouvernement hollandais avait pu vouloir suivre le système de l'administration française (n° 920), c'est-à-dire octroyer des concessions , dont la mise à fruit coïncide avec l'exploitation superficielle des propriétaires du sol, aussi longtemps que cela est possible. Et il fallait bien admettre qu'il en était ainsi , lorsqu'il était constant, en fait, que l'exploitation à ciel ouvert pouvait parfaitement avoir lieu dans le périmètre de la concession octroyée.

Il ne suffit donc pas de dire , soutenaient les propriétaires : il y a concession ; donc , *par cela seul*, le gouvernement hollandais a décidé que l'exploitation à ciel ouvert par les maîtres du sol doit cesser; donc tous les minerais de fer , sans exception, appartiennent au concessionnaire. Il faut aller plus loin ; il faut rechercher, *en fait*, si le gouvernement hollandais a spécialement constaté l'existence des conditions de l'art. 69 ; il faut rechercher dans l'acte de concession, dans le cahier des charges , dans l'existence préliminaire , etc. , si *l'on a réellement voulu* comprendre dans la concession les minerais de superficie et anéantir le droit d'exploitation des propriétaires fonciers.

En droit, les Cours et tribunaux consacrèrent ce système.

Et se livrant ensuite à l'appréciation des faits de chaque espèce, ils décidèrent, en fait, que les concessions litigieuses ne défendaient pas aux propriétaires du sol ou aux maîtres de forges l'exploitation à ciel ouvert.

Les principales circonstances qui déterminèrent leurs décisions furent :

1° Que le gouvernement hollandais n'avait pas expressément déclaré que l'exploitation sans travaux d'art réguliers devait cesser désormais aux termes de l'art. 69 ;

2o Qu'il avait imposé au concessionnaire l'obligation d'exploiter par de grands travaux d'art repris au cahier des charges, ce qui annonçait bien l'intention de ne pas lui concéder l'exploitation à ciel ouvert ;

3o Qu'enfin les actes de concession litigieux accordaient aux propriétaires de la surface l'indemnité ordinaire des art. 6 et 42 de la loi de 1810, et non l'indemnité spéciale que l'art. 70, no 2, leur alloue quand ils doivent abandonner l'exploitation à ciel ouvert.

Voyez : Bruxelles, 7 juin 1843 (*Pas.* 1844, 2, 324), Concession du 16 août 1827 au sieur LEJEUNE, sous la commune de BUSSIÈRE ; — Tribunal de Namur, 7 juin 1848 (*Belgique Judiciaire*) ; — Liége, 14 juin 1848 et Cassation belge, 21 juin 1849 (*Pas.* 1849, 1, 282), Concession des MAÎTRES DE FORGES du 1er sept. 1830 ; — Liége, 15 novembre 1848 (*Pas.* 1849, 2, 407), Concession de CHAMPION du 30 déc. 1828 ; — Liége, 14 avril 1851 (*Belgique Judiciaire* 1853, p. 84), Concession de BIESMÉRÉE et STAVE du 17 déc. 1828.

940. — La lutte, un moment apaisée, ressuscita non moins vive devant la Cour de Liége, en 1854 et dans les années suivantes.

Les concessionnaires du gouvernement hollandais mirent alors en avant le système que j'ai exposé au no 914 : ils soutinrent que si les propriétaires avaient conservé le droit d'exploiter à ciel ouvert les minerais *dits d'alluvion*, leur droit d'exploitation ne pouvait jamais s'appliquer aux mines de fer *en filons ou en couches*, même pour la partie des couches ou filons qui était exploitable sans travaux d'art ; en d'autres termes, ils soutinrent que les affleurements des mines de fer *en filons ou en couches* appartenaient toujours au concessionnaire et jamais au propriétaire du sol.

Ce système absolu ne fut pas mieux accueilli que le précédent (no 914, Liége, 29 mars 1855, Cass. Belge, 19 janvier 1856, *Pas.* 1856, 1, 117, Concession de BERZÉE, THY-LE-CHATEAU et GOURDINNE du 5 janvier 1829).

941. — Les concessionnaires durent bien alors accepter le débat sur le terrain où l'avait concentré la jurisprudence, c'est-à-dire sur le point de savoir si, en fait, le gouvernement hollandais avait vérifié l'existence des conditions de l'art. 69 et s'il avait voulu comprendre dans la concession litigieuse les minerais de superficie.

Mais ce point de fait fut toujours décidé contre eux dans les diverses espèces que la Cour de Liége eut à juger, comme il l'avait été précédemment dans les arrêts que j'ai mentionnés à la fin du numéro 939 (arrêt précité du 29 mars 1855, n° 940; arrêts inédits du 14 août 1856, Concession du 15 août 1825 et Concession de Champion du 30 décembre 1828).

942. — Il y a plus. La Cour de Liége rendit, le 11 mai 1854 (*Pas.* 1857, 2, 63), un arrêt dont les principes ont pour cònséquence d'exclure absolument de *toutes* les concessions hollandaises les minerais exploitables à ciel ouvert.

Il s'agissait de la concession d'Oret et Mettet accordée à Charles de Cartier le 15 février 1829. Le concessionnaire acceptant, en droit, le système de la jurisprudence, reconnaissant qu'une concession de minerais de fer ne comprenait point, par elle-même et forcément, les minerais de superficie, le concessionnaire, dis-je, soutenait *et prouvait*, en fait :

Que le demandeur de Cartier avait fait porter sa demande sur les *minières* de fer, parce qu'elles étaient, disait-il, gaspillées par les propriétaires du sol ;

Que l'instruction préparatoire avait eu pour objet la vérification de cette allégation ;

Qu'enfin l'acte de concession imposait au concessionnaire l'obligation de payer aux propriétaires de la surface l'indemnité spéciale de l'art. 70, ce qui paraissait bien révéler l'intention de ne plus tolérer de leur part l'exploitation superficielle.

Mais le concessionnaire échoua malgré toutes ces circonstances.

« Considérant, a dit la Cour de Liége, que l'arrêté de concession du 15 février 1829 n'a pour objet que les mines et minerais de fer exploitables avec puits, galeries et ouvrages d'art mentionnés dans le cahier des charges ; que les minières et minerais dont l'extraction se pratique à ciel ouvert n'y sont donc pas compris ; que ces substances, quand elles gisent à peu de profondeur, sont considérées comme faisant partie de la superficie et appartiennent au maître du sol ; que l'art. 69 de la loi du 21 avril 1810 en interdit la concession, et ne permet d'en disposer que par exception, en ces termes : « Il ne pourra être accordé aucune concession pour minerai d'alluvion ou pour des mines en filons ou couches que dans les cas suivants : 1° si l'exploitation à ciel ouvert cesse d'être possible, et si l'établissement de puits, galeries et travaux d'art est nécessaire ; 2° si l'exploitation, quoique possible encore, doit durer peu d'années et rendre ensuite impossible l'exploitation avec puits et galeries » ; qu'il est vrai que l'impétrant avait compris, dans sa demande, les minières comme étant gaspillées par les propriétaires ou leurs ayants droit, mais que le gouvernement n'a pu ni voulu les exproprier en masse, au mépris du droit sacré de propriété ; qu'avant de procéder de la sorte, il aurait fait explorer l'état des travaux, et vérifier contradictoirement, avec tous et chacun des intéressés, si les conditions de l'article précité leur étaient applicables; que l'acte de concession n'a donc pas la portée qu'on veut lui donner; que s'il a prescrit de payer, indépendamment de l'indemnité de 5 cents par hectare, celle due en vertu de l'art. 70, c'est qu'il y avait dans le territoire concédé des minerais qui n'étaient plus exploitables sans travaux d'art, et que d'autres devaient cesser de l'être dans un temps peu éloigné; qu'en attendant, le titulaire pouvait commencer à exploiter par le fond les gîtes qui lui étaient concédés à cette condition; que l'exploitation souterraine n'a rien d'incompatible avec celle à ciel ouvert, puisque, en France, où le même régime est en vigueur, l'autorité réserve dans les concessions de cette nature les droits des propriétaires de la surface, et que la loi précédente de 1791 laissait à ceux-ci la faculté d'extraire toutes matières minérales gisant dans leurs fonds, jusqu'à cent pieds de profondeur; d'où il suit qu'il est superflu d'en venir à la preuve offerte par les intimés et qu'il n'y a pas lieu d'accueillir le premier moyen invoqué à l'appui de la demande. »

J'ai dit que cet arrêt du 11 mai 1854 a pour conséquence d'empêcher qu'aucune concession de mines de fer octroyée sous le gouvernement hollandais s'étende aux minerais de superficie. Il n'en est aucune, en effet, qui puisse se présenter dans des circonstances aussi favorables que celle D'ORET ET METTET, et il n'en est aucune pour laquelle le gouvernement ait rempli la condition posée par la Cour de Liége, à savoir d'avoir *fait constater contradictoirement avec tous et chacun des intéressés* la possibilité ou l'impossibilité d'exploiter à ciel ouvert les minerais de chaque héritage.

Ce système se justifie cependant par une considération décisive.

Après tout, de quoi s'agit-il dans tous les procès où a été soulevée la question qui nous occupe? Il s'agit de savoir qui, du concessionnaire ou du propriétaire de la surface, exploitera les minerais de fer *exploitables à ciel ouvert*. Remarquez bien, en effet, que le concessionnaire ne prétend pas exploiter autrement que ne le ferait le propriétaire; il ne dit pas : l'exploitation des minerais que je réclame en vertu de ma concession exige des travaux d'art réguliers. Nullement, c'est bien de minerais *exploitables à ciel ouvert* qu'il s'agit entre lui et le propriétaire.

Or, pourquoi donc les enleverait-on à ce dernier pour les donner au concessionnaire? Pourquoi, alors que le texte et l'esprit de la loi de 1810 demandent impérieusement que le propriétaire de la surface conserve seul tous les minerais pour l'exploitation desquels des travaux d'art réguliers ne sont pas indispensables ? Comment croire dès-lors que le Gouvernement, chargé d'appliquer scrupuleusement la loi, ait voulu ravir au propriétaire des minerais que la loi même lui réserve de la manière la plus expresse ? Et la justice n'agit-elle pas avec prudence, lorsqu'avant de reconnaître l'existence de cette volonté, elle recherche, selon l'arrêt du 11 mai 1854, si le gouvernement a vérifié *avec tous et chacun des intéressés* la possibilité ou la non possibilité de l'exploitation à ciel ouvert ?

943. — Je me résume. Une concession de mines de fer ayant été octroyée dans un certain périmètre, quels droits les propriétaires du sol conservent-ils à l'exploitation du minerai de fer dans l'enceinte de ce périmètre ?

1° La concession, par elle-même, ne les empêche pas d'exploiter les minerais de fer exploitables à ciel ouvert (n° 939) ;

2° Les propriétaires peuvent exploiter de la sorte, non-seulement les minerais dits d'alluvion, mais les minerais en filons ou en couches (n° 940) ;

3° L'exploitation superficielle ne serait défendue aux propriétaires que si le gouvernement avait, lors de la concession, fait constater contradictoirement avec tous et chacun d'eux l'existence des conditions de l'art. 69, — ce que le gouvernement hollandais n'a jamais fait (n° 942) ;

4° En conséquence, on peut dire qu'en Belgique les concessionnaires de minerais de fer n'ont pas le droit d'exploiter à ciel ouvert, et que ce droit est demeuré aux propriétaires du sol.

944. — Il en est toutefois autrement, lorsque le propriétaire a renoncé à son droit d'exploitation vis-à-vis du concessionnaire.

C'est ce qui était arrivé dans l'affaire d'ORET ET METTET, jugée par l'arrêt de la Cour de Liége du 11 mai 1854.

Après avoir proclamé, en principe, que la concession d'ORET ET METTET ne comprenait pas les minerais exploitables à ciel ouvert, la Cour a décidé, en appréciant certaines pièces et circonstances de la cause, que les propriétaires de la surface s'étaient dépouillés en faveur du concessionnaire de leur droit d'exploitation.

945. — Les maîtres du sol ont donc, à moins de convention contraire, le droit d'exploiter à ciel ouvert dans le périmètre de la concession.

Mais que faut-il entendre par exploitation *à ciel ouvert ?*

J'ai déjà implicitement résolu ailleurs cette question (n° 917).

Le propriétaire peut exploiter, dès qu'il n'emploie pas les travaux qui rendent une concession nécessaire aux termes de l'art. 68, c'est-à-dire, des travaux d'art réguliers par galeries souterraines ; — le *ciel ouvert* comprend tout ce qui n'est pas ce mode d'exploitation-là, car ce mode seul est interdit au propriétaire.

L'exploitation à ciel ouvert s'entend donc, non-seulement de l'exploitation à *tranchée ouverte*, mais aussi de l'exploitation par puits et galeries, qui ne vont pas jusqu'à constituer des travaux d'art réguliers, suivant les explications données au n° 917.

Il est à regretter, sans doute, que la définition de l'exploitation à ciel ouvert ne soit pas plus précise ; mais elle ne pouvait l'être. Il était impossible et il aurait été dangereux, dans une loi générale et dans une matière où les circonstances doivent exercer autant d'empire, de poser des règles inflexibles ; ici plus que dans tout autre cas, une définition aurait été périlleuse, *omnis in jure definitio periculosa* ; ce sera à l'autorité compétente, éclairée par l'avis des hommes de l'art, de déterminer, dans chaque espèce, les travaux qui dépassent le ciel ouvert et deviennent des travaux d'art réguliers. La jurisprudence des tribunaux n'a point encore élucidé la question : mais elle devra le faire bientôt, les arrêts de la Cour de Liége ayant, pour la plupart, ordonné des enquêtes et des expertises sur le fait des exploitations à ciel ouvert.

946. — Un dernier mot sur ce point. Je suppose que l'exploitation du propriétaire ne se pratique pas au moyen de travaux d'art réguliers, et qu'elle puisse se pratiquer actuellement sans ces travaux-là, mais qu'elle compromette l'avenir de l'exploitation des minerais de profondeur, et qu'elle tombe ainsi sous l'application de l'art. 69, n° 2, de la loi de 1810 : le concessionnaire n'aura-t-il pas le droit de demander que l'exploitation du propriétaire cesse ? Je le pense, car dans cette hypothèse, le propriétaire est privé par la loi elle-même de son droit d'exploitation, et le droit du concessionnaire s'ouvre alors dans toute sa plénitude.

947. — En France, ce débat serait jugé par le préfet, comme on l'a vu au n°ˢ 920 et 921.

En Belgique, il le serait par les tribunaux, aucune loi ne l'ayant enlevé à leur compétence générale.

CHAPITRE IV.

—

SOMMAIRE.

———

948. — « Les *schistes pyriteux* et *les terres alumineuses*, dit PEYRET (nº 569), sont composés de substances diverses dans des proportions inégales ; elles contiennent du sulfure de fer et de chaux, de la silice, de la magnésie, de l'alumine, de l'oxide de fer, etc. Pour retirer de ces minerais les sels qu'ils contiennent, on les laisse exposés pendant plusieurs mois à l'action de l'air et de la pluie, ce qui produit une espèce de fermentation minérale. Les

cendres qui proviennent de la combustion sont soumises à des lavages successifs, pour en obtenir, par les filtrations et les évaporations, l'alun, le magna et le sulfate de fer ou couperose, en cristaux plus ou moins purs. » — « Les terres alumineuses auxquelles s'applique l'art. 71 sont celles qui renferment à la fois de l'alumine et des pyrites de fer, et qui par là sont propres à la fabrication de l'alun (sulfate d'alumine et de potasse) et à la fabrication de la couperose ou sulfate de fer. » (*Ann. des Mines*, 3e série, t. VIII, p. 550.)

949. — Toutes les terres pyriteuses ne sont pas rangées dans la classe des minières : l'art. 3 de la loi de 1810 n'y range que les terres pyriteuses *propres à être converties en sulfate de fer*, tandis que l'art. 4 range parmi les carrières les terres pyriteuses *regardées comme engrais*.

Cette distinction fut l'objet des observations suivantes dans la séance du Conseil d'Etat du 20 juin 1809 (LOCRÉ, VI, 6) :

« M. le comte DEFERMON demande comment on distinguera les terres pyriteuses qui sont engrais de celles qui ne le sont pas.

» M. le comte FOURCROY répond qu'on ne s'y méprend pas dans l'usage ; mais qu'il serait difficile d'établir une définition générale, attendu que, dans beaucoup de contrées, on se sert de terres pyriteuses tout à la fois comme engrais et comme sulfate de fer.

» M. le comte REGNAUD (de Saint-Jean-d'Angely) ajoute qu'au surplus on ne peut se tromper sur la qualité des terres, puisque, avant d'accorder la permission, l'administration la fera vérifier par ses agents, et que la demande sera affichée sur les lieux.

» M. le comte DEFERMON demande ce qu'on entend dans l'art. 3 par les terres pyriteuses *propres à être converties en sulfate de fer*.

» M. le comte FOURCROY répond qu'il y a des terres pyriteuses, qui ayant été longtemps exposées à l'air, ou brulées, ne peuvent plus être converties en sulfate de fer, mais peuvent encore servir d'engrais.

» M. le comte DEFERMON voudrait qu'on abandonnât ces distinctions, afin de ne pas gêner les propriétaires, qui, comme dans le département de la Somme, exploitent sous ces deux rapports.

» M. le comte REGNAUD (de St-Jean-d'Angely) dit que l'art. 80 conserve au propriétaire tous ses droits et toute sa liberté. Cet article prouve que la formalité d'obtenir une permission n'est établie que comme un moyen de faire connaître à l'administration que l'exploitation existe. »

950.—La distinction cependant n'en a pas moins son importance; car les terres pyriteuses regardées comme engrais , étant rangées dans la classe des carrières , ne peuvent être exploitées sans le consentement du propriétaire du sol , tandis que les terres pyriteuses propres à être converties en sulfate de fer , étant rangées dans la classe des minières, peuvent être exploitées malgré le propriétaire par les industriels qui en ont besoin (Voyez plus loin le n° 955).

Si donc un industriel prétendait exploiter des terres pyriteuses malgré le propriétaire du sol , celui-ci aurait intérêt , pour l'en empêcher , à soutenir que les terres à exploiter doivent être regardées comme engrais , comme carrières, et par suite inexploitables sans son assentiment.

Qui statuerait sur la contestation?

Ce serait l'autorité judiciaire, car il s'agirait d'une contestation sur les droits civils du propriétaire ; les tribunaux seraient donc seuls compétents , comme ils le sont lorsqu'il s'agit de décider si une substance constitue ou non une mine concessible (n° 20).

951. — Les tribunaux belges ont eu à juger une question de concessibilité qui se rapportait précisément aux terres pyriteuses , à savoir si les *pyrites de fer* ou *pyrites martiales* (sulfures de fer) étaient des mines concessibles. Ils ont décidé qu'elles ne constituaient pas les *terres pyriteuses* rangées dans la classe des minières de l'art. 3, mais qu'elles devaient être considérées comme des *mines de soufre*, et qu'elles étaient par suite sujettes à concession, le soufre qu'elles contiennent formant leur principale valeur industrielle (Liége, 21 mai 1853, *Pas.* 1854 , 1 , 260 ; Avis du C. des M. , 20 juillet 1849, *Jur.*, p. 283).

952. — L'exploitation des terres pyriteuses (propres à être converties en sulfates de fer) et des terres alumineuses est régie par les art. 71 et 72 :

Art. 71. « L'exploitation des terres pyriteuses et alumineuses sera assujettie aux formalités prescrites par les art. 57 et 58 , soit qu'elle ait lieu par les propriétaires des fonds , soit par d'autres individus qui , à défaut par ceux-ci d'exploiter, en auraient obtenu la permission. »

Art. 72. « Si l'exploitation a lieu par des non propriétaires , ils seront assujettis , en faveur des propriétaires, à une indemnité qui sera réglée de gré à gré ou par experts. »

L'art. 57, auquel l'art. 71 renvoie , dispose que l'exploitation des minières ne peut avoir lieu sans permission. Il semblerait donc que le propriétaire qui veut exploiter les terres pyriteuses ou alumineuses de son terrain, doit en demander la permission au préfet.

Les auteurs enseignent cependant (DUPONT, t. II, p. 152, etc.) que le propriétaire est uniquement tenu de se conformer à l'art. 59, c'est-à-dire de faire la déclaration qu'il entend exploiter, et que l'acte qui lui en sera donné lui vaudra permission. Cette opinion s'appuie sur ce que le vœu des art. 71 et 72 est d'assimiler les terres pyriteuses et alumineuses aux minerais de fer, et par conséquent de leur appliquer l'art. 59 relatif à ces derniers. On peut ajouter que dans la discussion rapportée ci-dessus au nᵒ 949, le comte REGNAUD considérait l'art. 80 du projet comme s'appliquant effectivement aux terres pyriteuses et alumineuses; or, cet article correspondait précisément à l'art. 59 de la loi.

La marche indiquée par les auteurs ne présente d'ailleurs aucun inconvénient; car à supposer que le propriétaire qui se propose d'exploiter les terres pyriteuses ou alumineuses de son héritage, dût en demander la permission (art. 57) au lieu de se borner à en faire la déclaration (art. 59), le préfet (Députation permanente) n'aurait pas de motif pour lui refuser la permission postulée, en sorte que l'on arriverait toujours au même résultat.

953. — L'art. 71 renvoie, en outre, à l'art. 58, lequel a pour objet de soumettre l'exploitation des minières à la surveillance de l'administration sous les rapports de sûreté et de salubrité publiques : on appliquera donc ici ce qui a été dit sur ce point aux nᵒˢ 828 et suivants.

954. — L'exploitation des terres pyriteuses et alumineuses est d'ailleurs soumise aux autres règles qui concernent l'exploitation des minières en général (nᵒˢ 831 et suivants).

955. — Mais les art. 71 et 72 assimilent spécialement les terres pyriteuses et alumineuses aux minières de fer sous un rapport plus important. Ils obligent le propriétaire à les exploiter, sous peine de les voir exploitées par des étrangers à charge d'indemnité.

Les art. 71 et 72 se bornent à poser le principe sans en donner les règles organiques, sans même renvoyer expressément aux art. 59 et suivants, qui ont organisé cette obligation relativement aux minerais de fer.

Mais il est hors de doute que ce renvoi aux art. 59 et suivants a été dans l'esprit des art. 71 et 72 : tous les auteurs sont unanimes à le reconnaître, et l'instruction ministérielle du 3 août 1810 l'a

formellement proclamé : après avoir exposé les règles organiques
des art. 59 et suivants, elle a ajouté qu'elles étaient applicables
« aux minerais qui fournissent des sels, tels que les *sulfates de fer,*
de cuivre, *d'alumine*, etc. »

956. — Ainsi, les art. 59 et suivants n'accordent le droit
d'exploiter les minerais de fer qu'aux maîtres de forges *du
voisinage* : cette condition de voisinage sera également exigée
des fabricants de couperose, d'alun, de produits vitrioliques, etc.,
qui prétendront exploiter les terres pyriteuses et alumineuses
de l'héritage d'autrui.

Il est également certain que les industriels n'auront droit
à l'exploitation que dans les limites de leurs besoins.

Il l'est encore que si le propriétaire exploite lui-même, il
est tenu de leur vendre de gré à gré ou à dire d'experts les
produits qui leur sont nécessaires.

Et pour citer un dernier exemple, si plusieurs industriels se
trouvent en concurrence pour obtenir les terres pyriteuses ou
alumineuses du voisinage, leurs droits respectifs seront réglés
par le préfet.

957. — Mais faut-il pousser plus loin l'assimilation des terres
pyriteuses et alumineuses aux minerais de fer?

La section II du titre VII comprend deux ordres de dispositions
bien distincts : dans le premier, qui se compose des art. 59 à 67,
il s'agit principalement de l'obligation des propriétaires d'exploiter les minerais de fer de leurs terrains, et du droit correspondant des maîtres de forges d'exploiter à leur défaut; — dans le
le second, qui se compose des art. 68 à 70, il s'agit de l'exploitation des minerais de fer par travaux d'art réguliers et de leur
concessibilité si l'emploi de ces travaux est nécessaire.

Les art. 71 et 72 ont voulu appliquer le premier ordre de dispositions, c'est-à-dire, les art. 59 à 67, aux terres pyriteuses et
alumineuses, car ils déclarent formellement que le propriétaire
du sol est obligé de les exploiter, s'il ne veut pas les voir exploitées par d'autres individus.

Mais les autres articles de la section II du titre VII, c'est-à-dire
les art. 68 à 70, ne s'occupent pas de cette obligation là; ils
traitent d'un tout autre objet, de la nécessité d'une concession
lorsque l'exploitation réclame l'usage de travaux d'art réguliers.

On s'est demandé s'ils étaient également applicables aux terres
pyriteuses et alumineuses; si, par conséquent, ces substances

devenaient concessibles lorsqu'elles n'étaient pas exploitables sans de grands travaux d'art.

En principe, je l'ai déjà dit plusieurs fois, la loi de 1810 a classé les substances minérales ou fossiles d'après leur nature chimique, sans qu'il soit permis de les déclasser suivant le mode de leur exploitation dans tel ou tel cas particulier; sans qu'on puisse, par exemple, faire entrer dans la classe des mines une substance rangée dans une autre classe, par cela qu'elle ne pourrait s'exploiter sans travaux d'art réguliers (nos 2 à 6). Ce système de loi de 1810 a subi une exception pour les minerais de fer qui sont déclarés concessibles ou non concessibles, suivant le mode de leur exploitation dans chaque cas spécial (nos 910 et suivants). Mais le caractère exceptionnel de cette disposition ne permet pas qu'on l'étende, et dès-lors les terres pyriteuses et alumineuses, légalement classées dans la catégorie des minières, ne peuvent passer dans celle des mines concessibles, par cela qu'elles ne seraient pas exploitables à ciel ouvert. — Ainsi l'a expressément décidé le Conseil des Mines de Belgique dans un avis du 20 juillet 1849 (*Jur.* p. 283 et suivantes).

DELEBECQUE émet (no 1101), quoique avec hésitation, un avis différent : « Puisqu'on applique ici, dit-il, toutes les dispositions relatives aux minerais de fer, il faut les prendre dans leur ensemble sans distinction. » (Conf. DUPONT, T. 2, p. 153 et T. 1er, p. 159 et suivantes.)

Mais DELEBECQUE n'a pas remarqué qu'aucun texte de loi n'oblige à appliquer aux terres pyriteuses et alumineuses *toutes* les dispositions relatives aux minerais de fer. Les seuls articles qui s'en occupent sont les art. 71 et 72. Or, ils se bornent à déclarer applicable aux terres pyriteuses et alumineuses l'obligation des propriétaires de les exploiter pour les industriels qui en ont besoin. Qu'on leur applique donc les art. 59 à 67 qui organisent cette obligation en ce qui concerne les minerais de fer : rien de plus naturel. Mais quant aux art. 68 à 70 qui s'occupent, comme je l'ai dit, de toute autre chose, les art. 71 et 72 n'exigent aucunement qu'ils soient étendus aux terres pyriteuses et alumineuses, et leur caractère exceptionnel s'y oppose.

En conséquence, les propriétaires pourront les exploiter même par travaux d'art réguliers et souterrains, sans se mettre en contravention avec l'art. 68, et elles ne seront pas alors assujetties au régime des concessions.

958. « La circonstance que les terres pyriteuses et alumineuses se trouveraient dans un terrain tourbeux ne saurait s'opposer à ce que ces substances soient régies, quant à l'exploitation, par les art. 71 et 72, et classées comme minières : nous croyons utile, à cet égard, d'exposer sommairement les circonstances dans lesquelles a été prise une décision ministérielle du 30 juillet 1836.

Le sieur Dupré, propriétaire d'une usine vitriolique située dans le voisinage de Forges-les-Eaux (Seine-Inférieure), demandant à exploiter des terres pyriteuses et alumineuses mélangées à la tourbe, situées dans la propriété du sieur Thibout, à la charge de payer à celui-ci une indemnité réglée de gré à gré ou à dire d'experts.

Le sieur Thibout s'est opposé à cette demande en se fondant :

1º Sur ce que les tourbes ne peuvent être exploitées, aux termes de l'art. 83, que par le propriétaire du terrain ou de son consentement, et qu'il doit en être de même des tourbes vitrioliques;

2º Sur ce qu'il avait demandé lui-même l'autorisation de construire une usine vitriolique pour utiliser les tourbes pyriteuses et alumineuses de sa propriété.

Le préfet de la Seine-Inférieure a admis l'opposition du propriétaire et rejeté la demande du sieur Dupré : ce dernier s'est pourvu devant le ministre du commerce et des travaux publics, contre l'arrêté du préfet.

Le ministre a justement considéré :

1º Que les tourbes vitrioliques sont généralement impropres à servir de combustible, et que dans les tourbes de ce genre, c'est ainsi la minière vitriolique qui devient *principal*, tandis que la tourbière n'est que l'*accessoire;*

2º Que le propriétaire de l'usine étant autorisé seulement à extraire la tourbe assez pyriteuse pour servir de *minerai vitriolique*, est intéressé, en raison de ce qu'il paie toute la substance enlevée, à ne pas prendre la tourbe faiblement vitriolique qui serait propre à servir de combustible, et qu'ainsi les intérêts du propriétaire de la surface sont suffisamment sauvegardés;

3º Que la loi affecte les produits des minières aux usines existantes et non pas à celles qui ne sont qu'en projet, comme celle du sieur Thibout; que ce dernier, lorsque son usine sera construite et autorisée, pourra entrer, avec le sieur Dupré, en partage des terres pyriteuses et alumineuses de la contrée, disséminées dans les tourbes ou ailleurs, conformément aux dispositions de l'art. 64.

Par tous ces motifs, la décision ministérielle du 30 juillet 1836, a annulé l'arrêté du préfet de la Seine-Inférieure, sur le rapport du directeur-général des ponts et chaussées et des mines, et il a été décidé qu'il serait procédé à la demande en permission du sieur Dupré, comme en manière de minières, en exécution des art. 71 et 72 de la loi du 21 avril 1810.

Les terres pyriteuses et alumineuses en dépôt d'alluvion et exploitées à ciel ouvert, comme celles des départements de l'Aisne et de l'Oise, ont été classées comme minières par l'art. 3 de la loi du 21 avril 1810, et leur exploitation n'est assujettie qu'à une simple permission, qui ne peut pas être refusée au propriétaire du sol. Mais les lois antérieures à celle du 21 avril 1810 n'avaient point distingué ces gîtes de minerai des autres, et leur exploitation donnait lieu à concession; c'est ainsi, par exemple, que deux décrets, en date du 11 mai 1807, avaient institué des concessions pour l'exploitation de ces substances, dans les communes d'Ursel et de Chaillevet, département de l'Aisne. Lorsque la loi du 21 avril 1810 a été promulguée, les concessionnaires ont voulu invoquer le bénéfice de l'art. 51, mais cette prétention a été justement repoussée par deux arrêtés ministériels, en date du 28 janvier 1812 et 25 novembre 1837, et les concessionnaires ont été seulement maintenus dans la durée de jouissance stipulée par leurs titres.

L'arrêté ministériel du 28 janvier 1812 porte (art. 1er), que les terres pyriteuses et alumineuses, en dépôt d'alluvion, sont exploitables comme minières, en vertu d'une simple permission, sans qu'il soit dérogé néanmoins aux concessions antérieurement faites; ces concessions antérieures sont maintenues pour la durée fixée par les décrets (art. 2), à charge d'acquitter la redevance proportionnelle, si mieux n'aiment les dits concessionnaires, se soumettre au paîment de la redevance fixée par leurs titres de concession. Liberté est laissée (art. 3 et 4) aux anciens concessionnaires, de renoncer au bénéfice de leurs titres de concession, à charge de cesser toute exploitation ou de ne la reprendre ensuite qu'après avoir obtenu une permission dans les formes prescrites au titre VII, relatif aux minières. » (DUPONT, t. II, p. 155 et ss.)

CHAPITRE V.

DES TOURBIÈRES.

SOMMAIRE.

959. — L'article 2 de la loi du 28 juillet 1791 rangeait la tourbe parmi les substances dont elle déclarait laisser la libre disposition aux propriétaires du sol. L'autorité administrative n'était donc investie d'aucune attribution spéciale quant à l'exploitation des tourbières. Cependant, l'Agence des Mines publia, en 1795, une instruction développée et très-intéressante *sur les tourbières, l'extraction des tourbes, la conservation et l'usage de ce combustible* :

« La tourbe, disait-elle, est un amas de parties végétales, converties en masses noirâtres, plus ou moins compactes et compressibles, mêlées en diverses proportions avec de la terre, du sable, ou des débris de coquille et d'autres substances.

» Elle brûle avec flamme, exhale une fumée épaisse et fétide lorsqu'elle s'allume : quand toutes ses parties huileuses et volatiles sont dissipées par la combustion ou par la carbonisation, alors elle ne répand plus d'odeur.

» Elle s'incinère parfaitement et donne plus de cendres qu'aucun autre combustible : ces cendres sont très-recherchées pour l'agriculture. On peut en extraire plus ou moins de potasse et souvent du sulfate de soude.

» La tourbe et le charbon de tourbe peuvent être employés aux mêmes usages que le bois et le charbon et même avec plus d'avantage dans plusieurs arts.

» On a trouvé, dans les bancs de tourbe, des arbres renversés bien conservés, imprégnés d'eau; des corps d'animaux, aussi bien conservés et dont la peau paraissait avoir subi une sorte de tanage; plusieurs autres observations prouvent que l'eau qui a pénétré des couches de tourbe a des propriétés antiseptiques.

» On trouve ordinairement des couches de tourbes dans les lieux qui ont été ou qui sont encore submergés, mais plus particulièrement dans le fond des bassins, d'anciens lacs ou d'étangs, dans les marais ou vallées qui ont été couverts d'eaux stagnantes, ou dont les courants n'étaient ni rapides, ni tumultueux. On rencontre des tourbes à de grandes hauteurs, sur des plateaux de montagnes, ou même sur leurs pentes, quand elles se trouvent dans une région ou dans une atmosphère souvent humide. On en trouve encore, à diverses hauteurs, dans les côteaux, dans les plaines, sous des attérissements formés par des dépôts postérieurs à la formation de ces tourbes, ainsi que sur les rivages de la mer, au-dessus des sables dont ils sont couverts.

» L'extraction s'en fait à tranchée ouverte, parce que les lieux bas, dans lesquels se trouvent le plus ordinairement les tourbes, ne permettent pas d'y pratiquer des galeries pour attaquer les couches de tourbes, comme on l'a fait pour celles de houille.

» Une des plus grandes difficultés, et même la seule à vaincre dans cette extraction, c'est de tenir les coupes des tourbes suffisamment à sec, et de parvenir à extraire, même sous l'eau, quand on ne peut faire autrement.

» Il est donc important, pour tourber une vallée avec succès, de disposer l'extraction de manière à n'être pas gêné par l'affluence des eaux. Pour cela, il faudra commencer par les parties les plus basses, aller en remontant les pentes, et laissant derrière soi ou une pente suffisante pour écouler les eaux, ou des parties d'extraction faite qui les recevront. Si, au contraire, on commençait à extraire dans les parties les plus hautes des vallées, on aurait à soutenir, par des digues et des batardeaux, des masses d'eaux considérables, qui occasionneraient de trop grandes dépenses et des accidents desquels pourraient résulter la perte entière des travaux d'extraction. »

L'instruction entrait ensuite dans le détail des opérations de l'extraction et de la dessication des tourbes.

960. — La circulaire ministérielle de l'an IX sur les mines et minières rappela de nouveau à l'attention des préfets l'utilité de l'exploitation de la tourbe et les inconvénients qui pouvaient résulter de travaux mal entendus.

« Il est une autre espèce de combustibles minéraux plus communément existant encore que les houilles, les tourbes dont l'embrasement fournit une moindre intensité de chaleur, mais qui est encore plus active, cependant, que celle des bois et des charbons de bois.

» L'emploi des tourbes est avantageux dans la plupart des foyers de fabriques à chaudières, et pour les usages intérieurs, quand on ne craint pas l'odeur désagréable qu'exhale d'abord ce combustible, mais à laquelle on s'habitue, puisqu'il est constamment d'usage dans plusieurs pays.

» Si la tourbe paraît d'abord d'une extraction facile, parce que les lits de cette substance se trouvent le plus ordinairement à peu de profondeur dans les vallées qui en contiennent, l'exploitation des tourbières nécessiterait cependant une surveillance éclairée, d'abord pour en déterminer autant qu'il est possible une extraction économique, et pour obvier aux inconvénients très-graves qui résultent des mauvaises exploitations de ce genre, indépendamment de la perte du combustible, tels que, 1º l'insalubrité des communes voisines des exploitations, quand elles donnent lieu à la stagnation des eaux et à la formation de cloaques infectes; 2º la privation des pâturages ou des produits quelconques que les vallées à tourbes pourraient offrir. »

961. — Les mesures de précaution que le gouvernement prescrivait de la sorte étaient des conseils plutôt que des ordres, car sous l'empire d'une loi qui ne restreignait pas la libre exploitation des tourbières, elles étaient privées de toute sanction.

La loi de 1810 comprit qu'il fallait changer cet ordre de choses, et soumettre légalement l'exploitation de la tourbe à l'autorité de l'administration, en respectant néanmoins les droits du propriétaire.

Par son art. 3 elle déclara que les tourbes appartiendraient à la classe des minières; par ses art. 83 à 86 elle les assujettit aux dispositions suivantes :

« Art. 83. Les tourbes ne peuvent être exploitées que par le propriétaire du terrain, ou de son consentement.

» Art. 84. Tout propriétaire actuellement exploitant, ou qui voudra commencer à exploiter des tourbes dans son terrain, ne pourra continuer ou commencer son exploitation, à peine de cent francs d'amende, sans en avoir préalablement fait la déclaration à la sous préfecture et obtenu l'autorisation.

» Art. 85. Un règlement d'administration publique déterminera la direction générale des travaux d'extraction dans le terrain où sont situées les tourbes, celle des rigoles de desséchement, enfin toutes les mesures propres à faciliter l'écoulement des eaux dans les vallées, et l'atterrissement des entailles tourbées.

» Art. 86. Les propriétaires exploitants, soit particuliers, soit communautés d'habitants, soit établissements publics, sont tenus de s'y conformer, à peine d'être contraints à cesser leurs travaux. »

962. — Ces articles consacrent : 1º le principe que la tourbe d'un héritage peut être exploitée par le propriétaire, et qu'elle ne peut l'être par un tiers malgré lui; 2º le principe que l'exploitation doit être préalablement autorisée et qu'elle est soumise à la surveillance de l'administration.

Le premier principe établit entre les tourbes et les autres substances qui composent avec elles la classe des minières, une différence remarquable : tandis que les minières de fer, les terres pyriteuses et les terres alumineuses peuvent être exploitées par les industriels qui en ont besoin, faute par le propriétaire de les exploiter lui-même, les tourbes, aux termes de l'art. 83, ne peuvent être exploitées que par le propriétaire du terrain ou de son consentement. Sous ce rapport les tourbes appartiennent à la classe des carrières, et c'est pour cela sans doute que le législateur a placé les art. 83 à 86, non pas dans le titre VII consacré aux minières, mais dans le tit. VIII consacré aux carrières.

963. — Dupont (t. II, p. 292 et s.) regrette vivement que l'exploitation de la tourbe n'ait pas été permise, comme celle des autres minières, lorsque le propriétaire refuse de les exploiter lui-même.

Voici comment il s'exprime :

« Le conseil général de l'agriculture, du commerce et des manufactures, a exprimé le vœu, dans sa session de 1850, que l'administration fît étudier les questions relatives aux tourbières à exploiter, pour en saisir le conseil général dans sa prochaine session.

» La principale question posée par le conseil de l'agriculture était celle-ci : aujourd'hui, que l'exploitation de la tourbe s'est fort développée, et que ce combustible a été employé depuis quelques années avec avantage, dans certaines localités, pour le travail du fer, ne conviendrait-il pas de donner à des tiers le droit d'extraire la tourbe, à défaut du propriétaire, dans des cas prévus?

» Lorsque le propriétaire d'un terrain à tourbe n'exploite pas le combustible existant dans son fonds, il peut, dans certaines circonstances, causer un double préjudice à l'intérêt public : si le combustible est demandé dans la localité par des usines à fer, des manufactures, ou bien par la consommation générale, le propriétaire inactif blesse les intérêts des consommateurs ; si les propriétaires voisins exploitent la tourbe située dans leurs fonds, il peut arriver que l'exception d'un massif isolé gêne l'exploitation par *grands quartiers*, et augmente ainsi le prix de revient de la tourbe, ce qui est un nouveau préjudice porté au consommateur ; enfin, il y a lieu d'observer que lorsque l'opération du tourbage est faite simultanément par tous les propriétaires d'un même quartier, l'assèchement, l'assainissement et l'atterrissement sont beaucoup plus faciles à réaliser que lorsqu'elle est faite successivement et sans ordre par des propriétaires opérant sans entente, dans des quartiers différents.

» On pourrait objecter que la loi du 16 septembre 1807 et l'art. 10 de la loi du 16 juillet 1838, lequel autorise la perception des frais de travaux intéressant la salubrité publique, permettent de mettre à la charge des propriétaires non exploitants les dépenses, dans l'étendue d'un même marais tourbeux, pour le creusement et l'entretien du canal d'écoulement et autres dépenses générales, comme il a été fait par le règlement du 14 décembre 1838, relatif aux tourbes du département des Vosges (*Ann. des M.*, 4e série, t. XIV, p. 591). Mais il y a lieu d'objecter que ce moyen extrême, qui blesse presqu'autant les propriétaires que le ferait l'injonction d'exploiter ou de laisser exploiter moyennant indemnité, ne produit pas, à beaucoup près, d'aussi bons résultats, en ce qui concerne l'exploitation économique, l'assèchement et l'atterrissement, que l'exploitation simultanée, faite par tous les propriétaires d'un même quartier.

» Nous pensons donc qu'en fait, les considérations économiques et techniques conduisent à cette conséquence, qu'il serait préférable que l'administration pût opérer vis-à-vis des propriétaires de tourbières d'une manière analogue à celle qui est ordonnée par la loi, vis-à-vis des propriétaires de minières de fer.

» Lorsque le préfet aurait reconnu, sur le rapport des ingénieurs des mines, qu'il importe, soit aux intérêts bien constatés des consommateurs, soit aux nécessités de l'exploitation d'un quartier de tourbage, qu'un terrain tourbeux situé dans ce quartier soit mis en exploitation, ce magistrat adresserait une notification au propriétaire qui aurait un mois pour déclarer s'il entend exploiter lui-même ; en cas de silence ou de refus du propriétaire, à l'expiration de ce délai, le préfet pourrait autoriser un tiers à exploiter à sa place, moyennant indemnité réglée par experts, comme dans le cas des minerais de fer d'alluvion.

» En droit, le système que nous proposons reviendrait à une assimilation complète des tourbières aux minières de fer : or, il y a lieu d'observer, à cet égard, que cette assimilation existait dans le projet de loi, tel qu'il fut conçu au Conseil d'Etat, puisque les tourbes avaient été classées cumulativement avec les minerais de fer d'alluvion comme minières, par l'art. 3 de la loi : ce fut la Commission du Corps Législatif qui détruisit les effets de cette assimilation lorsque, dans sa séance du 17 mars 1810

(LOCRÉ, p. 371), elle proposa d'insérer un article nouveau, l'art. 83, qui porte que les tourbières ne peuvent être exploitées que par le propriétaire, ou de son consentement. Cette addition était une dérogation à l'art. 3 de la loi, et un retour au système de la loi du 28 juillet 1791, qui avait assimilé les tourbes aux *carrières*. Dans notre opinion, c'est cet article 83 qu'il faudrait supprimer et remplacer par un autre exprimant le droit, pour l'administration, d'autoriser, dans certains cas, l'exploitation des tourbières par des tiers; en agissant ainsi, outre qu'on donnerait satisfaction à l'intérêt public, on reviendrait à l'esprit primitif de la loi du 21 avril 1810. »

964. — La tourbe est considérée comme minière en ce que son exploitation doit être préalablement autorisée par l'administration (art. 84).

L'art. 84 du projet était ainsi conçu : « tout propriétaire actuellement exploitant ou qui voudra commencer à exploiter des tourbes sur son terrain, ne pourra continuer ou commencer son exploitation, à peine de 300 francs d'amende, sans en avoir préalablement fait la déclaration à la préfecture du département et obtenu l'autorisation. »

La Commission du Corps Législatif proposa la rédaction suivante : « Tout propriétaire actuellement exploitant ou qui voudra commencer à exploiter des tourbes dans son terrain, sera tenu d'en faire la déclaration à la sous-préfecture, à peine d'une amende de 100 francs. Cette déclaration lui tiendra lieu de permission. »

La Commission voulait donc que l'exploitation de la tourbe ne fût point assujettie à une véritable demande en permission, et qu'une simple déclaration faite à la sous-préfecture fût la seule formalité à remplir.

Cette idée ne fut point accueillie et l'art. 84 de la loi maintint la nécessité d'une autorisation préalable.

965. — L'autorisation d'exploiter pourrait-t-elle être refusée au propriétaire qui la demande?

L'art. 84 le suppose, en ne permettant l'exploitation qu'à ceux qui ont *obtenu l'autorisation* de l'entreprendre, et l'arrêté royal belge du 17 février 1819 ne laisse aucun doute à cet égard, lorsqu'il dispose que les Etats députés donneront leur avis sur les conditions auxquelles l'exploitation devra être assujettie, *dans le cas où elle serait permise.* L'exploitation d'une tourbière intéresse, parfois à un haut degré, la salubrité du voisinage : elle pourrait présenter des inconvénients sérieux, malgré toutes les précautions dont elle serait entourée : le gouvernement devait donc avoir le droit de ne pas l'autoriser, de même qu'il a celui de ne pas autoriser l'érection de tout autre établissement insalubre.

966. — L'art. 84 n'indique pas l'autorité chargée d'accorder l'autorisation. Toutefois, comme il dispose que la déclaration du propriétaire doit être faite à la sous-préfecture, on serait tenté de croire que l'autorisation doit être octroyée par le sous-préfet. Ce serait une erreur. Le préfet seul a le pouvoir d'autoriser l'exploitation de la tourbe, de même que c'est lui seul qui autorise celle du fer et des terres pyriteuses ou alumineuses (Instruction minist. du 3 août 1810, § VI) : le rôle du sous-préfet se borne à recevoir la déclaration du propriétaire, et la désignation de ce fonctionnaire dans l'art. 84 est tout simplement l'effet d'une inadvertance. On a vu tantôt (n° 964) que la Commission du Corps Législatif avait proposé de se contenter, pour l'exploitation des tourbières, d'une déclaration à la sous-préfecture, laquelle déclaration tiendrait lieu de permission. Le Conseil d'Etat n'accepta pas la proposition; mais en maintenant le principe d'une autorisation préalable, il conserva le reste de l'article tel que la Commission l'avait proposé, et c'est ainsi que l'art. 84 vint à consacrer le système d'une déclaration faite à la sous-préfecture et d'une autorisation émanant du préfet (DELEBECQUE, n° 1156).

967. — L'Instruction ministérielle du 3 août 1810 (§ VI) détermine ainsi les formalités préliminaires de l'autorisation :

« Tout propriétaire de terrain à tourbe doit, aux termes de la loi, demander à la sous-préfecture du lieu la permission d'extraire. Il désignera avec précision le lieu où il voudrait établir son extraction; il indiquera l'étendue de sa propriété, la qualité et l'épaisseur des bancs de tourbe qu'il aura reconnus par des sondages.

» L'ingénieur consulté donnera son avis sur la demande. L'autorisation accordée par le préfet au propriétaire exprimera la direction, l'étendue, la profondeur à donner à l'exploitation, et l'époque à laquelle elle devra avoir lieu, en conformité du mode et du plan général d'extraction qui auront été déterminés. »

968. — Un arrêté royal du 17 février 1819 a modifié, en Belgique, les dispositions qui résultaient de la loi de 1810 relativement aux autorités chargées de recevoir les demandes d'exploitation de tourbières et de statuer sur icelles (*Code annoté*, p. 154).

Suivant son art. 1er la demande doit être adressée à la députation permanente des conseils provinciaux, laquelle, après avoir entendu tous les intéressés et après avoir pris tous les renseignements et informations nécessaires, la transmet au ministre, avec ses considérations et avis, tant sur l'objet même de la pétition, que sur toutes les conditions auxquelles l'exploitation, dans le cas où elle serait promise, devra être assujettie à raison de sa nature et des circonstances, *pour être décidé par le roi* sur le rapport du ministre.

Cet article exigeait donc que la permission émanât du roi lui-même. Mais l'art. 5 permettait aux autorités provinciales de proposer au roi les exceptions qui pourraient être faites à la défense d'exploiter les tourbières sans une autorisation royale, et en conformité de cet article, des arrêtés royaux ont ultérieurement permis l'exploitation des tourbières dans certaines provinces avec la seule autorisation de la Députation permanente : Arrêté royal du 17 janvier 1822 pour la province de Liége (*Code Ann.*, p. 189); — Arrêté royal du 2 septembre 1822 pour la province de la Flandre orientale (*Code Ann.*, p. 175); — Arrêté du même jour pour la province d'Anvers (*Code Ann.*, p. 171).

Dans les autres provinces de la Belgique, l'exploitation des tourbes doit être autorisée par le roi. C'est pour cela que l'on voit de temps à autre des arrêtés royaux autoriser des exploitations tourbeuses dans les provinces de la Flandre orientale et du Brabant (28 mars et 23 déc. 1832, 3 mai 1834, 25 mars 1840, 4 août 1849, etc.; *Pasinomie* à ces dates.)

969. — La Cour de Bruxelles a rendu, le 25 juillet 1835, sur le point de savoir ce qui constitue une *exploitation* de tourbe, un arrêt dont les motifs contiennent une erreur utile à signaler.

Le Sr B.... découvrit, en exécutant des travaux de culture, que son champ renfermait de la tourbe; et il en recueillit une faible quantité sans se pourvoir de l'autorisation prescrite par l'arrêté du 17 février 1819 pour toute exploitation de tourbières.

Condamné de ce chef par le tribunal correctionnel d'Anvers, B.... interjeta appel et soutins que la nécessité de se pourvoir d'une autorisation ne concernait que les exploitations réglées, donnant un produit certain et dont on faisait un objet de commerce; qu'il n'en était pas ainsi d'une fouille amenée par accident et qui n'avait rien de continu; que cette dernière sorte d'exploitation n'offrait pas assez d'importance pour la soumettre à l'autorisation du gouvernement.

Ces moyens de défense ont été accueillis par l'arrêt suivant :

« La Cour ; — Attendu que c'est pour prévenir les dangers que peuvent occasionner l'inexpérience ou des travaux mal conçus que l'arrêté du 17 février 1819 a exigé que l'exploitation des tourbières ne pourrait avoir lieu sans une autorisation préalable ;

» Attendu que le mot *exploitation* indique, dans l'esprit de l'arrêté précité, une extraction de tourbes par exploitation régulière et jusqu'à épuisement du fond qui les contient ;

» Attendu qu'on ne pourrait par conséquent en faire l'application au cas où, comme dans l'espèce, il n'y a eu qu'une faible extraction de tourbes, faite accidentellement, lors du curage des fossés et des travaux d'amélioration d'une prairie. »

Cet arrêt a été bien rendu pour les circonstances de la cause : on ne pouvait considérer comme exploitation le fait d'avoir accidentellement extrait un peu de tourbe dans un champ, à l'occasion de certains travaux d'amélioration qui y étaient pratiqués.

Mais l'arrêt va trop loin dans ses motifs, lorsqu'il dit que le mot exploitation indique une extraction de tourbes *régulière et jusqu'à épuisement du fond qui les contient*. C'est méconnaître l'esprit de la loi et lui faire manquer son but : elle a précisément voulu interdire les extractions qui, par leur irrégularité, compromettraient l'aménagement utile des terrains tourbeux et la salubrité publique : une exploitation non autorisée est donc toujours illicite, à moins de circonstances exceptionnelles comme dans l'espèce de l'arrêt du 25 juillet 1835.

C'est ce que la Cour de Liége a récemment décidé dans un arrêt du 10 déc. 1858 (*Pas.* 1859, 2, 127).

« Attendu que les clauses et conditions auxquelles est assujettie l'autorisation d'exploiter une tourbière, sont prescrites dans un but d'intérêt général, pour éviter les dangers signalés dans le rapport présenté au Conseil législatif sur la loi du 21 avril 1810 et réprimer les abus prévus dans les considérants de l'arrêté du 17 février 1819 ;

» Attendu que l'article 1er du dit arrêté, en statuant qu'aucune exploitation en tourbe *ne pourra être entreprise* sans l'autorisation royale, s'est servi d'expressions générales qui non-seulement s'appliquent à une exploitation régulière de la tourbe et jusqu'à épuisement du fond, mais aussi comprennent toute extraction de tourbe commencée dans un terrain dans le but de se procurer ce combustible ; que cela est si vrai, que l'art. 5 du même arrêté prévoit des exceptions à établir par mesure générale sur la

proposition des autorités provinciales pour les cas où la demande d'autorisation exposerait les intéressés à des formalités et à des frais superflus
soit à raison du peu d'étendue qu'aurait l'exploitation , soit par le motif
qu'elle aurait lieu à une grande distance des routes, digues , côtes mari-
times , rivières , ou amas d'eaux intérieurs, et qu'elle ne pourrait d'ailleurs
causer , par rapport aux terrains environnants , aucune espèce de préjudice à des intérêts généraux ou particuliers ;

« Attendu qu'il est établi par l'instruction que Joseph Bayonnet a, le
9 août 1858 , sur le territoire de la commune de Gedinne, fait un trou dans
la prairie appartenant à Nicolas Bayot dans le but d'en extraire de la
tourbe, et qu'il y a effectivement extrait 3 ou 4 tombereaux , et ce, sans
autorisation et sans que les formalités prescrites par l'arrêté du 17 février 1819 aient été remplies ;

» La Cour, réformant le jugement dont est appel, déclare Joseph Bayonnet
coupable d'extraction illicite sans autorisation du gouvernement. »

970. — L'exploitation des tourbières est réglementée et sur-
veillée par l'administration sous les rapports de sûreté et de
salubrité publiques : c'est une application du principe consacré
par l'art. 58 à l'égard des minières en général.

Ainsi, pour protéger la sûreté publique, les règlements français
(DUPONT, t. II , p. 284) comme les règlements belges prohibent
toute extraction de tourbe à une certaine distance des digues
de rivières et des routes ou chemins publics.

Ainsi, dans l'intérêt de la salubrité publique, pour empêcher
la stagnation des eaux dans les entailles tourbées, les règlements
belges exigent qu'après l'extraction de la tourbe, les terrains
conservent un niveau supérieur de 50 centimètres au niveau
ordinaire des eaux d'été.

971. — Le permissionnaire est tenu de se conformer aux règlements qui sont en vigueur dans le lieu où il travaille. — Il doit,
en outre, exécuter les conditions particulières que la permission
peut lui avoir imposées.

L'art. 86 déclare que l'inobservation des règlements entraînera
la cessation forcée des travaux. Quoique cet article ne parle que
de l'inobservation des *règlements* , je pense qu'il serait également
applicable à l'inobservation des clauses de la permission. Le but
évident de l'art. 86 a été de faire dépendre l'exploitation des
tourbières de l'accomplissement exact de toutes les règles de
sûreté et de salubrité auxquelles elle est soumise; il a voulu
qu'en cas d'infraction la permission d'exploiter pût être retirée,
de même que peut l'être l'autorisation d'un établissement dange-

II.

reux ou insalubre : or chacun sait que les décrets relatifs aux établissements de ce genre permettent de retirer la permission si les conditions de cette dernière ne sont pas observées.

972. — Quelle est l'autorité compétente pour ordonner la cessation des travaux ? L'art. 86 ne le dit pas : c'est, je crois, l'autorité qui a octroyé la permission. Il faut encore ici, me paraît-il, appliquer par analogie les règles qui gouvernent les établissements dangereux ou insalubres : or, si leur propriétaire n'exécute pas les conditions de son octroi, c'est par l'autorité de laquelle il émane que l'octroi est révoqué.

973. — Au surplus, les règlements sur les tourbières sont sanctionnés aussi par les art. 93 à 96 : la disposition de l'art. 93 est générale et absolue ; elle punit toutes conventions aux règlements portés sur les matières qui font l'objet de la loi de 1810, et de ce que la contravention aux règlements sur les tourbières est réprimée par le retrait de la permission, il ne s'ensuit pas qu'elle doive échapper à la sanction pénale de l'art. 93.

A la vérité, l'art. 84 de la loi déroge aux art. 93 à 96 en ce qu'il ne prononce qu'une amende de 100 francs contre ceux qui exploitent de la tourbe sans permission, tandis que l'art. 96 prononce des peines plus fortes contre les contraventions aux règlements, de sorte que l'auteur d'une exploitation non autorisée sera puni moins sévèrement que l'exploitant autorisé qui commettra une contravention dans le cours de ses travaux. Mais ce défaut d'harmonie dans le système de la loi n'empêche pas qu'on ne doive appliquer les dispositions générales des art. 93 à 96, dans tous les cas où il n'y a pas été fait de dérogation formelle.

974. — Disons enfin, en ce qui concerne la police des tourbières, que leur exploitation est soumise aux règlements applicables aux minières en général, notamment au décret du 3 janvier 1813 ainsi que je l'ai déjà dit au n° 828, et à la surveillance spéciale des ingénieurs. (Décret du 18 nov. 1810, art. 39.)

975. — L'une des principales opérations de la tourbe consiste à la dessécher ; il faut pour cela l'étendre sur le sol :

« Une précaution nécessaire encore, en disposant une exploitation de tourbes, disait l'instruction de 1795, c'est de s'arranger de manière à avoir, aussi près que possible du lieu de l'extraction, une surface suffisante pour étendre les tourbes extraites, afin d'obtenir leur dessiccation. »

Il existait autrefois dans certains pays, notamment en Picardie, des usages locaux en vertu desquels l'exploitant qui n'avait pas un terrain suffisant pour *l'étente* de ses tourbes, pouvait, moyennant indemnité, l'effectuer sur les prés de son voisin. Le tribunal d'Amiens avait décidé que cet usage avait survécu à la publication du Code civil; mais son jugement a été cassé par la Cour de cassation de France, le 21 avril 1813 : la loi du 30 ventôse an XII et le Code civil ont, en effet, abrogé toutes les servitudes locales que ce dernier n'a pas maintenues.

976. — Si le terrain à tourbe est enclavé, le propriétaire a le droit, en vertu de l'art. 682 C. civ., de réclamer un passage sur les héritages voisins.

Mais l'acquéreur du droit d'exploiter la tourbe le pourrait-il également?

La Cour d'Amiens a décidé l'affirmative dans un arrêt du 25 mai 1813 :

« Considérant que l'acquéreur de la faculté de tourber ne peut pas être assimilée à un simple locataire ou fermier; qu'il est hors de doute et reconnu que la principale valeur d'un pré propre à tourber consiste dans la tourbe même, de sorte que le fonds qui reste après l'extraction de la tourbe est de peu de valeur, surtout en proportion de la valeur de la tourbe qui en a été extraite; qu'il ne s'agit pas d'ailleurs d'un passage à perpétuelle demeure, mais d'un passage momentané, et pour le temps de l'extraction de la tourbe, passage dont la demande pourrait même appartenir au fermier, pour faire valoir le fonds à lui loué. »

977. — La carbonisation de la tourbe détruit l'odeur désagréable que sa combustion produit : cette opération est rangée parmi les industries insalubres ou incommodes, dont l'exercice est soumis à une autorisation préalable. En France, les établissements de carbonisation appartiennent à la première ou à la 2me classe suivant que l'opération s'opère à vases ouverts ou à vases clos. En Belgique, ils appartiennent, dans l'un et l'autre cas, à la deuxième classe, et doivent en conséquence être autorisés par la députation permanente de la province (arrêté royal du 12 novembre 1849).

LIVRE III.

DES USINES.

—

SOMMAIRE.

IV. — OBLIGATIONS DES MAÎTRES DE FORGES.

V. — DROITS DES MAÎTRES DE FORGES.

VI. — DES ANCIENNES USINES.

I. — DE QUELLES USINES S'OCCUPE LA LOI DE 1810.

978. — La loi du 21 avril 1810 accorde aux usines établies *avec autorisation légale* le droit d'acheter ou d'exploiter les minières de fer du voisinage (art. 59 et ss.); elle leur accorde le même droit d'achat ou d'exploitation à l'égard des terres pyriteuses et alumineuses (art. 71 et 72). Il était, dès lors, naturel qu'elle s'occupât de régler les conditions de l'existence légale des usines : c'est ce qu'elle a fait dans ses articles 73 à 80.

TITRE VII.

SECTION IV.

DES PERMISSIONS POUR L'ÉTABLISSEMENT DES FOURNEAUX, FORGES ET USINES.

73. Les fourneaux à fondre les minerais de fer et autres substances métalliques, les forges et martinets pour ouvrer le fer et le cuivre, les usines servant de patouillets et bocards, celles pour le traitement des substances salines et pyriteuses, dans lesquelles on consomme des combustibles, ne pourront être établis que sur une permission accordée par un règlement d'administration publique.

74. La demande en permission sera adressée au préfet, enregistrée le jour de la remise sur un registre spécial à ce destiné, et affichée pendant quatre mois dans le chef-lieu du département, dans celui de l'arrondissement, dans la commune où sera situé l'établissement projeté, et dans le lieu du domicile du demandeur.

Le préfet, dans le délai d'un mois, donnera son avis tant sur la demande que sur les oppositions et les demandes en préférence qui seraient survenues; l'administration des mines donnera le sien sur la quotité du minerai à traiter; l'administration des forêts, sur l'établissement des bouches à feu en ce qui concerne les bois, et l'administration des ponts et chaussées en ce qui concerne les cours d'eau navigables ou flottables.

75. Les impétrans des permissions pour les usines, supporteront une taxe une fois payée, laquelle ne pourra être au-dessous de cinquante francs, ni excéder trois cents francs.

SECTION V.

DISPOSITIONS GÉNÉRALES SUR LES PERMISSIONS.

76. Les permissions seront données à la charge d'en faire usage dans un délai déterminé; elles auront une durée indéfinie, à moins qu'elles n'en contiennent la limitation.

77. En cas de contraventions, le procès-verbal dressé par les autorités compétentes sera remis au procureur impérial, lequel poursuivra la révo-

cation de la permission, s'il y a lieu, et l'application des lois pénales qui y sont relatives.

78. Les établissements actuellement existants sont maintenus dans leur jouissance, à la charge par ceux qui n'ont jamais eu de permission, ou qui ne pourraient représenter la permission obtenue précédemment, d'en obtenir une avant le 1er janvier 1813, sous peine de payer un triple droit de permission pour chaque année pendant laquelle ils auront négligé de s'en pourvoir et continué de s'en servir.

79. L'acte de permission d'établir des usines à traiter le fer, autorise les impétrans à faire des fouilles même hors de leurs propriétés, et à exploiter les minerais par eux découverts, ou ceux antérieurement connus, à la charge de se conformer aux dispositions de la section II.

80. Les impétrans sont aussi autorisés à établir des patouillets, lavoirs et chemins de charroi, sur les terrains qui ne leur appartiennent pas, mais sous les restrictions portées en l'art. 11; le tout à charge d'indemnité envers les propriétaires du sol, et en les prévenant un mois d'avance.

979. — Il résulte de l'art. 73 qu'on ne peut établir les usines qu'il énumère sans la permission du gouvernement. Suivant le comte GIRARDIN dans son rapport au Corps Législatif, le motif principal de cette disposition, « c'est que les établissements de » même nature, établis avec l'autorisation du gouvernement, » sont par là sous sa protection spéciale; et qu'ils seraient bientôt » sans valeur et sans utilité, si chacun pouvait, de son propre » mouvement, former d'autres établissements qui absorberaient » les matières premières ou consommeraient le combustible. » Aussi, l'Instruction ministérielle du 3 août 1810 (§ VIII) recommande-t-elle à l'ingénieur des mines de faire connaître, dans son rapport, si l'usine qu'on demande la permission d'établir « peut être nuisible ou non à des entreprises déjà établies. » Mais il faut convenir que, sous ce rapport, les idées ont quelque peu changé depuis un demi siècle, et qu'on ne songe plus guère, sous un régime de libre et forte concurrence, à contrarier l'érection d'une usine par le seul motif qu'elle pourrait nuire aux usines existantes.

980. — Quoi qu'il en soit, l'art. 73 a exigé une autorisation du gouvernement, non pas pour toutes les usines où l'on traite des produits de mines ou de minières, mais pour certaines usines qu'il dénomme, et qu'il importe, par suite, de bien distinguer, puisque l'art. 73 ne s'appliquera pas à des usines différentes.

981. — Une circulaire française du 19 juin 1845 a défini très-nettement les usines dont cet article a voulu parler : je crois

utile d'en rapporter ici les explications principales, en y ratta-
chant quelques décisions rendues en Belgique.

« Les usines minéralurgiques, dit la circulaire de 1845, qui ne
peuvent être établies qu'en vertu d'une ordonnance royale accordée après l'accomplissement des formalités prescrites par la loi
du 21 avril 1810, sont, aux termes de l'art. 73 de cette loi :
1º *Les fourneaux à fondre le minerai de fer et autres substances
métalliques ; 2º les forges et martinets pour ouvrer le fer et le cuivre ;
3º les usines servant de patouillets et bocards ; 4º les usines pour le
traitement des substances salines et pyriteuses dans lesquelles on
consomme des combustibles.*

» On doit évidemment ranger dans la première de ces classi-
fications toutes les usines dans lesquelles on retire les métaux
de leurs minerais à l'état de métal proprement dit, où à l'état de
combinaison avec une autre substance. Telles sont les usines qui
renferment les hauts-fourneaux et les foyers où l'on traite directement les minerais de fer pour en obtenir la fonte, le fer et
l'acier, ainsi que les usines renfermant les fours, fourneaux et
appareils au moyen desquels on retire de leurs minerais le cuivre,
le plomb, le zinc, l'antimoine, l'arsenic, le cobalt et le nickel,
à l'état de métal, d'oxide ou de sulfure ; mais on irait au delà
des intentions de la loi si l'on plaçait dans cette classe les fours
et fourneaux dans lesquels on fait subir une seconde fusion aux
métaux ou aux substances métalliques provenant du traitement
des minerais pour les allier ensemble, ou pour leur donner,
par le moulage, les formes que réclament les besoins du commerce, cette nouvelle fusion étant une opération secondaire qui
ne change pas la nature des produits. On ne doit pas non plus
y comprendre les usines où l'on fabrique le laiton, en fondant
ensemble le cuivre et un minerai de zinc, attendu que le résultat
de l'opération est un alliage que l'on obtient également par la
seconde fusion du cuivre et du zinc à l'état métallique. »

982. — « Par la dénomination de *forges et martinets*, le législateur
n'a pas eu seulement en vue les forges proprement dites, dans
lesquelles on convertit la fonte en fer ou en acier, et qui très-an-
ciennement ont pu, dans quelques localités, être désignées sous le
nom de *martinets* ; il a encore entendu les usines qui étaient généralement connues à l'époque de la promulgation de la loi du
21 avril 1810, sous le nom de *martinets*, comme elles le sont
aujourd'hui, et où l'on donne des formes marchandes à du fer

en grosses barres qui n'a point cours encore dans le commerce ordinaire des fers, n'étant ni paré, ni parfaitement calibré. On ne saurait voir aucune synonymie dans les termes de *forges et martinets*, énoncés en l'art. 73 de la loi. Ils y sont, en effet, considérés distinctement, ainsi que ces expressions mêmes l'indiquent, et non point indifféremment l'un pour l'autre. D'ailleurs, on y met sur la même ligne les martinets à ouvrer le fer et les martinets pour ouvrer le cuivre, lesquels sont de très-petites usines, où l'on transforme le cuivre brut en produits marchands présentant les formes requises par le commerce, de même que, dans les martinets pour le fer, on donne à ce métal certaines formes qui le rendent propre à des transformations ultérieures. D'un autre côté, l'ensemble des dispositions de la section IV du titre VII de la loi indique suffisamment que, par la dénomination de *martinets pour ouvrer le fer et le cuivre*, le législateur a voulu désigner les usines qui, destinées à donner au fer et au cuivre les formes premières dont ils ont besoin pour devenir des substances généralement commerçables, sont d'un ordre inférieur aux usines où s'obtiennent ces deux métaux, et qui cependant ont une certaine importance, tant par la quantité du combustible qu'elles consomment que par la force motrice dont elles font usage.

» On ne doit pas comprendre parmi les forges et martinets les établissements dans lesquels le fer et le cuivre, déjà à l'état de produits marchands, reçoivent, au moyen d'élaborations secondaires, les formes distinctives qui les rendent propres à différents usages. Si l'on posait en principe que la loi du 21 avril 1810 doit atteindre tous les établissements dans lesquels le fer et le cuivre sont façonnés et transformés de diverses manières, on serait conduit à appliquer les formalités voulues par la loi à une foule de petits ateliers qui sont évidemment en dehors de ses prescriptions. »

Les établissements sidérurgiques connus sous le nom de *laminoirs à fer* et de *platineries* appartiennent à la catégorie des forges et martinets pour ouvrer le fer. (Déc. belges des 17 et 26 mai 1851, *Code ann. supp.*, page 135.)

Il est à remarquer, au surplus, que le fer et le cuivre étant les seuls métaux mentionnés dans l'art. 73 de la loi de 1810, en ce qui concerne les élaborations qu'ils peuvent recevoir à l'aide des martinets ou d'autres appareils de compression, les usines dans lesquelles on ouvre le plomb, le zinc, l'étain et d'autres métaux ne doivent pas être régies par cette loi.

983. — « On doit entendre par *usines servant de patouillets et bocards*, les ateliers de lavage des minerais de fer et des autres minerais, et ceux destinés à pulvériser les minerais, les laitiers et scories. Quant aux lavoirs à cheval et à bras, bien qu'ils ne soient pas explicitement désignés dans l'art. 73 de la loi de 1810, et qu'il n'y ait point lieu d'appliquer, en ce qui les concerne, la taxe fixe imposée par l'art. 73, ils n'en doivent pas moins être l'objet d'ordonnances royales, attendu qu'il y a un règlement d'eau à prescrire. Il est indispensable, d'ailleurs, que l'administration intervienne pour régler les dispositions relatives à la clarification des eaux bourbeuses provenant du lavage des minerais, dispositions qui importent si essentiellement aux propriétés riveraines. La seule exception à la règle générale en matière de lavoirs s'applique aux *lavoirs portatifs*, toutes les fois que ces ateliers, établis dans les excavations d'où le minerai est tiré ou dans les dépressions naturelles du sol, sont alimentés uniquement par les eaux pluviales, ne sont traversés ni arrosés par aucun cours d'eau, et se trouvent dans des terrains appartenant aux extracteurs de minerais. Dans de telles circonstances, il n'est pas besoin d'autorisation (1). »

---

(1) Les minerais métalliques, avant de subir un traitement, sont soumis à certaines opérations dont l'ensemble constitue ce que l'on désigne par l'expression de *préparation mécanique*. Une de ces opérations appelée *lavage* ou *débourbage*, consiste à débarrasser ou à séparer, à l'aide de l'eau, le minerai des matières stériles. Ce lavage s'effectue dans des appareils connus sous la dénomination générique de *lavoirs*. Il en existe de différents modèles et systèmes. En Belgique, ce sont, le plus généralement, des espèces d'auges ou de caisses, soit en bois, soit en pierre, enterrées jusqu'au niveau du sol et traversées par un filet d'eau, dans lesquelles le lavage se fait à bras d'hommes. — Lorsque le lavage du minerai s'opère dans une machine en bois ou en fonte, ayant la forme d'un tambour, dans l'intérieur de laquelle se meuvent des bras de fer fixés à l'arbre d'une roue hydraulique, le lavoir porte le nom particulier de *patouillet*. Les patouillets sont plus importants que les lavoirs ordinaires à bras, non seulement à cause de l'effet produit, mais encore à raison de la plus grande quantité d'eau qu'ils dépensent pour le lavage du minerai et comme force motrice. — Les patouillets sont soumis au régime de la loi du 21 avril 1810 sur les mines ; l'art. 73 les mentionne explicitement. Ainsi, la demande est publiée et affichée pendant quatre mois, la permission émane du chef du gouvernement et l'impétrant supporte la taxe fixe imposée par l'art. 75. Les lavoirs ordinaires, établis sur une eau courante,

984. — « Les usines destinées au traitement des substances salines et pyriteuses comprennent les établissements où l'on fabrique les sulfates de fer, de cuivre, d'alumine et d'alun avec les substances minérales, pyriteuses, vitrioliques, alumineuses ou alunifères, ainsi que ceux qui servent à l'élaboration du sel gemme et au traitement des eaux salées. »

La Cour de Bruxelles a décidé, le 26 février 1848 (*Pas.* 1849, 2, 99), qu'un fourneau de fusion pour la fabrication du cristal et de la gobeletterie, dans lequel on traite le sable mêlé au carbonate de potasse, ne peut être considéré comme une usine destinée au traitement de substances salines et pyriteuses, et n'est point, par suite, assujetti à l'art. 73 de la loi de 1810 (Conf. Cass. Fr., 21 août 1829).

II. — DES FORMALITÉS A REMPLIR.

985. — Les formalités à remplir pour obtenir les permissions d'usines ont été indiquées par l'art. 74 et développées dans l'instruction ministérielle du 3 août 1810.

1º La demande est adressée au préfet (en Belgique, Députation permanente. — Arrêté belge du 18 septembre 1818, art. 2). Elle est enregistrée à sa date sur un registre à ce destiné (art. 74).

2º La demande énonce la nature de la substance qu'on se propose de traiter, la consistance de l'usine, le lieu d'où l'on tirera le minerai ou le métal à traiter, l'espèce et la quantité de com-

---

sont régis par les arrêtés royaux du 28 août 1820 et du 10 sept. 1830 et par les règlements provinciaux sur la police des cours d'eau non navigables ni flottables. Ces lavoirs, qu'ils soient mobiles ou permanents, ne peuvent être érigés sans une permission préalable de l'administration. — Quant aux lavoirs qui ne font pas usage d'un cours d'eau, qu'ils soient fixes ou portatifs, il n'est plus besoin d'une autorisation pour les établir, depuis l'arrêté royal du 12 novembre 1849. Il en était autrement sous l'empire de l'arrêté royal du 31 janvier 1824, qui exigeait une permission pour les lavoirs de minerai indistinctement, sans déroger toutefois aux dispositions relatives aux usines métallurgiques et hydrauliques. (Décision des travaux publics, 19 juillet 1851, nº 2192.) — Depuis cette décision, un arrêté royal du 12 septembre 1851 a soumis à une permission de l'autorité communale l'établissement des lavoirs de minerais qui n'empruntent pas le secours d'une eau courante. (*Code ann. supp.*, p. 134.)

bustible qu'on consommera, les lieux qui le fourniront, le cours
d'eau dont on se servira (lorsqu'on veut en employer), la durée
désirée de la permission. Un plan de l'usine et du cours d'eau y
est joint. (Inst. minis., § VIII.) — Ces plans doivent être tracés,
savoir : les plans généraux d'usines et cours d'eau en dépen-
dants sur une échelle de deux millimètres par mètre ou 1/500e,
et les plans de détail sur une échelle cinq fois plus grande,
ou de 1/100e de mètre (arrêté du 4 février 1811; arrêté belge du
2 novembre 1826).

3º La demande doit être affichée pendant quatre mois dans le
chef-lieu de la province (Département), dans celui de l'arrondissement, dans la commune où sera situé l'établissement projeté,
et dans le lieu du domicile du demandeur (art. 74).

4º Les oppositions, s'il en survient pendant le délai légal des
affiches, doivent être communiquées au demandeur pour y
répondre (Inst. min., § VIII).

5º L'autorité locale donne son avis (Id.).

6º L'administration des forêts donne son avis si l'on emploie
le bois pour combustible, de même que l'administration des ponts
et chaussées si l'on doit faire usage d'un cours d'eau (art. 74 et
Instr. minist.).

986. — 7º Le préfet communique l'ensemble de l'affaire à l'ingénieur des mines.

Celui-ci expose dans son rapport, la nature et le gisement des
minerais qu'on se propose de traiter; il entre dans le détail de
tous les moyens d'activité que les localités peuvent présenter;
il en déduit l'utilité ou le danger de l'entreprise, fait connaître si
elle peut être nuisible ou non à des entreprises déjà établies :
s'il juge l'établissement utile, il explique la méthode qui lui
paraît la plus économique à suivre pour le traitement du minerai,
l'espèce et la quantité du combustible qu'il conviendrait d'y
appliquer, la meilleure disposition des fourneaux et foyers, les
moyens mécaniques qui produiraient les effets les plus avantageux
pour atteindre le but qu'on se propose, et par conséquent la force
motrice qu'il faudra employer, soit qu'on l'emprunte d'un cours
d'eau ou de tout autre moyen.

Enfin, l'ingénieur donne son avis sur les oppositions, sur la
préférence à accorder, s'il y a concurrence pour la demande, et
sur la quotité de la taxe une fois payée à laquelle les permissions
sont assujetties. Il certifie l'exactitude du plan après l'avoir vérifié.

8º Lorsque la demande est complètement instruite, le préfet (la Députation permanente) donne son avis, et l'adresse au ministre avec toutes les pièces.

9º Enfin, la permission est accordée, en France, par un décret rendu en Conseil d'Etat, en Belgique, par un arrêté royal rendu sur l'avis du Conseil des Mines.

Il énonce les prénoms, nom, qualité et domicile du demandeur, l'objet de la permission, la substance ou les substances à traiter, l'espèce et la quantité des bouches à feu, la nature des combustibles qui seront employés, les conditions de conservation ou de reproduction qui pourront être exigées, l'époque à laquelle l'usine devra être mise en activité, la durée de la permission si elle est limitée, les charges particulières qui pourraient être prescrites en faveur d'un service public, enfin la taxe fixe à acquitter.

987. — En cas de concurrence entre plusieurs demandeurs, dit l'instruction de 1810 (mais ce n'est pas là une disposition légale), celui qui, à facultés égales d'ailleurs, réunirait dans sa propriété territoriale ou qui aurait à sa disposition les minerais et les combustibles à employer, mériterait la préférence.

988. — La loi du 21 avril 1810 et les formalités qu'elle prescrit pour les usines dont son article 73 s'occupe, n'ont trait qu'à l'utilité et à la possibilité de l'établissement dans son rapport avec son alimentation en matières premières et en combustibles (nº 979). Il s'ensuit que l'accomplissement de ces formalités ne dispense pas de celles qui ont été prescrites par d'autres lois spéciales, et qui sont destinées soit à régler les conditions de l'établissement sous le rapport de l'insalubrité, du danger ou de l'incommodité (1), soit à concilier son existence avec le régime des cours d'eau (Dufour, *Lois des mines*, nº 198).

989. — La circulaire française du 19 juin 1845 a formellement énoncé la même idée, en ajoutant toutefois, avec raison, qu'on ne devait point remplir les formalités prescrites par d'autres lois ou réglements, lorsqu'elles formeraient double emploi avec les formalités organisées en exécution de la loi du 21 avril 1810.

---

(1) Cela est si vrai que les décrets et ordonnances rendus, en France et en Belgique, sur les établissements insalubres, dangereux ou incommodes, mentionnent *expressément* parmi eux, les usines régies par la loi du 21 avril 1810.

Cette circulaire a d'ailleurs appliqué en détail le principe qu'elle formulait, en dressant le tableau des usines, suivant qu'elles sont régies, soit à la fois par la loi du 21 avril 1810 et par les arrêtés sur les établissements insalubres, incommodes ou dangereux, soit par cette loi ou ces arrêtés isolément, et en distinguant aussi le cas où l'usine est mue par un cours d'eau de celui où elle emploie la force motrice des machines à vapeur.

990. — Il pourra donc arriver qu'une usine devra être considérée et autorisée à la fois :

1º Comme usine régie par l'art. 73 de la loi du 21 avril 1810; 2º comme établissement insalubre, dangereux ou incommode; 3º comme usine mue par un cours d'eau; 4º comme établissement employant une machine à vapeur.

Il n'entre pas dans le cadre de cet ouvrage d'exposer les principes de la législation française ou belge sur les trois derniers points que je viens de signaler; je me bornerai donc aux dispositions spéciales de la loi sur les mines.

III. — DES CHANGEMENTS. — AUTORISATIONS.

991. — Puisque la loi exige une autorisation préalable pour l'établissement des usines que l'art. 73 énumère, on ne peut admettre qu'il serait loisible au permissionnaire de changer à son gré l'usine autorisée sans se pourvoir d'une nouvelle permission : aussi, l'Instruction ministérielle du 3 août 1810 (§ IX), renouvelant en cela une disposition de celle du 18 messidor an IX (§ XI), a-t-elle exigé une permission nouvelle, donnée dans les mêmes formes que la première, pour « la transformation de l'usine en une usine d'un autre genre, les changements dans l'espèce ou le nombre des feux, et le transport de l'usine dans une autre localité (1). » — Les règlements sur les établissements dangereux, insalubres ou incommodes contiennent une prescription analogue (voyez notamment pour la Belgique l'arrêté organique du 12 novembre 1849, art. 1er, 12 et 13).

992. — L'instruction ministérielle du 3 août 1810 exige également une autorisation nouvelle lorsque « l'usine est remise en

____

(1) C'est ainsi que le Conseil d'État a décidé, le 17 juillet 1813, qu'on ne pouvait (sans une permission nouvelle) remplacer un lavoir à panier par un patouillet.

activité, après être restée inactive, sans cause légitime, au-delà du temps de sa fériation. » M. Delebecque (n° 1132, note) a justement critiqué la légalité de cette disposition, par le motif que la loi de 1810 ne prononce pas de déchéance de *plein droit* contre l'usine qui chôme pendant un temps plus ou moins long : ce n'est donc qu'après la déclaration de cette déchéance par l'autorité compétente, qu'il peut y avoir pour l'usinier obligation de se pourvoir d'une permission nouvelle. J'ajoute cependant que si le simple chômage de l'usine, sans déclaration officielle de déchéance, ne suffit pas pour rendre nécessaire une nouvelle permission *au point de vue de la loi du* 21 avril 1810, le chômage pendant deux années consécutives suffit, même sans déchéance déclarée, pour nécessiter une autorisation nouvelle *au point de vue des règlements sur les établissements insalubres* : l'arrêté royal belge du 12 novembre 1849 est formel à cet égard (art. 13).— Supposez donc une fonderie, régie par la loi du 21 avril 1810, comme fourneau à fondre des substances métalliques, et par l'arrêté royal du 12 novembre 1849, comme établissement insalubre; elle chôme pendant deux années consécutives : si elle est remise en activité sans permission nouvelle, l'usinier ne pourra être poursuivi comme coupable de contravention à la loi de 1810 mais il le sera comme ayant contrevenu à l'arrêté du 12 nov. 1849. Et il est à remarquer que les peines sont différentes, en sorte que la distinction que nous venons d'établir offre de l'intérêt sous ce rapport, comme elle pourrait en offrir sous d'autres.

993. — L'instruction ministérielle du 3 août 1810 présente aussi le cas « de changements à l'état du cours d'eau » comme l'un de ceux où une permission nouvelle devrait être demandée dans les mêmes formes que la permission primitive. Il me semble que c'est trop exiger, et que s'il s'agissait *uniquement* de modifications à l'usage du cours d'eau, sans modification notable aux travaux mêmes de l'usine, on devrait se borner à remplir les formalités prescrites par les règlements sur les cours d'eau.

994. — Les permissions d'usine sont frappées par l'art. 75 d'une taxe de 50 à 300 fr. Cette taxe est-elle applicable aux permissions qui concernent les changements apportés à une usine, comme à celle qui en a autorisé l'établissement même ? L'affirmative résulte de l'art. 75, qui impose la taxe à toutes les *permissions* en général, sans distinction de leur rang ni de leur importance (Cons. d'Etat de Fr., 2 février 1846, Sirey, 1846, 2, 348; Dupont, t. 2, p. 242).

IV. — OBLIGATIONS DES MAITRES DE FORGES.

995. — Celui qui ne se munit pas d'une permission dans les cas où elle est nécessaire, est passible des peines inffligées par les art. 93 et 96 de la loi du 21 avril 1810. Ces articles, en effet, comme il sera démontré au Chapitre des *Contraventions,* s'appliquent, non seulement aux mines, mais à toutes les matières régies par la dite loi, et spécialement aux usines (Toulouse, 9 mars 1837, *Journ. du Pal.*, à cette date).

La permission doit être préalable, en sorte que les pénalités seraient encourues alors même que l'usinier poursuivi aurait déjà formé sa demande (même arrêt).

996. — Mais les peines prononcées par la loi de 1810 sont la seule sanction qu'elle ait portée contre les usines établies sans permission. Il suit de là que le ministère public ni l'administration des mines ne pourraient demander au tribunal la suppression de l'usine non autorisée, sauf à dresser de nouveaux procès-verbaux, si la contravention continuait (même arrêt).

Il est à remarquer néanmoins que si l'usine non autorisée constitue un établissement insalubre, dangereux ou incommode, l'autorité administrative peut faire suspendre les travaux et même fermer l'établissement (arrêté belge du 12 nov. 1849, art. 17).

997. — L'acte de permission impose à l'obtenteur une taxe une fois à payer, et dont il détermine le chiffre entre 50 et 300 francs.

On a vu tantôt (no 994) que la taxe est également due pour les permissions qui autorisent des changements dans une usine déjà établie.

998. — D'après l'art. 76, « les permissions sont données à » charge d'en faire usage dans un délai déterminé. » L'instruction ministérielle du 3 août 1810 (§ XI) fixe ce délai à un an : il se pourrait cependant que le décret de permission le fixât à un terme plus court ou plus long, puisque l'art. 76 laisse, sur ce point, toute latitude au gouvernement.

Le permissionnaire étant tenu, selon la disposition formelle de l'art. 76, de mettre l'usine en activité dans le délai déterminé, l'Instruction ministérielle du 3 août (§ XI) a pu déduire de cette obligation celle de ne pas interrompre, sans cause légitime, les travaux de l'établissement.

On voit donc qu'ici le législateur a placé dans les mains de l'administration le pouvoir coercitif qu'il lui avait d'abord accordé, mais qu'il lui refusa ensuite , sur les exploitations de *mines* (nos 268 et ss.). Peut-être fut-ce par inadvertance. Peut-être aussi, était-il nécessaire de maintenir ce système de coercition à l'égard des usines, au moins à l'égard de celles qui traitent les minerais de fer et les terres pyriteuses ou alumineuses , par le motif qu'on leur accordait le droit d'exploiter ces substances dans les terrains d'autrui : « Si l'on ne suivait pas cette marche , disait l'Instruction ministérielle de 1810 (§ XI), c'est-à-dire si on n'obligeait pas les usiniers à tenir leurs établissements en activité, il arriverait que les matières premières qui alimentaient l'usine , étant réparties pendant le temps de son inaction sur d'autres points de consommation , la remise en activité pourrait être une cause de ruine pour des établissements formés postérieurement avec autorisation , et d'après la considération même de la cessation du premier. »

999. — On peut donc faire tomber la permission qui n'est pas mise à fruit dans le délai voulu ou qui cesse de l'être sans motif légitime ; et dans ce cas, l'usine ne pourra être mise ou remise en activité que moyennant une permission nouvelle (no 992).

Mais la déchéance n'existe pas de plein droit , précisément parce que le législateur ne la prononce pas de la sorte.

Quelle sera l'autorité compétente pour la prononcer ?

Il faut remarquer que l'usinier qui ne met pas son établissement en activité dans le délai imparti ou qui le laisse chômer, ne commet pas de contravention, et ne peut dès lors être traduit devant un tribunal répressif. Il suit de là qu'on ne saurait appliquer ici l'art. 77 ainsi conçu : « En cas de contraventions, » le procès-verbal dressé par les autorités compétentes sera remis » au procureur impérial , lequel poursuivra la révocation de la » de la permission , s'il y a lieu , et l'application des lois pénales » qui y sont relatives. » Cet article, en conférant au ministère public le soin de poursuivre la révocation en même temps que l'application des lois pénales, le tout en cas de contravention, annonce assez que c'est devant le tribunal correctionnel que l'action doit être portée ; mais par contre, elle ne peut l'être devant cette juridiction , lorsqu'il ne s'agit ni de contravention , ni d'application de lois pénales , et il paraît bien évident, qu'il n'y a pas de contravention commise ni de peine à encourir, par l'usinier qui ne profite pas d'une permission à lui octroyée ou qui laisse chômer sa fabrication.

Sans doute cet usinier peut mériter d'encourir la déchéance de son octroi ; mais comme il ne s'agit pas ici d'une contravention punie par la loi, cette déchéance ne peut être ni poursuivie par le ministère public, ni prononcée par le tribunal correctionnel.

Je pense que la révocation devra émaner du gouvernement, de même que la permission révoquée : telle est la règle générale en matière de révocation, et spécialement dans la révocation des permissions administratives. C'est ainsi que sous l'empire de la loi du 28 juillet 1791, les concessions de mines pouvaient être révoquées par le gouvernement qui les avait octroyées, si le concessionnaire tardait ou cessait de les exploiter (art. 14 et 15); c'est ainsi encore que le gouvernement peut retirer l'autorisation accordée par lui à un établissement insalubre (arrêt belge du 12 novembre 1849, art. 11).

1000. — Si la loi du 21 avril 1810 était restée fidèle à ce principe, et c'est ce qu'elle avait fait d'abord (deuxième rédaction, Locré, V, 63), son article 77 n'aurait accordé, en aucun cas, au ministère public le droit de poursuivre la révocation de la concession devant le tribunal correctionnel. Mais il lui a reconnu ce droit *en cas de contravention*, lorsqu'il y a lieu de requérir en même temps l'application d'une loi pénale (Delebecque, no 1114).

Remarquons, au surplus, que l'art. 77 en chargeant le ministère public de poursuivre la révocation de la permission, ajoute *s'il y a lieu ;* d'où la conséquence que les tribunaux ont un pouvoir discrétionnaire pour prononcer ou non la révocation, selon la gravité de la contravention et les autres circonstances de la cause (arg. par anal. d'un arrêt de la Cour de cass. belge du 3 oct. 1856, *Pas.* 1856, 1, 443).

1001. — Les maîtres d'usines sont soumis aux prescriptions du décret du 3 janvier 1813, lorsqu'un accident est arrivé dans leur établissement : les art. 11 et 14 du décret, qui posent le principe de ces prescriptions, mentionnent expressément les *usines* à côté des mines et des minières.

1002. — Aux termes d'une instruction du ministre des travaux publics de Belgique en date du 4 février 1851 (*Code ann. supp.*, p. 20), les demandeurs en permission d'usine doivent souscrire d'avance un cahier de charges rédigé par les officiers des mines, et une expédition doit en être jointe à l'avis de la Députation permanente.

Je renvoie aux nos 242 et suivants pour la question de savoir si ces cahiers de charges peuvent valablement contenir toute espèce de clauses : je pense que dans l'administration des usines comme dans celle des mines, le gouvernement doit se borner à exercer les attributions que la loi même lui a conférées, et qu'il ne peut dès lors imposer aux industriels, par le moyen des cahiers de charges, des obligations que la loi ne leur impose pas et qui ne pourraient leur être imposées dans un règlement général d'administration publique : en d'autres termes, un cahier des charges doit, comme un règlement général, se renfermer dans des mesures destinées à l'exécution des lois existantes, et il ne peut, pas plus qu'un règlement général ne le pourrait, suppléer à leurs lacunes, réelles ou prétendues.

1003. — Si l'usine est nuisible au voisinage par le danger qu'elle présente, les fumées ou vapeurs insalubres qu'elle répand, le bruit incommode qu'elle produit, etc., il est reconnu aujourd'hui que la permission obtenue du gouvernement n'empêche pas les voisins de réclamer devant les tribunaux la réparation du préjudice qu'ils éprouvent : la permission n'est jamais accordée que *sauf les droits des tiers.*

Mais la compétence des tribunaux ne va pas au-delà, et ils ne peuvent ordonner la suppression d'une usine, dûment autorisée par l'autorité administrative, quelque grave que soit le dommage essuyé par le réclamant (Cass. B. 25 mai 1850, *Pas.* 1851, 1, 7).

1004. — De même, en France, où le contentieux administratif est resté debout, on ne peut cependant attaquer *par voie contentieuse,* devant l'administration, une usine dont la permission a été précédée de toutes les formalités légales ; on ne peut recourir contre elle que devant le chef du gouvernement et *par voie gracieuse* (DUPONT, t. 2, p. 199 et ss. Voyez le no 256).

1005. — Mais si les formalités légales n'avaient pas été remplies, la permission pourrait être attaquée, en France, devant l'autorité administrative *par la voie contentieuse* (DUPONT, t. 2, p. 199. Voyez le no 254). — En Belgique, les intéressés pourraient agir devant les tribunaux, lesquels auraient le droit de rechercher si les formalités ont été remplies, et, en cas de négative, de n'avoir aucun égard à la permission (Voyez le no 255).

V. — DROITS DES MAITRES DE FORGES.

1006. — La permission a une durée indéfinie, à moins que le décret qui l'accorde n'en contienne la limitation. (Art. 76.)

Si l'usine constitue un établissement insalubre, dangereux ou incommode de *première classe*, elle ne peut être, comme telle, autorisée pour plus de trente, sauf prolongation à l'expiration de ce terme. (Arr. belge du 12 nov. 1849, art. 10.)

1007. — Les usiniers qui traitent le minerai de fer ont le droit de s'approvisionner aux minières du voisinage, soit en achetant les minerais extraits par les propriétaires du sol, soit en exploitant eux-mêmes à défaut de ces derniers. — Nous avons amplement expliqué les conditions et le mode d'exercice de ce privilége (nos 838 et ss.).

Les usines qui ont besoin de terres pyriteuses et alumineuses peuvent, comme nous l'avons déjà dit aussi (nos 955 et s.), exercer la même prérogative à l'égard des terrains d'autrui, qui renferment ces substances.

Enfin, nous avons signalé, au no 832, cette autre faveur accordée par l'art. 80 aux maîtres d'usines à traiter le fer, de pouvoir pénétrer dans les propriétés de leurs voisins pour rechercher les minerais non encore découverts.

1008. — En général, un industriel ne peut s'emparer du terrain d'autrui pour y établir ses travaux; il doit établir ceux-ci sur ses propres héritages; le Code civil a seulement permis aux propriétaires enclavés de passer sur les fonds voisins pour aboutir à la voie publique.

La loi du 21 avril 1810 s'est montrée plus généreuse envers les exploitants de mines : elle leur a permis d'occuper la surface à l'effet d'y établir les travaux extérieurs de leur exploitation.

Ce droit d'occupation est donc exceptionnel; aussi avons-nous vu qu'il n'appartient pas, en général, aux exploitants de *minières* (no 833). Mais il en est autrement des maîtres de forges dûment autorisés, en ce sens, que l'art. 80 leur accorde le droit d'occupation pour certains ouvrages qu'il indique.

Cet article est ainsi conçu :

« Les impétrants sont autorisés à établir des patouillets, lavoirs » et chemins de charroi, sur les terrains qui ne leur appar- » tiennent pas, mais sous les restrictions portées en l'art. 11 ; le

» tout à charge d'indemnité envers les propriétaires du sol , et en
» les prévenant un mois d'avance. »

1009. — L'art. 80 ne dispense pas les usiniers qui veulent
établir un *patouillet* ou un *lavoir* sur le terrain d'autrui, d'obtenir
la permission prescrite par l'art. 73 ou par les règlements sur
les cours d'eau, pour ces sortes d'établissements (n° 984) ; son
but est d'autoriser l'occupation d'un terrain qui n'appartient pas
à l'usinier , et non pas de consacrer une exception au principe
général de l'art. 73 (Cass. Fr. , 26 mai 1831. — DUPONT, t. 2,
p. 194 ; DELEBECQUE, n° 1060).

1010. — En ce qui concerne les *chemins*, ils ne peuvent être
établis que s'ils sont nécessaires, c'est-à-dire, s'ils sont destinés
à faire communiquer l'exploitation avec la voie publique. Il s'agit
ici d'une servitude , que l'on doit renfermer dans les limites des
besoins nécessaires de l'établissement qui en jouit, et l'on ne
peut accorder aux usiniers le droit de créer des chemins *d'utilité*,
que la loi de 1810 ne permet pas même aux concessionnaires de
mines d'établir (n°s 544 et 545 ; DELEBECQUE, n° 1059).

J'ajoute que si la loi belge du 2 mai 1837 est venue tempérer
la rigueur, parfois nuisible, de ce principe, en autorisant l'expropriation à l'effet de construire des chemins *d'utilité*, elle ne
l'a fait qu'en faveur des *concessions de mines*, et que son caractère
exceptionnel ne permet pas de l'appliquer au profit des usines
(n° 833).

1011. — Mais, de même que l'on ne peut interpréter d'une
manière extensive l'art. 80, de même on ne doit pas le restreindre
en deçà de ses termes; et c'est , à mon avis, tomber dans cet
excès , que de décider, comme l'a fait, le Conseil d'Etat de France
le 26 avril 1838 (*Ann. des M.*, 3e série, t. XIV, p. 541), que
l'art. 80 n'autorise qu'un passage temporaire. Je crois, au contraire, avec DELEBECQUE (n° 1059), qu'en autorisant les usiniers
à établir des chemins de charroi, il a compris dans ces termes
absolus, les chemins permanents, autant et plus que le simple
passage à travers champs.

Et si le maître de forges peut ainsi construire un chemin permanent, il pourra également le garnir de rails en fer, comme
je l'ai déjà dit au n° 561 pour les exploitants de mines.

1012. — La loi du 28 juillet 1791, dans les art. 17 et 18 de
son titre II, autorisait également les usiniers à établir des patouillets, lavoirs et chemins de charroi dans le terrain d'autrui;

mais elle défendait de les établir dans des héritages *ensemencés ou chargés de fruits*. L'article 80 ne contenant plus cette restriction, tandis qu'il a eu soin d'en consacrer une autre que nous allons signaler, il en résulte qu'elle n'existe plus (Conf. DELE-BECQUE, n° 1055).

1013. — La seule restriction que consacre l'art. 80 au droit d'occupation des usiniers, c'est la restriction portée en l'art. 11, ce qui veut dire qu'ils doivent respecter les enclos murés, les cours, les jardins, ainsi que le rayon de cent mètres qui entoure une maison ou une clôture murée. J'ai commenté l'art. 11 aux n°s 565 à 596; je ne puis qu'y renvoyer, et spécialement au n° 585, où j'ai fait remarquer que le maître de forges ne doit observer l'art. 11 que quand il veut établir ses patouillets, lavoirs et chemins *sur le terrain d'autrui* en vertu de l'art. 80, — en sorte que si un usinier veut établir un patouillet *sur son propre terrain*, il peut le faire à moins de cent mètres d'une habitation voisine, comme l'a spécialement décidé une ordonnance francaise du 30 juillet 1838 (*Code ann. supp.*, p. 134, n° 11).

1014. — L'art. 80 dispose que le permissionnaire doit indemniser les propriétaires du terrain sur lequel il établit ses chemins, lavoirs ou patouillets; mais il ne détermine pas la nature et les éléments de cette indemnité; et spécialement, il ne dit pas si elle devra être réglée *au double* et d'après les distinctions des art. 43 et 44 relatives au droit d'occupation des concessionnaires de mines.

Ce silence de l'art. 80 a mis en présence trois opinions différentes.

Suivant DUPONT (t. II, p. 219 et ss.), il faudrait recourir à la loi du 28 juillet 1791. Cette loi consacrait, dans son art. 17, le droit des maîtres de forges d'établir leurs patouillets, lavoirs et chemins sur le terrain d'autrui, à charge par eux de dédommager le propriétaire du sol conformément à l'art. 20 du titre 1er, et d'après celui-ci, le propriétaire avait droit au double produit net de son terrain ou, s'il voulait le faire acheter, à la simple valeur. On prétend donc que l'indemnité dont parle l'art. 80 de la loi du 21 avril 1810 devrait être réglée sur ces bases. — Mais cette opinion me paraît évidemment erronée; car s'il est vrai que la loi de 1791 n'a pas été abrogée par la loi de 1810 d'une manière expresse et absolue (n° 518), il est certain, par contre, que la seconde a voulu organiser elle-même le droit des maîtres de forges à l'égard de leurs patouillets, lavoirs et chemins, sans qu'on puisse recourir à la loi de 1791 pour le mode de l'indemnité. Et il serait par trop étrange qu'on allât puiser dans une loi antérieure des règles qui se trouvent dans la loi de 1810 elle-même ; car si l'on ne veut pas appliquer le droit commun, si l'on veut soumettre cette indemnité à des règles spéciales, c'est évidemment aux art. 43 et 44 de la loi de 1810, et non à un fragment d'article de la loi de 1791, qu'il faut les emprunter.

Selon Dalloz (n° 693), l'indemnité de l'art. 80 ne serait régie que par le droit commun, en sorte qu'elle consisterait, non dans le *double* revenu ou la *double* valeur des art. 43 et 44, mais dans la réparation du dommage souffert, ni plus ni moins. La raison en est, suivant lui, que les art. 43 et 44 sont exceptionnels, et que l'art. 80 n'y a pas expressément renvoyé.

Enfin, selon Delebecque (n° 1057), il faudrait appliquer les art. 43 et 44, auxquels le législateur s'est tacitement rapporté.

Le choix entre ces deux opinions est difficile : je préfère cependant l'opinion de Delebecque. — A la vérité, les art. 43 et 44 sont exceptionnels, en ce qu'ils portent au double le revenu ou la valeur que le propriétaire peut réclamer. Mais tout exceptionnels qu'ils soient, ces articles sont un accessoire du droit d'occupation qui est exceptionnel comme eux, en sorte que, considérés à ce point devue, ils forment la règle au lieu d'être une exception, et que l'exception, et une exception étrange, serait précisément qu'un maître de forges pût occuper le terrain d'autrui moyennant une indemnité simple, tandis que le concessionnaire de mines ne pourrait exercer le même droit d'occupation que moyennant une indemnité double. Il faut donc croire que si le législateur, dans l'art. 80, n'a pas expressément renvoyé aux art. 43 et 44 pour le règlement de l'indemnité, c'est parce que le renvoi était forcément implicite, et qu'en faisant aux maîtres de forges application du droit d'occupation des art. 43 et 44, il les soumettait, par cela même, aux règles d'indemnité posées par ces articles pour l'exercice de ce droit-là. En d'autres termes, le législateur de 1810 a fait tacitement ce qu'avait fait expressément la loi du 28 juillet 1791.

1015. — L'indemnité doit-elle être préalable ? Delebecque (n° 1056) enseigne l'affirmative, en renvoyant à ce qu'il a dit de la même question pour les concessionnaires de mines. Je déciderai donc, au contraire, comme je l'ai fait aux n°s 506 et 507, que l'indemnité n'est pas nécessairement préalable, et que les juges statueront sur ce point suivant les circonstances.

VI. — DES ANCIENNES USINES.

1016. — La loi de 1810 n'a pas voulu être rétroactive à l'égard
des usines, non plus qu'elle n'avait voulu l'être à l'égard des
mines (n° 747). De là son art. 78 : « Les établissements actuel-
» lement existants sont maintenus dans leur jouissance, à charge
» par ceux qui n'ont jamais eu de permission, ou qui ne pourraient
» représenter la permission obtenue précédemment, d'en obtenir
» une avant le 1er janvier 1813, sous peine de payer un triple
» droit de permission pour chaque année pendant laquelle ils
» auront négligé de s'en pourvoir et continué de s'en servir. »

Il faut donc distinguer les usines qui n'avaient pas de permission de celles qui en possédaient une.

Les premières sont maintenues, mais à la charge d'obtenir une
permission dans les formes voulues par les art. 73 et suivants de
la loi ; les autres sont maintenues de plein droit, à la condition
seulement de reproduire leur titre.

Reprenons cette distinction.

1047. — Si une usine existante en 1810 s'est autrefois établie
avec une permission, la loi la respecte, et tient pour suffisante la
permission obtenue. Seulement l'art. 78 exige implicitement que
la permission soit représentée, si l'on ne veut pas être obligé de
demander une permission nouvelle. Et, en effet, il fallait bien,
en 1810, rechercher si les usines, alors existantes, avaient été
dûment autorisées, non pas pour supprimer indifféremment celles
qui n'auraient eu qu'une existence de fait, mais pour les amener
à régulariser leur position. Aussi l'instruction du 3 août 1810
(§ VIII), fidèle à la disposition de l'art. 78, prescrivit-elle aux
préfets « de se faire remettre copie authentique des titres en vertu
desquels chaque usine aurait été établie, et à défaut de titre
valable, de prévenir le chef d'usine de la nécessité de former sa
demande en permission conformément à la loi, pour être statué
par le gouvernement. »

1018. — Mais remarquez que les usines existantes n'étaient
dispensées de permission nouvelle qu'à la condition d'être restées
dans les limites de leur permission première ; car si elles avaient
grandi depuis lors sans permission, leurs propriétaires devaient
en demander une d'après la loi de 1810 (Sirey, 1846, 2, 348).

1019. — Quant aux usines qui n'avaient jamais eu de permission ou qui ne pouvaient représenter celle qui leur avait été octroyée, l'article 78 ne les supprimait pas, mais il leur enjoignait de se faire autoriser avant le 1er janvier 1813. Et comme il n'exemptait pas cette demande de permission des formalités ordinaires, il en résultait, selon une décision ministérielle du 24 juillet 1812, que ces formalités devaient être observées.

1020. — Au surplus, l'art. 78 ne fixait pas un délai fatal endéans lequel les anciennes usines devaient être autorisées à peine de déchéance; il leur ordonnait bien d'obtenir une permission avant le 1er janvier 1813, mais ce n'était pas sous peine de forclusion, et *la seule* conséquence du défaut de permission dans ce délai était un triple droit de permission pour chaque année de retard. (Cass. Fr. , 25 juin 1842.) — Encore le terme du 1er janvier 1813 fut-il prorogé en Belgique jusqu'au 1er janvier 1821, par un arrêté royal du 16 décembre 1819.

LIVRE IV.

DES CARRIÈRES.

SOMMAIRE.

1021. — L'art. 4 de la loi de 1810 énumère les substances comprises dans la classe des carrières.

« Les carrières renferment, dit-il, les ardoises, les grès, pierres à bâti et autres, les marbres, granits, pierres à chaux, pierres à plâtre, les pozzolanes, le tras, les basaltes, les laves, les marnes, craies, sables, pierres à fusil, argiles, kaolin, terres à foulon, terres à poteries, les substances terreuses et les cailloux de toute nature, les terres pyriteuses regardées comme engrais, le tout exploité à ciel ouvert ou par galeries souterraines. »

Cette énumération est-elle limitative?

La question se présente, lorsqu'on rencontre une substance minérale ou fossile qui ne se trouve pas spécialement dénommée dans les énumérations des art. 2, 3 et 4; on se demande alors dans laquelle des trois classes de la loi cette substance doit être placée. J'ai longuement examiné la question dès le début de cet ouvrage (n⁰ˢ 7 et suivants), et je crois avoir démontré que la substance non classée par le législateur doit, par assimilation du moins, appartenir à la catégorie des carrières (n⁰ˢ 11 à 14). Sous ce rapport, l'énumération de l'art. 4 ne me paraît donc pas limitative ; c'est elle, au contraire, qui est appelée à recevoir dans son sein les substances dont l'expérience ferait découvrir l'omission dans la classification légale, en attendant que le législateur, s'il le trouvait convenable, assignât une autre place aux substances omises.

1022. — Les règles juridiques de l'exploitation des carrières sont posées par les art. 81 et 82 :

« Art. 81. L'exploitation des carrières à ciel ouvert a lieu sans permission, sous la simple surveillance de la police, et avec l'observation des lois ou règlements généraux ou locaux.

» Art. 82. Quand l'exploitation a lieu par galeries souterraines, elle est soumise à la surveillance de l'administration comme il est dit au titre V. »

Trois idées principales sont consacrées par ces dispositions :

La première, que la loi de 1810 n'accorde pas à des étrangers le droit d'exploiter les carrières sans le consentement du propriétaire du sol;

La deuxième, que le propriétaire peut les exploiter sans permission ;

La troisième, que l'exploitation est soumise à des règles de police, qui varient suivant qu'elle a lieu à ciel ouvert ou par galeries souterraines.

Le développement de ces trois idées constituera le commentaire des art. 81 et 82.

1023. — On a vu que les minières (nᵒˢ 838, ss. et 955), sauf les tourbières (nᵒ 962), peuvent être exploitées par les industriels qui en ont besoin, si le propriétaire du sol refuse de les exploiter lui-même.

La loi du 21 avril 1810 n'a pas frappé les carrières de la même servitude.

Mais la loi du 28 juillet 1791 les en avait grevées dans son art. 2 ainsi conçu :

Art. 2. « Il n'est rien innové à l'extraction des sables, craies,
» argiles, marnes, pierres à bâtir, marbres, ardoises, pierres à
» chaux et à plâtre, tourbes, terres vitrioliques, ni de celles
» connues sous le nom de cendres, et généralement de toutes
» substances autres que celles exprimées dans l'article précédent,
» qui continueront d'être exploitées par les propriétaires, sans
» qu'il soit nécessaire d'obtenir aucune permission.

» Mais à défaut d'exploitation, de la part des propriétaires,
» des objets énoncés ci-dessus, et dans le cas seulement de
» nécessité pour les grandes routes ou pour des travaux d'utilité

» publique, tels que ponts, chaussées, canaux de navigation,
» monuments publics, ou tous autres établissements et manu-
» factures d'utilité générale, les dites substances pourront être
» exploitées, d'après la permission du directoire du département,
» donnée sur l'avis du directoire du district, par tous entrepre-
» neurs ou propriétaires des dites manufactures, en indemnisant
» le propriétaire, tant du dommage fait à la surface, que de la
» valeur des matières extraites, le tout de gré à gré ou à dire
» d'experts. »

La première partie de cet article a été certainement abrogée par la loi de 1810, par les art. 4, 8 et 82, dans lesquels elle s'est occupée des carrières.

Mais on s'est demandé si la deuxième partie, celle qui consacre la servitude d'extraction, a été également abrogée.

Les auteurs sont bien loin d'être d'accord sur ce point (contre l'abrogation : PEYRET, n° 663 ; DALLOZ, n° 775 ; DUPONT, t. II. p. 249; *Ann. des M.*, 3e série, t. VIII, p. 550. — Pour l'abrogation : DELEBECQUE, n° 1148 ; RICHARD, n° 385 et COTELLE, n°s 137, 25-27).

Ceux qui soutiennent que le § 2 de l'art. 2 de la loi de 1791 est encore en vigueur, partent du principe que la loi de 1810 n'a pas complètement anéanti la loi précédente, mais qu'elle a laissé debout toutes celles de ses dispositions auxquelles les siennes propres ne sont pas contraires ; ils ajoutent qu'aucun article de la loi 1810 ne contrarie le maintien de l'art. 2 § 2 de la loi de 1791 ; que, loin de là, l'art. 81 assujettit l'exploitation des carrières à l'observation des *lois*, ce qui doit comprendre la loi de l'Assemblée constituante.

Le principe qui sert de point de départ à cette doctrine est exact, à mon sens. J'ai déjà eu occasion de le dire (n° 518), la loi de 1810 n'a point emporté, par elle-même, abrogation totale de la loi de 1791 ; mais il est également certain, selon moi, que le maintien de l'art. 2 § 2 de cette dernière est contraire au vœu de la loi nouvelle. Le § 1 de l'art. 2 a certainement été remplacé par les art. 4, 81 et 82 de la loi de 1810 : comment croire que le législateur, s'il avait voulu maintenir la servitude d'extraction établie par le second paragraphe du même article, ne l'aurait pas également reproduit ? Il a cette disposition sous les yeux : il en prend la première partie pour la placer dans la loi nouvelle, et il passerait sous silence la seconde partie, non pas pour l'anéantir, mais pour laisser debout ce débris d'un vieil article, et faire de son œuvre propre une œuvre incomplète sur un point aussi important ! cela n'est pas possible.

1024. — Le législateur de 1810 avait d'ailleurs d'excellents motifs pour ne pas reproduire le § 2 de l'art. 2 de loi antérieure.

La servitude d'extraction qui s'y trouvait établie concernait, d'une part, les travaux d'utilité publique, tels que ponts, chaussées, etc., et d'autre part, les établissements et manufactures d'utilité générale. En ce qui concerne les premières, il existait d'autres dispositions légales qui autorisaient à leur profit l'extraction des carrières sous la dénomination de *servitude de fouille*. La France possédait sur ce point d'anciennes ordonnances que des lois récentes, telle que celle du 16 sept. 1807 (art. 55), avaient confirmées ou étendues. Il n'était donc pas besoin de conserver l'art. 2 § 2 de la loi de 1791, pour autoriser les extractions que nécessitent parfois les travaux d'utilité publique.

Mais ce paragraphe accordait en outre le droit d'extraction *aux établissements* et *manufactures d'utilité générale*. Or, quant à eux, son abrogation était à désirer : car que signifiaient ces expressions? ne comprenaient-elles que les manufactures de l'Etat, ou s'étendaient-elles aux fabriques des particuliers? Dans le premier cas, la disposition était inutile, tant l'application en aurait été rare, l'Etat n'ayant guère de manufactures qui puissent avoir besoin du produit des carrières. Dans le second cas, la servitude d'extraction pouvait donner lieu à tant de difficultés, à tant de vexations qu'elle devenait dangereuse et méritait d'être supprimée. Aussi, chose remarquable, DUPONT, après avoir plaidé pour le maintien du paragraphe litigieux, soutient-il énergiquement que le bénéfice ne pourrait en être revendiqué par des manufactures privées, quelle qu'en fût la prétendue utilité générale. « Malgré les entraves que l'on mettrait au droit d'extraction, dit-il, l'application soulèverait une foule d'inconvénients et de tracasseries, et l'on verrait les potiers, les chaufourniers, les fabricants de plâtre et une foule d'autres propriétaires d'usines, faire valoir l'utilité plus ou moins locale de leurs industries pour obtenir le droit d'extraction forcée dans les carrières des tiers, ce qui créerait des servitudes sans nombre et des tracasseries incessantes pour la propriété foncière. » (T. II, p. 252.)

Comment donc, après cela, le législateur de 1810 n'aurait-il pas abrogé le § 2 de l'art. 2 de la loi de 1791? D'une part, la servitude de fouille existait, indépendamment de cet article, dans l'intérêt des travaux d'utilité publique ; de l'autre, il était sage de ne point maintenir cette servitude dans l'intérêt de ce que la loi de 1791 appelait, sans autre précision, des établissements ou manufactures d'utilité générale. Lors donc qu'on ne voit pas le législateur reproduire dans la loi nouvelle le droit d'extraction de l'art. 2 § 2 de la loi de 1791, il faut croire qu'il a réellement voulu anéantir cette disposition inutile ou défectueuse.

1025. — Ainsi, la loi de 1810 n'assujettit les carrières à aucune servitude de fouille. Mais il en est autrement, ai-je dit, de certaines dispositions légales, antérieures et postérieures à la Révolution française. L'exposé des principes qui résultent de ces dispositions ne rentre pas dans le commentaire de la loi du 21 avril 1810, puisqu'elle ne les a pas même rappelées : il appartient à la législation des travaux publics, et il a été amplement développé par différents auteurs.

1026. — Les carrières ne peuvent donc être exploitées malgré le propriétaire, si ce n'est pour l'exécution des travaux d'utilité publique en vertu de lois spéciales.

Quant à l'exploitation par le propriétaire lui-même, j'ai dit (n° 1022) qu'elle pouvait être entreprise *sans permission*. L'art. 81 le déclare expressément en ce qui concerne les carrières exploitées à ciel ouvert, et l'art. 82 le décide implicitement pour les carrières exploitées par galeries souterraines, car il ne les distingue des premières qu'en soumettant leur exploitation à la surveillance spéciale de l'administration des mines, sans l'assujettir à une autorisation préalable.

1027. — Mais si la loi du 21 avril 1810 n'astreint pas le propriétaire à la nécessité d'une permission, ce n'est pas à dire que d'autres lois ou règlements ne puissent l'y soumettre et ne l'y aient point soumis.

En effet, il y a des règlements qui ont pour objet de restreindre le libre exercice de l'industrie, afin de diminuer ou d'empêcher les inconvénients qu'elle peut avoir pour le voisinage : ce sont les règlements *sur les établissements dangereux, insalubres ou incommodes*.

Or, l'exploitation des carrières est dangereuse pour les propriétés avoisinantes. Elle a donc pu être rangée au nombre des établissements dangereux ; elle a pu être soumise à l'empire des règlements qui les concernent ; et, par suite, elle a pu être assujettie à la condition de l'autorisation préalable prescrite par ces réglements.

L'art. 81 de la loi de 1810 n'y faisait pas obstacle : il déclarait, à la vérité, que l'exploitation des carrières peut avoir lieu *sans permission*. Mais, comme le font observer Mrs TIELEMANS et DE BROUCKÈRE (*Répertoire*, V° carrières, p. 203) l'art. 81 a tout simplement voulu marquer la différence que la loi de 1810 établissait entre les mines et les minières d'une part, et les carrières de l'autre, soumettant les premières au régime des concessions ou des permissions, et laissant les secondes à la libre disposition des propriétaires fonciers. De là, il ne résultait point que l'exploitation des carrières, *sous le rapport des dangers qu'elle présente pour le voisinage*, ne pût être réglementée par le pouvoir administratif comme toutes les autres industries dangereuses, par application de l'art. 544 du Code civil, qui soumet l'exercice du droit de propriété à l'empire des règlements.

C'est ce qu'a fait pour la Belgique l'arrêté royal du 12 novembre 1849 : il a placé l'exploitation des carrières *ouvertes* dans les établissements dangereux de deuxième classe.

1028. — Il en résulte que l'exploitation d'une carrière *à ciel ouvert* ne peut être entreprise sans une autorisation de la Députation permanente du Conseil provincial, et qu'elle est d'ailleurs soumise aux diverses dispositions de l'arrêté de 1849. L'examen de ces dispositions ne rentre pas dans le cadre de mon travail.

On remarquera que l'autorisation n'est pas requise pour l'exploitation des carrières *par galeries souterraines*, et l'on s'en étonnera peut-être. Mais la raison en est, soit que l'exploitation en est moins dangereuse pour le voisinage, soit qu'elle est déjà soumise par la loi de 1810 à des mesures spéciales de précaution dont je parlerai plus loin.

1029. — Voyons maintenant comment la loi de 1810 elle-même a organisé la police de l'exploitation des carrières.

C'est sous ce rapport surtout qu'il importe de distinguer les carrières exploitées à *ciel ouvert* des carrières exploitées *par galeries souterraines*.

Ces expressions n'ont pas ici le sens qu'elles doivent recevoir en ce qui concerne l'exploitation des mines de fer. On a vu précédemment (n°^{s} 917 et 945) que, par rapport à celles-ci, l'exploitation à ciel ouvert ne s'entendait pas seulement de l'exploitation *à tranchée ouverte*, mais qu'elle comprenait aussi l'exploitation *par puits et galeries*, pourvu que ceux-ci ne constituassent pas des travaux d'art réguliers et en grand.

Ici, au contraire, les expressions à *ciel ouvert* doivent se prendre à la lettre; elles sont vraiment synonymes des expressions à *tranchée ouverte*, et toute exploitation de carrière qui se pratique au moyen de puits ou galeries quelconques cesse d'être une exploitation à ciel ouvert; elle devient une exploitation par galeries souterraines.

Cette différence résulte des textes de la loi. Quand il s'agit des mines de fer, l'art. 68 ne se borne point à parler de l'exploitation *par galeries souterraines*, comme le fait l'art. 82 à l'égard des carrières; il parle de TRAVAUX RÉGULIERS *poussés par galeries souterraines* et nous avons fait remarquer, au n° 917, que le mot *réguliers* avait été ajouté au texte du projet, précisément pour empêcher que toute espèce de galerie ne fût considérée comme exclusive du ciel ouvert. La différence est d'ailleurs rationnelle. Dire que tous puits ou galeries quelconques emportaient cessation de l'exploitation à ciel ouvert, c'était, pour les mines de fer, anéantir le droit des propriétaires du sol et rendre ces mines concessibles, alors cependant que de petits travaux souterrains n'étaient pas de nature à nécessiter leur concession : c'est, en effet, au point de vue de la question de savoir si les mines de fer sont concessibles ou non, que l'on distingue leur exploitation à ciel ouvert de leur exploitation par travaux souterrains. Mais, à l'égard des carrières, la distinction est faite dans un autre but et les intérêts du propriétaire n'y sont pas aussi fortement engagés : il lui est permis d'exploiter ses carrières par galeries souterraines comme à ciel ouvert, sauf que dans le premier cas il est soumis à une surveillance plus rigoureuse : on comprend dès lors que pour les carrières, on ait restreint l'exploitation à ciel ouvert dans des limites plus étroites que pour les mines de fer.

1030. — La définition que nous venons de donner a été consacrée par les règlements français, et notamment par celui du 22 mars 1813 sur les carrières des départements de Seine et de Seine et Oise.

L'exploitation, dit son art. 2, peut être faite de trois manières :

« 1° A découvert, en déblayant la superficie;

» 2° Par cavage à bouche, en pratiquant, soit au pied, soit dans le flanc d'une montagne, des ouvertures, au moyen desquelles on pénètre dans son sein par des galeries plus ou moins larges;

» 3o Par puits, en creusant, à la superficie d'un terrain, des ouvertures qui descendent perpendiculairement au sein de la masse, dans laquelle l'extraction progressive de la matière forme des galeries. »

Les deuxième et troisième modes constituent l'exploitation *par galeries souterraines* de l'art. 82, sans qu'il y ait lieu de distinguer si les galeries sont plus ou moins importantes.

1031. — Les principes de l'organisation de la police des carrières à ciel ouvert ont été très-laconiquement posés à l'art. 81 : « leur exploitation, dit-il, a lieu *sous la surveillance de la police et avec l'observation des règlements généraux ou locaux*. »

La police dont il est question ici n'est pas l'administration des mines, c'est la *police locale*, ainsi que DELEBECQUE l'a dissertement établi : « L'administration des mines ne possède en cette partie de la loi aucune force d'action, aucune autorité même de surveillance, et c'est ici surtout à l'autorité locale qu'il appartient de prescrire les mesures que suggère la prudence, et qui doivent être prises dans la vue d'empêcher des accidents. Que telle soit la portée des termes de l'art. 81, *sous la simple surveillance de la police*, c'est ce qui se prouve par plusieurs considérations qui ne laissent aucun doute à cet égard : d'abord, toutes les fois que la loi a voulu conférer à l'administration des mines un pouvoir de cette nature, elle s'est expliquée formellement et jamais elle n'a compris cette administration sous l'expression *police;* comparons ensuite la rédaction différente des art. 81 et 82 de la loi, nous y voyons clairement exposée, la différence que met la loi entre les carrières exploitées à ciel ouvert et les carrières exploitées à l'aide de galeries souterraines : dans ce dernier cas seulement l'exploitation est soumise à la *surveillance de l'administration;* comparons enfin la rédaction de l'art. 81 avec l'art. 11 de la deuxième rédaction du projet, article qui y correspond, nous y voyons qu'il était dit : *l'exploitation des carrières à ciel ouvert* est soumise A LA SIMPLE SURVEILLANCE DE L'ADMINISTRATION et *à des règles de police*, et dès la septième rédaction du projet, ces expressions *à la simple surveillance de l'administration* ont disparu. Aussi le décret du 3 janvier 1813, dans son titre III, ne parle-t-il que des *mines*, *minières*, *usines* et *ateliers*, et le silence qu'il garde, en ce qui concerne les carrières, démontre bien qu'il n'a point cru que les ingénieurs eussent le moindre pouvoir, quand il s'agit de *carrières exploitées à ciel ouvert* : pour elles tout est donc circonscrit dans les pouvoirs de *l'autorité locale*, et les attributions de *la police* en entendant ce mot dans son acception propre et particulière.

» Une carrière exploitée à ciel ouvert ne présente pas autant de danger que toute autre mine. Pour prescrire en cette matière l'emploi de règles de prudence, ou plutôt pour interdire un procédé dangereux, les lumières et l'expérience de l'ingénieur ne sont plus exigées; l'intelligence ordinaire du magistrat chargé de la *police locale* a pu paraître suffisante. »

1032. — L'exploitation des carrières ouvertes est soumise *à l'observation des règlements généraux ou locaux*, dit l'art. 81.

Cette disposition maintient les anciens règlements qui existaient avant la Révolution française, non moins que les règlements postérieurs, à la condition toutefois qu'ils n'aient pas été valablement abrogés par un règlement nouveau. L'art. 81 n'établit, en effet, aucune distinction entre les règlements anciens et les règlements modernes; il les maintient donc tous dans celles de leurs dispositions que les règlements récents n'ont pas abrogées. La Cour de Metz (6 février 1827) et le Conseil d'Etat (27 oct. 1837; Sɪʀᴇʏ, 1838, 2, 139) ont fait application de ce principe, en déclarant maintenu, dans toutes les localités non régies depuis par un règlement contraire, l'arrêt du Conseil du 5 avril 1772, qui défendait d'ouvrir une carrière à moins de 30 toises des grandes routes.

1033. — La France possède un grand nombre de règlements sur l'exploitation des carrières. Dᴜᴘᴏɴᴛ en donne l'indication à la page 232 du tome II de son *Traité :* la plupart s'appliquent soit à toutes les carrières, soit à certaines carrières d'un département; quelques-uns régissent les carrières de deux départements voisins.

En Belgique, il n'existe pas de règlement pareil sur les carrières à ciel ouvert. On y rencontre seulement quelques dispositions de police disséminées dans des lois ou règlements.

Ainsi la loi du 15 avril 1843 sur la police des chemins de fer défend d'ouvrir des carrières à ciel ouvert le long des voies ferrées dans la distance de vingt mètres, sans l'autorisation du gouvernement (Brux. 25 juillet 1857; *Pas.* 1857, 2, 300).

Ainsi l'ouverture des carrières à proximité des forteresses est soumise à des conditions spéciales, déterminées dans un arrêté royal du 14 août 1824.

Ainsi encore, des règlements provinciaux ont défendu d'ouvrir des carrières à moins de dix ou quinze mètres des chemins vicinaux.

1034. — Un arrêté royal du 17 janvier 1857 a d'ailleurs protégé, par une disposition générale, la sécurité de toutes les voies de communication, vicinales, ferrées ou autres.

Il est ainsi conçu :

« Art. 1er. Lorsque l'exploitation des carrières à ciel ouvert dans le voisinage d'une voie de communication quelconque, soit par terre, soit par eau, sera de nature à compromettre la sûreté publique, il y sera pourvu par la Députation permanente du Conseil provincial comme en matière de grande voirie.

« Art. 2. Une expédition des arrêtés pris par la Députation permanente sera transmise à notre ministre des travaux publics.

« En cas de recours formé par les particuliers ou par les agents de l'administration, notre ministre nous fera rapport de l'affaire et nous soumettra des propositions selon les circonstances.

« Art. 3. Les infractions aux dispositions particulières ordonnées en vertu du présent arrêté seront poursuivies et punies conformément à la loi du 6 mars 1818. »

J'ai eu occasion, au n° 305, de rapporter les articles de la loi du 29 floréal an X sur la grande voirie, à laquelle l'arrêté de 1857 se réfère, et de résumer les principes qu'elle consacre.

L'arrêté royal du 17 janv. 1857 y a cependant introduit certaines modifications que la diversité du régime administratif belge rendait indispensables.

Ainsi, dans le système de la loi de floréal, le sous-préfet statue par provision et c'est le Conseil de préfecture qui statue définitivement. — Dans le système de l'arrêté royal, il n'y a qu'une seule décision, qui émane de la Députation permanente de la province : les sous-préfets et les Conseils de préfecture n'existant plus en Belgique, il fallait bien les remplacer par l'autorité provinciale.

Ainsi encore, la loi de floréal permettait de recourir auprès du Conseil d'Etat, tandis que l'arrêté belge veut que le recours soit exercé auprès du Roi ; et il le fallait bien encore, puisque le Conseil d'Etat a également cessé d'exister en Belgique.

A cela près, les règles de la loi de floréal devront être appliquées, et par conséquent : 1° la Députation permanente jouit, sauf le recours, d'un pouvoir discrétionnaire pour déterminer les mesures qu'elle croit nécessaires dans l'intérêt de la sûreté publique ; 2º ces mesures seront exécutoires sans visa ni mandement des tribunaux ; 3º le recours exercé auprès du Roi ne sera pas suspensif, sauf cependant au Roi d'ordonner la suspension de l'exécution de l'arrêté provincial, s'il le juge convenable. (Art. 2, § 2, de l'arrêté de 1857.)

1035. — Ce n'est pas seulement au Roi qu'appartient, en Belgique, le droit de réglementer l'exploitation des carrières à ciel ouvert.

Les Conseils provinciaux le pourraient également aux termes et dans les limites de la loi provinciale du 30 avril 1836, dont l'article 85 dispose « que le Conseil peut faire des règlements » provinciaux et des ordonnances de police, qui ne peuvent » toutefois porter sur des objets régis par des lois ou règlements » d'administration générale. » (Voyez par anal. les nᵒˢ 347 à 349.)

Je crois enfin que l'exploitation des carrières ouvertes pourrait être réglementée par les Conseils communaux. A la vérité, l'autorité communale ne peut faire des règlements de police que sur les objets spécialement confiés à sa vigilance par un texte de loi (Cass. B., 7 mars 1853, *Pas.* 1853, 1, 310). Mais il me paraît précisément que l'exploitation des carrières ouvertes se trouve rangée parmi ces objets-là, et ce, par l'art. 81 qui la soumet à la surveillance de *la police locale* (nᵒ 1031) et à l'observation des règlements généraux ou *locaux* (nᵒ 1032). Au surplus, les règlements communaux ne peuvent être contraires aux lois ni aux règlements généraux ou provinciaux (Loi comm. du 30 mars 1836, art. 78).

J'examinerai, au chapitre des *Contraventions*, par quelles pénalités l'exécution de ces divers règlements est garantie.

1036. — La police des carrières *souterraines* est autrement organisée.

L'art. 82 l'a confiée à l'administration des mines et soumise aux principes des art. 47 à 50.

On a vu précédemment (nᵒˢ 305 et ss.) que le résultat de ces articles était d'accorder au préfet un pouvoir discrétionnaire pour prendre toutes les mesures qu'il jugeait convenir, lorsque l'exploitation compromettait la sûreté publique, la conservation des puits, la solidité des travaux, la sûreté des ouvriers ou celle des habitations de la surface.

La portée de l'art. 82 consiste donc : 1º à faire surveiller les carrières souterraines par les ingénieurs de mines ; 2º à les soumettre, sous le rapport de la police, au pouvoir discrétionnaire du préfet (Députation permanente), sauf recours à l'autorité supérieure.

1037. — Mais la police des mines a été spécialement organisée par le décret du 3 janvier 1813, lequel est venu renforcer l'action des ingénieurs et prescrire des mesures générales de précaution à l'effet de prévenir les accidents.

Le décret de 1813 est-il applicable aux carrières souterraines?

La question a été plusieurs fois soulevée en Belgique ; voici dans quelles circonstances :

1038. — 1o Le décret de 1813, ordonne aux exploitants de mines de tenir des plans de leurs travaux. L'instruction ministérielle du 3 août 1810, en avait aussi prescrit la tenue aux exploitants de carrières. « Les exploitants, disait-elle (§ VII), doivent avoir les plans et coupes de leurs travaux, tracés sur une échelle d'un millimètre par mètre. Ils fourniront à la préfecture, tous les ans, dans le mois de janvier ou de février, au plus tard, les dits plans et coupes, pour être vérifiés, certifiés et déposés au bureau de l'ingénieur des mines, à l'aide de ces plans, qui seront continuellement utiles aux exploitants, l'administration parviendra à rendre l'exploitation des carrières plus sûre sous tous les rapports, et les tribunaux seront aussi plus promptement en état de prononcer sur les plaintes qui leur seraient portées. »

Des exploitants de carrières du Luxembourg prétendirent que cette obligation ne leur incombait pas légalement.

Le Conseil des Mines consulté par le gouvernement, reconnut le fondement de leur prétention par les considérations suivantes (9 nov. 1838, *Jur.*, p. 78) :

« Vu les art. 47, 50 et 82 de la loi du 21 avril 1810, l'instruction du 3 août 1810 et le décret du 3 janvier 1813 ;

» Considérant que l'art. 82 de la loi du 21 avril 1810 soumet bien l'exploitation des carrières par galeries souterraines à la surveillance de l'administration, comme il est dit au titre V de cette loi, mais que des dispositions de ce titre il ne résulte nullement l'obligation, pour les exploitants, d'avoir les plans et coupes de leurs travaux ;

» Qu'en conséquence, l'instruction ministérielle, prise pour l'exécution de la dite loi, n'a pu légalement imposer aux exploitants des carrières souterraines une obligation qui ne résulte pas de la loi elle-même ;

» Que, depuis lors, ni le décret du 3 janvier 1813, qui n'est relatif qu'aux mines et minières, ni aucune disposition, soit législative, soit réglementaire, n'est venue prescrire aux dits exploitants l'obligation dont il s'agit ;

. » Le Conseil des Mines est d'avis :

» Que dans l'état actuel de la législation sur les mines, minières et carrières, les exploitants de carrières par galeries souterraines ne sont pas tenus d'avoir les plans et coupes de leurs travaux. »

1039. — 2º La question se présenta ensuite devant la Cour de cassation de Belgique.

L'art. 11 du décret de 1813 enjoint aux exploitants de faire connaître immédiatement à l'autorité les accidents qui surviennent dans leurs travaux. L'exploitant d'une carrière souterraine, dans la province du Luxembourg, ayant négligé d'observer cette prescription, fut poursuivi devant le tribunal d'Arlon qui le renvoya des poursuites. Sur le pourvoi formé par le ministère public, la Cour de cassation décida, comme le tribunal, que l'art. 11 du décret de 1813 n'était pas applicable aux carrières souterraines (arrêt du 6 avril 1841, *Pas.* 1841, 1, 355).

1040. — 3º Enfin la question fut de nouveau soumise au Conseil des Mines à l'occasion de l'art. 4 du décret de 1813 : « Lorsque la sûreté des ouvriers ou celle des exploitations pourra être compromise par quelque cause que ce soit, le préfet, après avoir entendu l'exploitant ou ses ayants cause dûment appelés, prescrira les dispositions convenables par un arrêté qui sera envoyé au directeur général des mines, pour être approuvé, s'il y a lieu, par le ministre. En cas d'urgence, l'ingénieur en fera mention spéciale dans son rapport, et le préfet pourra ordonner que son arrêté soit provisoirement exécuté. »

Le gouvernement ayant demandé au Conseil des Mines si cette disposition était applicable aux carrières souterraines, le Conseil répondit affirmativement en s'appuyant sur des motifs ainsi conçus (20 février 1846, *Jur.*, p. 206).

« Vu la lettre par laquelle M. le ministre des travaux publics consulte le conseil sur la question suivante :

» L'article 4 du décret impérial du 3 janvier 1813 est-il applicable aux mesures que l'administration est appelée à prendre, lorsque l'exploitation d'une carrière par galeries souterraines compromet la sureté des travaux ou celle des ouvriers ?

» Vu la loi du 21 avril 1810, sur les mines, et le décret impérial du 3 janvier 1813 prescrivant des mesures relatives à l'exploitation des mines ;

» Revu les avis du conseil du 20 juillet 1844 et du 11 juillet 1845 ;

» Considérant que les dispositions du titre II du décret du 3 janvier 1813, ne sont que le développement et le complément du principe inscrit à l'art. 50 de la loi du 21 avril 1810; que l'art. 82 de cette loi ayant rendu communes aux carrières exploitées par galeries souterraines les dispositions des art. 47 à 50, l'on doit admettre l'application uniforme, aux mines et aux carrières souterraines, des mesures organiques, objet du décret; que cette interprétation se trouve confirmée, d'ailleurs, par la rubrique et par les dispositions du titre III du décret impérial, où l'on voit que le gouvernement n'a pas eu seulement en vue les mines proprement dites, puisqu'il y est fait mention des mines, minières, usines et ateliers; d'où il suit que si les dispositions du titre II, prises à la lettre, ne concernent que les mines, il ne faut pas moins y comprendre les carrières qui y sont assimilées ;

» Considérant, au surplus, qu'indépendamment de l'attribution spéciale faite aux préfets (aujourd'hui les Députations permanentes) par l'art. 4 du décret, il peut suffire d'invoquer les principes rappelés dans l'art. 50 pour ce qui concernait, à cette époque, la grande voirie ;

» Attendu qu'il est certain que sous le régime d'alors (la loi du 29 floréal an X) les mesures de l'administration étaient exécutoires par provision, nonobstant et sauf tout recours, sans même qu'il fût requis d'entendre au préalable le contrevenant ;

» Par ces considérations, le Conseil est d'avis qu'il y a lieu de répondre affirmativement à la question posée ci-dessus. »

1041. — Il y a dans ces considérants deux ordres d'idées bien distincts, dont l'un est vrai et l'autre inexact.

Il est parfaitement vrai que le pouvoir conféré au préfet (Députation permanente) par l'art. 4 du décret de 1813 résulte déjà suffisamment de l'art. 50 de la loi de 1810, lequel investit le préfet du droit de prescrire lui-même les mesures qu'il juge utiles en cas d'accident (n° 1036), et comme l'art. 50 est applicable aux carrières souterraines en vertu de l'art. 82, le préfet peut donc exercer à leur égard l'attribution que le décret de 1813 lui a surabondamment confirmée par son article 4.

1042. — Mais ce qui ne me semble pas exact, c'est que *toutes* les dispositions du décret de 1813 soient *par elles-mêmes* applicables aux carrières souterraines. Le décret ne régit que les exploitations qu'il dénomme, à savoir : les *mines, minières, usines et ateliers qui en dépendent.* Quant aux carrières, il n'en dit pas un seul mot, ainsi que le fesait remarquer le Conseil des Mines lui-même dans son avis précité (n° 1038) du 9 nov. 1838. Il ne leur est donc pas applicable; il l'est d'autant moins, que les dispositions du décret de 1813 sont des dispositions pénales (l'infraction de chacune d'elles étant frappée de certaines peines) et qu'elles ne peuvent dès lors être appliquées, même sous prétexte d'analogie, ainsi que le disait la Cour de cassation belge dans son arrêt du 6 avril 1841. En vain dirait-on que l'art. 82 a assimilé la police des carrières souterraines à celle des mines. Cette assimilation n'est pas aussi complète qu'on le dit. L'art. 82 soumet la police des carrières souterraines *au titre V de la loi*, c'est-à-dire aux art. 47 à 50, rien de plus, rien de moins ; elle ne la soumet pas à toutes les autres dispositions qui ont organisé la police des mines. Quant *à ces autres dispositions*, il faut distinguer. Résultent-elles déjà des art. 47 à 50 de la loi de 1810? elles seront applicables aux carrières souterraines, non par elles-mêmes, mais en vertu de ces articles : tel, par exemple, l'art. 4 du décret de 1813, comme je viens de l'expliquer (no 1041, — avis du C. des M. du 20 fév. 1846). Mais les dispositions du décret de 1813 ne sont-elles pas déjà consacrées par les art. 47 à 50? Elles ne pourront être appliquées aux carrières souterraines : tels, par exemple, comme on l'a vu au no 1038, l'art. 6 qui prescrit la tenue des plans (avis du C. des M. du 9 nov. 1838), et l'art. 11 qui ordonne d'informer l'administration des accidents survenus (no 1039 — arrêt de cass. belge du 6 avril 1841).

1043. — La question que je viens d'examiner ne présente plus guère d'intérêt, en Belgique, qu'au point de vue de la théorie. En effet, le Gouvernement, adoptant sans doute l'opinion que le décret du 3 janvier 1813 n'est pas directement applicable aux carrières souterraines, a porté, le 29 février 1852, un règlement général qui étend à leur exploitation les dispositions les plus importantes de ce décret, et qui est ainsi conçu :

Vu les art. 81 et 82 de la loi du 21 avril 1810, ainsi conçus :
« Art. 81. L'exploitation des carrières, etc. ; »
Vu les art. 47, 48, 49 et 50, titre V de la même loi ;
Vu l'art. 67 de la Constitution ;
Voulant assurer, par des mesures générales, l'exercice régulier de la surveillance administrative sur l'exploitation des carrières souterraines ;
Sur la proposition de notre ministre des travaux publics ,
Nous avons arrêté et arrêtons :

TITRE Iᵉʳ. — DISPOSITIONS PRÉLIMINAIRES.

Art. 1ᵉʳ. Quiconque se propose de continuer, de reprendre ou de commencer l'exploitation d'une carrière souterraine, est tenu d'en faire la déclaration au gouverneur de la province, par l'intermédiaire du bourgmestre de la commune sur laquelle la carrière est située.

2. Cette déclaration énoncera :

1° Les nom, prénoms et domicile du propriétaire ;

2° La commune et la situation des lieux;

3° Le plan d'exploitation qu'on se propose de suivre.

3. Le gouverneur fera délivrer aux intéressés un certificat de cette déclaration et la transmettra à l'ingénieur des mines chargé de pourvoir à la surveillance des travaux.

4. Il est défendu à tout propriétaire d'abandonner une exploitation, s'il n'en a donné avis, par écrit, un mois au moins auparavant, au gouverneur de la province, par l'intermédiaire du bourgmestre de la commune.

TITRE II. — DISPOSITIONS TENDANT A PRÉVENIR LES ACCIDENTS.

5. Lorsque la sûreté des exploitations ou celle des ouvriers pourra être compromise par quelque cause que ce soit, les propriétaires, exploitants, directeurs ou autres préposés sont tenus d'avertir l'autorité locale et l'ingénieur des mines, de l'état de l'exploitation menacée, et celui-ci, aussitôt qu'il en aura connaissance, fera son rapport au gouverneur et proposera les mesures propres à faire cesser le danger.

6. La Députation permanente du Conseil provincial, après avoir entendu ou dûment appelé l'exploitant ou ses ayants cause, prescrira les dispositions convenables par un arrêté qui sera envoyé au ministre des travaux publics, pour être approuvé. s'il y a lieu.

En cas d'urgence, l'ingénieur en fera mention dans son rapport, et la Députation pourra ordonner que son arrêté soit provisoirement exécuté.

7. Lorsqu'un ingénieur des mines reconnaîtra une cause de danger imminent, il fera, sous sa responsabilité, les réquisitions nécessaires aux autorités locales, pour qu'il y soit pourvu sur-le-champ, d'après les dispositions qu'il jugera convenables, ainsi qu'il est pratiqué en matière de voirie, lors du péril imminent de la chute d'un édifice.

8. Lorsque le cas l'exigera, la Députation permanente du Conseil provincial, sur l'avis de l'ingénieur des mines, et sous réserve de notre approbation, déterminera les conditions à observer par les exploitants des carrières souterraines, concernant la tenue et la production des plans de leurs travaux.

TITRE III. — MESURES A PRENDRE EN CAS D'ACCIDENTS.

9. En cas d'accidents survenus dans une carrière souterraine ou dans les ateliers qui en dépendent, par quelque cause que ce soit, et qui auraient occasionné la mort ou des blessures graves à un ou plusieurs ouvriers, les propriétaires, exploitants, directeurs, maîtres-mineurs et autres préposés seront tenus d'en donner connaissance aussitôt au bourgmestre de la commune et à l'ingénieur des mines.

10. La même obligation leur est imposée, dans le cas où l'accident compromettrait la sûreté des travaux ou celle de la surface.

11. Dans tous les cas, l'ingénieur des mines se transportera sur les lieux; il dressera procès-verbal de l'accident séparément ou concurremment avec les bourgmestres et autres officiers de police; il le transmettra au procureur du roi et en enverra une copie au gouverneur.

12. Dès que les bourgmestres ou autres officiers de police auront été avertis, soit par les exploitants, soit par la voie publique, d'un accident arrivé dans une carrière souterraine, ils en préviendront le gouverneur, ainsi que l'ingénieur des mines, et prendront conjointement avec ce dernier, toutes les mesures convenables pour faire cesser le danger et en prévenir la suite.

L'exécution des travaux aura lieu sous la direction de l'ingénieur des mines, et, en cas d'absence, sous la direction des experts délégués à cet effet par l'autorité locale.

13. Les dépenses qu'exigeront les travaux de secours et les soins donnés aux blessés, noyés ou asphyxiés, seront à la charge des exploitants.

TITRE IV. — Dispositions concernant la police du personnel.

14. Les ingénieurs des mines visiteront fréquemment les exploitations qui exigeraient une surveillance spéciale.

15. Les propriétaires des carrières souterraines, exploitants et autres préposés, fourniront à l'ingénieur tous les moyens de parcourir les travaux de leur carrière, et notamment de pénétrer sur tous les points qui pourraient exiger une surveillance spéciale. Ils leur exhiberont les pièces qui peuvent intéresser la conduite des travaux et les feront accompagner par les directeurs et maîtres-mineurs, afin que ceux-ci puissent satisfaire à toutes les informations qu'il serait utile de prendre sous les rapports de sûreté et de salubrité.

16. Les dispositions prescrites par l'arrêté royal du 30 décembre 1840, concernant les livrets des ouvriers, sont obligatoires pour l'exploitation des carrières souterraines et pour les ateliers qui en dépendent.

TITRE V. — Disposition générale.

17. Les infractions au présent règlement seront poursuivies, jugées et punies conformément au titre X de la loi du 21 avril 1810, sur les mines, minières et carrières.

18. Notre ministre des travaux publics est chargé de l'exécution du présent règlement d'administration générale.

1044. — Dans les carrières à ciel ouvert comme dans les carrières souterraines, le droit d'exploitation s'arrête aux limites de la propriété de l'exploitant : il ne lui appartient pas de pénétrer dans le terrain d'autrui, pour y suivre le prolongement des gisements que sa propriété renferme.

« Cependant, dit Peyret (n° 776), il s'était introduit un usage abusif de la part des exploitants qui prétendaient avoir le droit de suivre les rameaux de la carrière jusques sous le fonds d'autrui, sauf à payer indemnité.

« La déclaration du 17 mars 1780 en prononça l'abolition. Voulant assurer pour l'avenir, y est-il dit, aux propriétaires voisins des carrières, la propriété absolue de leurs terrains tant en fonds qu'en superficie, il est fait très-expresses inhibitions et défenses aux propriétaires et locataires des dites carrières de continuer à fouiller sous le fonds d'autrui, à peine de 500 fr. d'amende et de tous dommages-intérêts. »

1045.—Delebecque (n° 1153) a exprimé le regret que les carrières souterraines ne fussent pas déclarées concessibles si les besoins de leur exploitation le demandaient. « S'il s'agit, dit-il, d'une ardoisière dont le banc ardoisier soit incliné, qu'il faille l'exploiter à l'aide de galeries souterraines, de puits d'extraction, de machines à vapeur, tous les motifs de la loi ne se reproduisent-ils pas pour assimiler cette carrière à une mine proprement dite? Pourquoi alors ne pas autoriser la voie des concessions? Pourquoi ne pas diminuer, dans ce cas, les droits du propriétaire du sol? Élevera-t-il des plaintes? Ces plaintes seront-elles légitimes? »

« Oui, certes, elles le seraient, a répondu Cotelle (n° 137, 24) car quels que frais que puisse réclamer l'exploitation des carrières dans certains cas, elle n'entraîne pourtant pas les mêmes risques, elle n'exige pas la même hardiesse, les mêmes connaissances théoriques, la même persévérance que la recherche et l'extraction des mines proprement dites. Or, la loi dispose pour les cas généraux et ordinaires; celles de 1791 et de 1810 n'ont fait que consacrer des distinctions établies de temps immémorial, et qui ont paru au législateur devoir concilier les exigences de la chose publique avec les droits de la propriété; enlever à cette dernière la jouissance des carrières qui s'exploitent par puits et galeries, c'eût été mal à propos ériger en monopole l'extraction de matières dont la nature est assez libérale pour qu'elles soient laissées dans le domaine de la propriété du sol. »

1046.—De même que l'exploitant ne peut suivre les rameaux de la carrière dans le terrain d'autrui, il ne peut non plus, hors le cas d'enclave, exiger passage sur ce terrain pour arriver à sa carrière : c'est ce qu'a décidé la Cour de Bordeaux par arrêt du 23 mai 1835 (*Journ. du Palais* à cette date).

J'ajoute que l'exploitant de carrières qui dégrade par ses charriages un chemin vicinal, est tenu de contribuer spécialement aux frais d'entretien et de réparation : voyez ce que j'ai dit sur ce point aux nos 393 et suivants.

1047. — L'exploitant est responsable du dommage qu'il cause à autrui par sa faute : ainsi le veut le droit commun auquel la loi de 1810 n'a fait aucune exception en ce qui concerne l'exploitation des carrières.

Par application de ce principe, la Cour de Douai a condamné à des dommages-intérêts le propriétaire qui, après avoir exploité une carrière, l'avait fermée d'une manière vicieuse, de telle sorte qu'un homme y était tombé et y avait trouvé la mort (arrêt du 1er juillet 1835, *Journ. du Pal.* à cette date).

Est également responsable, suivant un arrêt de la Cour de Paris du 5 janv. 1838 (*Journ. du Pal.* à cette date) l'exploitant qui, en poussant ses travaux souterrains jusqu'au pied des murs d'une maison, expose cette dernière à des éboulements, et en déprécie la valeur par le discrédit où il l'a fait tomber.

1048. — En m'occupant des rapports des concessionnaires de mines avec les propriétaires du sol, j'ai eu occasion de faire ressortir que les premiers devaient supporter la dépense des mesures de précaution spéciales, qui peuvent être nécessaires pour concilier l'exploitation d'une carrière par le propriétaire de la surface avec l'exploitation de la mine par le concessionnaire : je ne puis que renvoyer au no 627, où j'ai critiqué un arrêt rendu en sens contraire par la Cour d'Angers.

1049. — Je renvoie également au no 678 pour l'examen de la question de savoir s'il y a lieu à indemnité, lorsque les eaux d'une carrière s'écoulent dans une autre.

LIVRE V.

DES MINES, MINIÈRES ET CARRIÈRES DANS LEURS RAPPORTS AVEC LE DROIT COMMUN.

CHAPITRE PREMIER.

DES EXPERTISES.

SOMMAIRE.

1050. — On dit souvent que l'exploitation des mines est une mine de procès. Cela tient à la législation qui la régit, de même que cette législation tient à la nature des choses.

L'opposition des intérêts et, avec elle, les conflits, se rencontrent ici presque à chaque pas.

Avant de devenir concessionnaire, on doit lutter contre les nombreux concurrents qui vous disputent la préférence ou qui invoquent des droits acquis à la mine demandée : heureux encore si la recherche même de la mine n'a pas fait naître quelque contestation.

Devenu concessionnaire, on peut avoir à payer, du chef de travaux antérieurs, des indemnités dont le règlement est bien difficile. — Les rapports de la mine et de la surface sont une source aussi féconde qu'inévitable de contestations : tantôt, même sans le vouloir et malgré toutes les précautions, on cause au propriétaire du sol des dommages difficiles à liquider ; plus souvent encore, on a besoin d'occuper la surface pour les travaux de la mine, et que de procès ne voit-on pas naître soit sur le fait même de l'occupation, soit sur le règlement de l'indemnité ! — Les rapports des concessionnaires voisins donnent naissance à des contestations qui, si elles sont moins nombreuses, sont encore plus délicates, et lorsqu'il arrive que plusieurs concessions existent dans le même périmètre, les débats deviennent aussi nombreux qu'inextricables.

L'exploitation des minières est, si possible, semée de plus de difficultés encore : procès entre les propriétaires du sol et les maîtres de forges, procès des maîtres de forges entre eux, procès des concessionnaires de mines de fer et des propriétaires fonciers, procès partout, et qu'il serait cependant presque impossible d'éviter, même au moyen d'une législation nouvelle, dès qu'elle voudrait, comme le veut la législation actuelle et comme on doit le vouloir, respecter tous les intérêts et les régler en connaissance de cause.

Le législateur de 1810 ne se l'est pas dissimulé : aussi a-t-il cru devoir déposer dans la loi quelques dispositions spéciales sur les expertises auxquelles il prévoyait que l'autorité compétente serait obligée de recourir, les procès de mines ayant souvent pour matière des faits compliqués, et d'autant plus difficiles à éclaircir qu'ils se passent dans les entrailles obscures de la terre.

1051. — Les articles que la loi renferme sur ce point sont ainsi conçus :

TITRE IX. — DES EXPERTISES.

« 87. Dans tous les cas prévus par la présente loi et autres naissant des circonstances, où il y aura lieu à expertise, les dispositions du titre XIV du Code de procédure civile, articles 303 à 323, seront exécutés.

» 88. Les experts seront pris parmi les ingénieurs des mines, ou parmi les hommes notables et expérimentés dans le fait des mines et de leurs travaux.

» 89. Le procureur impérial sera toujours entendu et donnera ses conclusions sur le rapport des experts.

» 90. Nul plan ne sera admis comme pièce probante dans une contestation, s'il n'a été levé ou vérifié par un ingénieur des mines. La vérification des plans sera toujours gratuite.

» 91. Les frais et vacations des experts seront réglés et arrêtés, selon les cas, par les tribunaux : il en sera de même des honoraires qui pourront appartenir aux ingénieurs des mines ; le tout suivant le tarif qui sera fait par un règlement d'administration publique.

» Toutefois il n'y aura pas lieu à honoraires pour les ingénieurs des mines, lorsque leurs opérations auront été faites soit dans l'intérêt de l'administration, soit à raison de la surveillance et de la police publiques.

» 92. La consignation des sommes jugées nécessaires pour subvenir aux frais d'expertise, pourra être ordonnée par le tribunal contre celui qui poursuivra l'expertise. »

1052. — Le système de ces dispositions consiste, en substance, à se référer au droit commun, tel que le Code de procédure civile l'a établi dans ses art. 303 à 323.

Le projet de la loi de 1810 avait organisé un système différent (LOCRÉ, V, 66). Le trait caractéristique en était que les ingénieurs des mines ne pouvaient être choisis comme experts, mais qu'ils devaient donner *officiellement* leur avis sur toutes les expertises contentieuses, et qu'à cette fin ils avaient le droit de se transporter sur les lieux , lever les plans et faire toute autre opération nécessaire , soit en présence des parties et des experts , soit en leur absence , eux dûment appelés.

Il y avait ainsi deux instructions officielles dans la même cause : celle des experts désignés par le tribunal et celle des ingénieurs. C'était un système assez bizarre , et puisque son but essentiel était d'obtenir l'avis des ingénieurs du gouvernement sur le procès des mines , mieux valait permettre à ces fonctionnaires de prendre part aux expertises : c'est ce que l'on comprit , et dès la séance du 11 juillet 1809 (LOCRÉ, XII, 7), le Conseil d'Etat exprima la volonté de rentrer dans le droit commun.

Ainsi furent supprimées toutes les dispositions qui organisaient un mode d'instruction spécial ; on posa, dans l'art. 87, le principe que les expertises seraient régies par le Code de procédure, et l'on ne conserva que les articles qui, sans créer un sytème particulier, réglaient certains points de détails.

1053. — De ce que les ingénieurs ne sont plus appelés par la loi à donner officiellement, comme fonctionnaires de l'Etat, leur avis aux tribunaux sur les contestations qui naissent dans leur ressort, il ne s'ensuit point que cet avis ne puisse être pris en considération. Les tribunaux ont le droit de ne pas ordonner une expertise, s'ils croient trouver ailleurs des éléments suffisants de conviction , et ils ont celui de ne pas suivre l'avis des experts si leur conviction s'y oppose (art. 323, C. pr. civ.) : les rapports des ingénieurs du gouvernement pourront donc servir , soit à rendre inutile une expertise judiciaire, soit à contrôler l'expertise qui aurait été ordonnée. Observons seulement que dans l'appréciation de ces rapports, le juge devra ne pas oublier que les parties n'y ont pas été présentes, et, par suite, se montrer très-circonspect dans son appréciation.

1054. — L'art. 87 renvoie au Code de procédure civile pour toutes les expertises sans distinction. Il suit de là que les expertises ordonnées par l'autorité administrative dans les contestations dont elle est juge, sont assujetties aux formalités ordinaires.

On peut citer comme application une ordonnance française du 24 juillet 1835 (*Ann. des M.*, 3e série, t. VIII, p. 602), dont voici l'espèce.

L'art. 46 de la loi de 1810 soumet aux Conseils de préfecture le réglement de l'indemnité à payer par les propriétaires de

mines du chef des travaux antérieurs à la concession. Un sieur
OUDET et consorts réclamaient une indemnité de ce genre aux
sieurs BAZOUIN et Ce, concessionnaires. Une expertise eut lieu et le
Conseil de préfecture statua. La nullité de l'expertise fut demandée au Conseil d'État et prononcée par lui dans l'ordonnance
précitée, par le motif que les parties n'avaient pas été dûment
sommées d'assister aux opérations des experts (art. 315 C. pr. civ.).

1055. — Les expertises que l'autorité administrative ordonne
doivent donc se faire conformément au Code de procédure civile.
Mais cela n'est vrai que des expertises ordonnées en matière
contentieuse, c'est-à-dire dans les procès dont l'administration est
juge d'après la loi de 1810 : par exemple, dans les questions
d'indemnité de l'art. 46, comme on vient de le voir au numéro
précédent. Or, il est à remarquer que le contentieux administratif
n'existe plus en Belgique pour les cas prévus par la loi du
21 avril 1810 : dès qu'il s'agit de *contentieux* véritable, c'est-à-dire
de débats portant sur des *droits civils* qu'un citoyen prétend avoir
acquis, les tribunaux belges ont seuls juridiction, aux termes de
l'art. 92 de la Constitution, et il en est ainsi notamment des
indemnités pour travaux antérieurs à la concession. L'administration n'a donc plus en Belgique de matière contentieuse dans
sa compétence ; elle a fait place, sous ce rapport, à l'autorité des
tribunaux, de telle sorte qu'elle n'a plus à ordonner de véritables
expertises que le Code de procédure devrait régir.

Mais l'autorité administrative y a conservé des attributions
nombreuses, pour l'exercice desquelles il peut être nécessaire
de recourir aux lumières des gens de l'art. L'avis des ingénieurs
lui suffit le plus souvent. Il est possible cependant qu'elle croie
utile de recourir à une information différente, par exemple, de
nommer une commission spéciale pour examiner les faits et les
questions qu'ils soulèvent. Cette commission est une sorte d'expertise ; mais ce n'en est point une pour laquelle les formalités
du Code de procédure devraient être observées : la justice exige
seulement que les parties intéressées soient entendues ou appelées
à s'expliquer sur les questions à résoudre.

1056. — Quand l'administration ou les tribunaux (ces derniers
seulement en Belgique) ordonnent une expertise proprement
dite, l'art. 88 dispose que « les experts seront pris parmi les
» ingénieurs des mines ou parmi les hommes notables et expé-
» rimentés dans le fait des mines et de leurs travaux. »

Cet article aurait pu ne pas être inséré dans la loi ; il ne renferme qu'un conseil, qu'une recommandation, dont l'inobservation ne tirerait pas à conséquence. Mais sa présence dans la loi actuelle s'explique par le système que le projet présenté au Conseil d'Etat avait organisé. Dans ce système, les ingénieurs étaient appelés à donner officiellement leur avis sur le litige, en même temps qu'une expertise avait lieu. Il était naturel alors que la loi s'occupât de la qualité des experts, et que les ingénieurs fussent exclus des expertises, et c'est ce que portait le projet : « les experts seront pris parmi les hommes notables et » expérimentés dans le fait des mines et de leurs travaux. Les » ingénieurs des mines ne pourront être nommés experts. » Lorsqu'on abandonna le système de cette double et simultanée instruction, il n'y eut plus de motif pour déclarer la fonction d'expert incompatible avec celle d'ingénieur ; mais au lieu de supprimer l'article en entier pour s'en référer purement et simplement au droit commun, on crut devoir le maintenir en y déclarant que les ingénieurs pourraient être nommés experts.

1057. — Quoi qu'il en soit, il faut remarquer qu'un ingénieur ne pourrait être chargé d'une expertise, si, comme ingénieur, il avait déjà donné son avis écrit sur des faits relatifs au procès : les parties auraient le droit de le récuser aux termes des articles 310 et 283 combinés du Code de procédure : celui qui a déjà manifesté son opinion de la sorte est présumé ne plus jouir de la liberté d'appréciation que l'on exige d'un expert.

1058. — Un arrêt de la Cour de cassation de France en date du 19 décembre 1833 (SYREY, 1835, 1 , 56) a décidé que les ingénieurs de l'Etat ne pouvaient être récusés comme experts dans les causes où l'Etat est intéressé. Ils ne tombent, en effet, sous l'application d'aucun des reproches déterminés par la loi, et ils n'ont aucun intérêt personnel au procès. Leur participation à l'expertise n'est donc pas une cause légale de nullité. Mais il faut reconnaître que si la partie adverse s'oppose à la nomination, le juge fera bien, le plus souvent du moins, de ne pas choisir pour expert un fonctionnaire dont l'impartialité pourrait être soupçonnée.

1059. — Jusqu'ici la loi de 1810 ne contient aucune disposition qui déroge au droit commun : il en est autrement de l'art. 89 : « le procureur impérial, dit-il, sera toujours entendu, et don- » nera ses conclusions sur le rapport des experts. »

La rédaction de cet article est ambiguë. S'il s'était borné à dire : *le procureur impérial donnera ses conclusions sur le rapport des experts,* il est certain que le ministère public n'aurait pas besoin de donner son avis sur la question préalable de savoir *s'il y a lieu de faire une expertise.* Mais en commençant par dire que *le procureur impérial sera toujours entendu,* n'a-t-il pas voulu exiger que les conclusions du ministère public fussent données, même sur la question préalable que je viens de signaler?

A l'appui de l'affirmative on pourrait, en outre, invoquer la discussion qui a eu lieu au Conseil d'État sur l'art. 96 du projet de loi (n° 1064), et dans laquelle le comte REGNAUD paraît bien avoir supposé que le ministère public serait entendu, même sur la demande d'expertise.

Ce qui n'est pas douteux, c'est que les premières expressions de l'art. 89, *le procureur impérial sera toujours entendu,* ne doivent pas être comprises en ce sens que le ministère public devrait être entendu dans toutes les contestations de mines : la raison en est que l'art. 89 est placé dans un titre intitulé *des Expertises* et au milieu d'articles qui s'occupent de celles-ci; il est donc impossible d'y voir la consécration d'un principe général.

A ce point de vue, il a été justement critiqué par M. DELEBECQUE (n° 1263) : « On se demande avec étonnement, dit-il, pourquoi ce principe n'est pas général, pourquoi il ne s'applique pas à tous les cas. La contestation a-t-elle changé de nature parce qu'un point de fait a dû être constaté? La question présente-t-elle alors plus de gravité, plus de difficulté? On s'interroge en vain pour trouver le mot de cette énigme législative, et nous dirons franchement que si l'audition du ministère public était utile dans le cas où une expertise avait lieu, cette audition devait être exigée partout où la contestation avait trait à la matière minérale. »

1060. — Le titre IX venant après ceux où la loi s'est occupée des mines, des minières, des usines et des carrières, et les art. 87 et 89 parlent de tous les cas prévus par *la présente loi* ou autres naissant des circonstances, il en résulte que les contestations relatives à toutes les matières traitées par la loi de 1810, lorsqu'il s'agit d'une expertise faite ou à faire, doivent être communiquées au ministère public.

1061. — Remarquez aussi que la loi prescrit l'audition du ministère public, sans distinguer si les travaux qui ont amené l'expertise sont établis à la surface ou dans l'intérieur : ainsi l'a décidé la Cour de Bruxelles dans un arrêt du 9 août 1853 (*Pas.* 1854, 2, 170), où il s'agissait d'apprécier, après expertise, les indemnités dues pour occupation de terrains conformément à l'art. 44 de la loi de 1810.

1062. — L'absence des conclusions du ministère public dans les cas où elles doivent être prises constitue une cause de nullité si le jugement est sujet à appel, et un moyen de requête civile s'il est en dernier ressort. Le développement de ces idées appartient à la procédure civile : je me bornerai à dire ici que suivant l'arrêt précité de la Cour de Bruxelles du 9 août 1853 (conforme en cela à plusieurs autres), la non audition du ministère public constituerait une nullité d'ordre public opposable en tout état de cause.

1063. — Aux termes de l'art. 1004, C. P. civ., on ne peut confier à des arbitres le jugement des procès qui doivent être communiqués au ministère public. On a voulu en conclure que des arbitres ne pouvaient être institués juges d'une contestation qui, de sa nature, comportait une expertise, et que par suite on devait tenir pour nulle la sentence arbitrale qui était rendue sur une contestation de ce genre. La Cour de cassation de France a repoussé cette doctrine, et elle a justement décidé que l'arbitrage était valablement consenti et exécuté, dès qu'aucune expertise n'avait été ordonnée (14 mai 1829, SIREY, 1829, 1, 223).

Mais qu'arriverait-il si l'une des parties demandait aux arbitres d'ordonner une expertise? C'est pour elles un droit auquel elles n'ont pas renoncé en formant un compromis. Si l'on admet que l'art. 89 exige la communication au ministère public alors même qu'il s'agit simplement de savoir si l'on fera ou non une expertise (n° 1059), il me paraît que la demande à fin de nomination d'experts rendrait impossible la continuation de l'arbitrage. Dans l'espèce de l'arrêt du 14 mai 1829, pareille demande n'avait pas été formée.

1064. — Le projet de loi portait dans son article 96 : « il pourra être nommé ou délégué un commissaire pour assister aux opérations des experts, en dresser procès-verbal et entendre les parties. »

Cette disposition a été supprimée après la discussion suivante (LOCRÉ, XII, 5):

« M. le comte Defermon demande pourquoi cette faculté que l'article donne au tribunal de déléguer un commissaire.

» M. le comte Regnaud (de Saint-Jean d'Angely) répond que le tribunal a toujours le droit de déléguer un de ses membres pour être présent aux opérations.

» M. le comte Treilhard dit que cela est tellement vrai qu'il n'est pas même besoin de s'en expliquer dans le projet.

» M. le comte Regnaud (de Saint Jean d'Angely) dit qu'il faut que le tribunal puisse en outre envoyer un homme de l'art.

» M. l'Archi-chancelier dit que c'est là une vérification d'office; qu'il suffit donc d'appliquer ici les dispositions du Code de procédure civile, si toutefois il en contient sur ce point, ou d'établir pour les mines cette vérification, si le Code de procédure ne l'a pas textuellement admise.

» M. le comte Jaubert fait lecture de l'art. 295 du code de procédure, lequel est ainsi conçu :

» Le tribunal pourra, dans les cas où il le croira nécessaire, ordonner que l'un des juges se transportera sur les lieux; mais il ne pourra l'ordonner dans les matières où il n'échoit qu'un simple rapport d'experts, s'il n'en est requis par l'une ou par l'autre des parties.

» M. le comte Treilhard dit que cet article suffit, attendu que l'une des parties requerra certainement le transport de l'un des juges si les circonstances le rendent utile.

» M. le comte Regnaud (de Saint-Jean d'Angely) ajoute que d'ailleurs, dans ces circonstances, le transport sera requis par le ministère public qui est toujours partie dans les contestations de cette nature.

» Le Conseil arrête qu'on se référera au droit commun. »

La suppression de l'art. 96 du projet n'empêche donc pas que le tribunal, sur la réquisition de l'une des parties ou du ministère public, commette l'un de ses membres pour assister aux opérations des experts. La discussion qui vient d'être rapportée est formelle à cet égard. Les auteurs enseignent d'ailleurs que les tribunaux ont effectivement le droit de faire assister un de leurs membres à l'expertise (Thomine-Demazures, *Procédure civile*, t. I, n° 346; Carré et Chauveau, *Procéd. civ.*, question 1137): or si tel est le droit commun, il suffit que la loi du 21 avril 1810 n'y ait pas dérogé pour qu'il puisse et doive être suivi. .

1065. — Après l'expertise, le moyen d'instruction le plus fréquemment employé dans les procès de mines consistent dans les plans destinés à représenter l'état de la mine et des ouvrages litigieux. Afin d'en garantir l'exactitude, le législateur a porté la disposition de l'art. 90 : « nul plan ne sera admis comme pièce » probante dans une contestation, s'il n'a été levé ou vérifié par » un ingénieur des mines. La vérification des plans sera toujours » gratuite. »

Chacune des parties a donc le droit de s'opposer à ce que l'autre fasse usage d'un plan qui n'est pas dûment levé ou vérifié : dans la pratique, ce droit n'est pas souvent exercé, parce que les plaideurs se communiquent et vérifient eux-mêmes les plans produits pour l'éclaircissement du litige.

1066. — Les ingénieurs dont parle l'art. 90 ne sont pas tous ceux qui ont reçu le diplôme d'ingénieur dans les écoles, mais ceux-là seulement qui sont ingénieurs de l'État, qui font partie du corps des fonctionnaires des mines : c'est toujours dans ce sens que la loi de 1810 et les règlements parlent *des ingénieurs des mines.*

1067. — L'art. 90 n'exige pas que les plans soient levés par un ingénieur : il se contente de la vérification qu'un ingénieur en aurait faite.

La vérification est toujours gratuite, selon l'art. 90 ; le Conseil d'Etat le décida ainsi dans la séance du 11 novembre 1809 (Locré, XX, 4), parce qu'il craignit « de mettre les parties à la discrétion des officiers de mines. » La crainte était exagérée ; il suffisait pour l'apaiser de la disposition de l'art. 91 qui soumettait à un règlement d'administration publique les honoraires des ingénieurs.

Quoi qu'il en soit, chacun a donc le droit, aux termes de l'art. 90, de faire vérifier gratuitement par les ingénieurs du lieu les plans des travaux de mines. Mais cette vérification gratuite ne peut être exigée que quand il est possible de l'opérer à l'aide des plans primitifs déposés aux archives de l'administration : c'est ainsi qu'on a entendu la vérification au Conseil d'Etat (Locré, XII, 7), et il serait exorbitant qu'une vérification d'un autre genre, qu'une vérification dans la mine et les ouvrages eux-mêmes, pût être exigée gratuitement par les plaideurs.

Un plan dûment levé ou vérifié ne doit pas d'ailleurs, comme l'observe Delebecque (n° 1266), commander impérieusement la confiance du juge : si l'exactitude du plan fourni était contestée, et que la contestation parût sérieuse, le tribunal pourrait ordonner la levée d'un plan nouveau.

1068. — L'art. 91 est ainsi conçu : « Les frais et vacations des » experts seront réglés et arrêtés, selon les cas, par les tribunaux : » il en sera de même des honoraires qui pourront appartenir aux » ingénieurs des mines : le tout suivant le tarif qui sera fait par » un règlement d'administration publique.

» Toutefois, il n'y aura pas lieu à honoraires pour les ingénieurs » de mines, lorsque leurs opérations auront été faites soit dans » l'intérêt de l'Administration, soit à raison de la surveillance » et de la police publique. »

La loi distingue ici les honoraires des experts et les honoraires des ingénieurs : elle les soumet toutefois aux mêmes règles, à savoir : la fixation par le tribunal saisi du procès dans lequel les honoraires des uns et des autres ont été promérités, et ce, suivant un règlement général d'administration publique.

Ce règlement n'a jamais été fait. DELEBECQUE (n° 1267) en conclut qu'il faut recourir au droit commun. Cette conclusion est-elle bien exacte ?

En ce qui concerne les experts ordinaires, leurs vacations ont été tarifées dans le décret du 16 février 1807. La loi du 21 avril 1810 ayant prescrit la rédaction d'un règlement spécial pour les expertises de mines, a, par cela même, établi que le décret, alors existant, du 16 février 1807 ne devrait pas les régir : et c'était avec raison, car les expertises minières peuvent présenter des difficultés et des périls pour lesquels le tarif ordinaire ne donnerait pas une rémunération équitable. A la vérité, le règlement spécial prescrit par l'art. 91 n'a pas été rédigé : mais il n'en résulte pas que le droit commun, écarté par le même article, doive recevoir son application. La seule conclusion à tirer de cette lacune, c'est que les tribunaux ont, en attendant, un pouvoir discrétionnaire pour taxer les vacations des experts, conformément à la mission que leur confie expressément l'art. 91.

En ce qui concerne les ingénieurs, considérés comme tels et non comme experts, ils ne peuvent avoir d'honoraires à réclamer que pour la *levée* des plans ordonnée par le juge : s'ils ont participé à une expertise, c'est comme experts qu'ils devront être traités. Les honoraires de la levée des plans seront également taxés suivant l'appréciation du tribunal qui est saisi du procès dans lequel ces plans sont produits.

Que si les ingénieurs des mines avaient été employés par des particuliers, soit pour lever des plans qui ne seraient pas à considérer comme pièces de procès, soit pour toute autre besogne, ils devraient être rémunérés d'après la convention, ou à son défaut et en cas de désaccord, d'après la décision du juge.

1069. — En matière de mines, l'expérience ne le prouve que trop, les vacations des experts peuvent être longues et nombreuses, leur étude laborieuse, leurs opérations difficiles et accompagnées de travaux coûteux. Le législateur n'a pas voulu qu'un plaideur pût engager son adversaire et les experts dans des frais aussi considérables, sans en assurer le paîment : de là l'art. 92, portant que « la consignation des sommes jugées nécessaires pour sub-
» venir aux frais d'expertise pourra être ordonnée par le tribunal
» contre celui qui poursuivra l'expertise. »

CHAPITRE II.

DES CONTRAVENTIONS.

—

SOMMAIRE.

1070. — Les derniers articles de la loi du 21 avril 1810 ont pour objet de garantir par des pénalités l'observation des lois et règlements sur les mines, les minières, les carrières et les usines.

Ils sont ainsi conçus :

TITRE X.

DE LA POLICE ET DE LA JURIDICTION RELATIVES AUX MINES.

« Art. 93. Les contraventions des propriétaires de mines, exploitants non concessionnaires ou autres personnes, aux lois et règlements, seront dénoncées et constatées, comme les contraventions en matière de voirie et de police.

» Art. 94 Les procès-verbaux contre les contrevenants seront affirmés dans les formes et délais prescrits par les lois.

» Art. 95. Ils seront adressés en originaux à nos procureurs impériaux, qui seront tenus de poursuivre d'office les contrevenants devant les tribunaux de police correctionnelle, ainsi qu'il est réglé et usité pour les délits forestiers, et sans préjudice des dommages-intérêts des parties.

» Art. 96. Les peines seront d'une amende de 500 francs au plus et de 100 francs au moins, double en cas de récidive, et d'une détention qui ne pourra excéder la durée fixée par le Code de police correctionnelle. »

1071. — L'art. 93 qualifie de *contraventions* les infractions qu'il a pour objet de réprimer. Cette expression n'est pas exacte. Le

Code pénal était en vigueur depuis plusieurs mois lorsque la loi du 21 avril 1810 fut publiée. Or, l'art. 1er du Code pénal appelle *délits* les infractions punies de peines correctionnelles. Les peines prononcées par l'art. 96 de la loi du 21 avril 1810 sont des peines correctionnelles. Les infractions qu'il punit constituent donc des *délits*, et non des contraventions. Il suit de là qu'il faut leur appliquer les règles du Code pénal et du Code d'Instruction criminelle relatives aux délits. Ce principe a des conséquences aussi nombreuses qu'importantes. (Voyez plus loin nos 1073 , 1093, 1095 , 1102 et 1104.)

1072. — Cependant il est une règle des contraventions proprement dites, que certains auteurs ont voulu appliquer aux infractions de l'art. 93.

Pour l'intelligence de la question que je veux examiner ici, il est nécessaire d'exposer d'abord certains principes du droit pénal.

Toute infraction, qu'elle soit un crime, un délit ou une contravention, n'est punissable que si son auteur a joui, au moment où il l'a commise, de ses facultés intellectuelles, de la conscience et de la liberté de ses actions : punir, pour une infraction quelconque, un homme en état de démence, serait une monstrueuse injustice; l'insensé est puni par le malheur de sa folie, il n'est pas responsable de ses actions. La conscience de ce que l'on fait est donc la condition absolue de toute infraction pénale, de l'application de toute pénalité.

Mais à côté de cette *imputabilité* que l'on peut appeler *générale*, parce qu'elle est requise pour toute infraction quelconque, il en est une autre que l'on peut appeler *spéciale*, parce qu'elle n'est pas requise pour toutes les infractions.

Cette imputabilité spéciale consiste à *vouloir* enfreindre la loi : non seulement l'auteur d'un fait illicite a joui, en le commettant, de la conscience de ses actions, mais il a spécialement eu la conscience du fait délictueux qu'il a commis et il a voulu le commettre. C'est là ce que l'on appelle aussi *mauvaise foi, intention* ou *volonté criminelle*; elle existe, par exemple, chez celui qui commet un vol, une escroquerie, un faux, un meurtre, etc.

La doctrine et la jurisprudence enseignent qu'à l'égard des *contraventions proprement dites*, l'intention coupable, la mauvaise foi, n'est pas nécessaire pour entraîner la punition de leur auteur. « Parmi les actions punissables, disent CHAUVEAU ET

Hélie (*Traité de Droit pénal*, n° 36) il n'existe qu'une seule division qui soit vraie, parce qu'elle est puisée dans leur nature. En effet, les unes prennent leur criminalité dans la moralité du fait, dans l'intention de l'agent : on les appelle crimes ou délits. Les autres ne sont que des infractions matérielles à des prohibitions ou à des prescriptions de la loi; elles existent par le seul fait de la perpétration ou de l'omission, et indépendamment de l'intention de l'agent : ce sont les contraventions. »

1073. — Les infractions aux lois et règlements sur les mines, les minières et les carrières, doivent-elles être, sous ce rapport, considérées comme des contraventions? Sont-elles punissables par cela seul qu'elles ont été commises matériellement, et sans que leur auteur ait eu l'intention de les commettre?

Peyret-Lallier l'enseigne. S'occupant des infractions aux lois et règlements sur les mines, il s'exprime dans les termes suivants, au n° 733 de son *Traité :* « Si en matière criminelle, il n'y a lieu à condamnation qu'autant qu'il y a eu *intention* coupable, il n'en est pas de même en fait de contravention de police. Le fait matériel de la contravention suffit pour donner lieu à l'application de la peine, sans qu'on puisse avoir égard à la bonne foi ou au défaut d'intention du prévenu. »

Dupont (t. II, p. 323) suit les mêmes errements : « les contraventions en matière de mines, dit-il, existent par le seul fait de la désobéissance matérielle aux prescriptions de la loi, indépendamment de l'intention de leur auteur. »

Cette doctrine ne me paraît pas fondée.

Elle ne repose sur aucune base légale, car on ne peut certes considérer comme telle l'expression inexacte de *contraventions* dont s'est servi l'art. 93 de la loi de 1810. « Si la loi s'est servie du terme de contraventions, dit la Cour de cassation de France dans un arrêt du 15 février 1843 (S. 1843, 1, 365) ce n'a pas été pour qualifier et classer le fait, mais comme synonyme *d'infraction, d'inobservation de la loi.* » Les infractions en matière de mines constituent des *délits*, puisqu'elles font encourir des peines correctionnelles : c'est donc, en l'absence de toute disposition contraire, par les règles qui gouvernent les délits, qu'elles doivent être gouvernées. Or l'auteur d'un délit ne doit pas nécessairement succomber sous la matérialité de son fait; il lui est, en général, permis de s'abriter derrière sa bonne foi, derrière l'absence de toute intention coupable.

A la vérité, il est des délits qui ressemblent aux contraventions, en ce que l'intention coupable n'est pas un de leurs éléments constitutifs (Cass. Fr., 17 juillet 1857, S. 1857, 1, 709). Mais on ne voit point pourquoi on rangerait dans cette classe exceptionnelle, tous les délits commis en matière de mines. Ce qu'il faut dire seulement, c'est qu'il en est plusieurs, parmi eux, où l'excuse de la bonne foi ne pourra être invoquée à cause de la nature même de l'infraction; il suffira souvent que l'on ait enfreint la prescription ou la défense légale ou réglementaire, pour que l'on soit coupable de ne pas avoir fait ce que la loi avait prescrit ou d'avoir fait ce qu'elle avait défendu. Mais alors l'excuse de la bonne foi sera inadmissible à cause du caractère particulier de l'infraction, et non point parce qu'en principe elle devrait *toujours* être écartée.

La bonne foi sera donc une cause de justification, chaque fois que la nature même de l'infraction n'en sera point exclusive. En voici un exemple : il achèvera d'établir l'exactitude de notre théorie.

Je suppose qu'un individu exploite une mine sans en avoir obtenu la concession. Il viole l'art. 5 de la loi de 1810 : « les » mines ne peuvent être exploitées qu'en vertu d'un acte de con- » cession délibéré en Conseil d'Etat. » Veut-on voir dans cette infraction une *contravention?* Il faudrait donc punir le prévenu, quelqu'éclatante que fût sa bonne foi, quelques motifs qu'il eût eu de se croire en droit d'exploiter la mine exploitée! Or c'est ce qui n'est pas possible, ainsi que l'a proclamé la Cour de cassation de Belgique dans l'espèce suivante. — La Société de Corphalie était concessionnaire des mines de *calamine* (carbonate de zinc) dans un certain périmètre : elle avait cru, à la faveur de diverses circonstances, que sa concession comprenait également les mines de *blende* (sulfure de zinc), et elle avait exploité cette dernière substance. Le propriétaire du sol où la blende avait été extraite en réclama la valeur. La Société de Corphalie invoqua sa bonne foi, et la Cour d'appel de Liège la dispensa de restituer la blende extraite. Le propriétaire se pourvut en cassation; il soutint notamment que la Société ayant commis un *délit*, en exploitant une mine non concédée, elle ne pouvait conserver pour elle les matières exploitées. Mais la Cour suprême répondit : « qu'il n'y avait pas de délit dans le fait de ceux qui exploitent » de *bonne foi* une mine non concédée, et qu'ainsi les art. 93 et

» suivants de la loi de 1810 n'étaient pas applicables à la cause. »
(*Pas.* 1849, 1, 389.)

1074. — Le titre X est intitulé *de la police et de la juridiction relatives aux* MINES : il semblerait donc que les art. 93 à 96 seraient exclusivement applicables aux dispositions légales ou réglementaires qui concernent les *mines*. Il n'en est cependant pas ainsi. L'intitulé du titre X est mal rédigé. Les art. 93 et suivants s'appliquent à toutes les matières que la loi de 1810 a pour objet de régler, c'est-à-dire les mines, les minières, les carrières et les usines. En effet, d'une part, le texte de l'art. 93 est conçu dans les termes les plus généraux : il parle des contraventions commises par *toutes personnes* contre *les lois ou règlements;* — d'autre part, si le législateur avait entendu restreindre l'art. 93 à la matière des *mines*, il l'aurait placé à la suite des articles où il avait spécialement traité de ces dernières, c'est-à-dire après l'art. 56, au lieu de le placer à la fin de la loi. Les articles 93 à 96 sont donc évidemment la sanction des dispositions de celle-ci sur toutes les matières qu'elle a traitées.

1075. — Ainsi, ils sont applicables aux dispositions légales ou réglementaires sur les *minières* : la Cour de cassation de France l'a expressément décidé dans un arrêt du 26 mai 1831 (*Journ. du Palais*, à cette date).

1076. — Ils sont également applicables aux *usines* dont parlent les art. 73 et suivants de la loi de 1810 (Cass. Fr., 23 janvier 1829, 16 août 1838 et 12 mars 1841 ; SIREY, 1838, 1, 817; 1841, 1, 795).

1077. — Quant aux carrières, si elles sont exploitées par galeries souterraines, les art. 93 et suivants doivent incontestablement les régir, puisqu'il est dans le vœu de la loi (art. 82) d'assujettir leur police aux règles de la police des mines (Cass. Fr., 29 août 1851; S., 1851, 1, 799). Aussi, le règlement belge du 29 février 1852 sur les carrières souterraines dispose-t-il, dans son article final, que les contraventions seront punies conformément aux art. 93 à 96 (n° 1043).

1078. — Mais qu'en est-il des carrières à ciel ouvert? La Cour de cassation de France a décidé que les règlements y relatifs étaient uniquement garantis par des peines de simple police.

« Attendu, a-t-elle dit, que la loi du 21 avril 1810 traite sous des titres distincts des mines, des minières et des carrières; — que, dans son titre VIII, elle laisse les carrières à ciel ouvert sous la simple surveillance de la police et l'observation des règlements généraux ou locaux (art. 81), *ce qui les place implicitement sous la juridiction et la pénalité de simple police*, et, qu'au contraire, elle assimile aux mines les carrières exploitées par galeries souterraines, en renvoyant (art. 82), pour la police de ces carrières, au titre V qui détermine le mode de surveillance que l'administration centrale et l'administration préfectorale doivent exercer sur les mines. »

(29 août 1851 ; S. 1851, 1, 799. — Conforme 29 août 1845 ; S. 1845, 1, 845.)

La Cour de Paris s'est prononcée dans un autre sens, le 13 février 1843 (*Journ. du Pal.*, 3e édition, à cette date); suivant elle, les règlements sur les carrières à ciel ouvert doivent être compris dans les règlements que sanctionne l'art. 93.

Cette dissidence annonce assez que la question est délicate. La décision de la Cour de Paris me paraît la meilleure. L'art. 93 est absolu : il punit les contraventions aux lois et *règlements*, et tous les arrêts reconnaissent, ceux de la Cour de cassation de France notamment, que l'art. 93 s'applique à toutes les matières traitées dans la loi de 1810. Pourquoi donc ne s'appliquerait-il pas aux carrières à ciel ouvert, puisqu'elles font l'objet de la loi? Pourquoi les *règlements* relatifs à ces carrières-là seraient-ils exclus des *règlements* que la disposition si générale de l'art. 93 a eu pour but de garantir? L'exploitation des carrières ouvertes est assez dangereuse, pour infliger aux infractions dont elles sont l'occasion des peines plus sévères que les peines insignifiantes de simple police. La Cour de cassation de France se borne à observer « que l'art. 81 a placé *implicitement* les carrières à ciel ouvert » sous la juridiction et la pénalité de simple police, en les laissant » sous la simple surveillance de la police et l'observation des » règlements généraux ou locaux. » Mais cette déduction implicite me paraît, si j'ose le dire, très-hasardée. Car de ce que l'art. 81 a laissé les carrières ouvertes sous la surveillance de la police locale, en résulte-t-il forcément qu'il n'a voulu garantir les règlements généraux qui les régissent que par des peines de simple police? Est-ce que la police locale n'est pas fréquemment chargée de rechercher des faits qui sont punis de peines plus sévères? On ne peut donc rien conclure du caractère de l'autorité qui a reçu spécialement la mission de surveiller les carrières à ciel ouvert, et il reste, pour trancher la question, la disposition générale de l'art. 93, qui protége tous les règlements relatifs à toutes les matières traitées par la loi, mines, minières, usines

II

et carrières (*Ann. des M.*, 4ᵉ série, t. 20, p. 686. — Voyez le nᵒ 1080 *in fine*).

1079. — Mais qu'entend-on ici par *règlements?*

Ce sont les règlements proprement dits, c'est-à-dire les règlements généraux portés par le chef du pouvoir exécutif pour l'exécution des lois. (C. des M. de Belg., 2 oct. 1840; *Jur.*, p. 81 et ss.)

1080. — Les règlements qui peuvent émaner d'une autre autorité ne sont pas compris dans ceux de l'art. 93, ils ne sont pas sanctionnés par les peines qu'il prononce, mais par celles que prononcent d'autres lois.

Ainsi, les conseils provinciaux et les députations permanentes ont le droit de porter des règlements sur la police des mines (nᵒˢ 347 à 350). Les règlements de l'autorité provinciale peuvent prononcer contre les infracteurs, suivant l'art. 85 de la loi provinciale du 30 avril 1836, des peines qui n'excèdent pas huit jours d'emprisonnement et deux cents francs d'amende. Ce seront ces peines là, et non celles de l'art. 96, qui garantiront les règlements provinciaux sur les mines. (Exemples : Règlement du Conseil provincial du Hainaut en date du 11 août 1841 sur la police des mines, art. 26, *Code ann.*, p. 180); — Règlement de la Députation permanente de Liége en date du 29 juin 1844 sur la police des houillères à grisou (article 7, *Code ann.*, p. 198).

Ainsi encore, les conseils communaux peuvent faire des ordonnances de police sur les carrières exploitées à ciel ouvert (nᵒ 1035), mais ils ne pourront les sanctionner pas des peines excédant celles de simple police, aux termes de l'art. 78 de la loi communale du 30 mars 1836.

Lors donc que j'ai soutenu (nᵒ 1078) que les règlements sur la police des carrières ouvertes étaient sanctionnés par l'art. 93 de la loi de 1810, j'ai entendu parler des règlements généraux émanés du Roi, et non des règlements portés par des autorités inférieures.

1081. — Il importe de remarquer que si l'art. 93 ne punit que les contraventions aux lois et aux règlements, on peut contrevenir directement à une loi, en contrevenant aux ordres donnés par l'administration en vertu de cette dernière. Les tribunaux belges ont eu l'occasion d'appliquer ce principe. Il s'agissait d'un arrêté par lequel la Députation permanente du Hainaut avait interdit à une exploitation charbonnière de pousser ses travaux au-dessous ou à proximité d'un village ; elle avait rendu cet arrêté confor-

mément à l'art. 50 de la loi de 1810, qui charge les préfets de
pourvoir à la sûreté des habitations de la surface. Le concessionnaire avait enfreint la défense, et comme il était poursuivi
en vertu de l'art. 93, il soutenait qu'en contrevenant à l'arrêté
de l'autorité provinciale, il n'avait pas contrevenu à un règlement
général d'administration publique, et que, par suite, cet article
ne lui était pas applicable. Mais il lui fut justement répondu,
notamment, que sa contravention était une contravention
directe à l'art. 50 de la loi, qui protége les habitations de la
surface et charge l'autorité administrative de veiller à leur sûreté
(*Pas.* 1848, 1, 447). Ceci deviendra plus certain encore par une
comparaison. Le décret du 3 janvier 1813 a organisé la police
des mines, en tant qu'elle a pour objet la sûreté des exploitations
et des ouvriers mineurs. Il dispose (art. 4) qu'en cas d'urgence,
le préfet prescrira, par un arrêté, les mesures propres à prévenir l'accident qui menace d'arriver. Or si le concessionnaire
contrevient à l'arrêté préfectoral, il est évident qu'il contrevient
par là à la disposition de l'art. 4 du décret, dont cet arrêté n'est
qu'une application; il est évident que le concessionnaire sera
poursuivi comme coupable de contravention au décret lui-même,
et non pas seulement à l'arrêté du préfet.

1082. — Les art. 93 à 96 punissent-ils les contraventions au
cahier de charges des concessions?

La Cour de cassation de France a décidé, le 23 janvier 1829
et le 12 mars 1841, que l'acte de permission d'une usine (il faudrait en dire autant d'un acte de concession) constituait *un
règlement pour le permissionnaire*, et que, par suite, la contravention à cet acte tombait sous l'application des art. 93 à 96 de
la loi de 1810.

Le Conseil des Mines de Belgique a plusieurs fois émis un
avis contraire (2 nov. 1838, 2 oct. 1840, *Jur.* p. 69 et 81):
suivant lui, « on ne peut ranger dans la classe des règlements
» un cahier des charges, qui ne forme qu'un engagement privé
» souscrit par le concessionnaire envers le gouvernement. »

J'ai combattu ailleurs (n° 243) cette doctrine, qui fait du cahier
des charges un engagement privé entre l'Etat et le concessionnaire; le cahier des charges est un acte d'autorité posé par le
gouvernement dans l'exercice du pouvoir exécutif, un acte qui
puise sa force dans l'autorité du gouvernement qui commande,
et non dans le consentement du concessionnaire qui accepte.

Mais pour être un acte d'autorité, le cahier des charges n'est pas plus *un règlement*, que cette foule d'autres actes que l'autorité pose chaque jour en dehors de son pouvoir réglementaire. Un acte de concession (et le cahier des charges qui en fait partie) est une décision particulière de l'autorité publique sur les demandes en concession que les particuliers lui ont adressées, mais ce n'est pas un règlement. Aussi la loi du 21 avril 1810 n'a-t-elle jamais confondu les règlements et les actes de concession; elle les avait, au contraire, dans ses premières rédactions, soigneusement distingués. En effet, la troisième et la quatrième rédaction (LOCRÉ, IX, 4, XVII, 4) chargeaient les ingénieurs des mines de surveiller l'exécution des *lois, règlements et des conditions de la concession*. Les articles qui contenaient cette disposition ont, à la vérité, disparu du projet, mais ils n'en sont pas moins une preuve que, dans le langage du législateur de 1810, les règlements ne comprenaient pas les actes de concession, et puisque l'art. 93 parle exclusivement des contraventions *aux lois et règlements*, on doit croire qu'il est resté fidèle à la terminologie vulgaire et légale, et qu'il n'a pas compris dans les règlements les actes particuliers de concession et leurs cahiers de charges.

Ainsi donc il faut dire, d'une part, que le cahier des charges n'est pas une convention privée, et d'autre part, qu'il n'est pas un règlement, mais que c'est une décision et un acte de l'autorité publique sur une affaire particulière; que, par suite, l'infraction à un cahier de charges ne pourrait être poursuivie comme infraction à un règlement par application de l'art. 93.

1083. — Mais ne peut-elle pas être considérée comme une infraction *à la loi?* C'est l'avis de DUPONT (t. II, p. 313) : les mines, dit-il, ne peuvent être exploitées, selon l'art. 5 de la loi de 1810, qu'en vertu d'un acte de concession; contrevenir aux conditions de cet acte, aux obligations qu'il impose, c'est enfreindre *indirectement* l'art. 5 de la loi.

Cette théorie des infractions *indirectes* ne me paraît pas exacte : il s'agit ici de pénalités, et je ne sache pas que le droit pénal punisse les infractions indirectes. Pour être passible d'une peine, il faut enfreindre *la disposition même* qui la prononce; il faut poser *le fait même* que la loi a défendu. Or, ce que l'art. 5 de la loi de 1810 défend, c'est d'exploiter une mine sans un acte de concession : si je suis devenu concessionnaire de la mine que j'exploite, je ne puis donc plus enfreindre l'art. 5, puisque je m'y suis conformé en demandant et obtenant une concession ; que si, maintenant, je contreviens à telle ou telle clause de mon cahier de charges, on ne peut pas m'appliquer une pénalité, sous prétexte de contravention *indirecte* à l'art. 5 : j'enfreins mon acte de concession, mais je *n'exploite pas sans concession* contrairement à cet article. Sans doute, le législateur aurait pu, s'il l'avait jugé convenable, mettre sur la même ligne, au point de vue de la peine, l'exploitation opérée sans acte de concession et l'exploitation pratiquée contrairement aux clauses de l'acte concessionnel. Mais il ne l'a pas fait, et il avait des motifs pour ne pas le faire, car parmi les conditions imposées, il peut s'en trouver dont l'infraction ne mérite pas la peine prononcée contre le fait même d'une exploitation dépourvue de tout acte de concession.

1084. — De même donc que je crois avoir établi (n° 1082) que les contraventions au cahier des charges ne peuvent être envisagées comme étant des contraventions à un règlement, je ne pense pas non plus qu'elles puissent être poursuivies comme étant des contraventions indirectes à l'art. 5 de la loi de 1810.

Ce n'est pas à dire pour cela que les contraventions au cahier des charges ne pourront jamais être punies ; elles pourront l'être, au contraire, lorsque la clause enfreinte sera la reproduction d'une disposition de la loi ou de règlement : mais alors l'infraction sera punie, moins comme infraction du cahier des charges, que comme infraction du règlement ou de la loi. Ce système a l'avantage de ne frapper des pénalités légales que les dispositions qui ont été jugées assez importantes pour mériter de figurer dans les lois ou les règlements, et si le gouvernement juge utile d'étendre ses pénalités à une mesure qu'elles n'atteignent pas encore, il lui est libre de le faire en décrétant cette mesure dans un règlement général, pourvu, bien entendu, que cette disposition soit portée par lui compétemment, c'est-à-dire, pour l'exécution des lois (Cons. des M. de Belgique, 2 oct. 1840, *Jur.*, p. 81).

1085. — Aux termes de l'art. 93, les contraventions sont constatées *comme en matière de voirie.*

La loi du 29 floréal an X (19 mai 1802) sur la grande voirie contient à cet égard la disposition suivante :

« Art. 2. Les contraventions seront constatées concurremment » par les maires ou adjoints, *les ingénieurs des ponts et chaussées,* » *leurs conducteurs, les agents de la navigation,* les commissaires

» de police, et par la gendarmerie : à cet effet, ceux des fonc-
» tionnaires publics ci-dessus désignés, qui n'ont pas prêté
» serment en justice, le prêteront devant le préfet. »

Cette disposition ne peut être appliquée aux contraventions de mines que *mutatis mutandis*, c'est-à-dire avec une modification qu'exige la nature même des choses : les ingénieurs des ponts et chaussées, leurs conducteurs et les agents de la navigation, très-compétents pour constater les contraventions en matière de voirie, ne le sont évidemment pas pour constater les contraventions en matière de mines, minières, etc.; ils doivent être remplacés ici par les fonctionnaires de l'administration des mines qui sont, pour les mines, minières, usines, etc., ce que les ingénieurs et les conducteurs de la loi de floréal an X sont pour les ponts et chausées.

Les contraventions seront donc constatées par les maires ou adjoints, les ingénieurs et aspirants-ingénieurs des mines, les commissaires de police et la gendarmerie.

1086. — L'art. 94 porte que « les procès-verbaux seront affirmés » dans les formes et délais prescrits par les lois. »

Pour fournir à la justice une garantie de la sincérité et de l'exactitude des procès-verbaux, le législateur veut que le rédacteur les affirme sous serment sincère et véritable. La loi du 21 avril 1810 a fait application de ce principe général aux procès-verbaux qui constatent les contraventions de mines, minières, etc., et elle s'en est référée aux lois ordinaires touchant la forme et le délai de l'affirmation.

1087. — En ce qui concerne la forme, en mains de qui le procès-verbal doit-il être affirmé?

L'art. 94 en renvoyant aux lois ordinaires, a fait allusion à celle du 28 floréal an X, dont l'art. 11 consacre les principes suivants.

Lorsque la contravention a été commise dans une commune où réside le juge de paix, c'est devant lui que l'affirmation doit se faire. S'il est absent, elle est reçue par son suppléant s'il réside dans la même commune, et à défaut de suppléant, par le maire, et à défaut de maire, par l'un des adjoints.

Lorsque la contravention a été commise dans une commune où réside un suppléant du juge de paix, c'est devant lui que le procès-verbal doit être affirmé; les maires ou adjoints ne sont compétents que lorsque le suppléant est absent ou empêché.

Enfin, si la contravention a été commise dans une commune où ne résident ni le juge de paix ni ses suppléants, l'affirmation est reçue par le maire, et à leur défaut, par un adjoint.

Dans tous les cas, il est dressé sur le procès-verbal même ou séparément, acte de la comparution et de l'affirmation assermentée de son rédacteur : cet acte est signé par celui-ci et le magistrat.

1088. — Quant au délai de l'affirmation, il est des procès-verbaux qui doivent être affirmés dans les vingt-quatre heures; il en est d'autres qui n'ont besoin de l'être que dans les trois jours. En l'absence de disposition spéciale aux procès-verbaux des contraventions de mines, la Cour de Bruxelles a justement décidé, le 30 juillet 1825, que leur affirmation était valablement faite dans le délai de trois jours. Une instruction du ministre des travaux publics de Belgique en date du 30 juin 1841 a recommandé aux officiers des mines d'affirmer leurs procès-verbaux, autant que possible, dans les vingt-quatre heures, afin d'éviter tout débat sur la validité d'une affirmation qui serait faite plus tard (*Code ann. supp.*, p. 132, n° 1).

1089. — Les procès-verbaux, réguliers en la forme et dûment affirmés, font foi de leur contenu jusqu'à preuve contraire : c'est un principe de droit commun.

On avait proposé de leur accorder foi jusqu'à inscription de faux; mais la proposition ne fut pas accueillie : elle aurait été trop dangereuse (Locré, V, 36, IX, 5 et 6). Les procès-verbaux peuvent donc être combattus par des témoignages, des présomptions ou tous autres moyens de preuve. Mais au moins faut-il que cette preuve contraire soit administrée et qu'elle soit constatée dans le jugement; dès qu'un procès-verbal régulier atteste la contravention, il la prouve à suffisance de droit, sans que le ministère public ait d'autres preuves à fournir; si donc, le tribunal écarte la prévention malgré le procès-verbal, il doit constater dans son jugement que la preuve contraire a été faite (Cass. Fr., 26 mars 1858, S. 1858, 1, 625).

Mais il importe de remarquer que la force probante des procès-verbaux se restreint aux faits matériels qu'ils constatent et aux conséquences qui en sont inséparables. Les appréciations personnelles que leur auteur y aurait insérées n'ont d'autre valeur que celle qui leur sera accordée par l'appréciation propre du juge.

1090. — Lorsque le procès-verbal est rédigé, il doit être adressé en original au procureur du Roi près le tribunal du lieu où le délit a été commis (art. 95). — En Belgique, un arrêté ministériel du 31 mars 1820 ordonne au rédacteur du procès-verbal d'en adresser en outre une copie aux états députés de la province et à l'ingénieur en chef des mines, pour y tenir la main suivant les lois et règlements. (*Code ann.*, p. 122.)

1091.—Les délits sont poursuivis d'office par le procureur du roi, « ainsi qu'il est réglé et usité pour les délits forestiers » (art. 95).

Il suit de là que la poursuite doit être intentée dans les délais prescrits par les lois forestières (Liége, 7 juin 1820; PEYRET, n° 748; DUPONT, t. II, p. 325 ; DELEBECQUE, n° 1275).

A cet égard, l'article 8, titre IX de la loi forestière des 15-29 septembre 1791 était ainsi conçu : « Les actions en réparation de délits seront intentées au plus tard dans les trois mois où ils auront été reconnus, lorsque les délinquants seront désignés dans les procès-verbaux ; à défaut de quoi elles seront éteintes et prescrites. Le délai sera d'un an, si les délinquants n'ont pas été connus. »

Cette disposition a été modifiée par la loi forestière belge du 19 décembre 1854, en ce que le délai de la prescription a été réduit à 6 mois, lorsque le procès-verbal ne désigne pas le délinquant. Elle est donc de trois mois lorsque le délinquant est désigné, et de six mois lorsqu'il ne l'est point.

1092. — La prescription des délits de mines diffère ainsi, sous deux rapports principaux, de la prescription organisée par le Code de l'Instruction criminelle en matière de délits.

En premier lieu, la prescription ordinaire commence à courir du jour où le délit a été commis (art. 637 et 638, Inst. crim.), tandis que la prescription des délits de mines ne court jamais avant qu'ils aient été constatés, eussent-ils été commis longtemps auparavant. La raison en est que les délits de mines sont souvent plus difficiles ou plus lents à découvrir que les délits ordinaires, de telle sorte que si la prescription courait du jour de leur perpétration, elle serait souvent accomplie au moment même où ils sont découverts.

En second lieu, la prescription des délits de mines est plus courte (dès qu'elle a commencé à courir) que celle des délits en général; elle ne dure que trois ou six mois, tandis que l'autre dure trois ans (art. 638, Inst. crim.).

1093. — Si la prescription de l'action est soumise à des règles particulières, la prescription de la peine, au contraire, est soumise aux règles du droit commun. La loi du 21 avril 1810 s'y est référée sous ce rapport, par cela même qu'elle n'y a pas dérogé ; et comme les peines prononcées pour les contraventions de mines sont des peines correc¹ionnelles, comme ces contraventions sont en réalité des délits, la peine encourue se prescrira par cinq années révolues à compter de l'arrêt de condamnation ou à compter du jour où le jugement de première instance a cessé d'être attaquable par la voie de l'appel (art. 636, Inst. crim.).

1094. — Les peines sont fixées par l'art. 96 dans les termes suivants : « Les peines seront d'une amende de 500 francs au » plus, et de 100 francs au moins, double en cas de récidive, et » d'une détention qui ne pourra excéder la durée fixée par le » Code de police correctionnelle. »

La rédaction de cet article est obscure, en ce qu'il ne dit pas clairement si la peine de l'emprisonnement peut être prononcée à raison d'une première contravention ou seulement en cas de récidive. La jurisprudence et les auteurs se sont prononcés pour cette dernière opinion.

« Attendu , a dit la Cour de Liége dans un arrêt du 16 juin 1826, que la rédaction de l'art. 96 de la loi du 21 avril 1810 est conçue de manière à laisser un doute si la détention prescrite par la dernière partie de cet article n'est applicable qu'au cas de la récidive , ou s'il faut l'appliquer dans tous les cas ; que si l'intention du législateur eût été de l'appliquer dans tous les cas, il aurait, pour prévenir le doute, commencé l'article par sa fin , c'est-à-dire qu'il aurait déterminé l'amende pour les différents cas, après avoir établi la peine de détention , ainsi que cela a été observé dans les dispositions du code pénal, qui prescrivent un emprisonnement avec amende ; que, d'ailleurs , lorsqu'en matière criminelle les termes de la loi sont susceptibles d'interprétation , le juge doit toujours adopter la plus favorable au délinquant. »

(Conf. Liége, 19 janv. 1829 ; Cass. Fr. , 6 août 1829 ; Nîmes, 13 février 1840 , S. 1840, 2. 473 ; PEYRET, nᵒ 739 ; DUPONT, t. II, p. 321, etc.)

1095. — L'emprisonnement ne peut donc être prononcé que dans le cas de récidive, c'est-à-dire , lorsqu'un nouveau délit est commis par la personne qui a déjà été l'objet d'une condamnation.

En matière de *contraventions* véritables , il n'y a de récidive que si la seconde contravention est commise dans l'année qui a suivi la première (art. 483 du Code pénal). Comme les contraventions en matière de mines constituent en réalité *des délits*, la récidive n'y est pas soumise à cette condition là ; elle est donc tout à fait indépendante du temps plus ou moins long qui s'est écoulé depuis la première condamnation.

Par contre, elle n'est pas assujettie non plus à toutes les conditions de la récidive en matière de délits. Aux termes de l'art. 58 du Code pénal, l'auteur d'un délit n'est en état de récidive que quand il a déjà été condamné à plus d'une année d'emprisonnement. En matière de mines, la récidive existe, quelque faible que soit la peine prononcée par la condamnation précédente.

1096. — Il est évident, au surplus, que la récidive de l'art. 96 de la loi du 21 avril 1810 doit nécessairement consister dans deux contraventions aux lois ou règlements sur les mines, minières, etc. ; les condamnations subies à raison de délits d'une autre espèce n'entrent pas en ligne de compte. Ainsi, celui qui aurait été condamné pour un délit du Code pénal, vol, escroquerie, etc., ou pour un délit prévu par une loi spéciale, délit forestier, etc., et qui commettrait ensuite une infraction aux lois et règlements sur les mines, minières, carrières et usines, ne serait pas en état de récidive au point de vue de l'art. 96.

Mais il n'est pas nécessaire que le second délit ait été commis dans le même établissement que celui pour lequel le prévenu a subi une précédente condamnation (Cass. Fr. 18 août 1837, S. 1837, 1, 837); ce qui fait augmenter la peine, ce n'est pas l'idée que la même exploitation a été successivement le théâtre de deux contraventions, c'est la culpabilité plus grande de la personne, qui, avertie par une condamnation antérieure, a de nouveau violé la loi.

1097. — L'emprisonnement prononcé dans le cas de récidive ne peut, dit l'art. 96, excéder la durée fixée par le code de police correctionnelle. — Cette durée est de cinq ans au plus (art. 40 Code pénal).

L'art. 96 de la loi de 1810 n'indique pas le *minimum* de la détention qu'il prononce : il s'en réfère bien au *maximum* de l'emprisonnement correctionnel, lequel est de cinq années, mais il ne se réfère pas expressément au *minimum* de ce même emprisonnement, lequel est de six jours. De ce silence, on serait tenté de conclure que si les juges ne peuvent excéder le *maximum* de la détention correctionnelle, ils peuvent descendre au-dessous de son *minimum*, c'est-à-dire prononcer une détention de moins de six jours. C'est ce qu'enseigne DUPONT (t. II, p. 324); mais il se trompe, selon moi. L'art. 96, malgré sa rédaction vicieuse, manifeste clairement qu'il a voulu frapper les infractions dont il s'occupe de peines correctionnelles, et non de peines de simple police. Cela est incontestable pour l'amende, puisqu'il la fixe à 100 francs au moins, et que l'amende de simple police ne peut excéder quinze francs. Cela n'est pas moins certain pour l'emprisonnement, car pour en déterminer le *maximum*, l'art. 96 renvoie au code de police *correctionnelle* : c'est donc à l'emprisonnement *correctionnel* qu'il entend se référer, et s'il parle plus spécialement de son *maximum*, c'est parce que ce point était le plus important à régler; mais il serait trop singulier que le législateur de 1810 eût voulu confondre l'emprisonnement correctionnel et l'emprisonnement de simple police, empruntant à celui-ci son *minimum* et à celui-là son *maximum*. L'emprisonnement réglé par le code de police *correctionnelle*, avec sa durée la plus longue, cinq ans, et sa durée la plus courte, six jours, voilà évidemment ce qu'il a voulu.

1098. — Les juges doivent proportionner la peine, dans les limites du *minimum* et du *maximum*, à la gravité du délit. Mais ils ne peuvent pas appliquer ici ce qu'on appelle en droit pénal les circonstances *atténuantes*, c'est-à-dire descendre au-dessous du *minimum* de l'amende ou de l'emprisonnement, quelque favorable que puisse être la cause du prévenu. La raison en est que le bénéfice des circonstances atténuantes est restreint par l'art. 483 du Code pénal et la loi belge du 15 mai 1849 (art. 6), aux délits prévus par ce Code; il ne peut être appliqué aux délits prévus par des lois spéciales, telle que la loi du 21 avril 1810. — Si les circonstances sont, en fait, tellement atténuantes, que le *minimum* de la peine soit encore trop sévère, le prévenu en obtiendra la remise totale ou partielle de la clémence du Roi.

1099. — L'amende et l'emprisonnement sont les seules peines que prononce l'art. 96 ; ce sont les seules, par conséquent, que les juges puissent appliquer; ils ne pourraient donc notamment prononcer la confiscation des instruments qui ont servi à commettre la contravention, ni des choses qui en ont été le produit. (DELEBECQUE, t. II, n° 1278; Lyon, 16 oct. 1854.)

1100. — Lorsqu'une personne est poursuivie comme coupable de plusieurs délits, faut-il lui appliquer cumulativement les

peines que la loi prononce pour chacun de ces délits, ou seulement la peine encourue du chef du délit le plus grave? Le Code
d'instruction criminelle a consacré le second système : « en cas de
» conviction de plusieurs crimes ou délits, dit son art. 365 § 2,
» la peine la plus forte sera seule appliquée. »

Ce principe du non-cumul des peines doit-il être appliqué
aux délits commis en matière de mines, d'usines, etc.? — La
question dépend, à mon sens, d'une question de droit pénal
plus générale, de la question de savoir si le principe du non-
cumul des peines est applicable aux délits prévus par des lois
particulières ou seulement aux délits prévus par le Code pénal.
Cette question est très-controversée, et son examen approfondi
sortirait de mon sujet. Si l'on décide que le principe de l'art. 365
C. d'Inst. crim., est un principe général qui domine toutes les
pénalités, sans distinguer entre les lois qui les ont prononcées,
on devra décider, par suite, que l'auteur de plusieurs contraventions en matière de mines n'aura point à subir les peines
encourues par chacune d'elles, mais seulement le maximum des
peines que l'art. 96 prononce.

Cependant, la Cour de Bruxelles en a décidé autrement. Suivant
elle, à supposer même que l'art. 365 fût applicable à tous les
délits sans distinction, à ceux prévus par des lois spéciales
comme à ceux que le Code pénal prévoit, encore faudrait-il
décider qu'il ne le serait point aux délits commis en matière de
mines, par le motif que le non-cumul des peines rendrait insuffisante et inefficace la répression de ces délits (arrêt du 9 mars
1848, *Pas.*, 1849, 2, 69.)

Cette doctrine rigoureuse est-elle exacte? Je ne le pense pas.
La Cour de Bruxelles a perdu de vue que la récidive entraîne
un emprisonnement qui peut aller jusqu'à cinq années, et certes
une pénalité semblable ne peut être accusée d'insuffisance. D'un
autre côté, l'autorité publique a le droit et le devoir (n° 354 *bis*)
d'empêcher par la force le renouvellement de la contravention,
si le coupable ne voulait pas se soumettre. Le cumul des peines
n'est donc pas indispensable pour assurer ici le respect de la loi,
et dès lors le principe de l'art. 365 C. d'Ins. crim., si on le
reconnaît applicable aux matières spéciales, devrait être appliqué
en matière de mines.

1101. — Une autre question du même genre se présente à l'égard
des *mineurs de seize ans* qui commettraient un délit de mines,

Aux termes de l'art. 66 du Code pénal, le prévenu âgé de moins de seize ans accomplis est présumé avoir agi *sans discernement*, c'est-à-dire sans la conscience suffisante de ses actions, en sorte que, pour le condamner, les juges doivent spécialement déclarer que, d'après les circonstances de la cause, le prévenu a agi avec discernement.

On est généralement d'accord pour reconnaître que cette disposition est applicable à toutes les matières pénales, même à celles qui sont réglées par d'autres lois que le Code général. On l'appliquera donc à la matière des mines.

Mais alors même que le mineur de seize ans a agi avec discernement, les art. 67 et suivants du Code considèrent son jeune âge comme une excuse qui atténue notablement la peine ordinaire, en sorte que tout en étant puni, le coupable l'est beaucoup moins que s'il avait été plus âgé. C'est une question très-conservée que de savoir si ce bénéfice d'excuse doit être appliqué aux infractions prévues par des lois spéciales, telle, par exemple, que la loi des mines : je ne puis pas non plus l'examiner ici. (*Pas.* 1856, 1, 198; 1859, 2, 99, etc.)

1102. — De ce que les contraventions de l'art. 93 sont de véritables délits à raison des peines correctionnelles dont elles sont frappées, il en résulte encore que les co-délinquants sont tenus *solidairement* des amendes, restitutions, dommages-intérêts et frais (art. 55 du Code pénal. Cass. Fr., 15 février 1843, S. 1843, 1, 365).

1103. — Les peines d'un délit ne peuvent être encourues que par celui qui s'en est personnellement rendu coupable. Ce principe est parfois d'une application difficile en matière de mines, de minières, de carrières et d'usines, parce qu'il n'est pas toujours aisé de reconnaître la personne à laquelle le délit est imputable. La solution de la difficulté dépend des circonstances de chaque espèce. Voici les exemples les plus remarquables que l'on rencontre dans la jurisprudence.

1104. — Le décret du 3 janvier 1813 (art. 26) défend à tout *exploitant* d'employer des ouvriers qui ne seraient pas porteurs d'un livret en règle. La Cour de Bruxelles a décidé, le 6 oct. 1825, que l'on ne pouvait poursuivre les associés *non exploitants* d'un charbonnage où cette défense avait été méconnue.

Un sieur DEVILLET et ses deux fils étaient associés pour une exploitation de mines; un lavoir y ayant été établi sans autorisation, les trois associés furent poursuivis devant le tribunal correctionnel; mais les deux fils furent acquittés, parce que leur père seul avait établi le lavoir litigieux (Cass. Fr., 20 avril 1830).

1105. — Le directeur d'une exploitation n'est pas responsable de tous les délits qui s'y commettent : il faut qu'il ait manqué à l'une des obligations que ses fonctions lui imposent. Ainsi, est coupable d'homicide par imprudence suivant un arrêt de la Cour de Bruxelles du 24 février 1848 (*Pas.* 1850, 2, 176), le directeur d'un charbonnage qui a négligé d'accomplir les prescriptions des officiers des mines concernant l'aérage, alors même que le feu aurait été mis aux gaz inflammables de la houillère par un accident totalement indépendant du fait du directeur, si le défaut d'aérage a rendu l'accident plus grave.

Mais le même arrêt décide que le fait d'avoir, contrairement aux règlements, négligé de tenir des lampes de réserve dans l'intérieur des travaux, toléré l'allumage ailleurs qu'au jour, et négligé de faire suspendre immédiatement les travaux dans la mine lorsque le grisou y était apparu, est imputable au *porion* chargé de la surveillance de l'aérage et de l'éclairage, et non point au directeur de l'exploitation (Conf. jug. du trib. de Mons du 6 janv. 1846, *Code ann.*, p. 184, note *a*. Comparez Liége, 31 janvier 1856, *Pas.* 1857, 2, 342).

Un arrêt de la Cour de Liége du 21 avril 1847 (*Pas.* 1847, 2, 115) a également décidé que le surveillant des travaux d'une minière, et non son directeur, était responsable de la mort d'un ouvrier écrasé dans l'éboulement d'une galerie mal boisée. Cette décision se justifiait sans doute par des circonstances dont l'arrêt ne donne pas le détail; mais il est des cas où un fait de ce genre pourrait engager la responsabilité du directeur.

1106. — Il ne suffit pas, au surplus, que le fait incriminé rentre dans l'ordre de ceux dont le prévenu est responsable; pour que le prévenu soit condamné, il faut que sa conduite ait été répréhensible, il faut qu'il ait commis une négligence coupable, qu'il ait fait ce qu'il devait omettre ou omis ce qu'il devait faire.

C'est ainsi que des ouvriers ayant été tués dans l'approfondissement d'un puits, et le directeur qui l'avait fait approfondir ayant été poursuivi, il fut renvoyé des poursuites, par le motif que l'accident avait été le résultat d'une disposition des lieux qu'il avait dû ignorer (Liége, 9 mai 1845, *Pas.* 1845, 2, 235).

C'est ainsi encore, aux termes d'un arrêt de la Cour de Bruxelles (18 décembre 1840, *Pas.* 1841, 2, 374), que le directeur d'un charbonnage ne peut pas être poursuivi pour avoir refusé d'exécuter certains travaux de sûreté prescrits par un arrêté ministériel, s'il n'a pu, de son chef, avant d'y avoir été autorisé par l'exploitant lui-même et reçu les fonds nécessaires, exécuter des travaux de la nature de ceux qui étaient prescrits.

1107. — Les exploitants de mines du département de la Loire étaient tenus, suivant un arrêté préfectoral du 16 juin 1833, de faire connaître à la préfecture la personne chargée de la direction des travaux. La Cour de cassation de France a décidé, le 5 août 1837 (*J. du P.*, 3ᵉ édit. à cette date), que faute d'avoir rempli cette obligation, les concessionnaires étaient, par cela seul, présumés exploiter eux-mêmes, et responsables dès-lors des délits commis dans les travaux de l'exploitation, tout comme s'ils avaient eux-mêmes dirigé cette dernière. — Cette décision me paraît inexacte. Que le concessionnaire qui ne se conforme pas à l'arrêté du préfet, soit puni comme coupable d'infraction à cet arrêté, je le comprends; mais que pour un défaut de formalité, on le déclare coupable de délits qui, dans le fait, lui sont complètement étrangers, et sont imputables au directeur, c'est là une dérogation arbitraire au principe fondamental de la personnalité des fautes.

CHAPITRE III.

DE CE QUI EST MEUBLE OU IMMEUBLE DANS LES MINES, LES MINIÈRES ET LES CARRIÈRES

—

SOMMAIRE.

I. — DE CE QUI EST MEUBLE OU IMMEUBLE DANS LES MINES.

1108. — La loi du 21 avril 1810 contient sur ce point deux articles ainsi conçus :

« Art. 8. Les mines sont immeubles ;
» Sont aussi immeubles, les bâtiments, machines, puits, galeries et autres travaux établis à demeure, conformément à l'art. 524 du Code Napoléon.
» Sont aussi immeubles par destination, les chevaux, agrès, outils et ustensiles servant à l'exploitation.
» Ne sont considérés comme chevaux attachés à l'exploitation que ceux qui sont exclusivement attachés aux travaux intérieurs des mines.
» Néanmoins les actions ou intérêts dans une Société ou entreprise pour l'exploitation des mines, seront réputés meubles, conformément à l'article 529 du Code Napoléon.
» Art. 9. Sont meubles, les matières extraites, les approvisionnements et autres objets mobiliers. »

« Les mines sont immeubles, » dit l'art. 8, § 1. — Elles le sont avant et après la concession. Avant d'être concédées, les mines font partie du sol, de la propriété du sol, l'immeuble par excellence. La concession les en détache pour en faire une propriété nouvelle et distincte ; mais cette propriété distincte conserve et devait conserver sa nature immobilière (art. 7.).

1109. — Les mines sont immeubles par leur nature.

A côté des immeubles par nature, le Code civil place *les immeubles par destination*, c'est-à-dire des objets mobiliers en eux-mêmes, mais qui prennent légalement un caractère immobilier par accession à un immeuble :

« Les objets, dit l'art. 524 du Code civil, que le propriétaire
» d'un fonds y a placés pour le service et l'exploitation de ce
» fonds sont immeubles par destination.
» Ainsi sont immeubles par destination, quand ils ont été placés
» par le propriétaire pour le service et l'exploitation du fonds ,

» les animaux attachés à la culture ; les ustensiles aratoires ; les
» semences données aux fermiers ou colons partiaires ; les pigeons
» des colombiers ; les lapins des garennes ; les ruches à miel ;
» les poissons des étangs ; les pressoirs, chaudières, alambics,
» cuves et tonnes ; les ustensiles nécessaires à l'exploitation des
» forges, papeteries et autres usines ; les pailles et engrais.

» Sont aussi immeubles par destination tous effets mobiliers
» que le propriétaire a attachés au fonds à perpétuelle demeure. »

L'art. 8 de la loi du 21 avril 1810 a fait application de l'art. 524
à la matière des mines : mais sa rédaction laisse beaucoup
à désirer.

Après avoir dit : « les mines sont immeubles, » l'art. 8 ajoute :

« Sont aussi immeubles, les bâtiments, machines, puits,
» galeries et autres travaux établis à demeure conformément à
» l'art. 521 du Code Napoléon.

» Sont aussi immeubles par destination les chevaux, agrès,
» outils et ustensiles servant à l'exploitation. »

1110. — Le premier vice de cette rédaction c'est d'appliquer
l'art. 524 du Code Napoléon aux bâtiments, aux puits et aux
galeries, et de les déclarer ainsi immeubles *par destination*
(car l'art. 524 ne s'occupe que de ces immeubles-là), tandis que
les bâtiments, les puits ou galeries et autres travaux du même
genre pratiqués sur et dans le sol, sont manifestement des
immeubles *par leur nature.* (Art. 518 C. civil.),

1111. — De là résulte une conséquence pratique importante.
D'après l'art. 524 du Code civil, un meuble n'est immobilisé par
destination que quand il est attaché au service d'un immeuble
par le propriétaire de celui-ci.

Si donc on appliquait l'art. 524 aux bâtiments, puits et galeries
dont parle l'art. 8, § 2, de la loi de 1810, ces galeries, puits ou
bâtiments ne seraient immeubles qu'à la condition d'avoir été
construits *par le propriétaire de la mine.* Il est certain, cependant,
qu'il en doit être des bâtiments, puits ou galeries d'une mine
comme il en serait des bâtiments, puits ou galeries d'un autre
établissement, c'est-à-dire qu'ils sont immeubles *par leur nature,*
de même que le sol dont ils sont inséparables, sans qu'il faille
distinguer s'ils ont été construits ou creusés par le propriétaire de
la mine ou par un autre détenteur, tel qu'un exploitant à forfait.

1112. — L'art. 524 du Code Napoléon auquel l'art. 8 § 2 renvoie,
ne serait applicable qu'aux *machines* que ce même paragraphe

dénomme à côté des bâtiments et des puits ou galeries : les machines, en effet, ne faisant point partie du sol, ne sont pas immeubles par leur nature ; elles sont naturellement meubles, et ne deviennent immobilières que par destination, conformément à l'art. 524 du Code civil. En conséquence, elles ne sont immobilisées qu'à la condition d'être placées par le propriétaire de la mine, et elles conservent leur caractère d'objets mobiliers si elles le sont par un exploitant non-propriétaire.

1113. — Mais l'art. 8 § 2 est défectueux relativement aux machines elles-mêmes, en ce qu'il paraît ne les considérer comme immeubles que quand elles sont *établies à demeure,* c'est-à-dire (art. 524 *in fine* et 525 Code civil), quand elles sont scellées en plâtre ou à chaux ou à ciment, ou quand elles ne peuvent être détachées sans être fracturées et détériorées, ou sans briser ou détériorer la partie du fonds à laquelle elles sont attachées. En d'autres termes, une machine ne serait pas immeuble par cela seulement qu'elle servirait à l'exploitation ; il faudrait, en outre, qu'elle fût *physiquement* attachée au fonds à perpétuelle demeure. Or, ce serait là certainement une erreur : une machine est immobilisée dès qu'elle sert à l'exploitation, de même que les autres outils ou ustensiles que l'art. 8 § 3 déclare immeuble par destination, sans exiger la condition d'une attache physique à perpétuelle demeure.

1114. — En un mot, pour appliquer sainement l'art. 8, dans ses diverses dispositions, il faut suivre les principes posés par le Code civil sur les biens meubles et immeubles (séance du Cons. d'Etat du 20 juin 1809, Locré, VI, 13 ; — Observations de la Commission du Corps Législatif, Locré, XXVII, 4) ; c'est ce qui justifie les observations que nous venons de présenter, et qui ne sont que des applications des principes du Code civil.

1115. — Conformément à ces principes généraux, l'art. 8 exige que les chevaux, agrès, outils et ustensiles *servent à l'exploitation* : telles seront, par exemple, les tonnes (waggons, cuffats, etc.) servant à l'extraction de la mine ou à l'épuisement des eaux, les cordes, les échelles, les lampes de sûreté, etc..

Mais la loi ne considère pas comme immeubles les objets mobiliers qui servent *au commerce* des substances extraites. C'est pour cela que l'art. 8 § 4 a déclaré que les chevaux *n'étaient considérés comme attachés à l'exploitation que quand ils servaient exclusivement aux travaux intérieurs des mines,* ce qui a eu pour but, comme on le voit par les discussions au Conseil d'Etat (séance du 24 mars 1810, Locré, XXVIII, 2), d'exclure les chevaux employés à voiturer le minerai du lieu de l'extraction au lieu de la vente, à l'exemple encore du Code civil qui ne déclare immeuble par destination que les animaux *attachés à la culture* (art. 524). Mais les chevaux employés à l'*extraction*, quoiqu'au dehors de la mine, par exemple, pour faire mouvoir la machine de rotation qui amène au jour les tonnes chargées de minerai, ces chevaux-là sont immeubles par destination, parce qu'ils servent directement à l'exploitation même de la mine et que le travail qu'ils accomplissent est le complément de l'*extraction*, c'est-à-dire des travaux intérieurs (Delebecque, no 1173 ; Peyret, no 132).

1116. — Les chevaux employés au commerce ou transport des mines extraites n'étant pas immeubles par destination, il faut en dire autant des charrettes ou waggons employés au même service, et qui, pas plus que ces chevaux, ne servent aux travaux d'exploitation proprement dits (Dalloz, no 103).

1117. — La loi de 1810 n'a donc voulu immobiliser et attacher à la mine que les objets mobiliers sans lesquels l'extraction devrait être interrompue (Observation de la Comm. du Corps Législatif, Locré, XXVII, 4 ; Discours de Girardin au même Corps, Locré, XXX, 2) : aussi l'art. 9 a-t-il exclu de cette immobilisation, tous autres objets mobiliers, et notamment les matières extraites et les approvisionnements. On pourrait dire cependant, relativement à ces derniers, tels que les bois, l'huile, la poudre, etc., qu'ils sont indispensables, dans une certaine mesure du moins, aux travaux d'extraction. Mais l'art. 9 leur a conservé la nature de meubles d'une manière absolue, soit parce que ces approvisionnements ne se composent pas d'objets exclusivement employés aux mines, soit parce qu'ils peuvent être plus facilement remplacés que les agrès, outils et ustensiles.

1117 *bis*. — Le tribunal de Liége a rendu très-récemment, le 12 mars 1859, un jugement qui peut trouver sa place ici, parce qu'il y est question de matières extraites et de leur concessibilité.

Dans le pays de Liége, qui se distingua toujours par son mouvement industriel, et spécialement sur les hauteurs qui bordent le cours de la Meuse, on peut remarquer des amas de terres rouges, dont la plupart proviennent d'anciennes alunières, et ne sont autre chose que d'anciens schistes alumineux employés à la fabrication de l'alun, mais dont quelques-uns proviennent des couperosières, et ne sont que des résidus de minerais employés à la fabrication de la couperose. Ces amas n'ont point perdu toute valeur industrielle : les progrès du génie industriel ont fait découvrir que les minerais qui avaient servi à la fabrication de l'alun, pouvaient encore y servir, et que ceux qui avaient servi à la fabrication de la couperose, pouvaient encore renfermer des quantités plus ou moins importantes de zinc et de plomb.

Un amas de cette seconde espèce se rencontrait dans la commune d'Engis. Le propriétaire du terrain sur lequel il se trouvait, la famille des comtes D'OULTREMONT, avait permis à Mme Ve DUMONT de l'exploiter suivant ses convenances. Mais ce terrain étant compris dans le périmètre d'une concession de mines de plomb et de zinc, octroyée à la Société de la Nouvelle-Montagne, celle-ci prétendit que l'amas de terres rouges, à cause des matières plombifères et zincifères qu'il renfermait, tombait sous les effets de son titre de concession.

Cette prétention a été repoussée par le jugement précité du tribunal de Liége, qui s'est appuyé sur les motifs suivants :

« Considérant qu'il résulte tant des significations échangées entre parties, que des articulations dont la vérification est demandée ainsi que des plaidoiries qui ont eu lieu devant le tribunal, que la surface primitive du sol a été complètement changée par la main de l'homme ; que les minerais existant à la surface ont été extraits, au dire des demandeurs, par d'anciens exploitants ; que ceux-ci en ont retiré les substances nécessaires à la fabrication de la couperose et les ont à cet effet grillées en tout ou en partie ; qu'ils ont ensuite rejeté tout ce qu'ils n'avaient pas utilisé, soit sur le sol, soit dans les cavités produites par les travaux d'exploitation ; que la demanderesse invoque cet état de choses, pour en conclure que les matières ainsi rejetées dans le sein de la terre, ont reconstitué le gîte primitif, et doivent lui être attribuées en vertu de son acte de concession ;

» Considérant qu'aux termes de l'art. 552 du Code civil, la propriété du sol emporte la propriété du dessus et du dessous ; que le propriétaire peut faire les fouilles qu'il juge à propos, et tirer de ces fouilles tous les produits qu'ils peuvent fournir, sauf les modifications résultant des lois et règlements relatifs aux mines ; qu'il suit de cette disposition, ainsi d'ailleurs que des discussions qui ont précédé l'adoption de la loi du 21 avril 1810 sur les mines, que le droit de concéder l'exploitation des substances minérales ou fossiles cachées dans le sein de la terre à un autre qu'au propriétaire de la surface, est un droit exceptionnel, dérogatoire au droit commun et non susceptible d'interprétation extensive ; qu'il faut donc, pour que les prétentions de la demanderesse soient admissibles,

que les amas de terres rouges qu'elle réclame constituent soit une mine
soit l'affleurement véritable d'une couche ou d'un filon ;

» Considérant que d'après le sens attribué généralement au mot *mine*
tant dans le langage vulgaire que dans le langage juridique, on n'a jamais
compris sous ce mot que des amas de substances minérales qui ont été
formées par les révolutions naturelles du globe, et dont la science et
l'industrie peuvent ainsi reconnaître les directions et les signes apparents ;
qu'ainsi le droit romain et notamment la L. 13 § 5 D. *de usufructu*, VII, 7,
et la loi 3 C. *de métal.* XI, 7, supposent pour l'exploitation des richesses
souterraines, l'existence de veines naturelles ; qu'il en est de même du
droit coutumier français ; que Coquille en commentant les articles 1 et 2 des
coutumes du Nivernais, distingue le trésor, des minières d'argent, de fer,
de cuivre, etc, en ce que le trésor est mis en son bien par main d'homme,
tandis que les minières font partie de la terre naturellement et sont
produites par la terre ; que Ferrière, dans son Dictionnaire de droit, définit
la mine « cette partie de la terre où se forment les métaux et les minerais » ; que c'est cette signification consacrée par un si long usage que la
législation moderne a aussi sanctionnée ; que dès le début de la discussion
de la loi 1810 le comte Fourcroy qui , à raison de ses connaissances
spéciales, avait été chargé de la rédaction du projet, appelle les mines
dans son rapport du 20 octobre 1808 *un produit naturel* (Locré, t. 4,
p. 260); que selon le comte Stanislas de Girardin, qui a présenté le rapport
sur la loi au Corps législatif « les mines sont les couches de combustible
ou des filons de substances métalliques qui se prolongent quelquefois sur
une étendue de plusieurs myriamètres et qui s'enfoncent diversement
dans le sein de la terre, jusqu'à des profondeurs indéfinies » (Locré , ibid.
page 413), définition conforme, au surplus, au texte formel de l'article 2
de la loi du 21 avril 1810 ; qu'il ajoute que pour exploiter une mine avec
avantage , il faut la traiter en masse ou dans des sections d'une certaine
étendue, réglées sur le *gisement* et les *allures* des couches ou des filons :
ce qui démontre que lorsqu'on parle de mines, il ne peut s'agir que des
amas de substances minérales ou fossiles, tels que les présente la nature ;
que si dans les discussions relatives à l'article 4 on s'est occupé de *terres
pyriteuses longtemps exposées à l'air, ou brûlées* (Locré, page 285), tout le
monde a été d'accord pour reconnaître qu'elles ne peuvent constituer ni
des mines, ni des minières, mais simplement des amas d'engrais, mis à la
disposition du propriétaire de la surface, et soumis exceptionnellement
au régime des carrières ;

» Considérant que d'après ce qui précède et en s'attachant même exclusivement aux articulations de la demanderesse, on ne peut envisager les
terres rouges dont il s'agit au procès, ni comme une *mine* ni par suite
comme un *affleurement*, c'est-à-dire, d'après la définition donnée par
Brard, dans ses *Eléments pratiques d'exploitation*, la partie visible au jour
d'un filon ou d'une couche qui se montre à la surface de la terre et qui
peut faire penser avec raison qu'il existe au-dessous une certaine quantité
de telle ou telle substance minérale utile ;

» Considérant que dans cet état de choses les autres articulations de la demanderesse sont sans influence sur le débat ; qu'il importe peu que les terres rouges contiennent en plus ou moins grande quantité de la galène, de la blende, des pyrites, des sulfates de plomb et qu'un certain nombre de ces minerais, qui tous ont été extraits de la mine par les fabricants de couperose, n'aient pas été grillés ; qu'il importe tout aussi peu que ces fabricants les aient rejetés sur le sol ou dans les cavités formées par l'exploitation comme choses n'ayant pour eux aucune valeur ; qu'il suffit en effet d'après l'article 552 du Code civil qu'elles se trouvent au dessus ou au dessous du sol pour qu'elles soient restées à la disposition des propriétaires quelle que soit d'ailleurs la hauteur du tassement, ou la profondeur de l'enfouissement ; que l'allégation que ces terres sont arrivées jusqu'à l'intérieur du gîte, ne prouve rien non plus, si ce n'est qu'elles sont toute autre chose que le gîte lui-même ; que c'est en vain encore que la demanderesse allègue qu'à cette profondeur, on ne peut extraire les terres rouges sans exploiter en même temps les minerais du gîte, puisque ce n'est que lorsqu'on viendra ainsi empiéter sur son domaine que son action pourra naître ; qu'enfin la circonstance que les remblais constitueraient aujourd'hui un nouveau sol est tout aussi indifférente, puisque si par une nouvelle incorporation au sol, les matières métalliques ont été immobilisées, c'est en faveur du propriétaire de la surface, ou de ceux qui ont sur cette surface des droits réels, ce qui est loin d'établir, comme le prétend la demanderesse, que ces matières forment une propriété souterraine, distincte et spéciale..... »

On pourrait ajouter beaucoup d'autres considérations à l'appui de cette doctrine. Qu'il nous suffise de faire remarquer que si la loi a pu permettre de concéder gratuitement les mines natives, auxquelles la nature seule a donné toute leur valeur, elle n'a pu évidemment permettre de concéder des matières extraites, à la valeur desquelles un tiers a contribué, par les risques et les dépenses de l'extraction elle-même.

1118. — L'une des conséquences pratiques du caractère immobilier des chevaux, agrès, outils et ustensiles servant à l'exploitation, c'est que tous ces objets ne peuvent être saisis indépendamment de la mine (art. 592 nᵒ 1 du C. de proc. civ.) ; c'est même pour cela que leur immobilisation a été décrétée par le législateur, afin d'empêcher, comme je l'ai dit au nᵒ 1117, la brusque interruption de l'exploitation (Discours de GIRARDIN ; *loco citato*).

1119. — Quant à la saisie de la concession elle-même, elle est soumise, selon le texte précis de l'art. 7, aux formalités prescrites par le Code de procédure civile (en Belgique, par la loi du 15 août 1854) pour l'expropriation forcée des immeubles.

Parmi les règles du Code de procédure civile sur l'expropriation forcée, il en est une qui doit être rappelée ici. Aux termes de l'art. 689 de ce Code, « les fruits échus depuis la dénonciation de la saisie au saisi sont immobilisés pour être distribués avec le prix de l'immeuble par ordre d'hypothèque. » L'art. 689 doit-il être appliqué aux matières extraites d'une mine dont la saisie a été opérée? Il doit l'être par analogie : c'est ce qui résulte des travaux préparatoires de la loi de 1810.

Voici, en effet, ce qui fut dit au Conseil d'Etat le 20 juin 1809 (Locré, VI, 14) :

« L'art. 9 est discuté.

» M. l'Archichancelier dit qu'on a demandé que les matières extraites fussent considérées comme des fruits, afin qu'il ne dépende pas des créanciers d'arrêter l'exploitation par une saisie immobilière.

» M. le Comte Regnaud (de Saint-Jean-d'Angély)dit que lorsque les matières sont extraites, elles sont comme les fruits cueillis, lesquels ne tombent pas sous la saisie immobilière.

» M. le comte Jaubert propose d'appliquer ici l'art. 689 du Code de procédure civile.

» Cette proposition est adoptée. »

1120. — Les actions ou intérêts dans une exploitation de mine sont des biens meubles aux termes de l'art. 8, dernier alinéa : je développerai ce principe au chapitre des *Sociétés*.

§ II. — DE CE QUI EST MEUBLE OU IMMEUBLE DANS LES MINIÈRES
ET LES CARRIÈRES.

1121. — Aussi longtemps que le propriétaire du sol conserve le droit d'exploiter les minières et les carrières enfouies dans son héritage, la propriété de ces minières ou carrières se confond avec celle de l'héritage lui-même, il n'existe alors qu'une seule propriété, qu'un seul immeuble, comprenant toutes les matières que le sol renferme (sauf les mines concédées, s'il y en a).

1122. — Mais le propriétaire peut céder le droit d'exploiter les minières ou les carrières, en conservant pour lui la propriété de son fonds. On se demande alors si le droit du cessionnaire est mobilier ou immobilier.

Il faudra, avant tout, rechercher attentivement si la cession de la minière ou de la carrière n'emporte pas aliénation du fonds lui-même ; car il arrive souvent que l'on identifie le fonds à la minière ou à la carrière, lorsque celles-ci représentent toute l'utilité que le fonds peut procurer.

Mais en supposant que les parties n'aient pas établi cette confusion, on demande donc si le droit (isolé) d'exploiter est mobilier ou immobilier.

Il faut répondre par une distinction.

1123. — Si la concession n'est point perpétuelle ou jusqu'à épuisement, elle ne peut être qu'un droit mobilier ; car elle ne constitue alors ni la propriété de la carrière, ni encore moins celle du fonds, qui continuent l'une et l'autre de résider dans les mains du propriétaire du sol ; et la concession ne constituant pas une propriété foncière, on ne voit pas de quelle manière on pourrait la considérer comme étant un immeuble. On a discuté sur le point de savoir si cette concession temporaire était un bail ou une vente : mais, en toute hypothèse, le caractère mobilier du droit cédé ne paraît pas pouvoir être méconnu.

Si la concession est perpétuelle ou jusqu'à épuisement, elle fait de la minière ou de la carrière ce qu'un décret de concession fait de la mine, c'est-à-dire qu'elle l'érige en une propriété distincte de la propriété du fonds, mais immobilière aussi, car la carrière ou la minière que la concession perpétuelle sépare du sol, est évidemment, dans son ensemble, un immeuble par nature, comme le sol dont elle n'est qu'une partie globale. Nous disons que la concession à perpétuité fait de la carrière ou de la minière une propriété distincte, et par suite un droit immobilier : la concession *perpétuelle*, en effet, enlève au propriétaire du fonds tout droit sur la minière ou la carrière, elle donne au concessionnaire le droit de jouir et de disposer de celle-ci, et par cela même elle sépare et distingue du sol la carrière ou la minière, pour en faire une propriété nouvelle. En un mot, la volonté des parties, et la loi ne lui a point refusé cette puissance, la volonté des parties fait, pour la minière ou la carrière, ce que les décrets de concession font pour les mines (DELEBECQUE, n° 1190).

1124. — Les Cours d'appel de Liége et de La Haye ont explicitement consacré cette doctrine, la première dans un arrêt du 1er décembre 1848 relatif à la concession perpétuelle d'une carrière (*Pas.* 1849, 2, 95), et la seconde dans un arrêt du 31 mars 1826 (*Pas.* à cette date) relatif à la concession perpétuelle d'une tourbière. Je citerai les motifs de l'arrêt de la Cour de Liége (rendu sur les conclusions conformes de M. l'avocat-général Beltjens) parce qu'ils posent nettement les vrais principes.

« Attendu qu'une délibération du Conseil communal de Herbeumont, approuvée par arrêté royal du 19 mars 1842, a rendu la concession de la carrière perpétuelle; que cet acte, en séparant pour toujours le domaine du dessus de celui du dessous, a fait de la carrière une propriété séparée, immobilière par sa nature, et dès lors susceptible d'hypothèque (1);.... Attendu qu'une carrière est une partie intégrante du fonds, qui, de même qu'une mine, ne change pas de nature, parce qu'elle passe à un autre propriétaire par une concession perpétuelle; — Attendu qu'on ne peut argumenter du silence de la loi sur le caractère des minières et des carrières, en se fondant sur ce que les mines sont, au contraire, expressément déclarées immeubles; qu'en effet la première partie de l'art. 8 de la loi de 1810 n'a pas pour but d'attribuer aux mines une qualité fictive autre que celle résultant de la nature des choses, mais de rendre plus précise la disposition finale du même article, qui porte que les actions et intérèts dans une exploitation de mines sont réputés meubles, conformément à l'art. 529 C. civ.; qu'en les réputant meubles par détermination de la loi, le législateur a suffisamment fait connaître qu'il considérait les mines mêmes comme immeubles par leur nature;.... que si l'on devait consulter la législation sur des droits analogues, il faudrait raisonner de la nature de l'usage et de l'usufruit qui ont beaucoup de rapport avec celle d'une concession de mine, minière ou carrière, et qui sont des droits immobiliers. »

Les arrêts précités ont fait de ces principes une application importante, en décidant que la concession perpétuelle d'une minière ou d'une carrière est susceptible d'hypothèque (Delebecque, no 1190).

1125. — La loi du 21 avril 1810 qui s'est occupée, dans son article 8, des immeubles par destination relativement aux mines, ne s'en est occupée nulle part relativement aux minières et aux carrières. Mais le Code civil supplée ici au silence de la loi de 1810, puisqu'il doit être appliqué à la matière des mines, minières et carrières, lorsqu'il n'est pas contraire aux textes ou à l'économie de la législation spéciale qui les régit (no 45). Or, la loi de 1810, au lieu de repousser les règles de l'art. 524 du Code civil sur les immeubles par destination, les a elle-même reproduits dans son art. 8 en ce qui concerne les mines. Il faut donc les appliquer aussi aux minières et aux carrières.

____

(1) Ce motif se trouve parmi ceux du jugement de 1re instance que la Cour a adoptés; les considérants qui suivent sont ceux de l'arrêt lui-même.

CHAPITRE IV.

DE L'ALIÉNATION DES CONCESSIONS. — DES ALIÉNATIONS PARTIELLES
ET DU PARTAGE. — RÉUNION DE PLUSIEURS CONCESSIONS.

SOMMAIRE.

I. — LA TRANSMISSION DES CONCESSIONS EST LIBRE.

1126. Un décret du 3 nivôse an VI assujettissait la transmission des concessions à l'approbation du gouvernement. Il a été aboli par la loi de 1810.
1127. Observation.
1128. La vente d'une concession est réglée par le Code civil, notamment quant à la garantie.
1129. Applications de la garantie aux défauts cachés de la mine.
1130. Et aux redevances.
1131. La vente d'une concession est-elle rescindable pour lésion énorme dans le prix de vente ?

II. — DES ALIÉNATIONS PARTIELLES ET DU PARTAGE.

1132. Une mine ne peut être partagée sans l'autorisation préalable du gouvernement. — Motifs.
1133. Le partage doit s'entendre d'une division d'exploitation ou de jouissance, comme d'une division de propriété.
1134. Les concessionnaires ne peuvent donc diviser la concession en prenant chacun ce qui est sous leurs héritages.
1135. Effet de cette convention quant à la part de chacun dans la concession indivise.
1136. On peut aliéner une part *indivise* dans une concession.
1136 *bis. Quid* du droit de sortir de l'indivision? Renvoi.
1137. La nullité du partage est d'ordre public.
1138. Conséquences.
1139. L'annulation ne rétroagira pas sur les effets accomplis du partage.

II.

III. — RÉUNION DE PLUSIEURS CONCESSIONS.

I. — LA TRANSMISSION DES CONCESSIONS DE MINES EST LIBRE.

1126. — Un décret du 3 nivose an VI (23 décembre 1797) avait disposé que les concessions de mines ne pourraient désormais être transmises par aliénation entre vifs, testament ou succession sans l'approbation du gouvernement. Le législateur de 1810 qui voulait « que la mine concédée devînt une propriété libre,

» dont le propriétaire pût user comme de tout autre bien (1) »
ne pouvait maintenir le régime restrictif du décret de l'an VI :
aussi a-t-il déclaré, dans l'art. 7 de la loi nouvelle, que l'acte de
concession donne la propriété perpétuelle de la mine et la rend
disponible et transmissible comme tous autres biens.

PROUDHON (*De la propriété*, nᵒˢ 769-772) a cependant énergiquement soutenu que le décret du 3 nivose an VI avait survécu à la
loi de 1810. Mais tous ses arguments ne peuvent l'emporter sur le
texte clair et précis de l'art. 7 : aussi n'ont-ils converti personne,
et la jurisprudence comme la doctrine sont unanimes à proclamer l'abrogation du décret de nivose (avis du Cons. d'Etat
du 21 août 1810 approuvé le 28 ; DUPONT, t. 1ᵉʳ p. 553 et ss. ;
DELEBECQUE, nᵒˢ 844 et ss. ; PEYRET, nᵒˢ 258-260, etc.).

1127. Toutefois, si l'argumentation de PROUDHON est repoussée
d'une voix unanime en tant qu'elle veut maintenir un décret
manifestement aboli, il en est plusieurs, et notamment DELE-
BECQUE, qui se rallient à cette argumentation, en tant qu'elle tend
à signaler dans les principes de la loi de 1810 une regrettable
incohérence. La loi, disent-ils, prescrit d'octroyer les concessions
à ceux-là seulement qui justifient des ressources et des facultés
nécessaires pour les exploiter (art. 14), et voilà qu'elle permet
de les faire passer immédiatement et sans contrôle dans les
mains du premier venu, dans les mains des plus incapables et
des plus pauvres ! — La loi de 1810 peut cependant, je crois, se
justifier. Alors qu'il s'agissait d'instituer la concession, on comprend qu'elle ait recommandé au gouvernement de vérifier si
le demandeur était en état d'en tirer parti ; la concession est
gratuite, et la loi ne pouvait permettre de l'octroyer à quiconque
se présentait pour l'obtenir : ce système d'indifférence n'avait
aucune raison d'être. Mais lorsque la concession a fait entrer la
mine dans le commerce, on comprend également que ce
commerce soit libre, parce que la liberté est le plus puissant
aiguillon de l'amélioration des propriétés et la plus forte garantie
de leur bonne administration : on s'attache d'autant plus à un
bien qu'on sait en être entièrement maître, et les propriétés
languissent lorsque leur transmission est entravée. L'expérience

---

(1) Paroles de NAPOLÉON à la séance du Conseil d'État du 3 février 1810
(LOCRÉ, XXIV, 18).

a d'ailleurs justifié la loi de 1810 : la liberté de la transmission des mines n'a pas eu plus d'inconvénients que la libre transmission des autres biens, et elle a eu l'immense avantage de donner à l'industrie minérale une puissante impulsion.

1128. — La mine concédée étant disponible et transmissible comme une autre propriété, la vente d'une concession produit, en général, les mêmes droits et obligations qu'une vente ordinaire d'immeubles. On lui appliquera donc notamment l'art. 1638 du Code civil qui impose au vendeur la garantie des servitudes non apparentes, dont le fonds vendu est grevé et dont il n'a pas été fait déclaration.

1129. — Mais le vendeur n'est pas tenu de garantir l'acheteur contre les charges que la loi elle-même a imposées aux concessions de mines. En conséquence, l'acheteur ne peut agir en garantie, lorsqu'un concessionnaire voisin lui demande d'empêcher que les eaux de la mine achetée ne se déversent dans la mine voisine : la loi de 1810 ordonne, en effet, à chaque exploitant de retenir ou d'évacuer à la surface les eaux de ses ouvrages (art. 45), et l'acquéreur d'une concession l'acquiert nécessairement avec cette charge légale. Ainsi l'a décidé un arrêt de la Cour de Bruxelles du 5 décembre 1840 (*Pas.* 1841, 2, 10); mais cet arrêt a été trop loin, selon moi, en décidant que la garantie n'était pas due, alors même que les espontes du charbonnage vendu étaient rompues à l'époque de la vente : cette rupture était un vice caché (à moins qu'elle n'eût été apparente, ce que l'arrêt ne constate pas) qui, s'il n'empêchait pas l'usage de la mine, en diminuait considérablement la valeur, et donnait, par conséquent, ouverture à l'obligation de garantie (art. 1641, C. civ.).

1130. — Des mêmes principes il résulte que l'acheteur d'une mine n'a pas de recours à raison des redevances que l'acte de concession alloue au propriétaire de la surface, mais qu'il en a un, au contraire, à raison des redevances *conventionnelles* qui ne lui ont pas été déclarées (nᵒˢ 431 et 432).

1131. — PEYRET-LALLIER enseigne (nᵒ 130) que la vente d'une concession n'est pas rescindable pour lésion de plus des septdouzièmes : l'art. 1674 du Code civil, dit-il, ne peut être appliqué à une vente pareille, parce qu'elle est essentiellement aléatoire, et qu'il est impossible de fixer avec certitude le prix de la concession vendue. — Cette solution sera le plus souvent exacte.

Mais il se pourrait cependant que la mine, telle qu'elle était connue et exploitée lors de la vente, eût une valeur réelle, dont le prix stipulé ne représenterait pas même les cinq douzièmes : il serait injuste alors de ne pas protéger le vendeur contre la rigueur de la position qui l'a contraint de vendre à vil prix, et puisque la lésion énorme serait certaine, pourquoi n'appliquerait-on pas à la vente d'une concession le principe de la rescission, posé par l'art. 1674 du Code civil pour les ventes d'immeubles en général? L'opinion de PEYRET-LALLIER me paraît donc trop absolue, et il est plus sage de maintenir ici les principes du Code NAPOLÉON, sauf à les appliquer avec mesure et selon les circonstances. Le tribunal de St-Etienne, dans un jugement que PEYRET invoque à l'appui de sa décision, fait appel aux dangers d'éboulement, d'incendie, d'inondation, que l'exploitation des mines est condamnée à courir : mais cette considération, qui pourrait aussi être invoquée dans la vente d'autres biens, ne suffit pas pour écarter l'application des règles ordinaires : il pourra seulement y avoir lieu d'en faire état dans l'estimation de la mine.

II. — DES ALIÉNATIONS PARTIELLES. — PARTAGE.

1132. — La loi de 1810, en consacrant la liberté de la transmission des mines concédées, y a cependant apporté une restriction : « Une mine, dit l'art. 7 § 2, ne peut être vendue par » lots ou partagée, sans une autorisation préalable du gouver- » nement donnée dans les mêmes formes que la concession. »

« La division d'une mine, a dit l'instruction ministérielle du 3 août 1810 (§ III), entraînerait le plus souvent la ruine de l'entreprise.... Le partage de l'objet concédé donnerait lieu à des *extractions* partielles toujours beaucoup plus nuisibles qu'elles ne peuvent être utiles. »

« Les concessionnaires, dit M. DE CHEPPE dans un article inséré aux *Annales des Mines*, 3e série, t. VIII, p. 586, ont la faculté de disposer en bloc de leur propriété; ils peuvent aussi s'adjoindre pour l'exploitation tels associés qu'il leur convient, et régler comme ils l'entendent leurs intérêts réciproques dans l'entreprise ; mais ils ne peuvent partager la mine ni en diviser l'exploitation, à moins qu'ils n'en obtiennent la permission.

En effet, l'exploitation d'un gîte minéral, pour être bien conduite, doit être effectuée avec ensemble, par des travaux co-ordonnés entre eux suivant les règles de l'art. Morceler le gîte serait souvent compromettre son existence. Des extractions partielles et indépendantes les unes des autres pourraient avoir des résultats funestes. L'intérêt public, qui est le but que le gouvernement se propose toujours en instituant une concession, devait faire interdire des divisions de ce genre, ou du moins il voulait qu'on ne les permît qu'autant que, d'après l'examen des lieux, on n'y aurait point reconnu d'inconvénient. »

1133.—Ce que l'art. 7 a voulu défendre, ce sont donc les *extractions* partielles, effectuées dans le périmètre de la même même concession par des entrepreneurs différents et indépendants les uns des autres. Il suit de là que la prohibition de la loi s'applique non-seulement aux conventions qui divisent *la propriété* de la mine concédée, mais aussi à celles qui en divisent *l'exploitation* ou *la jouissance* : c'est l'unité *d'exploitation*, et non pas seulement l'unité de *propriété* que la loi a voulu maintenir (Cons. des M., 23 juillet 1841, *Jur.*, p. 128). La Cour de Cassation de France avait d'abord adopté le système contraire (arrêts du 4 juillet 1833 et du 20 décembre 1837, S. 1833, 1, 757; 1838, 1, 91); mais elle l'a condamné depuis (27 mars 1843, 4 juin 1844, 26 nov. 1845, S. 1843, 1, 299; 1844, 1, 723; 1846, 1, 240).

« Attendu, a dit la Cour de Liége dans un arrêt du 8 août 1851 (*Pas.* 1852, 2, 114), que l'art. 7 de la loi du 21 avril 1810 porte qu'une mine ne peut être vendue par lots ou partagée sans une autorisation préalable du gouvernement; que le but que le législateur a voulu atteindre en défendant de partager une mine ne permet pas de renfermer la prohibition dans le cas unique d'un partage proprement dit; qu'on peut même dire que le législateur s'est servi d'une expression générale qui peut s'appliquer à un partage temporaire ou partiel comme à un partage définitif, et qui embrasse le partage de la jouissance aussi bien que le partage de la propriété elle-même; qu'en effet, ces divers modes de partager une mine entraînent également les mêmes inconvénients graves qu'il fallait éviter, la division d'intérêts, le défaut d'unité d'action, et tous les désavantages des exploitations restreintes; qu'ainsi le morcellement procédant d'un bail doit nécessairement tomber sous la prohibition; qu'il n'est pas exact de soutenir avec les appelants que le paragraphe de l'article 7 forme une exception qu'il faut renfermer dans toute la rigueur de ses termes; que cette disposition n'est au contraire qu'une application du principe général de l'indivisibilité des mines et des exploitations, principe qui touche à l'intérêt public; qu'il faut donc appliquer la disposition à tous les cas où ce principe d'indivisibilité peut recevoir une atteinte funeste ; que c'est ainsi, par exemple, que bien que l'article 7 ne parle que de la vente par lots, on ne saurait contester qu'il doit s'appliquer de même au morcellement d'une mine qui résulterait de donation ou d'échange ; qu'au surplus, le bail d'une mine donnant droit à l'exploitation de choses fongibles non susceptibles de reproduction, et fait surtout pour le terme de quarante années, implique une véritable aliénation de toute la partie qui serait exploitée et pourrait même, dans certains cas, consommer l'épuisement de la mine entière ; que c'est donc à juste titre que les premiers juges ont déclaré nul l'acte du 25 décembre 1828.... »

1134. — L'art. 7 § 2 s'oppose donc à ce que des propriétaires de la surface, qui se réunissent pour demander une concession, conviennent entre eux, soit avant soit après le décret de concession, que la mine concédée sera partagée ou exploitée séparément par chacun, sous les héritages qui lui appartiennent dans le périmètre concédé.

Mais cette même convention, nulle en tant qu'elle constitue un partage de la propriété ou de l'exploitation de la mine, ne peut-elle pas, selon son esprit et les circonstances, servir à déterminer tout au moins la part de chaque concessionnaire dans la propriété et dans les produits de l'exploitation ?

La Cour de Dijon avait décidé l'affirmative par un arrêt du 27 janvier 1844 (*Journ. du Pal.*, 3ᵉ édit. à cette date).

Mais la Cour de Lyon décida, au contraire, dans un arrêt du 19 décembre 1851, que l'annulation de la convention devait être absolue et complète à tous égards, que nulle en tant que partage, elle ne pouvait produire d'effet sous d'autres rapports ; que, par suite, la concession, ramenée à l'état d'indivision par la nullité du partage convenu, appartenait à chaque concessionnaire pour une portion *égale et virile*, en sorte que si la concession avait été octroyée à six individus, chacun d'eux était concessionnaire pour un sixième, sans égard à l'étendue plus ou moins grande des propriétés de chacun dans le périmètre concessionnel, ni à la convention de partager la concession proportionnellement à cette étendue.

C'était pousser trop loin les conséquences de la nullité du partage, et restreindre arbitrairement, par une décision de principe, les libres conventions des parties. Aussi la Cour suprême cassa-t-elle la décision de la Cour de Lyon par un arrêt du 18 avril 1853, dont voici les motifs (S. 1853, 1, 435) :

« Vu les art. 1134 et 1853 C. Napoléon ; — Considérant qu'il n'est pas de l'essence du contrat de société, et qu'il pourrait être contraire à l'équité d'attribuer de plein droit à tous les associés une égale participation aux produits et aux charges de la société ; que la part de chacun dans les bénéfices ou dans les pertes se règle suivant les proportions respectivement stipulées par les contractants, ou, à défaut de convention spéciale sur cette répartition, en proportion de la mise ou de l'importance du droit de copropriété de chacun dans le fonds social ; — Attendu que ce principe général et de droit commun s'applique à une société de concessionnaires de mines ; que l'acte de concession, ne réglant rien sur la mesure de leurs intérêts, ne leur donnerait des droits égaux dans la copropriété et dans les produits de la mine concédée, qu'autant qu'il ne serait intervenu ou qu'il n'interviendrait entre eux aucune convention ayant pour objet ou pour résultat de déterminer, par le règlement, soit de la répartition des produits, soit même de l'importance relative du droit de copropriété de chacun, la proportion dans laquelle ils devront participer aux bénéfices et aux charges de la concession commune ; — Attendu qu'une convention entre les concessionnaires à l'effet de limiter sur des parties déterminées du périmètre concédé leurs droits respectifs à la concession peut, d'après les circonstances et selon les stipulations des contractants, être considérés comme supposant nécessairement de la part de ceux-ci la volonté de mesurer à des proportions correspondantes la quotité relative du droit de copropriété de chacun, pour servir de base au partage, même du fonds social en cas de dissolution de la société, ou du moins à la répartition des produits pendant la durée de la société et de l'indivision ; que si, par la disposition d'ordre public formulée en l'article 7 de la loi du 21 avril 1810, une telle convention est frappée de nullité dans son application au partage non autorisé de la concession, elle n'a rien d'illicite dans son application au règlement, soit des parts des contractants dans les produits de l'exploitation rendue à son état d'unité, soit de l'importance proportionnelle du droit de copropriété que chacun a entendu avoir dans le fonds social ; — Attendu qu'il était allégué par les premiers juges, d'après les circonstances générales de la cause, et suivant les dispositions particulières, non-seulement de l'acte sous signatures privées du 22 janvier 1824, mais aussi de l'acte public du même jour, que les divers propriétaires de surface s'étant réunis pour demander la concession du périmètre de Beaubrun, se concilièrent à cet effet et se reconnurent, à cause seulement et dans la mesure de leur qualité même de propriétaires, des droits à la concession ; qu'ils entendirent ainsi mesurer à l'étendue relative de leurs propriétés superficielles la proportion de leurs droits respectifs de copropriété dans la concession commune ; — Attendu qu'au lieu d'examiner si, en effet, les actes ou les faits de la cause constataient, soit d'une manière expresse, soit d'une manière implicite, la preuve d'une détermination ou d'un règlement de ce genre, les juges d'appel ont décidé, en droit seulement et en thèse absolue, que la convention sous signatures privées du 22 janvier 1824, nulle relativement au partage de la mine, serait également sans effet même en ce qu'elle aurait manifesté, de la part des concessionnaires, l'intention de régler la mesure de leurs intérêts respectifs ou les différentes proportions de leurs droits de copropriété dans la mine concédée ; — En quoi ils ont faussement appliqué l'art. 7 de la loi du 21 avril 1810, et violé les art. 1134 et 1853 C. Napoléon ; — Casse, etc. »

La Cour de Besançon, à laquelle la cause fut renvoyée, s'est ralliée, le 14 juillet 1853, à la doctrine de la Cour suprême, et celle-ci a rejeté, le 10 avril 1854 (S. 1856, 1, 502), le pourvoi formé contre l'arrêt de Besançon.

1135. — Relativement à la convention que font des concessionnaires, propriétaires de la surface, d'exploiter séparément sous leurs propriétés respectives, il faut encore remarquer avec Proudhon (n° 773) que cette convention serait valable, si elle avait été jointe à la demande en concession, et qu'elle eût été positivement autorisée par l'ordonnance du Roi.

1136. — Au surplus, si l'art. 7 § 2 interdit la vente par lots d'une concession, il n'interdit en aucune façon la vente de parts *indivises*, telles qu'une moitié, un tiers, etc. : une vente de cette nature n'apporte aucune division, aucun partage, dans la propriété ni dans l'exploitation de la mine.

1136 *bis*. — Le droit de sortir de l'indivision par un partage ou une licitation existe-t-il quant aux mines ? — J'examinerai cette question au chapitre des *Sociétés*.

1137. — La prohibition de l'art. 7 ayant pour but « de prévenir le morcellement si préjudiciable des exploitations, et de pourvoir à l'intérêt général du bon aménagement des gîtes et de la conservation des richesses minérales » (Cass. Fr. 26 nov. 1845, S. 46, 1, 240), elle est une disposition d'ordre public, et par conséquent la nullité que sa violation produit est une nullité du même ordre (même arrêt).

1138. — Il suit de là :

1° Qu'elle peut être invoquée pour la première fois devant la Cour de cassation (Cass. Fr. 4 janv. 1844, S. 1844, 1, 723);

2° Qu'elle peut être invoquée par toute personne qui a intérêt de s'en prévaloir, même par celles qui ont été parties dans l'acte entaché de nullité (même arrêt; Liége, 8 août 1851, *Pas.* 1852, 2, 114);

3° Que la nullité ne peut être couverte ou effacée ni par la prescription, ni par le consentement des parties, ni par l'exécution volontaire, quelque prolongée et complète qu'elle ait pu être. » (Jugement du trib. de St.-Etienne, Sirey, 1853, 1, 435.)

1139. — Les parties pourront donc toujours, malgré cette exécution, faire annuler l'acte qu'elles avaient consenti, et ramener la concession à son unité légale de propriété et d'exploitation. Mais les effets que la convention a produits *dans le passé* devront être maintenus : ce sont là des faits consommés, dont l'intérêt général pouvait repousser la réalisation, mais dont il n'exige pas l'abolition rétroactive. Ainsi l'a décidé la Cour de cass. de France le 10 avril 1854 (S. 1856, 1, 502), relativement à un partage de mines qui avait reçu son exécution pendant 23 années.

« Attendu, a-t-elle dit, qu'il n'existe aucun motif d'intérêt public qui doive faire déclarer illicite, pour le passé, la perception divise des produits de la mine, faite par les intéressés dans la proportion convenue entre eux, alors même que cette perception aurait eu lieu au moyen d'une exploitation fractionnée, le rétablissement de l'exploitation collective pour l'avenir satisfaisant à cet égard à toutes les exigences de la loi; — Attendu, d'ailleurs, que la prohibition de la loi ayant été également enfreinte par toutes les parties, l'une d'elles ne pourrait, dans aucun cas, être recevable à se prévaloir contre l'autre d'une faute qui leur serait commune, pour faire modifier la répartition des produits ainsi perçus ; — Attendu, dès lors, qu'en maintenant, pour le passé, les perceptions faites par chacun des intéressés, en vertu de leurs conventions originaires, et en n'appliquant, par son arrêt, qu'aux produits à venir le nouveau mode de répartition rendu nécessaire par le rétablissement de l'exploitation collective, la Cour impériale de Besançon, loin de violer l'art. 1131, Code Napoléon, et les principes généraux de la matière, en a fait, au contraire, à l'espèce, une juste application; — Rejette. »

1140. — Les effets de l'annulation seront d'ailleurs régis par les principes du droit commun sainement appliqués : ainsi, par exemple, les travaux exécutés pendant le partage devront être payés en tout ou en partie à celui qui les a faits, selon que l'exigeront les circonstances et l'équité : il serait téméraire de poser à cet égard des règles absolues, et spécialement d'appliquer entièrement celle de l'art. 555 du Code civil, qui attribue au possesseur, soit le coût, soit la plus value des constructions qu'il a faites sur le fonds possédé. Dans le cas qui nous occupe, il existe une circonstance particulière que la Cour de Cassation de France a soigneusement relevée dans son arrêt du 10 avril 1854 : c'est que la faute a été commune aux deux parties. Il est juste, dès lors, que chacune d'elles en supporte les conséquences. Supposez donc que les travaux exécutés dans une portion de la mine partagée n'aient plus d'utilité pour l'exploitation ultérieure

de la mine totale ou que l'utilité qu'ils conservent soit inférieure
de beaucoup à la dépense qu'ils ont coûtée : il faudra partager la
perte *ex æquo et bono*, au lieu de la faire peser toute entière sur
l'une des parties. D'autres circonstances spéciales pourront exercer une légitime influence sur la solution de la question.

1141. — La vente partielle d'une mine étant nulle, la Cour
de Montpellier a décidé avec raison, le 21 janvier 1841 (S. 1842,
2, 80), qu'elle n'avait pas d'effet contre l'acquéreur de la totalité de la concession, et qu'elle ne pouvait non plus former le
principe d'une action en garantie au profit de l'acquéreur partiel
contre son vendeur. La Cour d'appel de Liége a consacré la
même doctrine sur ce dernier point dans un arrêt du 6 juin 1840
(*Pas.*, 1841, 1, 335).

1142. — La division de l'exploitation ou de la propriété d'une
mine peut être autorisée par le gouvernement, qui examine,
dit l'instruction ministérielle du 3 août 1810 (§ III) : « 1o Si la
mine concédée est susceptible de division sans inconvénient;
2o si chacun des co-partageants aurait les facultés requises pour
suivre les travaux à faire dans chacune des parties, et acquitter
les charges qui seraient affectées proportionnellement à chaque
portion. »

1143. — Aux termes de l'art. 7 § 2, l'autorisation du gouvernement est donnée *dans les mêmes formes que la concession.*

Ces expressions ne signifient pas que toutes les formalités
préalables prescrites pour les demandes en concession doivent
être remplies pour les demandes en partage, et qu'ainsi ces dernières devraient être soumises aux affiches, publications, rapports d'ingénieurs et avis du préfet, conformément aux art. 22 et
suivants de la loi de 1810. Lorsque l'art. 7 § 2 parle *des mêmes
formes que la concession,* c'est relativement à *l'autorisation elle-
même,* relativement aux formes de cet acte d'autorisation; en
d'autres termes, il veut dire que l'acte d'autorisation doit, comme
l'acte de concession (art. 5), consister dans un décret d'administration publique délibéré en Conseil d'Etat.

Le Conseil des Mines de Belgique s'est prononcé pour cette
interprétation dans un avis du 12 août 1854 (*Jur. supp.*, p. 102),
et il l'a spécialement appliquée aux affiches et publications.

Mais il faut l'appliquer aussi aux rapports d'ingénieurs et avis du
préfet. Sans doute ces rapports et avis sont ici plus utiles encore
que les publications; ils sont même indispensables pour éclairer

l'administration supérieure, et le gouvernement ne manquera pas de les demander. Mais il reste vrai qu'ils ne constituent pas ici, comme dans les demandes en concession, une nécessité légale, et que leur absence n'entraînerait pas la nullité du partage autorisé, tandis qu'elle entraînerait celle d'un décret de concession.

1144. — L'instruction ministérielle du 3 août 1810 a donc bien fait de soumettre les demandes de partage aux formalités suivantes (§ III).

« La demande en division de mine ou minière doit être adressée au préfet du département, avec les plans de la surface, sur une échelle de 10 millimètres pour 100 mètres, et celui des travaux intérieurs sur celle d'un millimètre pour mètre, avec les extraits des rôles d'impositions certifiant les côtes de chacun des demandeurs, et avec les avis des autorités locales sur leurs moyens et leurs facultés.

» L'ingénieur des mines donne son avis sur la possibilité de la division, en conservant des exploitations utiles. S'il y a possibilité, il indiquera le mode de division préférable, et les travaux qui devront avoir lieu par suite de cette division.

» S'il y a impossibilité de partager sans compromettre la sûreté et l'utilité de l'exploitation, l'ingénieur motivera son avis dans ce sens, d'après les considérations de l'état de la mine et des résultats nuisibles que produirait la division.

» Le préfet du département adresse son opinion sur le tout au ministre, lequel, après avoir pris l'avis de l'administration générale des mines, soumet un rapport au chef du gouvernement, qui statue sur la demande en Conseil d'Etat.

» Si la demande en division est admise, le décret détermine le mode de partage, les travaux à exécuter par chacun des copartageants, et la proportion des charges et redevances qui leur sont imposées. Chacun jouit ensuite de son lot comme s'il eût été concessionnaire originaire. »

En Belgique, depuis la loi du 2 mai 1837 et à cause de l'abolition du Conseil d'Etat, l'autorisation doit être accordée par un arrêté royal sur l'avis du Conseil des Mines. Et puisque l'art. 7 § 2 assimile, quant à la forme, l'acte d'autorisation de partage à l'acte de concession, il faut dire que, comme ce dernier (Loi du 2 mai 1837, art. 7), il ne peut être octroyé par le Roi *contre* l'avis du Conseil, d'autant plus qu'il constitue une modification de l'acte concessionnel.

1145. — La loi de 1810 exigeant une autorisation solennelle donnée par le chef du gouvernement, il en résulte que la division de la mine ne peut être validée par la tolérance ou la simple approbation de l'administration, et que celle-ci, comme toute personne intéressée, aura toujours le droit de considérer comme nulle une division non régulièrement autorisée.

1146. — L'art. 7 § 2 dispose que la mine ne peut être vendue par lots ou partagée sans l'autorisation *préalable* du gouvernement. Il ne faut pas exagérer la portée de cette condition *du préalable*. La loi a voulu dire, qu'aussi longtemps que la division n'a pas été autorisée, elle est inefficace en droit; mais elle n'a pas entendu interdire *l'approbation solennelle* d'une vente ou d'un partage déjà convenus entre parties; et si cette approbation royale intervient, elle équivaudra à une autorisation, car elle remplira le vœu du législateur, en prouvant que l'intérêt général n'est pas contraire à la division que les exploitants ont déjà stipulée dans leur intérêt privé.

1147. — L'approbation sera rétroactive entre les parties qui sont intervenues au partage. Cela est évident, lorsqu'elles se sont réunies pour demander l'autorisation ou approbation royale, puisqu'elles ont toutes manifesté par là l'intention de voir valider leur contrat. Mais la rétroactivité devrait encore être admise, alors même que l'une des parties seulement, par exemple, l'acquéreur d'une portion de mine, aurait sollicité et obtenu l'autorisation requise, car les parties doivent être présumées avoir voulu poser un acte valable, et, par suite, s'être donné réciproquement mandat de remplir les formalités voulues pour valider l'acte posé.

1148. — De là il résulte encore que l'une des parties ne pourra invoquer la nullité du partage, même avant l'approbation royale, s'il a été convenu, lors du partage, que cette approbation serait demandée. Elle pourra seulement s'opposer à *l'exécution* de la convention, jusqu'à ce que le gouvernement ait statué. L'intérêt général que l'art. 7 § 2 a pour but de protéger, exige bien que la convention ne soit pas exécutée avant l'autorisation, mais non pas que l'un des contractants fasse annuler un acte auquel il a concouru, et dont la régularisation est poursuivie conformément à la convention.

1149. — En ce qui concerne les tiers, la condition d'une autorisation *préalable* a plus de portée : elle signifie que le partage non autorisé, l'autorisation en fût-elle même demandée, est sans effet à leur égard, puisque vis-à-vis d'eux, il n'existe aucun motif de prendre cette demande en considération : ils ont le droit absolu de dire que le partage est non existant, aussi longtemps qu'il n'a pas reçu l'autorisation royale.

Si l'autorisation est obtenue, elle ne pourra non plus porter atteinte à leurs droits acquis. Si donc, par exemple, une portion de mine était vendue à une personne, que la mine entière fût ensuite vendue à une autre, et qu'ultérieurement l'aliénation partielle fût autorisée ou approuvée, l'autorisation ou approbation n'enlèverait pas à l'acquéreur total le droit qui lui était acquis de considérer comme nulle et inefficace l'aliénation partielle.

1150. — La violation de l'art. 7 § 2 entraînerait l'application des articles 93 à 96, qui punissent de peines correctionnelles les contraventions aux lois et règlements sur les mines. Si donc une mine était exploitée divisément, l'exploitant pourrait être poursuivi conformément à ces articles (Circ. minist. Fr. du 29 déc. 1838). Mais il me paraît qu'on ne pourrait poursuivre pour le seul fait du partage ou de la vente par lots, si la convention n'avait d'ailleurs reçu aucune *exécution :* les parties auraient, en effet, le droit de répondre qu'elles entendent ne donner suite à leur convention qu'après l'autorisation du gouvernement, et qu'au point de vue de la vindicte publique, cette convention, tant qu'elle n'est pas exécutée, ne constitue qu'un projet indifférent.

1151. — Le partage d'une concession, quoiqu'il soit autorisé par le Gouvernement, ne peut nuire aux droits qui appartenaient à des tiers sur la concession partagée : *res inter alios acta aliis non nocet.* L'intervention du gouvernement n'est requise par la loi que dans l'intérêt général, et l'autorisation n'est donnée ici, comme dans d'autres cas analogues, que sous la réserve des droits des tiers.

Il suit de là que les redevances qui frappaient la concession continuent à la grever dans toutes ses parties, comme si le partage n'avait pas eu lieu. Il n'y a guère de contestation possible, si les redevances ont été réglées par une convention spéciale. Mais je pense que le même principe serait applicable aux redevances légales qui avaient pris naissance avec la concession primitive, et qui constituent également des droits acquis auxquels le morcellement ultérieur de la concession ne peut porter aucune atteinte.

III. — RÉUNION DE PLUSIEURS CONCESSIONS.

1152.—L'art. 31 de la loi de 1810 porte que « plusieurs conces-
» sions pourront être réunies entre les mains du même con-
» cessionnaire, soit comme individu, soit comme représentant
» une compagnie, mais à la charge de tenir en activité l'exploi-
» tation de chaque concession. »

Selon DUPONT (t. 1er, p. 405), il s'agirait uniquement, dans
l'art. 31, du cas où le titulaire d'une concession en demande
une nouvelle, et l'article aurait seulement pour objet de lui
permettre de l'obtenir; en d'autres termes, il s'agirait non pas
de la réunion de plusieurs concessions par l'effet d'une vente,
d'une société, etc., mais uniquement de *l'obtention des concessions*,
seul objet dont s'occupe la section où l'art. 31 a été intention-
nellement placé par le législateur.

Cette interprétation de l'art. 31 a pour but de prouver qu'il
n'autorise pas d'une manière générale la réunion de plusieurs
concessions dans les mêmes mains. Et si DUPONT interprète ainsi
l'art. 31, c'est pour tâcher de disculper d'avance du reproche
d'illégalité un décret impérial du 23 octobre 1852, qui a défendu
de réunir des concessions de mines sans l'autorisation du
gouvernement.

1153.— L'interprétation de DUPONT ne peut être admise, et
moins encore la conséquence qu'elle a eu pour objet de préparer.

L'art. 31 est conçu dans des termes généraux; il parle de la
réunion de plusieurs concessions, sans distinguer si elle s'opère
par des achats, des sociétés, etc., ou si elle se réalise par l'octroi
d'une concession à un individu ou à une compagnie qui est
déjà concessionnaire. Il est bien vrai que l'art. 31 se trouve
placé dans une section intitulée *De l'obtention des concessions*;
mais ce titre ne peut avoir pour effet de restreindre le sens
d'une disposition conçue en termes absolus. Si le législateur
avait seulement voulu dire qu'une première concession ne ferait
pas obstacle à l'obtention d'une concession nouvelle, il l'aurait
dit en termes propres, sans en employer une formule générale,
qui embrasse toutes les causes possibles de réunion.

D'après cela, il faut donc admettre que l'article 31 autorise
formellement la réunion des concessions par tous les modes qui

peuvent la produire, et comme il n'exige aucunement la permission du gouvernement, il faut admettre aussi que cette permission n'est pas nécessaire.

1154. — Au surplus, l'opinion d'après laquelle la réunion devrait être autorisée, est contraire à l'économie de la loi. L'article 7, en effet, déclare les concessions de mines disponibles et transmissibles comme tous autres biens; il ne restreint ce principe de liberté qu'à l'égard des aliénations partielles. Donc, une concession peut être vendue à celui qui en a déjà une; donc, un concessionnaire peut former une société avec son voisin et réunir les deux concessions; donc, un concessionnaire peut laisser sa concession à son fils, qui en possède une autre, etc. Où trouvera-t-on dans la loi de 1810 le moyen d'empêcher toutes ces transmissions, ou, ce qui revient au même, de les assujettir à l'autorisation du gouvernement? Fera-t-on appel à leurs dangers? Ce serait un motif pour demander que l'art. 7 soit changé; mais ce n'en est pas un pour le changer sans l'intervention du législateur.

Donc, des concessions peuvent être librement réunies, soit en vertu de l'art. 31 qui consacre spécialement cette liberté de réunion, soit tout au moins par l'effet de l'art. 7 qui consacre le principe plus général de la liberté de la transmission des mines. (Consultez JOUSSELIN, t. 2, n° 54.)

1555. — L'autorisation du gouvernement devient cependant nécessaire, quand les concessions réunies sont séparées par des massifs ou espontes que les concessionnaires isolés ne peuvent exploiter, et dont l'exploitation est désirée après la réunion : le gouvernement alors doit intervenir, non pour autoriser cette dernière, mais pour autoriser l'exploitation des massifs, s'il le croit utile et non dangereux.

1156. — Selon l'art. 31, la réunion ne peut avoir lieu qu'à la charge de tenir en activité l'exploitation de chaque concession, et selon DELEBECQUE (n° 856), la violation de cette charge pourrait entraîner la révocation de la concession non exploitée. Le texte de l'art. 31 semble bien consacrer cette opinion; mais l'esprit de la loi de 1810 la condamne. La partie finale de l'art. 31 est un débris oublié du système des déchéances que les cinq premières rédactions du projet de loi avaient cru devoir établir. J'ai expliqué ailleurs (n°s 268 et ss.) comment NAPOLÉON fit abandonner ce système, pour lui substituer celui d'une propriété perpétuelle et libre, exploitée par l'activité intéressée de propriétaires, d'autant plus hardis qu'ils se savent plus indépendants. J'ai expliqué aussi (n° 282) comment ce changement des principes fondamentaux de la loi y fit corriger un grand nombre de textes particuliers, échos du système précédent. L'article 31 était au nombre de ces textes, au moins dans sa partie finale. Aussi à la séance du Conseil d'Etat du 13 février 1810, *après qu'on eut écarté la déchéance du concessionnaire qui n'exploiterait pas*, et alors qu'on était occupé à mettre chacun des articles du projet en harmonie avec le nouveau système, il fut expressément décidé, c'est Locré qui nous l'apprend (XXV, 29), *que l'on retrancherait de l'art. 34 du projet* (correspondant à l'art. 31 de la loi) *la condition de tenir en activité l'exploitation.* Ce retranchement n'a pas eu lieu, il est vrai; mais ce ne peut être que par suite d'une inadvertance; la condition de l'art. 31 doit évidemment s'évanouir avec le système dont elle était une émanation, et sans lequel elle formerait dans la loi une choquante anomalie. Il ne faut jamais perdre de vue cette pensée fondamentale de Napoléon, qui est la pensée de la loi de 1810 : « l'esprit de propriété remédie à tout...; la mine concédée doit être une propriété libre, dont le propriétaire puisse user comme de tout autre bien. » (Locré, XXIV, 18.)

1157. — Les principes que nous venons de développer sont ceux qui résultent de la loi de 1810 : ils ont été modifiés en France par un décret du 23 octobre 1852, lequel est ainsi conçu :

« Louis-Napoléon, président de la République française,

» Sur le rapport du ministre des travaux publics ;

» Vu les nombreuses réclamations adressées au gouvernement contre les réunions de mines opérées sans autorisation administrative sur divers points du territoire ; — Considérant que dans certains cas ces réunions sont de nature à porter un grave préjudice aux intérêts du commerce et de l'industrie ; — Considérant dès lors qu'il est du devoir de l'autorité publique de s'y opposer ;

» Vu la loi du 21 avril 1810 sur les mines ;

» Vu l'art. 6 de la Constitution ;

» Et de l'avis du Conseil des ministres ;

» Décrète : — Art. 1er. Défense est faite à tout concessionnaire de mines, de quelle nature qu'elles soient, de réunir sa ou ses concessions à d'autres concessions de même nature, par association ou acquisition ou de tout autre manière, sans l'autorisation du gouvernement.

» 2. Tous actes de réunion opérés en opposition à l'article précédent seront, en conséquence, considérés comme nuls et non-avenus, et pourront donner lieu au retrait des concessions, sans préjudice des poursuites que les concessionnaires des mines réunies pourront avoir encourues en vertu des art. 414 et 419 du Code pénal. »

Ce décret peut être utile ; mais je doute qu'il soit légal. L'art. 6 de la Constitution du 14 janvier 1852 auquel il fait appel, accorde bien au président de la république le pouvoir de faire les règlements et decrets nécessaires *pour l'exécution des lois* ; mais précisément, on méconnaît la loi de 1810, au lieu de l'exécuter, en restreignant la liberté qu'elle a donnée à la propriété et à la transmission des concessions.

Quoi qu'il en soit, sous l'influence des préoccupations qui avaient inspiré le décret du 23 octobre 1852, et à la suite d'une hausse exceptionnelle, qui s'était produite dans le prix de la houille sur les marchés de Lyon et de St-Étienne, le gouvernement français a exigé le fractionnement en groupes séparés des trente-deux concessions de mines de houille, qui appartenaient à la Compagnie générale des mines de la Loire. Ce fractionnement a eu lieu par la formation de quatre groupes distincts, et plusieurs décrets en date du 17 octobre 1854 ont autorisé, sous les noms de *Société des houillères de St-Étienne*, *Société des houillères de Rive de Gier*, *Société des houillères de Montrambert et de la Beraudière* et *Société des mines de la Loire*, les quatre Sociétés anonymes entre lesquelles l'exploitation du gîte houiller de la Loire est désormais partagée.

CHAPITRE V.

DE LA PRESCRIPTION.

—

SOMMAIRE.

—

1158. — Le législateur a défendu, dans des vues d'intérêt général, d'exploiter les mines sans un acte de concession. Il suit de là que l'on ne peut acquérir par prescription le droit d'exploiter une mine non concédée; la prescription ne peut, en effet, opérer contre l'ordre public, *præscriptio temporis juri publico non debet obsistere* (L. 6, Code VIII, 12, Proudhon, n° 758). En vain donc aurait-on possédé, même depuis un temps immémorial, une exploitation de mine *non concédée*, la prescription ne suppléerait pas à l'acte de concession, et le gouvernement serait en droit de disposer de la mine : l'exploitant n'aurait d'autre ressource que de se porter demandeur en concession. Sa possession , surtout si elle a été de bonne foi, serait sans doute un puissant titre de préférence, mais elle ne serait pourtant pas un titre *légal et absolu* à l'obtention de la concession et le gouvernement pourrait concéder à un autre.

1159. — Lorsque la mine a été concédée, qu'elle est par là entrée dans le commerce, qu'elle est devenue, aux termes de l'art. 7 de la loi 1810, une propriété disponible et transmissible comme tous autres biens, elle est susceptible d'une possession utile, et par suite de prescription, conformément aux règles du droit civil. (Cass. B. 11 juin 1842, *Pas.* 1842, 1, 281.) Celui-là donc qui possède, pendant trente ans et sous les conditions voulues par les lois ordinaires, une mine entrée dans le commerce, en acquiert la propriété, sans qu'il doive représenter un titre de concession qui lui soit personnel ou justifier qu'il est aux droits du concessionnaire (même arrêt).

1160. — Le possesseur d'une mine concédée peut aussi, lorsqu'il est troublé dans sa possession , intenter une action possessoire, si sa possession est annale et réunit les autres qualités voulues par le Code de procédure civile (même arrêt).

1161. — Une mine est, au surplus, entrée dans le commerce et susceptible de possession légale, non seulement lorsqu'elle a été l'objet d'une concession proprement dite. mais aussi lorsqu'elle a été exploitée avant la loi de 1791, cette exploitation ayant été reconnue et consacrée par le titre VI de la loi du 21 avril 1810 (même arrêt).

1162. — La mine entrée dans le commerce peut-elle être acquise contre le propriétaire véritable au moyen de la prescription de 10 ou 20 ans que l'art. 2265 du Code civil a établie pour les immeubles? L'affirmative est incontestable, puisque la mine concédée est un immeuble, et que la prescription avec juste titre et bonne foi est plus favorable que la prescription trentenaire. Si donc on acquiert de bonne foi d'un propriétaire apparent une mine concédée, on peut la prescrire contre le propriétaire véritable, conformément aux règles du Code civil.

1163. — Mais un acte de concession peut-il constituer le juste titre exigé par l'art. 2265? Ainsi, une mine est entrée dans le commerce, soit parce qu'elle a été concédée , soit parce qu'elle a fait l'objet d'une ancienne exploitation maintenue par les lois de 1791 et de 1810. Le gouvernement la concède, quoiqu'il n'ait plus le droit de la concéder, à un concessionnaire qui l'accepte de bonne foi et l'exploite pendant dix années. L'acte de concession constituera-t-il un titre qui permette au concessionnaire de prescrire ?

La Cour de Bruxelles a décidé l'affirmative, le 9 juin 1841 (*Pas.* 1843, 2, 73), et la Cour de Liége la négative, le 21 mai 1853 (*Pas.* 1854, 1, 264) : la première décision me paraît préférable.

L'art 2265 du Code civil ne définit pas le juste titre. La Cour de Liége l'a défini « un titre qui émane d'un propriétaire apparent » que l'acquéreur peut croire propriétaire réel de la chose trans- » mise. » La définition est exacte et applicable à la matière des mines, pourvu qu'on ne perde pas de vue le caractère spécial de ces dernières et de la législation qui les régit : et c'est ce que l'on fait trop souvent dans l'examen des questions que la législation des mines soulève. « Le gouvernement, dit la Cour de Liége en appliquant sa définition, n'est ni propriétaire réel ni propriétaire apparent des mines qu'il concède; tant qu'elles ne sont pas concédées, les mines appartiennent au propriétaire de la surface. » Cela est vrai, mais il n'en résulte pas, comme la Cour de Liége l'ajoute, « que l'acte de concession ne soit pas un juste titre. » Ce qu'il faut considérer ici, ce n'est pas le droit de propriété que le gouvernement n'a effectivement pas sur les mines concédées, mais c'est le droit qu'il a d'en transférer la propriété en les concédant. La translation de propriété, voilà ce qui carac- térise le juste titre : c'est le titre qui aurait rendu l'acquéreur propriétaire, si l'aliénant avait eu le droit de lui transférer la propriété. Or, si la mine que le gouvernement concède avait été libre de toute concession antérieure, l'acte de concession aurait certainement transféré la propriété au nouveau concessionnaire, quoique le gouvernement ne soit pas propriétaire, même appa- rent, des mines. Cette dernière circonstance, à laquelle la Cour de Liége s'attache pour résoudre la question, est indifférente au fond. Il ne s'agit pas de savoir si le concessionnaire a pu croire que le gouvernement était propriétaire de la mine concédée, mais s'il a pu croire que le gouvernement avait le droit de la lui concéder et par suite de l'en rendre propriétaire. Là est le point essentiel. Dans les matières ordinaires, le propriétaire apparent qui aliène un immeuble n'a pas plus le droit de transférer la propriété de ce dernier, que le gouvernement n'a celui de transférer la pro- priété d'une mine déjà concédée; et cependant il y a juste titre dans le premier cas : pourquoi n'y en aurait-il pas dans le second ? Encore une fois, si la mine concédée avait été libre, la propriété en aurait été transmise par l'acte de concession, tout comme la propriété d'une autre chose aurait été transférée par le propriétaire apparent s'il avait été propriétaire véritable.

La bonne foi du concessionnaire existe d'ailleurs ici avec plus de raison, et elle doit *a fortiori* produire les mêmes effets ; elle s'appuie sur un acte solennel, entouré d'une publicité que l'on ne rencontre pas dans les aliénations privées ; le concessionnaire a cru que le gouvernement avait le droit de concéder et de le rendre propriétaire ; il a été entretenu dans cette croyance par le silence que le propriétaire de la mine a gardé lors des affiches et publications ; il a publiquement exploité la mine pendant plus de dix ans. Comment ne verrait-on pas dans tous ces faits, et spécialement dans cette publicité exceptionnelle, le juste titre, la bonne foi, la légitime possession, que le législateur a élevées à la hauteur d'un titre réel, dans l'intérêt général de la sécurité des citoyens ?

1164. — J'ai eu précédemment occasion d'appliquer à la matière des mines les principes ordinaires de la prescription acquisitive ou extinctive : je me borne ici à renvoyer aux n°ˢ 456 (prescription quinquennale des redevances périodiques dues au propriétaire du sol), 457 et 458 (prescription extinctive du droit à ces redevances), 479 (prescription de l'indemnité due pour occupation de la surface), etc.

CHAPITRE VI.

DE LA RENONCIATION AUX CONCESSIONS DE MINES.

SOMMAIRE.

1165. — Peut-on renoncer, en tout ou en partie, à une concession de mines ?

Une aliénation que l'on consent ou une prescription qu'on laisse accomplir impliquent, en un certain sens, une renonciation au profit de celui qui acquiert ou qui prescrit. Mais c'est là une renonciation au profit *d'une personne déterminée*, c'est-à-dire une *transmission* de la concession. Nous voulons parler ici d'une renonciation absolue, pure et simple, qui aurait pour effet, non de transmettre la concession en la laissant subsister, mais de l'anéantir et de rendre la mine concessible de nouveau , comme si elle n'avait pas encore été concédée.

La question touche à des intérêts divers.

L'Etat et les propriétaires de la surface possèdent des redevances à charge de la concession : la renonciation les anéantira-t-elle ?

Quel sera son effet sur les hypothèques qui peuvent grever la mine ?

Dans quelles formes la renonciation pourra-t-elle avoir lieu ?

1166. — En France , la pratique administrative admet que la concession peut, sous certaines conditions, être anéantie par le commun accord du concessionnaire et du gouvernement.

Ces conditions ont été réglées dans une circulaire du 30 novembre 1834 , que le modèle général des cahiers de charges (art. 4) adopté en 1843 , a reproduite en substance.

« La nature des choses , dit la circulaire, indique que les formalités qui ont précédé l'institution des concessions doivent être remplies également quand il est question d'annuler les concessions ou de leur donner de nouvelles limites.

En conséquence , elle dispose :

Que le concessionnaire qui veut renoncer à la totalité ou à une partie de la concession , adressera une requête au préfet (art. 22 de la loi de 1810), en y joignant un plan et un état descriptif des travaux souterrains (art. 30);

Que la requête sera publiée et affichée pendant quatre mois, dans les lieux et suivant les formes déterminées par les art. 23 et 24 de la loi de 1810 ;

Que les oppositions, s'il s'en présente, seront reçues et notifiées dans les formes déterminées par l'art. 26 de la même loi ;

Que les ingénieurs feront leurs rapports et que le préfet donnera son avis suivant ce qui est prescrit dans l'art. 27 ;

Qu'enfin il sera statué par une ordonnance délibérée en Conseil d'État, conformément à l'art. 28.

1167. — Quant aux effets de la renonciation , les principes de l'administration française sont les suivants.

A l'égard des redevances publiques, il est admis que le concessionnaire en est déchargé : aussi les décrets qui acceptent les renonciations, affranchissent-ils expressément les renonçants des redevances établies par la loi du 21 avril 1810 et le décret du 6 mai 1811 (décrets du 4 février 1852 et du 5 janvier 1853, etc., *Ann. des M.* , 5e série, t. I et II).

1168. — Parmi les redevances dont la renonciation affranchit le concessionnaire, comprend-on les redevances dues aux propriétaires de la surface? Il le paraît, puisque les décrets parlent, en termes généraux, *des redevances établies par la loi de* 1810, et qu'en réservant les droits des propriétaires, ils ne parlent que *des droits d'indemnité pour dommages causés à la surface* (décrets précités).

Mais *quid* si des propriétaires du sol ont stipulé, par convention, des redevances autres que les redevances légales? L'administration française décide, comme on l'a vu (no 417), que ces conventions sont contraires à la loi, et ne lient pas le concessionnaire. A plus forte raison elles le lient encore moins, si possible, après la renonciation.

1169. — Enfin, en ce qui concerne les hypothèques dont la concession peut être grevée, la circulaire du 30 novembre 1834 déclare que le gouvernement n'accepte la renonciation qu'à charge par le concessionnaire de justifier que la mine n'est pas devenue le gage d'autrui, et de produire, à cet effet, un certificat négatif d'inscriptions hypothécaires ou l'acte de main-levée des créanciers inscrits. — L'administration française n'admet donc pas la renonciation d'une mine grevée d'hypothèques. — Mais elle ne nous dit pas ce qui arriverait si, avant ou après le décret qui accepte la renonciation, les créanciers hypothécaires non encore inscrits prenaient inscription.

1170. — Voici donc le régime pratiqué en France relativement à la renonciation des concessionnaires de mines :

Elle doit être demandée au gouvernement; elle est précédée des publications et des autres formalités prescrites pour les demandes en concession.

Elle n'a d'effet que quand elle a été acceptée par le gouvernement, et elle ne l'est que si la concession est libre ou rendue libre d'inscriptions hypothécaires.

Elle affranchit le concessionnaire des redevances dues à l'Etat et aux propriétaires du sol.

Elle remet la mine à la disposition du gouvernement.

1171. — Mais ce régime n'est-il pas illégal? La loi du 21 avril 1810 n'en est-elle pas exclusive?

Le Conseil des Mines de Belgique a répondu affirmativement dans des avis du 8 juin 1838 et du 23 oct. 1840 (*Jur.*, p. 46 et 93). Il est difficile de ne point se rallier aux considérations qu'il a développées à l'appui de son opinion.

La loi du 21 avril 1810 a consacré la perpétuité de la propriété des mines concédées et son assimilation aux autres biens, sans parler aucunement du droit que le concessionnaire aurait de l'anéantir en renonçant à la concession.

Le silence du législateur sur un point aussi important est d'autant plus significatif, que le projet de la loi de 1810 contenait une section entière, la section 2 du titre V, où l'on permettait et organisait la renonciation, et que cette section fut retranchée, par le motif, nous dit Locré, *qu'elle impliquait contradiction avec le principe que les mines sont des propriétés réelles et de la même nature que toutes les autres* (Locré, V, 37). Aussi, lorsqu'en 1813 l'administration crut utile d'admettre et d'organiser la renonciation, elle élabora un projet de loi spéciale que les événements politiques de 1814 empêchèrent de réaliser (Locré, XXXV).

La renonciation est incompatible, en effet, avec le droit civil, et par conséquent avec la loi du 21 avril 1810 qui s'y est référée (art. 7). Une propriété peut *se transmettre*, mais elle ne peut *s'anéantir* : qu'on abandonne un immeuble (à supposer que cela soit possible), il appartiendra, *il sera transmis* à l'Etat, comme bien vacant et sans maître (art. 713 C. civ.), mais la propriété, au lieu d'être anéantie, n'aura fait que changer de mains. Ce n'est pas ainsi, je l'ai déjà fait observer plus haut (n° 1165), que l'on entend et que l'on doit entendre la renonciation à une concession de mines : cette renonciation signifie, non pas que la concession serait transmise à l'Etat qui en deviendrait propriétaire comme d'un autre bien vacant, au lieu et place du concessionnaire, mais que la concession n'existerait plus, que la propriété en serait détruite, et que la mine redeviendrait concessible comme si elle n'avait jamais été concédée.—Or, précisément cet anéantissement d'une propriété réelle et perpétuelle de sa nature sort des termes du droit commun, et il ne pourrait dès-lors être admis qu'en vertu d'une disposition spéciale que la législation des mines ne renferme aucunement.

Envisagée en elle-même, la renonciation est donc inadmissible.

1172. — Elle ne l'est pas moins, si on l'envisage dans ses formalités et ses effets.

Ses formalités n'ont pas été réglées par le législateur, tandis qu'il les aurait certainement déterminées et qu'il aurait dû les déterminer, s'il avait voulu l'admettre. L'administration française supplée au silence de la loi en appliquant par analogie les formes des demandes en concession : cette analogie n'est pas complète, et à coup sûr, elle ne peut servir à combler administrativement une lacune de la loi.

1173. — Quant aux effets de la renonciation, et d'abord quant aux redevances publiques, la loi de 1810 ni le décret du 6 mai 1811 ne contiennent aucune disposition qui permette au gouvernement d'en affranchir le concessionnaire qui renonce. Il y a plus. La loi générale du 3 frimaire an VII, organique de la contribution foncière, s'est occupée de la décharge de cette contribution; et elle ne l'autorise que pour les terres vaines et vagues, les landes, les bruyères, et les terres habituellement inondées ou dévastées par les eaux, à la charge d'abandonner ces propriétés aux communes de leur situation (art. 65 et 66). Disposition exceptionnelle, inapplicable par conséquent aux mines dont elle ne parle pas, mais qui prouve, en outre, que le législateur *a voulu régler lui-même* l'affranchissement de l'impôt foncier pour cause d'abandon de propriété, et que par suite, le gouvernement n'a pas le droit de l'accorder en dehors des prescriptions légales. Or, les redevances sont aux mines ce que l'impôt foncier est aux autres biens.

1174. — Les principes sont encore plus certains à l'égard des redevances du propriétaire du sol. Elles constituent pour lui un droit acquis, qu'il ne peut dépendre de la volonté du concessionnaire ni du gouvernement d'anéantir.

Et s'il en est ainsi des redevances légales du propriétaire, c'est-à-dire des redevances établies par l'acte de concession, il en sera de même à plus forte raison des redevances conventionnelles, dont la validité, longtemps reconnue en France, l'est encore en Belgique (nos 417 et ss.).

1175. — Enfin l'embarras du système français se trahit relativement aux hypothèques. La renonciation n'est pas admise, lorsque la concession n'est pas libre d'inscriptions hypothécaires. Il était, en effet, impossible de décider que la renonciation porterait atteinte aux hypothèques dont la mine était grevée, et comme on ne pouvait, d'un autre côté, faire rentrer dans les mains du gouvernement une mine hypothéquée, il a bien fallu écarter la renonciation des mines qui n'étaient pas entièrement libres, — en sorte que l'administration française n'a pu aboutir qu'à un système incomplet.

Mais en supposant que le concessionnaire produise un certificat négatif, qu'arrivera-t-il si ce certificat est inexact, s'il existe des inscriptions que le conservateur aura omis de mentionner, ou bien si un créancier ayant hypothèque n'a pas pris inscription à l'époque où le certificat a été demandé? Empêchera-t-on l'effet des inscriptions prises réellement, mais omises dans le certificat? Empêchera-t-on le concessionnaire non inscrit de se faire inscrire? Non, sans doute; car ces *déchéances* ne sont pas écrites dans la loi. Mais alors que sera-ce qu'une concession prétendûment anéantie par la renonciation, et qui subsistera néanmoins au regard des hypothèques qui la grèvent? — On voit qu'on se trouve lancé dans des incertitudes et dans des bizarreries, qui condamnent le système dont elles sont le résultat nécessaire.

1176. — Concluons donc avec le Conseil des mines de Belgique que dans l'état actuel de la législation, le gouvernement n'est pas autorisé à accepter le désistement ou l'abandon d'une concession de mines, en tout ou en partie.

Mais disons aussi avec lui qu'il serait utile d'organiser légalement la mesure de l'abandon total ou partiel, à la condition de ne l'admettre qu'avec sagesse, lorsque la bonne foi et l'équité commandent de venir au secours du concessionnaire, comme, par exemple, dans le cas d'épuisement constaté de la mine; dans le cas où elle ne présenterait plus de ressources suffisantes pour couvrir les frais de l'exploitation; dans le cas où les travaux de l'exploitation justifieraient que l'entreprise ne peut être poursuivie avec succès; ou bien enfin, dans le cas où il serait suffisamment constaté que certaines portions du périmètre ne contiennent aucune mine, et ne sont aucunement utiles à la concession du surplus.

1177. — *Quid* cependant si une concession *n'avait pu* être octroyée par le gouvernement? Si, par exemple, elle portait sur une substance qui n'est pas concessible. C'est ainsi qu'il existe en Belgique plusieurs concessions de *schiste alumineux* ou *alunifère*; or, si l'on s'en tient à la décision d'une commission spéciale qui, vers 1852, fut consultée par le gouvernement belge, décision à laquelle celui-ci s'est rallié, le schiste alumineux ne serait pas une substance concessible, mais une substance laissée, par l'effet de la lacune de la loi, à la libre disposition des propriétaires de la surface; les concessions de schiste alumineux seraient dès lors un titre nul et inutile dans les mains de leurs titulaires.

On demande si ces derniers ne pourraient pas déclarer au gouvernement qu'ils y renoncent.

Remarquez qu'ils pourraient y avoir intérêt sous plusieurs rapports : ainsi, pour ne point payer la redevance fixe dont la concession est frappée; ou bien pour ne pas payer de droit de succession, dans le cas où le concessionnaire vient à mourir, etc.

Je pense que la renonciation serait possible, parce qu'elle ne constituerait pas une renonciation véritable, telle que nous l'avons définie et repoussée tout à l'heure (nos 1165 et 1171), mais qu'elle serait tout simplement l'invocation de la nullité dont la concession est entachée. Je m'explique.

Renoncer à une concession qui porte sur une matière concessible, c'est anéantir une concession existante valablement et rendre concessible de nouveau une mine qui a été et qui a pu être concédée, mais dont son propriétaire ne veut plus. Telle est la renonciation que l'administration française autorise (nos 1166 et ss.), mais qui nous a paru incompatible avec la loi du 21 avril 1810 et le droit commun (nos 1171 et ss.).

Dans l'hypothèse que j'examine, au contraire, il s'agit d'une concession portant sur une matière non concessible, et il s'agit pour le concessionnaire d'abandonner cette concession à sa propre nullité, pour ne pas enlever illégalement au propriétaire du sol une matière qui doit lui demeurer.

Or, pourquoi le concessionnaire ne pourrait-il se prévaloir de l'inefficacité légale de son titre? Pourquoi, eût-il lui-même ou par son auteur postulé la concession, serait-il condamné à la garder, lorsque mieux éclairé, ou, si l'on veut, plus scrupuleux, il en reconnaît la nullité radicale? Pourquoi devrait-il garder la propriété d'autrui, le bien du propriétaire du sol?

De même donc que celui-ci pourrait attaquer la concession d'une substance non concessible de son héritage, de même le concessionnaire pourra exciper de la nullité de cette concession, et spécialement vis-à-vis du gouvernement, si celui-ci réclame à sa charge les impôts dont la concession serait l'objet ou la cause.

En un mot, les effets de la nullité de la concession pourront se confondre avec ceux d'une renonciation, mais il ne s'agira pas cependant, comme je viens de l'expliquer, d'une renonciation proprement dite que la législation n'admet pas.

CHAPITRE VII.

DES PRIVILÉGES ET HYPOTHÈQUES.

SOMMAIRE.

1178. — Avant d'être concédées, les mines font partie de la propriété du sol. La concession les en détache pour les ériger en propriété distincte ; mais elle n'anéantit pas sans compensation les droits du propriétaire foncier ; elle les transforme en une indemnité, en des redevances pécuniaires. La propriété du sol, au lieu de se composer de la surface et des mines, se compose désormais de la surface et des redevances, les mines devenant du même coup l'objet d'une propriété distincte et nouvelle, libre de tous droits antérieurs. (Art. 7 et 17 de la loi de 1810.)

J'ai donc à traiter des hypothèques par rapport aux redevances et par rapport aux mines concédées.

Je parlerai d'abord de l'hypothèque sur ces dernières.

1179. — La propriété distincte et nouvelle que crée l'acte de concession est assimilée aux autres biens immobiliers : elle est donc, comme eux, susceptible d'hypothèques et de priviléges. La loi du 21 avril 1810 l'a expressément proclamé dans les dispositions suivantes :

« Art. 19. Du moment où une mine sera concédée, cette propriété sera distinguée de celle de la surface, et désormais considérée comme propriété nouvelle, sur laquelle de nouvelles hypothèques pourront être prises.....

» Art. 20. Une mine concédée pourra être affectée, par privilége, en faveur de ceux qui, par acte public et sans fraude, justifieraient avoir

fourni des fonds pour les recherches de la mine, ainsi que pour les
travaux de construction ou confection de machines nécessaires à son
exploitation, à la charge de se conformer aux art. 2103 et autres du
C. Napoléon relatifs aux priviléges.

» Art. 21. Les autres droits de privilége et d'hypothèque pourront être
acquis sur la propriété de la mine, aux termes et en conformité du code
Napoléon, comme sur les autres propriétés immobilières. »

1180. — Le principe dominant de ces articles est celui de
l'application du droit commun.

Il suit de là, par exemple, que les hypothèques légales, qui
grèvent de plein droit les biens présents et à venir du débiteur,
frappent immédiatement et au moment où elles sont octroyées,
les concessions de mines que le débiteur obtient (Conseil d'État,
séance du 10 octobre 1809, LOCRÉ, XIV, 22). En Belgique, où
il n'y a plus d'hypothèque efficace sans une inscription qui
indique spécialement tous et chacun des biens hypothéqués
(loi hypothécaire du 16 décembre 1851), le créancier n'aura
d'hypothèque valable sur une concession de mine qu'à la charge
de l'indiquer dans une inscription et de l'y désigner d'une manière distincte.

1181. — Par application du droit commun (art. 2118 C. civ.,
art. 45 loi belge du 16 décembre 1851), l'hypothèque établie sur
la mine s'étend aux accessoires réputés immeubles, et par suite
aux chevaux, agrès, outils, ustensiles et machines qui servent à
l'exploitation.

Ici se présente une question qui est encore controversée en
France (PONT, *Traité des hypothèques*, n° 154), mais qui a été
législativement décidée en Belgique par la nouvelle loi hypothécaire du 16 décembre 1851.

Le vendeur d'un objet mobilier jouit d'un droit de privilége sur
ce dernier pour garantir le paîment de son prix. Si l'objet
mobilier est consacré par l'acheteur au service d'un immeuble
qui lui appartient, si, par exemple, un concessionnaire de mines
achète des chevaux, agrès, outils, ustensiles, machines, qu'il
attache au service de son exploitation, ces objets sont immobilisés : on demande si le vendeur conserve néanmoins sur eux
son privilége, ou si les créanciers qui ont hypothèque sur la
mine, n'auront pas droit, avant lui, sur ces accessoires réputés
immeubles. La loi belge du 16 décembre 1851 a résolu la question
par les dispositions suivantes (art. 20) :

« Le privilége du vendeur d'objets mobiliers non payés cessera d'avoir effet si ces objets sont devenus immeubles par destination ou par incorporation, sauf s'il s'agit de machines et appareils employés dans les établissements industriels.

» Dans ce cas et pour ces objets, le privilége sera maintenu pendant deux ans à partir de la livraison; toutefois, il n'aura d'effet que pour autant que, dans la quinzaine de cette livraison, l'acte constatant la vente soit transcrit dans un registre spécial tenu au greffe du tribunal de commerce dans l'arrondissement duquel le débiteur aura son domicile, et à défaut de domicile, au greffe du tribunal de commerce de l'arrondissement dans lequel le débiteur aura sa résidence. Le greffier du tribunal sera tenu de donner connaissance de cette transcription à toutes les personnes qui en feront la demande. La livraison sera établie, sauf la preuve contraire, par les livres du vendeur.

» En cas de saisie immobilière pratiquée sur les machines ou appareils, ou de faillite du débiteur déclarée avant l'expiration des deux années, le privilége continuera à subsister jusqu'après la distribution des deniers ou la liquidation de la faillite. »

1182. — En principe, l'immobilisation du bien meuble vendu fait donc cesser le privilége du vendeur; mais il en est autrement *des machines et appareils* employés dans les *établissements industriels :* le privilége de leur vendeur subsiste pendant deux années, à la condition d'être rendu public par l'accomplissement des formalités prescrites, de telle sorte que le vendeur de ces machines et appareils peut les soustraire par là aux droits des créanciers qui ont hypothèque sur l'immeuble même.

En appliquant ces règles aux mines, il est hors de doute que tous les objets immobilisés qui ne constituent par des *machines ou appareils*, sont affranchies du privilége de leur vendeur : tels sont les chevaux et les agrès ; tels sont aussi les outils et ustensiles qui, et c'est le cas le plus fréquent, ne peuvent être considérés comme *des machines et appareils.* Le vendeur perdra son privilége par l'effet de leur immobilisation, et les créanciers hypothécaires de la mine exerceront sans entrave leur hypothèque sur ces objets immobilisés.

1183. — Mais appliquera-t-on aux mines l'exception qui est faite pour les *machines* et *appareils ?* La question revient à savoir si l'exploitation d'une mine est un *établissement industriel* au point de vue de la disposition dont il s'agit, car ce n'est que sur les machines de ces établissements-là que le privilége est maintenu. Peut-être serait-il permis de soutenir qu'une exploitation de mine, où l'on ne manufacture point les produits de la nature, n'est pas un établissement industriel, à proprement parler. Il faut remarquer cependant que la loi n'a point parlé des *fabriques*, expression qui ne serait guère applicable qu'aux établissements de manufacture, mais qu'elle s'est servie des mots *établissements industriels*, expressions plus larges, qui peuvent embrasser les exploitations où l'on tire du sein de la terre les mines qu'elle contient, non moins que les exploitations où l'on transforme les produits naturels.

Si maintenant, on considère l'esprit de la loi du 16 décembre 1851, il est certain que le vendeur de machines et appareils employés dans les exploitations de mines, doit conserver son privilège. Le législateur belge a voulu favoriser l'emploi de ces machines puissantes qui centuplent les forces de l'homme et lui procurent le moyen de faire servir à ses besoins le monde dont Dieu l'a créé maître. Si le constructeur de ces instruments de travail, parfois si coûteux, perdait son privilége de vendeur par l'immobilisation à laquelle ils sont toujours destinés, il refuserait avec raison d'accorder crédit à l'acheteur, et les industriels se trouveraient ainsi, très-souvent du moins, dans l'impuissance d'acheter les grandes machines qui leur sont nécessaires. Or, s'il est une exploitation dans laquelle l'homme ait besoin de puissants moteurs pour triompher de la nature, c'est bien, sans contredit, l'exploitation des mines, et ce serait entraver son essor, comme ce serait être injuste envers les mécaniciens-vendeurs, que de ne pas appliquer aux machines et appareils employés dans les exploitations de mines, les dispositions favorables de la loi belge de 1851 sur les machines employées dans tous les établissements industriels en général.

1184. — Quant aux machines et appareils des *usines* métallurgiques, l'art. 20 de la loi de 1851 leur est incontestablement applicable.

1185. — Il est à remarquer que, par application du droit commun, le vendeur d'action ou d'intérêts dans une société ou entreprise pour l'exploitation d'une mine jouit du privilége que l'art. 2102 du Code civil accorde au vendeur d'effets mobiliers non payés, car ces actions ou intérêts sont mobiliers aux termes de l'art. 8 de la loi de 1810, et la jurisprudence comme la doctrine comprennent les meubles incorporels dans les effets mobiliers dont parle l'art. 2102 du Code. (PONT, *Des hypothèques*, n° 147).

Quant à la vente de la totalité d'une concession, elle confère le privilége du vendeur d'un immeuble.

1186. — Il est un privilége consacré par le Code civil et que la loi de 1810 a spécialement rappelé dans son article 20 : c'est le privilége que l'art. 2103, n°s 4 et 5, accorde soit aux entrepreneurs et ouvriers qui ont par leurs ouvrages augmenté la valeur d'un immeuble, soit à ceux qui ont fourni des fonds pour l'exécution de ces ouvrages.

Il y a cependant une différence à remarquer entre le cas prévu par le Code et celui que prévoit la loi de 1810.

Dans le Code, il s'agit d'un *entrepreneur* qui travaille pour le compte du propriétaire d'un immeuble ou de celui qui fournit des fonds à cet *entrepreneur*. S'il résulte des travaux exécutés une plus-value, l'entrepreneur ou le bailleur de fonds a privilége sur elle de préférence à tous autres créanciers du propriétaire, même aux créanciers qui avaient auparavant hypothèque sur l'immeuble. — Mais le Code civil ne s'occupe point du cas où le propriétaire lui-même de l'immeuble voudrait l'améliorer et emprunterait de l'argent pour les travaux d'amélioration : le prêteur ne pourra pas alors jouir d'un privilége sur la plus-value réalisée, car il n'y a pas de privilége en dehors des cas prévus par la loi, et le code civil ne s'occupe pas du *propriétaire* qui emprunte pour améliorer son fonds. Le seul avantage que le prêteur pourra obtenir, ce sera une hypothèque qui, à la différence du privilége, ne primera point (même quant à la plus-value) les hypothèques déjà existantes.

Or, je crois que l'art. 20 de la loi de 1810 a eu pour objet d'étendre à ce cas là le privilége du Code civil, c'est-à-dire que celui qui prêtera des fonds *au concessionnaire lui-même* pour des travaux de recherche ou d'exploitation, pourra jouir d'un privilége sur la plus-value, en se conformant aux articles 2103 et autres du Code civil. Si le législateur n'avait pas voulu consacrer par l'art. 20 une disposition particulière aux mines, il lui aurait suffi de mettre dans la loi l'art. 21 qui renvoie au Code civil d'une manière générale. Le texte de l'art. 20 est d'ailleurs absolu : il parle *des fonds fournis pour la recherche et l'exploitation des mines*, sans autre condition, et par conséquent des fonds fournis au concessionnaire lui-même. Enfin, s'il n'en était pas ainsi, l'art. 20 n'aurait guère de portée : car, dans la pratique, c'est le concessionnaire lui-même qui entreprend les travaux de recherche et d'exploitation, à la différence des travaux effectués aux immeubles ordinaires, lesquels travaux sont le plus souvent exécutés par des entrepreneurs de profession.

D'après cela, le privilége de la plus-value pourra donc exister en matière de mines : 1º au profit de celui qui aura fourni des fonds à l'exploitant lui-même; 2º au profit de l'entrepreneur des travaux de recherche ou d'exploitation, si le concessionnaire les a fait exécuter par un tiers entrepreneur; 3º au profit de celui qui aura prêté des fonds à ce dernier. — De ces trois cas, le premier est spécial aux mines, les deux autres sont une application du droit commun.

1187. — Dans tous les cas, il faudra remplir les formalités prescrites par les articles 2103, nᵒˢ 4 et 5, et 2110 du Code Napoléon, formalités qui ont été modifiées par la loi belge du 16 décembre 1851 (art. 27 et 38).

1188. — Aux termes de l'art. 21 de la loi de 1810, les droits de privilége et d'hypothèque peuvent être acquis sur la propriété de la mine, en conformité au Code civil, comme sur les autres propriétés immobilières.

Voici une application qui peut fréquemment se présenter :

Il arrive que le propriétaire d'une mine, et plus souvent encore celui d'une minière ou d'une carrière, cède le droit de l'exploiter pendant un certain temps moyennant un revenu annuel, ou moyennant une redevance proportionnelle à la quantité des matières extraites. On peut se demander si le propriétaire jouira d'un privilége pour le paîment de son revenu.

Le Code civil accorde un privilége au bailleur d'un immeuble, pour le paîment de tout ou partie des fermages, sur les récoltes de l'année et sur les meubles dont le fermier garnit l'exploitation. D'un autre côté, le même Code reconnaît un privilége au vendeur d'effets mobiliers, sur ces effets eux-mêmes, pour le paîment du prix de vente.

Le propriétaire de la mine, minière ou carrière dont nous parlons aura l'un ou l'autre de ces priviléges, suivant que l'on considérera la convention qu'il a passée comme un contrat de bail ou comme un contrat de vente, ce qui est l'une des questions les plus controversées du droit civil. J'oserais d'autant moins l'examiner ici et formuler une règle de décision, que la solution peut, jusqu'à certain point, dépendre des clauses de la convention et des circonstances de la cause. Je ferai seulement remarquer que le choix entre le privilége du bailleur et celui du vendeur peut avoir une grande importance, l'un n'ayant pas la même étendue que l'autre : ainsi le privilége du bailleur porterait sur les machines et ustensiles de la mine ou de la carrière non moins que sur les produits existants de l'exploitation, tandis que le privilége du vendeur ne pourrait jamais porter que sur ces derniers, etc.

1189. — Si la propriété de la mine était elle-même cédée pour une redevance ou rente annuelle, celle-ci serait garantie, non par le privilége mobilier du bailleur ou du vendeur, mais par le privilége immobilier du vendeur d'immeuble : la cession dont il s'agit serait, en effet, une vente, une aliénation de la mine, pour un prix fixé en rente.

1190. — Je viens de parler des hypothèques et priviléges dont la mine concédée est susceptible : je dois en parler maintenant par rapport aux mines non concédées et aux redevances.

Les mines faisant partie du sol avant la concession, elles étaient de plein droit frappées des hypothèques et des priviléges établis sur la propriété de la surface. La concession transformant les droits du propriétaire foncier sur les mines en des redevances pécuniaires, l'hypothèque qui frappait les mines non concédées a été reportée sur les redevances par la loi de 1810 (art. 18).

Les redevances sont donc atteintes *de plein droit* par les hypothèques qui grevaient la surface *avant* la concession (n⁰ˢ 424 et 425).

1191. — Mais le sont-elles aussi par les hypothèques qui viennent à grever la surface *après* l'acte de concession, ou bien faut-il que l'hypothèque soit obtenue *distinctement* sur la surface et sur les redevances?

PROUDHON (*de la Propriété*, n⁰ 779) enseigne que l'hypothèque prise sur la surface, même après la concession, s'étend de plein droit à la rente indemnitaire qui tient lieu au propriétaire de ses droits antérieurs sur la mine. Son opinion, adoptée par PEYRET-LALLIER (n⁰ 307) et par DALLOZ (n⁰ 123), mais repoussée par DELEBECQUE (n⁰ 1186) se justifie par le texte de l'art. 18, qui déclare, d'une manière absolue, que les rede-

vances du propriétaire demeurent réunies à la surface et seront
affectées avec elle aux hypothèques prises par les créanciers.
Au surplus, si les hypothèques prises sur la surface avant la
concession s'étendent de plein droit aux redevances, on ne voit
point pourquoi les hypothèques prises après la concession ne
s'y étendraient pas également : les redevances tiennent la place
des droits du propriétaire sur les mines, elles sont inhérentes
à la surface comme les mines l'étaient avant d'être concédées
(nos 324 et 325).

1192. — Toutefois les redevances peuvent être aliénées indépendamment du sol (no 441).

Si cette aliénation isolée s'opère, le lien qui les rattachait à la
surface est détruit : la surface appartient à une personne et les
redevances à une autre.

Il suit de là que les hypothèques qui viennent à être prises
ensuite sur le sol ne peuvent plus grever les redevances aliénées
isolément, pas plus qu'une hypothèque prise sur un immeuble,
après qu'il a été dégarni de ses immeubles par destination, ne
peut frapper ces derniers. Le créancier hypothécaire de la surface
n'a pas d'ailleurs le droit de se plaindre, puisqu'il n'a acquis
d'hypothèque sur elle que dans l'état où elle se trouvait alors,
c'est-à-dire isolée des redevances qui y étaient précédemment
attachées (no 442).

1193. — Mais l'aliénation des redevances ne peut pas nuire à
ceux qui avaient pris auparavant hypothèque sur le sol. Leur gage
ne peut être diminué par cette aliénation postérieure. Ils auront
donc le droit de poursuivre et de saisir la redevance aliénée
entre les mains de l'acquéreur (no 442). Et celui-ci ne pourra
se plaindre non plus, puisqu'avant d'acquérir les redevances, il
aurait dû s'assurer si le sol auquel elles étaient réunies était
libre d'hypothèque.

1194. — Quant aux redevances elles-mêmes, après leur aliénation séparée, elles ne peuvent être hypothéquées, parce qu'elles
ne constituent pas *isolément* des droits immobiliers : je crois
l'avoir établi au no 446.

1195. — En supposant que l'hypothèque qui grève la surface
grève également la redevance, quel sera son effet relativement
à celle-ci? Ce sera de donner au créancier hypothécaire le droit
de faire vendre la redevance en même temps que la surface.
Je ne crois pas qu'il puisse exproprier la surface sans la rede-

vance, car celle-ci ne lui est affectée que comme accessoire de celle-là, et le créancier qui a hypothèque sur un immeuble et sur ses accessoires, ne peut exproprier ces derniers séparément de l'immeuble dont ils dépendent (DELEBECQUE, n⁰ 1188).

1196. — Le créancier hypthécaire n'a pas d'ailleurs le droit de toucher les arrérages de la redevance ; ils appartiennent au propriétaire comme les fruits de l'immeuble même, et ils ne seraient immobilisés au profit des créanciers qu'à partir de la saisie, comme les autres fruits.

1197. — Mais le concessionnaire, débiteur de la redevance, ne pourrait valablement l'éteindre en la remboursant au propriétaire du sol, pas plus que ce dernier ne peut l'aliéner au détriment des créanciers inscrits (n⁰ 1193) ; si le remboursement s'effectuait sans l'intervention de ces derniers, ils auraient le droit de le considérer comme n'existant pas vis-à-vis d'eux, et par suite, de faire vendre le sol avec la redevance comme si elle n'avait pas été remboursée (Comp. DELEBECQUE, n⁰ 1189).

1198. — Les règles que je viens d'exposer sur l'hypothèque des redevances de mines ne s'appliquent pas seulement aux redevances fixées par le gouvernement dans l'acte de concession, mais aussi à celles qui sont fixées par les conventions spéciales du propriétaire du sol et du concessionnaire de la mine : les redevances conventionnelles, comme les redevances légales, représentent les droits du propriétaire de la surface sur la mine concédée, et il est dès-lors naturel que les unes comme les autres soient atteintes de l'hypothèque dont ce propriétaire est frappé.

1199. — On s'est demandé si le créancier qui a hypothèque sur un immeuble pouvait s'opposer à ce qu'on y exploitât une minière ou une carrière. — Le propriétaire d'un immeuble hypothéqué, conserve le droit d'en jouir et même celui d'en disposer, pourvu qu'il ne diminue pas les sûretés données au créancier hypothécaire (art. 1188 et 2131 du Code civil). En conséquence, si le fonds hypothéqué était déjà l'objet d'une exploitation de minière ou de carrière, lors de la constitution d'hypothèque, le créancier ne pourra s'opposer à ce que l'on continue l'exploitation alors ouverte, car il ne pourra prétendre qu'elle diminue les sûretés sur lesquelles il avait dû compter. Que s'il s'agit d'ouvrir une exploitation après hypothèque constituée, le créancier aura ou n'aura pas le droit de s'y opposer, selon que cette entreprise diminuera ou non la garantie hypothécaire (PEYRET, n° 686 ; DALLOZ, n°ˢ 631 et 764).

1200. — En ce qui concerne les minières et les carrières, je ne puis ici que renvoyer aux n°ˢ 1121 et ss. : on y a vu que la concession à perpétuité d'une carrière ou d'une minière doit être considérée comme un immeuble susceptible d'hypothèque. — On devrait aussi appliquer ce qui est dit au n° 1188, si le propriétaire avait cédé le droit d'exploiter sa minière ou sa carrière.

CHAPITRE VIII.

DE L'USUFRUIT.

—

SOMMAIRE.

1201. — Le propriétaire d'un fonds peut constituer un droit
d'usufruit sur la minière ou la carrière que ce fonds renferme,
et le propriétaire d'une concession de mines peut également
constituer un usufruit sur elle, puisque la concession est une
propriété distincte, disponible et transmissible comme tout autre
bien. A la vérité, la mine, la minière et la carrière ne produisent
pas de fruits dans le sens propre du mot; mais il est libre au
propriétaire d'assimiler à des fruits les produits de sa carrière,
minière ou mine, et la nature de ces propriétés est si peu légalement incompatible avec le droit d'usufruit que le Code civil les
y soumet lui-même (art. 598).

L'usufruit dont je parle est un usufruit établi *directement et
distinctement* sur une mine, minière ou carrière : ce n'est pas
l'usufruit du fonds dans lequel se trouverait l'une de ces dernières, mais c'est l'usufruit de la carrière, de la minière ou de la
mine elle-même : je lègue l'usufruit de ma carrière de sable,
située à . . . . de ma concession charbonnière du . . . . , etc.

Cette distinction n'est pas sans importance pratique.

S'agit-il de l'usufruit d'un fonds qui renferme une carrière,
une minière? L'usufruitier, comme on le verra tantôt, ne peut
les exploiter que si le propriétaire les exploitait lui-même. —
S'agit-il, au contraire, de l'usufruit *direct* d'une mine, minière ou
carrière? l'usufruitier pourra toujours les exploiter, alors même
que le propriétaire n'en aurait pas entrepris l'exploitation ; car
en constituant directement un usufruit sur cette carrière, minière, etc., quoiqu'elle ne fût pas encore exploitée, il a par cela
même entendu conférer à l'usufruitier le droit d'en commencer
l'exploitation.

Lors donc que le propriétaire d'un héritage renfermant une
minière ou une carrière donne, lègue ou vend *l'usufruit de cette*

carrière ou de cette minière, l'usufruitier a toujours le droit de *commencer* à l'exploiter et d'en extraire les produits. Et de même, lorsque le propriétaire d'une concession de mines qu'il n'a pas encore exploitée, donne, lègue ou vend *l'usufruit de cette concession*, l'usufruitier a le droit d'en *ouvrir* l'exploitation.

1202. — Mais la position change quand il s'agit de l'usufruit d'un fonds qui se trouve renfermer une mine, minière ou carrière. On se demande alors si le droit de l'usufruitier du fonds s'étend sur leurs produits. Le Code civil a résolu la difficulté dans son art. 598 :

« L'usufruiter jouit aussi, de la même manière que le pro-
» priétaire, des mines et carrières *qui sont en exploitation à*
» *l'ouverture de l'usufruit*; et néanmoins s'il s'agit d'une exploi-
» tation qui ne puisse être faite sans une concession, l'usufruitier
» ne pourra en jouir qu'après en avoir obtenu la permission de
» l'Empereur (1). — Il n'a aucun droit aux mines et carrières
» *non encore ouvertes*, ni aux tourbières *dont l'exploitation n'est*
» *point encore commencée*, ni au trésor qui pourrait être découvert
» pendant la durée de l'usufruit. »

La distinction admise par le Code repose sur l'intention présumée du propriétaire. « Celui qui a constitué l'usufruit, disait le tribun GARY au Corps Législatif (LOCRÉ, t. IV, p. 138 et 139), est censé, à moins de stipulation contraire, avoir voulu que l'usufruitier jouisse comme lui et ses auteurs ont joui.... Si donc les mines ou carrières sont ouvertes ou l'exploitation des tourbières commencée au moment de l'ouverture de l'usufruit, l'usufruitier continuera d'en jouir; mais il ne sera jamais autorisé à en ouvrir, quand le propriétaire ne l'a pas fait, parce qu'il ne doit jouir que comme le propriétaire jouissait. »

1203. — Lors de la confection du Code, les mines étaient régies par la loi du 28 juillet 1791; elles le furent ensuite par la loi du 21 avril 1810. Les principes de la législation nouvelle ont quelque peu altéré l'application de l'article 598.

En ce qui concerne les minières et les carrières, les principes de la loi de 1810 sont les mêmes que ceux de la loi de 1791, et l'application littérale de l'art. 598 C. civ. ne présente, quant à elles, aucune difficulté. L'usufruit frappe un fonds qui contient

---

(1) Allusion au décret du 3 nivôse an VI, abrogé par la loi de 1810.

des carrières ou des minières : l'usufruitier pourra continuer
l'exploitation qui est en activité à l'ouverture de l'usufruit; mais
il ne pourra la commencer lui-même.

L'usufruitier pourrait cependant, suivant PROUDHON, (*De l'usufruit*, nᵒˢ 1204 et 1208) (1) ouvrir une carrière pour en tirer les
matériaux nécessaires aux réparations dont il est tenu, ou
une marnière pour en tirer l'engrais que réclame le fonds
usufructuaire.

1204. — En ce qui concerne les mines, la loi du 28 juillet 1791
permettait au propriétaire de les exploiter librement à cent pieds
de profondeur. Lors donc qu'un usufruit avait été constitué sur
un héritage, l'usufruitier de cet héritage pouvait ou ne pouvait
pas exploiter les mines à cette profondeur-là, suivant que le
propriétaire en avait ou non commencé l'exploitation : l'art. 598
Code civil recevait encore ici une application facile et directe.

Mais la loi du 21 avril 1810 a privé les propriétaires du sol du
droit d'exploiter les mines, même jusqu'à cent pieds de profondeur. Elle a fait plus; elle a soumis les mines à un régime
nouveau. Elle les a séparées complètement de la surface, pour
les ériger en une propriété distincte par des actes de concession.

Une mine concédée forme aujourd'hui une propriété indépendante de celle de la surface. Le propriétaire d'un héritage dont
les mines ont été concédées n'a plus aucun droit sur elles (sauf
les redevances dont il n'est pas ici question). Si donc un usufruit
est établi sur un fonds, l'usufruitier de ce fonds ne peut pas
avoir, comme tel, le droit d'exploiter les mines qu'il renferme.
Car de deux choses l'une : ou bien les mines sont concédées ou
elles ne le sont pas. Si elles ne sont pas concédées, la loi de 1810
lui défend de les exploiter. Si elles sont concédées, la concession
forme une propriété distincte de celle de la surface, et comme
nous parlons d'un usufruit portant sur la surface seulement, il
ne peut indirectement s'étendre sur la concession qui est une
propriété séparée et indépendante de cette dernière. Il existe deux
propriétés distinctes : la surface et la concession; vous avez l'u-
sufruit de la surface; vous ne pouvez, à cause de cela, avoir celui
de la mine concédée. Sans doute, si le propriétaire du sol est
en même temps concessionnaire de la mine, il pourra cumula-

---

(1) DEMOLOMBE, tome X, nᵒ 433.

tivement conférer l'usufruit de la surface et de la concession : mais l'usufruit de l'une ne pourra, *de lui-même*, frapper l'autre, par application de l'art. 598 du Code civil. En conséquence, si le propriétaire d'un fonds est concessionnaire des mines de ce fonds, l'usufruit qu'il constituera sur ce dernier ne s'étendra pas aux mines, alors même qu'elles seraient en état d'exploitation à l'ouverture de l'usufruit.

1205. — Cependant je n'irai pas jusqu'à dire que l'usufruit de la concession ne pourra *jamais* résulter de l'usufruit accordé sur le sol : l'un pourra emporter l'autre, non par application de l'art. 598, mais par la volonté du propriétaire. Ainsi, supposons que le propriétaire d'un vaste domaine y ait obtenu une concession de mine et l'ait mise en exploitation : il lègue l'usufruit de ce domaine, sans parler spécialement de la concession. Le légataire jouira-t-il de cette dernière ? Si l'on appliquait l'art. 598 du Code civil, la réponse serait toujours affirmative, car la mine est supposée en exploitation ouverte. Mais cet article n'est pas applicable, puisque la concession a séparé la mine du domaine et en a fait une propriété distincte. La question se réduit, selon moi, à une question d'intention. Considéré en lui-même, l'usufruit de l'héritage ne donne aucun droit à celui de la mine concédée : mais si, *en fait*, l'exploitation de la mine a fait partie de l'exploitation *du domaine* dont l'usufruit a été légué, si elle a été comprise dans la même jouissance, si ses produits ont été confondus dans les mêmes comptes, etc., l'intention du testateur fera que l'usufruit du domaine comprendra celui de la concession qui sera considérée comme en fesant partie.

1206. — J'ai dit, en commençant ce chapitre, que le propriétaire peut constituer un usufruit directement sur une concession de mines, et que l'usufruitier peut alors *commencer lui-même* l'exploitation. Cela est vrai, lorque l'usufruit a été *spécialement* établi sur la concession : Je lègue à Paul l'usufruit de telle concession de mines (qui n'est pas encore exploitée); il y a ici un motif particulier de permettre à l'usufruitier de commencer l'exploitation ; s'il ne pouvait la commencer le legs n'aurait aucun effet, et il n'est pas permis de supposer que le propriétaire a voulu constituer un droit illusoire.

Mais qu'en sera-t-il si un usufruit est constitué sur tous les biens d'une personne, parmi lesquels se trouve une concession de mines ; ainsi, j'ai légué l'usufruit de tous mes biens :

l'usufruitier pourra-t-il exploiter les concessions de mines qui m'appartenaient.

Il faudra appliquer ici par analogie la distinction de l'art. 598 du Code civil : l'usufruitier exploitera les concessions si le propriétaire les exploitait lui-même; sinon, non. Le principe dominant de l'usufruit est de modeler la jouissance de l'usufruitier sur celle du propriétaire, et ce principe doit surtout être observé lorsqu'il s'agit d'un mode de jouissance qui peut altérer la substance de la chose usufructuaire. (Delebecque, n° 1198.)

1207. — Quand une mine, minière ou carrière sera-t-elle à considérer comme étant *en exploitation*?

Si les travaux d'extraction sont en pleine activité, l'affirmative ne sera pas douteuse.

Par contre, si le propriétaire ne s'est encore livré qu'à de simples travaux de recherche, la négative sera également certaine.

Mais *quid* s'il a fait des travaux préparatoires, tels que placement de machines, ouverture de puits ou galeries, etc., sans que *l'extraction* ait été commencée? L'exploitation devra néanmoins être considérée comme ouverte, dans le cas du moins où les travaux préparatoires seront assez avancés et assez importants pour annoncer chez le propriétaire l'intention arrêtée d'exploiter : en les continuant et en extrayant les produits de la mine, de la minière, etc., l'usufruitier ne changera pas le mode de jouissance du propriétaire; il ne fera qu'en suivre les errements. Préparer l'extraction, placer des machines, creuser des puits, acheter les agrès et ustensiles, c'est déjà exploiter dans le vrai sens du mot, et il serait puéril de subordonner les droits de l'usufruitier à la circonstance que des *extractions*, si minimes qu'elles fussent, eussent, en outre, été pratiquées.

1208. — *Quid* si le propriétaire avait autrefois exploité la minière, la carrière, etc., mais que l'exploitation eût cessé lors de l'ouverture de l'usufruit?

En général, l'usufruitier ne pourra la reprendre : l'art. 598, C. civ. exige que la minière, la carrière ou la mine soit en exploitation *à l'époque de cette ouverture*, et l'on changerait le mode de jouissance suivi par le propriétaire en recommençant une entreprise qu'il avait abandonnée.

Cependant, si l'exploitation n'avait cessé que momentanément, s'il résultait des circonstances que le propriétaire l'avait seulement interrompue avec l'intention certaine de la reprendre,

l'usufruitier pourra la recommencer lui-même, car il ne fera par
là que jouir comme le propriétaire, et une minière ou une carrière ne cesse pas d'être en exploitation, par cela que les travaux
en sont momentanément suspendus.

1209. — L'usufruitier ne peut *ouvrir* une exploitation de mine,
minière ou carrière dans le fonds usufructuaire. Mais le nu-
propriétaire le peut-il?

En ce qui concerne les mines, il faut répondre affirmativement. La concession de la mine est indépendante de la surface,
alors même qu'elle appartient au propriétaire de celle-ci :
l'identité de personne n'exclut pas la distinction des propriétés.
Le sol est grevé d'un usufruit; mais la concession en est libre.
Le nu-propriétaire ne peut exploiter le sol à cause de l'usufruit
qui le frappe ; mais s'il possède au-dessous une concession que
l'usufruit (on le suppose) ne frappe point, il en a la *pleine* propriété et il peut par conséquent l'exploiter, sauf à indemniser
l'usufruitier du dommage que l'exploitation de la mine causerait
à la jouissance de la surface (DELEBECQUE, n° 1208).

1210. — En ce qui concerne les minières et les carrières, au
lieu de constituer une propriété distincte de la surface, elles ne
font qu'un avec elle. Le propriétaire du sol n'a donc pas de
propriété distincte sur les minières et les carrières : il a la *nue-
propriété* du sol, lequel comprend les minières et les carrières,
voilà tout. A la vérité, l'usufruitier du sol ne peut pas exploiter
les minières et les carrières *non ouvertes* ; mais de là, il ne suit
point que le nu-propriétaire le puisse : et il faut dire, au contraire, qu'il ne le peut pas, parce que l'exploitation des minières
et des carrières nuirait inévitablement à celle de la surface, et
qu'aux termes de l'art. 599 du Code civil « le propriétaire ne peut
» par son fait, ni de quelque manière que ce soit, nuire aux
» droits de l'usufruitier. » (DEMOLOMBE, *Traité de la Propriété,
de l'Usufruit*, etc., t. II, n° 439 ; DEMANTE, *Cours analytique de Code
civil*, t. II, n° 438 *bis*. — Contrà, DELEBECQUE, n° 1208.)

Cependant, si le terrain renfermant la carrière ou la minière
était improductif pour l'usufruitier, on devrait, ce me semble,
permettre au nu-propriétaire de l'exploiter, par application de
la maxime : *quod tibi non nocet et alteri prodest facile concedendum.*

1211. — Relativement aux minières, DURANTON enseigne (*Titre
de l'Usufruit*, n° 573) que l'usufruitier a le droit de l'exploiter, et
non le nu-propriétaire, lorsque des maîtres de forges demandent

à les exploiter eux-mêmes : l'exploitation est alors forcée, dit-il, et c'est l'usufruitier qui a le droit de s'y livrer. D'autres auteurs (DEMOLOMBE, n° 438, DEMANTE, *loco citato*) enseignent, au contraire, avec plus de fondement, que le droit d'exploitation reste au nu-propriétaire. L'art. 598 du Code civil s'élève contre les prétentions de l'usufruitier : la minière n'est pas en état d'exploitation lorsque l'usufruit commence ; l'usufruitier ne peut donc en profiter. Il est vrai que, de son côté, le nu-propriétaire ne peut pas, comme on vient de le voir, en tirer parti, mais c'est uniquement à cause du principe qui lui interdit de nuire à la jouissance de la surface. Or, cette jouissance doit forcément être troublée : le minerai doit être exploité; il le serait par les usiniers, s'il ne l'était par un autre. Le propriétaire peut dès lors reprendre le libre exercice de ses droits; il exploitera le minerai qui lui appartient, sauf à payer à l'usufruitier une indemnité pour la non-jouissance de la surface (*Jur. des trib. belges*, t. Ier, p. 62).

Que si le nu-propriétaire ne voulait pas exploiter ni consentir à ce que l'usufruitier exploitât, l'exploitation se ferait par les maîtres de forges, qui paîraient au nu-propriétaire la valeur des mines extraites, et à l'usufruitier la valeur de la jouissance dont il serait privé.

1212. — Je viens de déterminer les cas dans lesquels une mine, minière ou carrière peut être exploitée par un usufruitier.

Quant aux droits qui lui appartiennent et aux obligations qui lui incombent de ce chef, il faudra suivre les règles du droit commun, en tenant compte toutefois du caractère spécial de la matière, *mutatis mutandis*.

L'usufruitier jouit donc des accessoires de la mine comme de la mine elle-même (PROUDHON, *De l'usufruit*, n° 1205).

Il peut donner à l'exploitation le développement dont elle est susceptible : son droit n'est pas restreint aux couches ou filons de mines, aux amas de minières, aux bancs de carrières que le propriétaire avait entamés; de nouveaux filons, amas ou bancs peuvent être attaqués, de nouveaux puits ouverts (DELEBECQUE, n° 1199; PEYRET, n° 320).

Mais l'usufruitier devant jouir en bon père de famille, il doit s'abstenir d'extractions immodérées, et ne point précipiter par une exploitation insolite l'épuisement de la mine, de la minière ou de la carrière (PROUDHON, *De la propriété*, n° 774).

Il doit d'ailleurs exploiter selon les règles de l'art et les règlements administratifs. -

Par application de l'art. 608 du Code civil, il doit supporter toutes les dépenses qui, dans l'usage, sont censées charges des revenus ou produits de la mine ou carrière : par exemple, les redevances dues à l'Etat et aux propriétaires de la surface sur les mines concédées, les indemnités de non jouissance dues aux propriétaires dont les terrains sont occupés pour les travaux extérieurs de la mine, etc.

Il doit entretenir les puits, galeries, agrès et machines servant à l'exploitation, et remplacer ceux qui viendrâient à périr, même par usure, vétusté ou accident, de telle façon que les accessoires qui existeront à la fin de l'usufruit soient au moins égaux en valeur à ceux qui existaient lors de son ouverture (PROUDHON, *de l'usufruit*, nos 1156 à 1161).

1213. — Mais il est d'autres questions pour lesquelles l'application du droit commun soulève des difficultés sérieuses de principe et d'exécution.

D'après le Code civil, notamment d'après son art. 609, les charges qui grèvent la propriété d'un fonds doivent être supportées par le nu-propriétaire et l'usufruitier, de telle sorte que le capital de la somme employée à les acquitter soit au compte du nu-propriétaire, et les intérêts au compte de l'usufruitier pendant la durée de l'usufruit, résultat que l'on obtient en les fesant payer par le nu-propriétaire, auquel l'usufruitier tient compte des intérêts à moins que l'usufruitier ne consente à avancer le capital, auquel cas il en est remboursé sans intérêts à la fin de l'usufruit.

PROUDHON (*De la Propriété*, no 774) applique cette règle, lorsque la mine vient à être inondée, et que l'administration, en exécution de la loi française du 27 avril 1838, impose certaines dépenses pour l'assèchement des gîtes inondés. Si l'application est exacte, elle devrait également être faite dans le cas où l'assèchement aurait lieu en dehors des ordres de l'administration, à moins qu'il ne fût un acte de mauvaise gestion.

Mais l'art. 609 Code civil est-il bien applicable à l'usufruit des mines, minières ou carrières?

Cet usufruit, à raison des choses mêmes qui en sont l'objet, ne présente-t-il pas un caractère particulier, qui doit spécialement empêcher l'application pure et simple de l'art. 609?

Il faut remarquer, en effet, que les mines, les minières et les carrières se détruisent par le fait de leur jouissance, tandis que l'un des caractères distinctifs de l'usufruit ordinaire et véritable est de laisser intacte la substance du fonds usufruitier, *salvâ rerum substantiâ*. Le principe de l'art. 609 Code civil est tout simple et tout juste dans l'hypothèse d'un usufruit véritable : un fonds de terre est grevé d'une charge qui pèse sur la propriété entière ; c'est le nu-propriétaire qui supportera le capital de cette charge, parce que le fonds de terre aura toujours sa valeur, à la fin comme au commencement de l'usufruit, et que l'usufruitier n'en aura recueilli que les fruits, en ne payant, par suite, que l'intérêt des charges. Mais en matière de mines ou de carrières, il est possible qu'à la fin de l'usufruit, si celui-ci a duré longtemps, la chose soit considérablement appauvrie ou même épuisée : ainsi, on assèche une mine en 1858, et l'on y dépense 100,000 francs ; l'usufruit cesse 30 ans après : serait-il juste, serait-il conforme à l'esprit de l'art. 609 lui-même, de faire rembourser ce capital par le nu-propriétaire de la mine, qui ne reçoit peut-être des mains de l'usufruitier qu'une mine devenue stérile ou à peu près? (1) Par contre, l'application de l'art. 609 pourra être rationnelle et équitable, si l'usufruit vient à cesser aussitôt ou quelque temps après l'assèchement opéré.

Je crois donc qu'à raison de la nature des mines, minières et carrières, et en l'absence de disposition légale qui leur soit propre, l'application de l'art. 609 C. civ. devra être tempérée selon les circonstances, et que les juges devront, dans chaque espèce, répartir aussi équitablement que possible entre l'usufruitier et le nu-propriétaire les dépenses qui concernent la pleine propriété.

Je viens de citer comme exemple le cas de l'assèchement d'une mine qui vient à être inondée : mais je dois faire observer

----

(1) « Si l'on admettait, disait le tribunal de Charleroi en 1849 (Pas., 1854, 2,204) que des travaux extraordinaires fussent une charge de la propriété aux termes de l'art. 609, l'usufruitier pourrait obliger le propriétaire à les payer en lui tenant compte des intérêts, et il arriverait souvent que la mine exploitable par les nouvelles fosses serait épuisée à la fin de l'usufruit ; le propriétaire n'aurait rien en compensation de son capital, ce qui serait contraire à l'équité, comme à l'esprit et aux dispositions de la loi en matière d'usufruit. »

que l'épuisement des eaux est une charge ordinaire de l'exploitation et de ses produits, lorsqu'il ne s'agit pas des frais de l'établissement même des moyens, machines ou galeries, destinés à combattre l'inondation.

Si l'usufruitier est contraint par le propriétaire du sol d'acheter à la double valeur un terrain occupé pour les besoins de la mine, il ne sera pas toujours juste non plus de mettre à la charge du nu-propriétaire le double prix d'un terrain, dont l'exploitation pourrait peut-être se passer lorsque l'usufruit vient à finir.

1214. — *Quid* des travaux extraordinaires servant à l'extraction des produits de la mine ou minière?

« Si, dit PROUDHON (*De la Propriété*, n° 774), c'est l'usufruitier qui, pour entrer en jouissance de la mine, a été obligé d'ouvrir et pratiquer les puits et galeries d'exploitation et d'y établir les machines nécessaires à l'extraction des produits miniers, ses héritiers auront à ce sujet un droit d'indemnité à faire valoir contre le propriétaire proportionnellement au bénéfice qu'il devra en ressentir, parce qu'autrement il se trouverait enrichi aux dépens d'autrui, et c'est là ce que les principes de l'équité n'ont jamais permis.

» Et puisque les puits et galeries qui sont à établir par l'usufruitier, quand il n'y en a point encore de pratiqués lors de la délivrance de son legs, doivent nécessairement intéresser le propriétaire de la mine, celui-ci doit être appelé en concours de l'entreprise, au moins pour y faire les observations et les réquisitions par lui jugées nécessaires ou utiles dans l'intérêt de la chose. »

Ce que PROUDHON enseigne ici des travaux *extraordinaires* exécutés par l'usufruitier pour commencer l'extraction de la mine, devrait, par le même motif d'équité, s'appliquer aux nouveaux puits, galeries ou machines établis pour ouvrir un nouveau siége d'exploitation : dans un cas, comme dans l'autre, rien n'est plus juste que de faire contribuer le nu-propriétaire à ces dépenses extraordinaires dans la proportion du bénéfice qu'il est appelé à en ressentir.

Mais les circonstances pourront cependant amener une autre décision et laisser tout le fardeau des travaux, même extraordinaires, à la charge de l'usufruitier. Deux arrêts de la Cour d'appel de Bruxelles nous en fournissent la preuve.

Dans l'espèce d'un arrêt du 21 novembre 1853 (*Pas.* 1854, 2, 204) un sieur Charles Dumoulin avait été usufruitier, de 1840 à

1845 , d'une part des charbonnages de Streppy-Bracquegnie. Pendant cette époque , deux nouveaux puits avaient été établis , et la dépense avait été couverte à l'aide des dividendes que les associés s'étaient abstenus de toucher. Les héritiers de l'usufruitier réclamèrent le paîment d'une somme équivalente aux dividendes que celui-ci n'avait pas reçus , en prétendant considérer les dépenses des nouvelles fosses comme des charges de la propriété même. Mais la Cour de Bruxelles repoussa la réclamation , par le motif, principalement, que l'usufruit d'une part de houillère , surtout d'après les statuts du charbonnage de Streppy, consistait à percevoir les dividendes que le Conseil d'administration était chargé de décréter, et que dès lors la jouissance de l'usufruitier avait dû cesser, d'après la nature de la chose et la loi des statuts , lorsque les dividendes avaient été régulièrement consacrés au développement des travaux de la mine.

Un autre arrêt dans le même sens a été rendu par la même Cour, le 22 mars 1854 (*Pas.* 1854 , 2 , 200).

1214 *bis*. — Ce dernier a résolu une autre question également intéressante.

Lorsqu'un usufruit a eu pour objet une part de mine , et qu'il vient à cesser, il existe ordinairement à l'époque de l'extinction , des minerais en magasin, de l'argent en caisse , des créances à recevoir, en un mot des valeurs qui ont été produites pendant la durée de l'usufruit. L'usufruitier ou ses héritiers ont-ils droit de conserver ces valeurs ou bien appartiennent-elles au propriétaire? La Cour de Bruxelles s'est prononcé en faveur de celui-ci, le 22 mars 1854, dans l'espèce qui lui était soumise : « Attendu , a-t-elle dit, que les distributions faites aux actionnaires , conformément à l'art. 8 des statuts de la Société, constituent les fruits des actions et établissent par conséquent d'une manière exacte ce qui était dû à l'usufruitier ; — que ces distributions ne peuvent évidemment porter que sur l'argent disponible, et ne consistent ainsi que dans les dividendes à prendre sur celui-ci ; qu'en effet, il est impossible d'admettre que chaque sociétaire aurait en outre été en droit de réclamer immédiatement sa part dans les créances et les charbons extraits, ce qui aurait amené nécessairement la dissolution de la Société ; — que ces créances et charbons n'avaient pas nature de fruits au jour de la cessation de l'usufruit, bien que pouvant servir à constituer des fruits pour une époque postérieure ; — que l'usufruitière ayant touché les mêmes dividendes qu'aurait touchés le propriétaire, a eu toute la jouissance que lui assurait l'art. 579 du Code civil. »

1215. — Lorsqu'un fonds est compris dans le périmètre d'une concession, il a droit à des redevances qui sont réglées par la loi ou par des conventions spéciales entre le propriétaire et le concessionnaire. Si ce fonds vient à être l'objet d'un usufruit, l'usufruitier aura la jouissance des redevances, parce qu'elle faisait partie de la jouissance du fonds lui-même, et que l'intention présumée de l'auteur de l'usufruit a été de les réunir l'une et l'autre dans les mains de l'usufruitier comme elles l'étaient dans les siennes.

1216. — Mais lorsque pendant la durée de l'usufruit, le fonds usufructuaire vient à être compris dans le périmètre d'une concession, la jouissance des redevances qui naîtront par ce fait ne sera pas dévolue à l'usufruitier; la raison en est qu'il n'a aucun droit sur les mines, et que rien ne prouve ici que l'auteur de l'usufruit ait voulu accorder à l'usufruitier le bénéfice de redevances, qui n'existaient pas encore quand l'usufruit a été constitué. — Cette décision devrait toutefois recevoir un tempérament, si la redevance due à la surface représentait, non seulement les droits du propriétaire sur la mine elle-même, mais, en outre, *et par exception*, le préjudice que l'exploitation de la mine peut causer à la surface. Dans cette hypothèse, on devrait distribuer équitablement les arrérages de la redevance entre l'usufruitier et le nu-propriétaire (consultez Lyon, 24 mai 1853, S. 1854, 2, 727).

1217. — L'usufruitier d'un héritage peut d'ailleurs réclamer la réparation complète du dommage que l'exploitation de la mine lui cause : si, par exemple, les travaux souterrains produisent dans le sol des affaissements qui en diminuent la jouissance, ou s'ils font tarir les eaux utiles de la surface.

Lorsqu'un concessionnaire occupe le terrain usufructuaire pour l'établissement de ses travaux extérieurs, c'est aussi à l'usufruitier qu'il doit payer la double valeur du produit net du terrain occupé (n° 474), et si le concessionnaire est contraint d'acheter le terrain au prix de la double valeur, l'usufruit se reporte sur cette dernière (n° 475 et 494).

CHAPITRE IX.

DES MINES DES MINIÈRES ET DES CARRIÈRES DANS LEUR RAPPORT AVEC LA COMMUNAUTÉ.

SOMMAIRE.

1218. — Ainsi que le fait observer Delebecque (n° 1217) en commençant le même sujet, il n'est pas possible de prévoir l'effet de toutes les stipulations matrimoniales relativement aux droits que les époux peuvent posséder sur les mines, les minières et les carrières; ces stipulations sont susceptibles de trop de variétés, et il faut bien se borner à parler des mines dans leur rapport avec le régime de la communauté légale. Les principes de ce régime, combinés avec ceux du droit civil, serviront d'ailleurs à résoudre les questions qui résulteraient des conventions spéciales conclues par les époux.

1219. — Sous l'empire de la communauté, on distingue les biens propres de chacun des époux des biens qui leur sont communs.

Voyons d'abord à quelle catégorie appartiendront les mines, les minières et les carrières.

Les concessions de mines sont immeubles : comme tous les autres biens immobiliers, elles seront des propres de l'époux qui en aura été propriétaire lors du mariage, ou qui les recueillera pendant celui-ci à titre de succession ou de donation.

1220. — Les objets mobiliers qui sont immobilisés à la mine d'après les règles posées précédemment aux n°s 1109 et suivants resteront propres à l'époux comme la mine elle-même. En conséquence, si l'un ou quelques-uns d'entre eux étaient aliénés et que le prix de vente fût versé dans la communauté, l'époux propriétaire aurait droit à récompense.

1221. — Si l'un des époux obtient du gouvernement une concession de mine pendant le mariage, la concession constituera un acquêt de communauté; car, en principe, tous les biens acquis pendant le mariage sont communs; il n'y a d'exceptés que les immeubles acquis par succession ou donation, et une concession octroyée n'est pas acquise de la sorte : c'est une acquisition *sui generis* qui doit tomber sous l'application de la règle générale (Delebecque, n° 1219).

1222. — Il en serait ainsi, alors même que la concession aurait été accordée à l'époux comme inventeur, car cette invention est le fruit d'une industrie dont les bénéfices sont dus à la communauté. Il importerait également peu que la concession eût été octroyée à cause du droit de préférence, que la loi belge du 2 mai 1837 reconnaît au propriétaire de la surface : la concession n'en est pas moins une acquisition à laquelle ce droit de préférence a *seulement contribué*, mais qui doit, malgré cela, être commune, parce qu'elle ne rentre dans aucune des acquisitions que le Code civil déclare propres, et que le droit spécial des mines n'exige ici aucune dérogation aux principes du droit commun, rien ne s'opposant à ce qu'une concession de mines appartienne à un autre que le propriétaire du sol.

1223. — Il doit en être autrement, ce me semble, d'une concession accordée *par extension* à une concession déjà existante dont l'un des époux est titulaire : cette concession nouvelle, fût-elle acquise pendant le mariage, doit demeurer propre comme celle dont elle forme une extension. Ici, le droit spécial des mines déroge forcément au Code civil. L'extension acquise pendant le mariage perdrait son caractère légal, si elle n'était pas réunie à la concession déjà existante : elle est précisément accordée pour qu'elle appartienne au même propriétaire, afin qu'elles soient toutes deux mieux exploitées que si elles appartenaient à des propriétaires différents. Comment donc voudrait-on que l'extension fût un bien de communauté, et la concession un bien propre ! Ce serait le contrepied de ce qui doit être : on ne peut séparer de la concession l'extension que le gouvernement a voulu y adjoindre et confondre avec elle. L'extension est tellement unie à la concession primitive, que l'en séparer, ce serait partager la concession totale, et que ce partage ne pourrait avoir lieu sans l'autorisation spéciale du gouvernement.

1224. — Les intérêts ou actions dans une société d'exploitation de mines sont des droits mobiliers aux termes des art. 529 du C. civ. et 8 de la loi de 1810 : ceux qui appartiennent à chaque époux avant le mariage ou qui leur échoient après tombent donc en communauté. Celle-ci est subrogée dans les droits du conjoint, de telle sorte, par exemple, que si la société se dissout pendant le mariage, la part des meubles ou immeubles sociaux allouée aux actions ou intérêts devenus communs est recueillie par la communauté. TOUILLIER a prétendu que, dans ce cas de dissolution, l'époux, autrefois titulaire des actions ou intérêts, reprenait sa part des immeubles sociaux, et que la communauté recueillait seulement sa part des meubles. Mais c'est une erreur manifeste : la communauté a acquis le droit ou intérêt social du conjoint, sans distinction aucune entre les meubles et les immeubles sur lesquels ce droit pouvait porter : c'est donc la communauté qui recueille tout ce que l'époux aurait recueilli si le droit lui était demeuré propre. (DELEBECQUE, n° 1224.)

1225. — Autre chose serait, si, lors du mariage, la Société minière dont l'un des époux fait partie était déjà dissoute : alors il n'y a plus de société, mais une simple indivision, partant plus d'intérêt social dont la communauté puisse être investie; il n'y a plus qu'un partage à faire, et la communauté ne recueillera que les meubles qui seront donnés en part à l'époux, celui-ci conservant en propre les immeubles (DELEBECQUE, n° 1221).

1226. — En ce qui concerne les minières et les carrières, elles ne font qu'un avec le sol, et sont des propres comme lui.

Que si le propriétaire concède le droit de les exploiter à perpétuité ou jusqu'à épuisement, cette concession les sépare de la surface, et les érige en une propriété distincte, immobilière par sa nature (n° 1121 et ss.). Lors donc que le titulaire de cette concession perpétuelle vient à se marier, il la conserve en propre comme une concession de mines.

1227. — Si l'un des époux possède le droit d'exploiter une mine, minière ou carrière pendant un certain temps, ce droit est un droit mobilier qui, à l'instar d'un bail, tombe en communauté (n° 1123).

1228. — Je m'occupe maintenant des *produits* des mines, minières et carrières.

Les droits de la communauté à leur égard sont réglés par l'art. 1403 du Code civil, ainsi conçu :

« Les coupes de bois et les produits des carrières et mines
» tombent en communauté pour tout ce qui est considéré comme
» usufruit, d'après les règles expliquées au titre de l'*Usufruit*....
» Si les carrières et mines ont été ouvertes pendant le mariage,
» ses produits n'en tombent dans la communauté que sauf ré-
» compense ou indemnité à celui des époux à qui elle pourra
» être due. »

En vertu de la première partie de cet article, et par application des règles de l'usufruit auxquelles il renvoie, la communauté ne recueille les produits des mines, minières et carrières appartenant en propre aux époux, que quand elles se sont trouvées en exploitation *lors du mariage ou à l'époque de l'acquisition qui en est faite par un conjoint pendant le mariage.*

Ainsi l'un des conjoints étant, au moment du mariage, propriétaire d'une mine, minière ou carrière, qui est en état d'exploitation ouverte, la communauté jouira des produits de l'exploitation.

De même, si l'un des conjoints acquiert en propre , pendant le mariage , par succession ou donation , une mine, minière ou carrière, qui est exploitée lors de son acquisition , les produits de l'exploitation tomberont également en communauté.

En un mot, la communauté ne peut pas *ouvrir* à son profit l'exploitation d'une mine , minière ou carrière qui appartient en propre à l'un des conjoints; mais c'est à son profit que l'exploitation *continue*.

En ce qui concerne les carrières , il faut dire cependant que la communauté pourrait , comme l'usufruitier (n° 1203), en *ouvrir* l'exploitation pour en tirer de l'engrais ou des matériaux qui seraient appliqués au fonds ou au domaine dont la carrière ferait partie (TROPLONG , *du Contrat de mariage* , n° 561).

1229. — En dehors de ce cas spécial, la communauté dans laquelle aurait été versé le produit d'une exploitation dont elle n'a pas le droit de jouir, devrait, lors de la dissolution , restituer à l'époux propriétaire de la mine , minière ou carrière , le produit *net* de cette exploitation. — Je dis le produit net , car le conjoint-propriétaire doit évidemment supporter les frais de l'exploitation de son bien propre.

De là il pourra résulter qu'au lieu d'avoir à payer une récompense pour les produits recueillis par elle, la communauté aura le droit d'en réclamer une à charge du conjoint. C'est ce qui arrivera, lorsque ces produits n'auront pas suffi pour couvrir les dépenses que la communauté a faites dans l'intérêt de la mine, minière ou carrière.

1230. — Le mari ne pouvant poser sur les propres de la femme, sans le consentement de celle-ci, que des actes d'administration , il ne pourrait de sa seule autorité y entreprendre l'exploitation d'une carrière ou d'une minière (TROPLONG, n°s 561 et 991). S'il le faisait , la femme aurait le droit de s'y opposer. Et si son opposition était méconnue, elle profiterait de l'exploitation dans le cas où elle serait avantageuse, sans supporter la perte dans le cas contraire.

Au surplus, on devrait considérer comme autorisée par la femme, l'exploitation que le mari ouvrirait à son vu et su et sans opposition.

1231. — L'un des conjoints peut posséder avant le mariage ou acquérir ensuite à titre gratuit des redevances de mines : lui resteront-elles propres ou deviendront-elles communes? J'ai déjà traité cette question au n° 450 par la distinction suivante.

Si les redevances ne sont pas attachées au sol, si elles en ont été séparées par une aliénation (n° 441), elles constituent un bien meuble (n° 443), et doivent, par suite, tomber en communauté.

Si, au contraire, elles sont toujours attachées à l'immeuble à raison duquel elles ont pris naissance, elles en constituent un accessoire immobilier (n° 443), et restent propres comme lui. — Mais la communauté aura la jouissance des redevances propres, elle en percevra les arrérages, en vertu de l'usufruit qui lui appartient sur les biens propres des époux.

CHAPITRE X.

DU CARACTÈRE COMMERCIAL OU CIVIL DE L'EXPLOITATION DES MINES,
MINIÈRES ET CARRIÈRES.

SOMMAIRE.

1232. — L'article 32 de la loi du 21 avril 1810 est ainsi conçu :

« L'exploitation des mines n'est pas considérée comme un commerce et n'est pas sujette à patente. »

Le but de l'art. 32 n'est pas seulement d'exempter du droit de patente l'exploitation des mines, mais de proclamer, d'une manière absolue, le caractère civil et non commercial de cette exploitation. La rédaction primitive de l'art. 32 a même été modifiée, afin de faire mieux ressortir l'étendue de son but. Le texte soumit à la Commission du Corps Législatif portait, en effet : « l'exploitation des mines ne sera pas considérée comme un » commerce sujet à patente. » Cette rédaction aurait pu faire penser que l'exploitation des mines était en elle-même un commerce, mais que le législateur voulait en faire un commerce *non patentable*. Pour éviter toute équivoque, la Commission du Corps Législatif proposa de rédiger l'article comme il l'est aujourd'hui : « l'exploitation des mines n'est pas considérée comme un » commerce et n'est point sujette à patente. » — « Cette rédaction, ajoutait-elle, est proposée pour plus de clarté. Elle fera cesser les contestations qui s'élèvent fréquemment sur la question de savoir si les sociétés qui exploitent une mine sont de la compétence des tribunaux de commerce. La mine étant une propriété foncière, le particulier ou la société qui l'exploite fait valoir son héritage et rien de plus. Il faut donc exprimer clairement qu'il n'y a pas lieu de le traduire devant les tribunaux de commerce. » (LOCRÉ, XXVII, 13.)

1233. — Quoiqu'en aient dit certains auteurs (PEYRET, n° 375, DALLOZ, n° 270), la disposition de l'art. 32 me paraît en harmonie avec l'esprit du Code de commerce, qui n'a pas voulu considérer comme un acte commercial le fait de tirer des entrailles de la terre les richesses qu'elles contiennent, et puisque le Code de commerce excluait formellement des professions commerciales celle du cultivateur qui féconde le sol (art. 638), la loi des mines devait consacrer la même exclusion pour celle du mineur qui en extrait les produits. A la vérité, l'exploitant de mines achète des bois, des ustensiles, des machines, vend les produits de son extraction, emploie des ouvriers, et travaille dans le but d'obtenir des bénéfices : mais le cultivateur en fait autant, et toute entreprise de spéculation n'est pas une entreprise commerciale (n° 1236).

1234. — Les conséquences du caractère civil de l'exploitation des mines sont aussi nombreuses qu'importantes, et Stanislas Girardin en a signalé les principales, en déclarant dans son rapport au Corps législatif, que l'art. 32 fixait l'incompétence des tribunaux ordinaires et soustrayait les sociétés minières à l'empire du Code de commerce, à la solidarité des dettes et à la contrainte par corps (Locré, XXX, 21).

Les sociétés formées pour l'exploitation des mines, civiles à raison de leur objet, ne peuvent-elles pas devenir commerciales à raison de la forme dont elles sont revêtues ? C'est une question que j'examinerai au chapitre des *Sociétés*.

1235. — On a voulu introduire dans l'art. 32 des distinctions restrictives, qui sont incompatibles avec ses termes généraux et absolus.

Ainsi la Cour de Montpellier a décidé, par un arrêt du 28 août 1833, contre lequel on s'est vainement pourvu en cassation (Sirey, 1836, 1, 333), qu'une exploitation de houille était un acte de commerce, lorsque celui qui s'y livrait n'était pas concessionnaire et qu'il vendait les produits de son extraction illicite, — comme si l'art. 32 ne déclarait pas civile, en elle-même et sans condition, l'exploitation des mines, — comme si le cultivateur devenait commerçant quand il cultive des champs sur lesquels il n'a aucun droit (Delebecque, n° 871).

1236. — D'autres arrêts (Cass. Fr. 30 avril 1828, Bordeaux, 22 juin 1833) paraissent n'appliquer l'art. 32 qu'à l'exploitation faite *pour le seul compte des concessionnaires*, en sorte que l'exploitation par un repreneur serait un acte de commerce. Mais cette doctrine a été justement repoussée par la Cour d'appel de Bruxelles, le 28 juillet 1845 (*Pas.* 1846, 2, 290) :

« Attendu que l'art. 32 de la loi du 21 avril 1810, conforme d'ailleurs au droit commun en fait d'exploitation de fonds, refuse le caractère d'acte de commerce à l'exploitation d'une mine ; que cette disposition n'admet aucune distinction entre le cas où la mine s'exploite par le concessionnaire lui-même et le cas où elle s'exploite par un forfaiteur ; qu'il n'y a point de motif d'introduire une pareille distinction ; que la position du forfaiteur vis-à-vis de la mine n'est pas différente de celle du concessionnaire dont il ne fait qu'exercer les droits ; que la nature de forfait n'implique pas non plus cette différence ; que pour en reconnaître l'existence, il faudrait admettre que la partie de la mine sur laquelle porte le forfait a été achetée par le forfaiteur pour la revendre ; que la prohibition de l'art. 7 de la loi du 21 avril 1810, qui défend la vente par lots ou le partage de la mine sans une autorisation préalable du gouvernement, résiste à cette idée ;

qu'on ne peut donc attribuer au forfait la nature d'une vente ordinaire ; que par suite l'assimilation qu'on en fait avec la vente de récoltes pendantes par racines ou d'une coupe de bois manque d'exactitude ; qu'il appert assez clairement que le forfait est une convention *sui generis*, et que c'est par cette raison qu'on lui donne un nom différent de celui des contrats ordinaires ; de tout quoi il résulte que l'acte dont il s'agit n'ayant point pour but un achat pour revendre dans le sens du Code de commerce, ne peut être réputé commercial. »

Il faut, en un mot, appliquer ici les règles relatives à l'exploitation de la terre. « On pourrait dire dans la subtilité des termes, observe PARDESSUS (*Droit commercial*, n° 11), que le fermier a acheté du bailleur le droit de recueillir les fruits qu'il revend ensuite, et que même il les a acquis par les dépenses qu'il a faites pour les récolter... Mais le fermier est moins acheteur de choses mobilières, que momentanément substitué au droit qu'a le propriétaire de cultiver son fonds, d'en recueillir et d'en débiter les fruits. »

En vain d'ailleurs objecterait-on que le repreneur d'une mine est guidé par le désir de faire un bénéfice ; j'ai déjà dit (n° 1233), que toute spéculation n'est pas un acte de commerce. « Le fermier, dit TROPLONG (*De la Société*, n° 325), qui vient prêter son industrie à l'agriculture est un spéculateur, il n'est pas un commerçant. On a vu des sociétés formées pour affermer une terre et exploiter un bail ; jamais elles n'ont été considérées comme commerciales. »

1237. — Mais s'il ne faut pas restreindre l'application de l'art. 32, il ne faut pas non plus l'étendre. L'exploitant de mines fera dès lors un acte de commerce, lorsqu'après l'avoir extraite du sein de la terre, il lui fera subir un traitement chimique ou mécanique ; il y aura dans ce cas deux entreprises distinctes et différentes : l'une civile, l'extraction des mines, l'autre commerciale, la manutention ou manufacture des mines extraites. Ainsi, par exemple, le charbonnier sera commerçant, en tant qu'il fabriquera du coke, en carbonisant la houille par lui extraite (PEYRET, n° 382 ; Liége, 15 mars 1827 ; Cass. B., 8 mai 1850, *Pas.* 1850, 1, 362).

1238. — Parmi les effets de la non-commercialité des exploitations de mines, l'art. 32 a rangé lui-même celui de ne pas être sujettes au droit de patente.

La Cour de cassation de Belgique a fait application de ce principe, même aux exploitants qui transforment leurs produits, en distinguant, comme on vient de le faire, l'opération civile de l'extraction des mines, et l'opération commerciale de leur manufacture.

Il s'agissait d'un droit de patente à payer par la Société anonyme de Corphalie. Une loi belge du 22 janv. 1849 a fixé cette patente à 1 2/3 pour cent du montant des bénéfices annuels. La Société de Corphalie exploitait une mine de zinc dont elle traitait elle-même les produits. L'administration des contributions voulut tenir compte, pour calculer les bénéfices sujets à patente, du bénéfice réalisé par la Société sur l'extraction des mines de zinc. C'était heurter de front le texte et l'esprit de l'art. 32 de la loi de 1810 : aussi la prétention du fisc échoua-t-elle devant la Députation permanente et devant la Cour régulatrice : « Il faut, a très-bien dit cette dernière, reconnaître chez l'exploitant de mines non patentable, qui est en même temps fabricant sujet à patente, deux professions différentes et sans corrélation entre elles ; les produits de l'une qu'il emploie dans l'autre sont, à l'égard de celle-ci, comme les matières premières qu'il se procure à titre onéreux ; en conséquence, on ne peut y voir sous aucun rapport des bénéfices obtenus par l'industrie soumise à la patente, et qui seuls en conformité de la loi du 22 janv. 1849, doivent servir à fixer la cotisation des sociétés anonymes. » (Arrêt du 8 janv. 1855, *Pas.* 1855 , 1, 35.)

1239. — On a vu tantôt que la fabrication du coke par l'épuration ou carbonisation de la houille était une entreprise de manufacture, et par suite un acte de commerce, distincte de l'extraction elle-même. Il en résulte que cette fabrication est sujette à patente : c'est ce qu'a décidé la Cour de cassation de Belgique, le 8 mai 1850 (*Pas.* 1850, 2, 362), beaucoup plus exactement que le Conseil d'Etat de France (21 janvier 1847; *Ann. des M.* , 4e série, t. XI, p. 723) qui, confondant la fabrication du coke avec l'exploitation de la houille, l'a frappée comme celle-ci, des redevances établies par la loi du 21 avril 1810 *sur les seuls produits de l'exploitation des mines.*

1240. — L'art. 32 n'ayant fait qu'appliquer les principes du Code de commerce, lorsqu'il a déclaré non-commerciale l'exploitation des mines (no 1233) il n'y a pas doute que l'exploitation des minières et celle des carrières, ne doivent pas non plus être considérées comme des actes de commerce (Delebecque, no 1065 ; Liége, 15 mars 1827 ; Dalloz, Vo *Acte de commerce*, nos 289 et 290).

1241. — Peu importe aussi, du reste, que la minière ou la carrière soit exploitée par le propriétaire du terrain qui la renferme ou par un ayant cause (no 1236) : « Considérant, a dit la Cour de Paris (22 février 1848, *J. du P.*, 1848, t. Ier, p. 449), qu'aux termes de l'art. 32 de la loi du 21 avril 1810, l'exploitation des mines n'est pas considérée comme un acte de commerce; *que la loi n'admet aucune distinction entre le cas où la mine appartient à celui qui l'exploite et le cas où il n'en est que locataire;* — Considérant que Moderat d'Otemar ne se livrait à aucune espèce de fabrication, qu'il vendait la pierre à plâtre brute et telle qu'elle était extraite de la carrière. » (Conf. Brux., 30 novembre 1820.)

1242. — La convention par laquelle on reprend l'exploitation d'une carrière ou d'une minière, est donc civile et non commerciale (Brux., 2 février 1842, *Pas.* 1843, 2, 10).

1243. — Cependant, le Tribunal de Charleroy a décidé, le 3 nov. 1858 (*Jurisp. des trib. belges* année 1858-59, p. 588), que la convention qui accordait à *un marchand de minerais de fer* le droit d'exploiter ces minerais dans le terrain d'autrui était commerciale. Le jugement est fondé, d'une part, sur ce que l'art. 32 de la loi de 1810 ne serait pas applicable aux minières, parce qu'il ne parle que des mines; et d'autre part, sur ce que l'exploitation de la minière litigieuse n'était qu'un fait accessoire du commerce de minerais exercé par le cessionnaire. Le premier motif n'est pas fondé, puisque si l'art. 32 ne déclare pas civile l'exploitation des minières, elle est proclamée telle et non commerciale par le droit commun, qui ne considère pas comme un commerce la mise à fruit des richesses naturelles, minérales ou végétales, que la terre contient. Le second motif du jugement de Charleroy ne peut suppléer à l'inexactitude du premier, car il est lui-même inexact. S'il est vrai, en effet, que les actes posés par un marchand relativement à son commerce peuvent être soumis au juge consulaire à raison de la qualité de la personne qui les a posés, il est également vrai que ce principe n'est pas applicable aux actes qui, en eux-mêmes, sont essentiellement civils : c'est ainsi que le négociant ne peut être traduit devant le tribunal de commerce à raison du bail de la maison où il exerce son négoce, et qu'un marchand de grains ne peut non plus y être traduit à raison de l'exploitation d'une ferme qu'il aurait louée pour en vendre les produits. Le marchand de minerais de fer du tribunal de Charleroi n'était donc pas non plus

justiciable du tribunal de commerce à raison de l'exploitation
(civile) de minière dont il s'était fait entrepreneur.

1244. — La loi belge du 21 mai 1819 sur les patentes exempte
de cette contribution « les propriétaires ou exploitants des carrières, tourbières, houillères et autres mines ou minières, qui se
bornent à vendre les matières brutes qu'ils ont extraites. » (1)

1245. — D'après cette disposition, l'exemption du droit de
patente est subordonnée à la condition que l'exploitant, propriétaire ou non, de minières ou de carrières, *se borne à vendre les
matières brutes qu'il a extraites*. La patente est donc due, dans
tous les cas où l'exploitant fait subir aux matières extraites une
préparation quelconque, car la loi belge du 21 mai 1819, assujettit au droit de patente, toute profession qui ne rentre pas dans
les termes des exemptions.

1246. — Mais y a-t-il réellement *et toujours* acte de commerce,
lorsque l'exploitant soumet à une préparation quelconque les matières exploitées? Remarquez que cette exploitation pourrait être
soumise au droit de patente, et elle y serait soumise d'après ce
qu'on vient de voir, sans que, sous tous autres rapports, elle
constituât nécessairement un acte de commerce : il y a, en effet,
des professions qui paient patente, sans être commerciales ; par
exemple, celle de médecin, d'avoué, etc.; la patente est un signe
ordinaire, mais non absolu de la commercialité d'une opération.

Je demande donc si l'on doit considérer comme une opération
commerciale, le fait de l'exploitant, de soumettre à une préparation quelconque les matières extraites de la minière ou de la
carrière.

Je crois qu'il faut répondre négativement, à moins que les
travaux effectués par l'exploitant sur les matières extraites ne
soient tels, qu'ils puissent être considérés comme une *entreprise
de manufacture*. La raison de décider ainsi la question posée,
c'est qu'en principe l'exploitation d'une minière ou d'une carrière
est un acte civil, et qu'il n'y a d'actes commerciaux que ceux qui
sont déclarés tels par le texte de l'art. 632 du Code de commerce.
Or cet article 632 ne déclare pas acte commercial toute préparation
quelconque effectuée sur des produits naturels, mais seulement

---

(1) En France, la loi du 25 avril 1844 déclare patentables les exploitants
de minières,

les *entreprises de manufacture*. Il faut donc que les travaux de préparation exécutés soient assez importants, et qu'ils constituent ce que la loi et le langage vulgaire appellent une manufacture. Alors il y aura deux opérations distinctes et différentes, comme je l'ai déjà dit aux nos 1237 et 1238, l'une civile, savoir l'extraction des produits de la minière ou de la carrière, l'autre commerciale, savoir la préparation, le traitement, la manufacture de ces produits; et si c'est le même individu qui se livre à ces deux opérations, il sera commerçant, non à raison de la première, mais à raison de la seconde.

1247. — Par application de ces principes, il n'y aura pas acte de commerce, pour un exploitant de minière de fer, à laver ses minerais avant de les vendre : l'opération du lavage ne me paraît pas pouvoir être considérée comme une opération distincte de l'extraction, encore moins comme une entreprise de manufacture.

Mais il me semble, comme à PEYRET (n° 382), que l'on pourrait voir une entreprise de ce genre, commerciale par conséquent, dans les opérations du *grillage* et du *bocardage* des minerais, opérations qui commencent la transformation du minerai naturel et en facilitent la fusion.

Quant au traitement des minerais extraits, telle que la fusion des minerais de fer, il n'est pas douteux qu'il constitue une entreprise de manufacture (Liége, 15 mars 1827).

1248. — Des applications semblables se rencontreront dans l'exploitation des carrières.

Ainsi il est certain qu'il y a manufacture, et par suite acte de commerce, dans le fait de fabriquer de la chaux ou du ciment hydraulique avec les produits d'une carrière.

Mais *quid* si l'exploitant se borne à faire subir aux produits naturels une préparation accessoire? Dans une espèce où il s'agissait pour un maître de carrières de livrer ses pierres après les avoir converties en pavés et en bordures, la Cour de Bruxelles a décidé que le fait de façonner les pierres de la sorte ne constituait pas une entreprise de manufacture, et que l'opération était dès lors purement civile (4 janv. 1843, *Pas.* 1843, 2, 34).

Mais la solution ne devrait-elle pas être différente, si le façonnage des pierres extraites avait plus d'importance? Je le crois : le maître de carrières alors n'est plus simplement entracteur ; il devient manufacturier dans la spécialité de son industrie.

« Attendu, a dit un arrêt de la Cour de Bruxelles du 25 janv. 1851,

(*Pas.* 1851 , 2 , 57) qu'il est constant que les parties ne se bornent pas à l'exploitation pure et simple de leurs carrières , mais entretiennent près de celles-ci un nombre considérable d'ouvriers, dont la main-d'œuvre imprime aux pierres extraites une valeur tellement supérieure à celle qu'elles ont eues en sortant du sein de la terre, que c'est moins la pierre que la main-d'œuvre qui est livrée au commerce , puisque cette pierre ne devient, pour ainsi dire, qu'un accessoire dans le prix que donne la façon à la chose livrée au commerce ; — Attendu qu'en cette occurrence les dispositions de la loi du 21 avril 1810 cessent d'être applicables à l'espèce, et qu'il y a lieu de considérer les parties comme se livrant à une entreprise de manufactures, dont les opérations sont soumises à la juridiction consulaire. »

CHAPITRE XI.

DES SOCIÉTÉS.

—

SOMMAIRE.

III. — DE QUELQUES RÈGLES SPÉCIALES AUX SOCIÉTÉS DE MINES.

I. — DE LA FORME ET DU CARACTÈRE CIVIL OU COMMERCIAL DES SOCIÉTÉS DE MINES.

1249. — Comme je le disais au n° 104 de cet ouvrage, les risques des exploitations minières sont si grands et leurs dépenses si considérables, que la puissance de l'association est presqu'indispensable à leur pleine activité, et qu'il est rare de voir une seule personne en supporter le fardeau.

C'est pour cela que l'article 13 de la loi du 21 avril 1810 a permis expressément d'accorder les concessions de mines à des sociétés.

C'est pour cela aussi que tribunaux admettent facilement la formation d'une société pour une exploitation de mine. Ainsi, par exemple, ils ont plusieurs fois décidé qu'une demande en concession formée conjointement par plusieurs individus peut établir entre eux une société, sans qu'il soit besoin d'un acte spécial d'association; les actes ultérieurs, s'il en est intervenu, n'ayant fait qu'organiser une société préexistante (Brux., 14 mars 1838; Liège, 4 décembre 1847, *Pas.* 1848, 2, 26).

1250. — Il résulte des discussions du Conseil d'Etat, que les sociétés pour l'exploitation des mines, peuvent être établies sous les différentes formes que les lois civiles ou commerciales ont reconnues, même sous la forme de société anonyme.

Voici, en effet, ce qui fut dit et décidé au Conseil d'État, le 20 juin 1809 (LOCRÉ, VI, 13).

« L'article 8 est discuté. Il est ainsi conçu :

» Art. 8. Les mines concédées sont immeubles. — Il en est de même des bâtiments, machines, galeries de boisage et autres travaux établis à demeure, conformément à l'art. 524 du Code civil, encore que la propriété appartienne à une société anonyme ou autre, et soit représentée par des actions.

» M. l'ARCHI CHANCELIER dit que cet articlefait naître une question. D'un côté, il donne le caractère d'immeubles aux mines, et à toutes les choses qui servent à les exploiter; de l'autre, il veut que cette qualité leur demeure, même lorsque la propriété appartient à une société anonyme ou autre, et qu'elle est représentée par des actions.

» On se demandera sans doute, si la loi entend immobiliser ces actions en dérogeant à l'art. 529 du Code civil, lequel les déclare meubles.

» Ceci est très-important, attendu que les immeubles sont susceptibles d'affectations, que les biens meubles ne comportent point, et que les formes dans lesquelles la propriété peut être transférée, ne sont pas les mêmes pour les unes que pour les autres.

» M. le comte TREILHARD propose de rappeler ici ce que dit l'article 529 du Code civil, que ces actions sont réputées meubles à l'égard des associés seulement. Cette disposition a été établie afin de donner aux actionnaires plus de liberté pour disposer de leurs actions. Elle n'empêche pas que tout ce qui constitue le fonds de l'entreprise ne demeure immeuble aux termes de l'art. 524.

» M. le comte BERLIER voudrait que, relativement aux mines, les sociétés anonymes fussent interdites. On a pu les tolérer tant que la concession n'a donné au concessionnaire que le droit d'exploiter pendant un certain laps de temps.

» Mais aujourd'hui qu'elle va leur transférer une propriété perpétuelle et incommutable, on ne doit pas souffrir que cette propriété repose sur des êtres de raison.

» M. le comte REGNAUD (de Saint-Jean-d'Angély) dit qu'interdire les sociétés anonymes, ce serait empêcher les associations, sans lesquelles il devient presque impossible d'entreprendre des exploitations aussi considérables que celles des mines. De telles exploitations exigent des capitaux qu'un petit nombre de particuliers ne pourraient pas fournir, ou ne voudraient pas aventurer. Un capitaliste hasardera bien une petite portion de sa fortune ; mais il se refusera à risquer sa fortune tout entière. Dès-lors, il faut nécessairement admettre un mode qui appelle tous ces capitaux partiels, et en forme une somme totale pour commencer et soutenir l'entreprise.

» Quant à la disposition de l'article, elle tend à déclarer que les biens qui constituent le fonds de l'entreprise sont immeubles et que néanmoins les actions au porteur qui représentent cette propriété conservent la qualité de meubles.

» La seule difficulté que ce système présente c'est que, dans l'exactitude des principes, le droit à un immeuble devient immeuble lui-même, et ne devrait dès-lors pouvoir être transféré que dans les formes prescrites pour la cession des propriétés immobilières ; cependant, comme la loi peut faire à ces principes des modifications nécessaires, et qu'ici les circonstances exigent qu'on facilite les mises de ceux qui ne veulent pas risquer toute leur fortune, il est convenable de n'appliquer les formes établies pour transférer la propriété des immeubles qu'en cas où il y a expropriation de la société toute entière.

» M. l'ARCHI-CHANCELIER dit que M. le comte TREILHARD a résolu la difficulté ; que, quant à la proposition de M. le comte BERLIER, elle empêcherait de s'associer pour l'exploitation des mines.

» M. le comte BERLIER dit qu'on pourrait, en défendant les sociétés anonymes, permettre les sociétés en commandite. Celles-ci donneraient les facilités qu'on veut ménager aux capitalistes en même temps qu'elles indiqueraient les personnes contre lesquelles les actions peuvent être dirigées, et qui sont responsables envers le public.

» M. L'ARCHI-CHANCELIER dit qu'aucune société anonyme ne peut exister sans l'autorisation du gouvernement; on a un moyen d'empêcher la formation de celles qui ne présenteraient pas de sûreté.

» M. le comte TREILHARD propose la rédaction suivante :

» Les mines concédées sont immeubles.

» Il en est de même des bâtiments, machines, galeries de boisage et autres travaux établis à demeure, conformément à l'art. 524 du Code civil.

» Néanmoins, les actions ou intérêts dans une société ou entreprise pour l'exploitation des mines, seront réputés meubles, conformément à l'article 529 du Code civil. »

» Cette rédaction est adoptée. »

Il faut donc tenir pour certain que les sociétés de mines sont susceptibles de revêtir toutes les formes consacrées par le Code de commerce, et constituer ainsi des sociétés en nom collectif, en commandite ou anonymes.

1251.—Leur *forme* et les questions relatives à icelle seront alors régies par ce Code-là, puisque les parties doivent suivre la loi à laquelle elles ont consenti et pu consentir de se soumettre. Si donc des exploitants de mines veulent former une société anonyme, ils devront obtenir l'autorisation du gouvernement; s'ils veulent former une société en nom collectif ou en commandite, ils devront adopter une raison sociale dans les termes des articles 20, 21 et 23 C. de comm. L'association devra être constatée par écrit, pour qu'elle puisse recevoir la publicité voulue par les art. 42 et suivants du même Code, et si cette publicité n'est pas observée, la société sera nulle, au moins sous la forme que les associés avaient adoptée, et elle se transformera en une société de fait, etc.

1252. — Mais la société de mines qui sera ainsi commerciale quant à sa forme et quant aux règles de cette dernière, le sera-t-elle aussi sous tous autres rapports, le sera-t-elle quant au fond?

Je ne le crois pas, malgré l'enseignement contraire de plusieurs auteurs et de beaucoup d'arrêts; je pense que la société restera une société civile, sauf à appliquer les principes du droit commercial, auxquels les parties auront voulu et pu vouloir se soumettre.

Cette formule donne une solution juridique à plusieurs questions importantes.

En principe, il est élémentaire que le caractère civil ou commercial d'une société se détermine par celui de l'opération qui en est l'objet. Or, l'exploitation des mines a été déclarée civile et non-commerciale par la disposition expresse de l'art 32 de la loi de 1810. Les sociétés de mines sont donc, en elles-mêmes, des sociétés civiles, quelle qu'en soit la forme (DELEBECQUE, nᵒ 869).

Ce raisonnement peut s'étayer d'ailleurs des travaux prépatoires de la loi. En effet, d'une part, on voulait autoriser les sociétés de mines sous toutes les formes du Code de commerce (séance du Cons. d'Etat du 20 juin 1809, nᵒ 1250); et d'autre part, on proclamait en même temps qu'on voulait *que ces sociétés fussent civiles et soustraites à la compétence des tribunaux de commerce, à la contrainte par corps*, etc.; *on déclarait en termes formels* que c'était précisément là *le but* de l'art. 32 (nᵒ 1232).

La loi de 1810, suivant en cela le droit commun, ne s'est donc pas attachée à la forme d'une société pour en déterminer le caractère, mais elle s'est attachée à son objet, et afin d'imprimer aux sociétés de mines le caractère de sociétés civiles, elle a déclarée civile l'exploitation des mines. — Je dis qu'elle a suivi en cela le droit commun : car, selon ce dernier, la forme n'emporte pas le fond en ce qui concerne le caractère d'une association, et une société peut très-bien avoir, au plus haut degré, la forme commerciale, par exemple, la forme de l'anonyme, sans perdre son caractère de société civile, si ses opérations sont civiles en elles-mêmes : c'est ainsi que les sociétés d'assurances mutuelles sont civiles et non commerciales, alors même qu'elles sont constituées en sociétés anonymes (Douai, 4 déc. 1820; Cass. Fr., 9 nov. 1858, S. 1859, 1, 15, etc.); c'est ainsi encore que le gouvernement a souvent autorisé des sociétés anonymes pour l'exécution de travaux agricoles (irrigations et défrichement de la Campine) ou pour la construction d'un grand édifice (passage couvert à Bruxelles), etc.

1253. — La société de mines restera donc, *au fond*, société civile, quelle que soit *la forme* dont on l'ait revêtue.

Mais il est possible que l'adoption de telle forme plutôt que de telle autre entraîne l'application des principes du droit commercial; et cela arrivera lorsque cette adoption elle-même manifestera chez les associés la volonté de se soumettre à ces principes, à la condition, bien entendu, que la loi même ne s'oppose pas à l'exécution de cette volonté.

Quelques applications vont éclaircir et justifier cette doctrine, en même temps qu'elles réfuteront la doctrine opposée.

Je suppose qu'une société de mines se soit constituée sous la forme régulière d'une société en nom collectif. Il en résultera que chacun des associés sera, comme dans toute société de ce genre, tenu *solidairement* des obligations contractées sous la raison sociale pour affaires de la société, tandis que dans une société civile, chaque associé n'est en général tenu que pour sa part et portion. La raison en est qu'il est permis à plusieurs personnes de s'assujettir au lien de la solidarité, et que l'adoption de la forme sociale en nom collectif emporte la volonté de s'obliger de la sorte. — Par contre, si une société de mines s'est valablement constituée sous la forme anonyme, chaque associé ne sera tenu vis-à-vis des autres et vis-à-vis des tiers que sur la part qu'il possède dans la société, et non sur ses autres biens, parce que ses co-associés et les tiers ont su qu'il ne voulait s'engager que dans ces limites, et qu'ils y ont adhéré en traitant avec lui sans stipuler de sa part un engagement plus étendu.

1254. — Mais un associé de mines *en nom collectif* sera-t-il *contraignable par corps?* Il faudrait le dire, si l'association était devenue, vraiment et au fond, commerciale, à raison de la forme qu'on lui a imprimée. On décidera, au contraire, la négative, par la raison qu'il n'est pas permis de s'exposer indirectement à la contrainte par corps pour des opérations qui, en elles-mêmes, n'emportent pas cette voie exceptionnelle d'exécution.

De même, les sociétés de mines constituées sous une forme commerciale seraient de la compétence des tribunaux consulaires, si elles étaient réellement des sociétés de commerce. Mais on doit repousser cette décision, diamétralement opposée au vœu de la loi (n° 1232), parce que l'incompétence des juges consulaires à l'égard des opérations non réellement commerciales, est d'ordre public, et que dès-lors les parties ne peuvent y suppléer par leurs conventions particulières.

Et de fait, il serait difficile de comprendre pourquoi les opérations, toujours semblables à elles-mêmes, d'une exploitation de mines, emporteraient ou non la contrainte par corps et la compétence du tribunal de commerce, selon que la société qui s'y livre, serait constituée sous telle forme plutôt que sous telle autre.

II. — LES INTÉRÊTS DANS UNE SOCIÉTÉ DE MINE SONT MEUBLES.

1255. — Quoi qu'il en soit, il est un point sur lequel les sociétés
de mines ressemblent, *au fond*, aux sociétés commerciales :
mais ce qui est remarquable, et ce qui confirme l'exactitude
de notre système, c'est que ce point de ressemblance est indépendant de la forme de la société minière : je veux parler du
caractère mobilier des actions ou intérêts dans une société de
mines.

Ce caractère mobilier est consacré par l'art. 8 de la loi de 1810
dans les termes suivants :

Les mines sont immeubles....

Néanmoins, les actions ou intérêts dans une société ou entreprise pour
l'exploitation des mines, sont réputés meubles, conformément à l'art. 529
du Code Napoléon.

On a vu, au n° 1250, que cette disposition a eu pour but de
faciliter la transmission des parts de charbonnages ou autres
exploitations de mines.

1256 — Elle existait déjà dans l'ancien pays de Liége, dont la
coutume (Chap. IV, art. 6) portait que « *parcon de fosse est meuble.* »
Toutefois, cette règle ne s'appliquait qu'aux parts *de fosse*, c'est-
à-dire de houillère, et non point aux parts d'une autre exploitation minière, telle qu'une exploitation d'alun (Arrêt de la Cour
de Liége du 16 août 1810, Brixhe, v° *Action*, n° 3).

1257. — La disposition de l'art. 8 de la loi de 1810 est donc plus
étendue que l'ancienne règle liégeoise, puisqu'elle s'applique à
toute exploitation *de mine*.

Mais faut-il l'étendre aux exploitations de *minières* ou de
carrières ? l'action ou l'intérêt dans une société formée pour une
exploitation de minerai de fer, de pierres à bâtir, etc., sera-t-il
réputé meuble ? Je ne le pense pas, attendu que la disposition
de l'art. 8 de la loi de 1810 ou de l'art. 529 C. civ., est exorbitante du droit commun (Liége, 16 août 1810), et qu'elle ne peut
dès lors s'appliquer, en dehors de son texte, à une exploitation
de carrière ou de minière, qui n'est ni l'exploitation *de mine* de
l'art. 8, ni l'entreprise *de finance*, *de banque ou d'industrie* de
l'art. 529.

1258. — L'art. 8 de la loi de 1810 ne déclare pas seulement mobilières les *actions* dans une *société* pour l'exploitation des mines, mais il imprime le même caractère mobilier aux *intérêts* dans toute *entreprise* pour le même objet.

Il en résulte, comme je l'ai déjà dit (n⁰ 1256), que ce caractère mobilier est indépendant de la forme de l'association.

Ainsi, il ne sera pas nécessaire que les parts de chacun soient représentées par des *actions* (nominatives ou au porteur); une part, un intérêt dans la société sont, sous ce rapport, assimilés à l'action proprement dite (Cass. B. 19 janv. 1843, *Pas.* 1843, 1, 85).

1259. — Il n'est pas davantage nécessaire qu'il existe une société en forme, constatée par écrit; l'art. 8 de la loi de 1810, plus large en cela que l'art. 529 C. civ., a mis sur la même ligne l'entreprise, l'association de fait, la simple exploitation en commun, et la société véritable (Cass. B. 19 janv. 1843; Brux. 15 juillet 1831; Cas. B. 4 mars 1858, *Pas.* 1858, 1, 89).

« Attendu, a dit ce dernier arrêt, que Toussaint Beco, concessionnaire du charbonnage de Baldaz-Lalore, en vertu d'arrêtés royaux des 7 nov. 1828 et 7 septembre 1845, est décédé le 9 déc. 1851, laissant dix enfants; que l'un de ces derniers, Anne Beco, épouse Fraikin, est décédée le 17 mai 1853, laissant huit enfants;

» Attendu que l'exploitation entreprise par Toussaint Beco a été continuée par ses enfants et petits-enfants jusqu'à l'époque des ventes par eux consenties en faveur de la Société de la Vieille-Montagne;

» Attendu que, comme le constatent les actes de ventes, la part de chacun des enfants dans la concession de Baldaz-Lalore était de 8/80ᵉˢ, et celle de chacun des petits-enfants de 1/80ᵉ ;

» Attendu, en droit, que l'article 8 de la loi du 21 avril 1810, après avoir déclaré que la mine est immeuble, porte que, néanmoins, les actions ou intérêts dans les sociétés ou entreprises pour l'exploitation des mines sont réputées meubles, conformément à l'art. 529 du Code civil ;

» Attendu que la loi de 1810, tout en se référant à l'article 529 précité, en ce qui concerne les effets de la mobilisation qu'elle décrète, a, sous un autre rapport, une portée plus étendue que la disposition du Code civil ;

» Attendu, en effet, que l'article 529 de ce Code ne déclare meubles que les actions ou intérêts dans les Compagnies de finances, de commerce ou d'industrie, ce qui suppose l'existence d'une Compagnie dans le sens légal attaché à ce mot, tandis que la loi de 1810 répute meubles les actions ou intérêts dans les Sociétés ou entreprises pour l'exploitation d'une mine, faisant ainsi clairement entendre qu'elle comprend, dans sa disposition alternative, et les Sociétés expressément convenues entre les parties, et les associations de fait que la loi qualifie d'entreprises;

» Attendu que l'exploitation d'une mine par des communistes a pour objet les bénéfices qu'elle peut procurer à chacun d'eux, soit actuellement, soit dans un avenir plus ou moins rapproché ; que cette exploitation exige le concours des capitaux et de l'industrie des exploitants ; qu'elle les soumet entre eux et à l'égard des tiers aux mêmes obligations que celles qui résulteraient d'une Société expressément convenue ;

» Qu'elle constitue, par conséquent, une entreprise dans le sens que l'usage et la loi assignent à ce mot ;

» Attendu que du moment où il était constaté que les héritiers Beco ont exploité en commun le charbonnage de Baldaz-Lalore, le juge n'avait pas à rechercher l'intention des exploitants, puisque, aux yeux de la loi, cette intention résultait du fait même de l'exploitation en commun ;

» Qu'il ne peut donc être pris égard aux considérations que déduit le jugement attaqué pour établir que les héritiers Beco n'ont pas eu l'intention de s'associer ;

» Attendu que si, comme l'allègue le jugement attaqué, les héritiers Beco ont exploité la mine pour se conformer à la loi et aux arrêtés de concession, cette circonstance ne peut modifier ni le caractère de l'exploitation ni les effets que la loi y attache ;

» Attendu que le législateur de 1810 n'ignorait pas qu'il existait un grand nombre de mines exploitées par des réunions de personnes entre lesquelles il n'était jamais intervenu de contrat de Société ; que, d'autre part, l'intérêt général exigeait que les capitaux fussent attirés vers l'exploitation des richesses minérales ; que le moyen le plus efficace d'atteindre ce but était d'étendre le principe de la mobilisation des actions ou intérêts aux simples associations de fait, à toute entreprise par plusieurs, de faciliter ainsi la division et la transmission de ces actions et intérêts, et d'empêcher que l'un des intéressés ou ses créanciers personnels ne pussent entraver l'exploitation en provoquant la vente de la mine ; que l'esprit de la loi prouve donc, comme son texte, que le jugement attaqué a méconnu le caractère qu'elle attribue aux faits constatés au procès ;

» Attendu qu'en admettant que les héritiers Beco aient cru vendre des parts d'immeubles, leur erreur sur ce point n'a pu changer la nature mobilière du droit qui appartenait à chacun d'eux, et qui seul pouvait faire l'objet des ventes successives consenties en faveur de la Société demanderesse ;

» Attendu que si, lorsqu'il existe une Société régulièrement constituée, la propriété de la mine, qui est immeuble, repose sur l'être moral que la loi appelle Société, cette propriété, lorsqu'il y a entreprise, repose sur l'association de fait, sur la réunion d'exploitants ;

» Attendu qu'il suit de ce qui précède que le jugement attaqué, en décidant que les héritiers Beco avaient vendu à la Société demanderesse des parts d'immeubles, et que l'administration de l'enregistrement avait le droit de percevoir sur les ventes dont il s'agit le droit de mutation immobilière, a contrevenu à l'article 8 de la loi du 21 avril 1810 et fait une fausse application de l'article 69, § 7, n° 1er de la loi du 22 frimaire an VII, des

art. 1ᵉʳ et 4 de la loi du 3 janvier 1824, de l'art. 1ᵉʳ de la loi du 30 mars 1841
et des articles 1ᵉʳ et 2 de la loi du 18 décembre 1851 ;

» Par ces motifs, casse et annule le jugement rendu entre les parties par
le tribunal de première instance de Liége, le 18 décembre 1856, condamne
le défendeur aux dépens. »

1260. — Le principe de la mobilisation des parts de mines
n'existe, d'après l'art. 529 C. civ., auquel renvoie l'art. 8 de la
loi de 1810, *qu'à l'égard de chaque associé seulement*. Cela veut dire
que la mine reste *immeuble* dans les mains de la société qui la
possède toute entière, en sorte par exemple que la société pourrait la grever d'hypothèque, et que la vente de la mine par *tous*
les associés serait une vente immobilière.

1261. — Il suit de là que si tous les intérêts ou toutes les parts
dans une exploitation de charbonnage viennent à appartenir à
une seule personne, la mine devient immeuble dans ses mains,
de meuble qu'elle était dans celles de chacun des anciens
sociétaires.

Et comme la mine est immeuble de sa nature, comme il n'y a
de mobilier que *la part dans une société ou entreprise*, la Cour de
cassation belge (21 fév. 1840) en a conclu que le propriétaire
unique de la mine qui en vend une partie indivise, ne vend pas
une action ou un intérêt *mobilier* dans une société ou entreprise
qui n'existe plus ou pas encore au moment de la vente, mais
une portion *immobilière* d'un immeuble, qui sera mise ensuite en
société, et qui alors seulement sera réputée mobilière. « En résumé, disait M. l'avocat général DE CUYPER après avoir discuté
la question, la loi ne répute mobilières les actions dans une
compagnie que pendant l'existence de l'être moral, propriétaire
du fonds social : si l'existence de cet être moral n'a point précédé
l'acquisition des actions, s'il n'existe que par suite et comme
conséquence des acquisitions, si ces acquisitions constituent
précisément les apports dans une société nouvelle, il est impossible de leur appliquer la fiction de l'art. 529 du Code civil et de
l'art. 8 de la loi de 1810. » (Voyez aussi Liége, 17 juillet 1856,
Pas. 1859, 1, 134.)

1262. — Si, d'après cela, la vente d'une part de mine par le
propriétaire unique de celle-ci constitue la vente d'une portion
indivise et immobilière de la mine, parce que la société ou
l'entreprise entre le vendeur et l'acheteur ne précède pas l'aliénation, mais en est la suite et la conséquence, il faut dire, par

identité de motifs, que la vente d'une mine par un seul à plusieurs est une vente immobilière, et que c'est seulement après l'acquisition, et par suite de l'entreprise en commun entre les acheteurs, que les actions ou intérêts de chacun des associés constituent des biens meubles.

D'où la conséquence ultérieure que l'on devra payer sur les ventes précitées le droit de mutation immobilière.

1263. — Mais, par contre, lorsqu'il s'agit réellement de la transmission d'actions ou d'intérêts dans une société ou entreprise existante, l'acquéreur ne doit que le droit de 50 centimes par 100 fr., dont est frappée la transmission des actions mobilières dans les sociétés ou compagnies (Cass. B. 21 février 1840, 14 mars 1844, *Pas.* 1844, 1, 136).

1264. — De ce que les parts de mines sont mobilières, il en résulte encore :

1º Qu'elles tombent dans la communauté et dans le don ou legs des biens meubles ou objets mobiliers (nᵒˢ 1224 et 1225).

2º Qu'un associé ne peut donner sa part en hypothèque. Mais il pourra la donner en gage, en observant les formalités prescrites par le Code civil (art. 2074 et ss.) : observons que le créancier-gagiste, s'il s'agit d'une part de charbonnage dans une ancienne société charbonnière, se met en possession de la part engagée en faisant signifier son contrat à la société (Cass. B. 26 déc. 1850, *Pas.* 1851, 1, 324).

3º Que la saisie et la vente d'un intérêt dans une société minière ne peuvent avoir lieu suivant les règles prescrites pour la saisie et l'expropriation forcée des immeubles. — La Cour de Paris a décidé, le 2 mai 1811 et le 13 août 1824, que l'on devait suivre par analogie les règles de la saisie des rentes (Conf. PEYRET, nº 139 et DALLOZ, nº 192).

1265. — De l'art. 8 de la loi de 1810 résulte aussi la preuve que les sociétés de mines, quoique civiles, sont considérées à l'instar des sociétés de commerce, comme des êtres moraux, comme des personnes morales distinctes des individus qui les composent (*Revue critique de législation*, t. V, p. 443) : « la loi, dit MARCADE sur l'art. 529 C. civ. (applicable aux sociétés de mines), la loi considère la compagnie comme une personne morale, un être de raison, distinct de chacun des sociétaires ; elle ne regarde qu'elle comme propriétaire des immeubles qui tombent en sa possession, et elle envisage chaque associé comme ayant contre la société le droit de demander un dividende mobilier. » — « Si les actions dans la société sont considérées comme meubles, disait M. l'avocat-général DE CUYPER à la Cour de cassation de Belgique (arrêt du 21 février 1840), ce n'est point que la mine dépouille sa nature d'immeuble par cela seul qu'elle appartient à plusieurs, mais c'est parce que la loi considère alors la propriété immobilière de la mine comme résidant dans le chef du *corps moral* de la société ou de la compagnie d'entrepreneurs. »

1266. — Les sociétés de mines constituant des personnes civiles, il faut leur appliquer toutes les conséquences juridiques de cette personnalité (*Revue critique de Jurisp.*, t. V, p. 414 et ss.).

Ainsi, les créanciers de la société seront payés sur l'actif social avant les créanciers personnels des associés (DALLOZ, n° 190, Bruxelles, 19 juillet 1856, *Pas.* 1856, 2, 339).

Ainsi, un débiteur poursuivi par ses associés de charbonnage, à raison de créances à eux personnelles, ne peut compenser sa dette avec ce qui lui est dû par la société (Liége, 20 oct. 1825).

1267. — Ainsi encore, la société peut agir en justice, soit en demandant, soit en défendant, à la poursuite et en la personne de ses gérants, sans que tous ses membres individuellement doivent être en cause (*Revue crit. de Jur.* t. V, p. 415).

« D'après un ancien usage constamment suivi sans contradiction, a dit la Cour de Bruxelles dans un arrêt du 15 février 1843 (*Pas.* 1844, 2, 349), les sociétés charbonnières ont toujours été admises à ester en justice sous leur nom social, tant en demandant qu'en défendant. » Mais cet usage me paraît être une application forcée du principe que les sociétés de mines constituent des personnalités civiles, ayant une existence propre, reconnue par la loi, et distincte de l'existence individuelle de chacun de leurs membres : puisque c'est cette personne sociale elle-même qui attaque ou qui se défend, c'est elle qui doit figurer au procès. Il n'y aurait pas de doute possible, si la société de mines était constituée en société en nom collectif, en commandite ou anonyme : mais pourquoi la procédure devrait-elle être différente, à raison d'une autre forme sociale, qui n'empêche pas d'ailleurs la société de constituer une personne distincte, une personne civile ? (Cour de Brux. 4 août 1849, *Pas.* 1849, 2, 377.)

1268. — Je n'ai pas le dessein d'exposer ici les règles du contrat de Société, et d'examiner quand et comment elles doivent ou non être appliquées aux sociétés de mines. Les règles qui précèdent serviront déjà à résoudre beaucoup d'autres questions de détail. Je dois me borner à signaler encore quelques autres particularités remarquables des sociétés minières.

La doctrine et la jurisprudence ont toujours considéré les sociétés de mines comme étant *des associations de capitaux plutôt que des associations de personnes* (Liége, 9 mars 1839, 6 janv. 1844, *Pas.* 1845, 1, 386; PEYRET, n° 206, etc.), et elles ont tiré de ce principe des conséquences aussi nombreuses qu'importantes.

1269. — Il suit de là, en effet, que si les sociétés ordinaires, où l'on consulte le choix et la qualité des personnes, se dissolvent par la mort de l'un des associés, il en doit être autrement des sociétés minières où l'on ne fait état que de l'apport des choses et des capitaux de chaque sociétaire (Arrêt précité de Liége, 6 janvier 1844; Cass. B., 14 déc. 1838; DELEBECQUE, n° 1242; etc.). On peut ajouter, d'ailleurs, avec la Cour de cassation de Belgique dans son arrêt du 14 déc. 1838, que « la concession d'une mine a lieu dans des vues d'intérêt public; que cet intérêt qui commande que l'exploitation se poursuive sans interruption aussi longtemps qu'elle est possible, doit prévaloir sur les causes d'intérêt privé qui auraient pour résultat d'arrêter ou d'entraver l'exploitation; qu'il s'oppose, par conséquent, à ce qu'une société qui se livre à ces travaux soit frappée, par le décès de l'un de ses membres, d'une dissolution forcée, dont le premier effet serait de suspendre l'exploitation commune. »

1270. — Dans les sociétés ordinaires, un associé ne peut céder ses droits à un tiers, de façon à se substituer ce dernier vis-à-vis de ses co-associés et à leur donner un nouvel associé qu'ils n'ont pas eux-mêmes choisi (art. 1861 C. civ.). Dans les sociétés qui sont plutôt des réunions de choses que des réunions de personnes, telles que les sociétés de mines, chacun des associés peut, au contraire, céder sa part à un tiers qui prend complètement sa place. (Liége, 9 mars 1839, 26 décembre 1818; Lyon, 12 mars 1828; Cass. Fr., 15 avril 1834, S. 1834, 1, 650; PEYRET, n° 206; DELEBECQUE, n° 257, etc.) (1)

---

(1) Quant aux formes de la cession, la Cour de Bruxelles a décidé le 24 déc. 1842 (*Pas.* 1843, 2,206), qu'elle n'avait pas besoin d'être notifiée à la société conformément à l'art. 1690. C. civ., « cet article étant fait pour le transport d'une créance, d'un droit ou d'une action sur un tiers, et ne pouvant s'étendre au transport où à la cession d'une chose existante en

1271. — Dans les sociétés ordinaires, l'art. 1859 du Code civil donne à chaque associé, en l'absence de convention contraire, d'une part le pouvoir d'administrer, et d'autre part le droit de s'opposer à l'opération avant qu'elle soit conclue. On suit une autre règle dans les sociétés de mines : la majorité lie la minorité, et la majorité se forme par l'importance des intérêts et non par le nombre des personnes. « Lorsque le personnel primitif d'une société est immuable, a dit la Cour de Liége (9 mars 1839), ceux qui la composent étant à bon droit présumés s'être entendus d'avance sur le but qu'ils se sont proposé et sur le moyen de l'atteindre le plus avantageusement possible, on conçoit facilement alors que, s'ils n'ont spécialement réglé le mode d'administration, ils sont censés avoir eu à cet égard une confiance réciproque dans l'aptitude individuelle de chacun d'eux ; mais cette présomption disparaît complètement lorsque le personnel de la société peut subir une augmentation indéfinie et même un changement complet ; qu'alors, et dans le silence du contrat, c'est la majorité qui doit former la volonté sociale ; qu'ainsi le veulent l'usage et la nature des choses ; qu'il s'en suit que cette volonté régulièrement manifestée doit faire loi pour la minorité, sauf le cas de dol et de fraude. — L'usage et la jurisprudence du ci-devant pays de Liége, ainsi que des pays houillers circonvoisins, ont d'ailleurs uniformément consacré le principe que les délibérations sociales se formaient par la majorité des intérêts et non à la majorité des voix, par le motif que les sociétés char-

---

soi, indépendante du fait ou de la prestation d'un tiers, et dont les produits appartiennent au propriétaire à raison de son droit de propriété. »

L'action transmise est nécessairement grevée des dettes de la société jusqu'à due concurrence : la stipulation qu'elle est cédée libre de charges, pourrait bien avoir effet entre les cédants et le cessionnaire, mais non contre les créanciers qui ne peuvent perdre, malgré eux, une partie de leur gage (DELEBECQUE, n° 1251).

Retrait. — Au pays de Liége (BRIXHE, V° *Retrait*) et dans d'autres localités, les associés avaient le droit de retraire la part de fosse qui était vendue par leur coassocié. Ce retrait *coutumier* a été expressément aboli par la loi des 13-18 juin 1790 ; mais il est permis de stipuler dans les contrats de société la faculté de retraire, la loi de 1790 ne s'appliquant pas au retrait *conventionnel* (Bruxelles, 8 avril 1817, 2 février 1825, 12 mars 1849, *Pas.* 1850, 1,228 et *Belg. jud.* 1849, 505, 30 avril 1849, *Belg. jud.* 1849, 833 ; DELEBECQUE, n° 1257 ; Contr. Liége, 13 mai 1806).

bonnières étaient plutôt des associations de capitaux que des associations de personnes; elles ont conservé ce caractère sous l'empire des lois nouvelles; ces lois n'ont donc pas proscrit à cet égard les usages locaux, auxquels d'ailleurs les parties sont censées s'être référées lorsqu'elles n'ont rien stipulé de contraire, conformément à l'art. 1155 du Code civil (1). » (Conf. Liége, 19 juin 1851; *Pas.* 1851, 2, 316.)

1272. — Mais chaque associé n'est tenu des obligations sociales que dans les termes des règles consacrées pour les sociétés civiles, par les art. 1862 et suivants du Code Napoléon (Peyret, n° 204). D'où il suit notamment que les sociétaires ne sont pas tenus solidairement, à moins qu'ils ne se fussent associés *en nom collectif*, ce qui entraînerait, comme je l'ai déjà dit (n° 1253) expression de solidarité.

Au pays de Liége, les maîtres de fosse étaient solidairement tenus dans plusieurs cas établis par l'usage, par exemple, envers le propriétaire de la surface auquel ils devaient double dommage, et envers les fournisseurs d'agrès et ustensiles : mais ces dispositions coutumières, qu'aucune loi moderne n'a renouvelées, n'ont pas survécu à la loi du 30 ventôse an XII, qui a aboli toutes les anciennes coutumes pour les remplacer par le Code civil ou par des lois spéciales (Brixhe, V° *Solidarité*).

1273. — Remarquez que si les membres d'une société de mines ne sont pas tenus soldairement des dettes sociales, mais seulement pour leur part, ils sont tenus de cette dernière personnellement et sur tous leurs biens, en sorte qu'ils diffèrent, sous ce rapport important, des associés anonymes, lesquels ne sont tenus envers les créanciers et leurs coassociés que jusqu'à concurrence de leur mise (Delebecque, n°⁵ 1243 et 1244).

1274. — Au pays de Liége, le parchonnier (associé) qui était en faute de payer son contingent dans les dépenses, encourait la

---

(1) Mais la majorité des intérêts ne lie la minorité « que pour les actes d'administration, et non lorsqu'il s'agit de mesures qui tendraient à changer la société ou a détruire la chose commune, par exemple, à ne point placer une machine à vapeur imposée par un cahier de charges, qui tient lieu de contrat social. » (Liége, 4 déc. 1847, *Pas.* 1848, 2,26.) — La majorité ne peut pas non plus décider souverainement que l'associé en retard de payer sa part dans les dépenses perdra de plein droit ses actions au profit de la masse sociale (Riom, 21 janv. 1842, S. 1842, 2,260); — ni que la société sera convertie en société anonyme (*Code ann.* p. 23, n° 22).

déchéance au profit de ses co-parchonniers. La Cour de Liége a décidé que cette loi ancienne avait également été abolie par les lois nouvelles, qui permettent seulement de faire vendre, par voie de saisie, la part de l'associé retardataire (Liége, 12 juin 1815, 27 mars 1817, 9 novembre 1818, DELEBECQUE, n° 1246).

Cependant la mesure plus rigoureuse de la déchéance pourrait être employée, si le contrat social l'autorisait, car elle n'a rien de contraire à l'ordre public ni aux bonnes mœurs : aussi la Cour de Liége, dans un arrêt du 22 février 1833, a-t-elle écarté l'application de cette déchéance *conventionnelle*, non parce qu'elle aurait été nulle, mais parce qu'il n'y avait pas eu de mise en demeure suffisante (Comp. Brux. 5 juillet 1843 ; *Pas.* 1844, 2, 29).

1275. — Je terminerai ce chapitre en examinant la question de savoir si les sociétés de mines peuvent être dissoutes à la demande de chacun des associés comme les sociétés ordinaires.

D'après le Code civil, si le contrat a fixé la durée de l'association, la dissolution ne peut être demandée avant le terme convenu, si ce n'est pour de justes motifs, dont la légitimité et la gravité sont abandonnées à l'appréciation des juges (art. 1869 et 1871). — Si la durée de la société n'a pas été convenue, et qu'elle soit ainsi illimitée, chaque sociétaire peut demander la dissolution quand il le veut, pourvu que sa renonciation ne soit pas faite de mauvaise foi ou à contre-temps (1865, n° 5 1869 et 1870).

Ces règles sont-elles applicables aux sociétés de mines?

Et d'abord, si aucun terme n'a été convenu, chaque sociétaire peut-il dissoudre la société en déclarant qu'il y renonce, en vertu des articles 1865 n° 5, 1869 et 1870 du Code civil? — On est d'accord pour admettre la négative : la nature des sociétés de mines fait déroger ici aux principes ordinaires, et cette dérogation elle-même n'est qu'apparente, puisqu'elle s'appuie sur la volonté présumée des associés. « Attendu, a dit la Cour de Bruxelles dans un arrêt du 22 novembre 1821, que les sociétés pour l'extraction du charbon dans le Hainaut (et l'on peut en dire autant des autres sociétés minières), embrassent des entreprises qui, par leur nature, se prolongent dans un espace de temps très-considérable dont on ne peut déterminer la durée; que ces exploitations exigent d'ailleurs des travaux préalables qui sont longs et dispendieux, en sorte que les personnes qui se forment en société ont l'intention bien prononcée qu'elle ne puisse finir à chaque instant, soit par la volonté qu'en exprimerait quelqu'un des associés, soit par sa mort; que cette intention présumée se manifeste d'une façon peu équivoque dans le contrat de société, qui accorde la faculté à chacun des membres de s'en retirer, et indique de quelle manière on pourra cesser d'en faire partie, sans que la société elle-même cesse d'exister par cet événement; qu'il résulte de ces considérations que les sociétés charbonnières dans le Hainaut ne finissent ni par le décès, ni par la renonciation d'un sociétaire, lorsque d'ailleurs, les circonstances ne concourent pas pour motiver la dissolution. » (Conf. Brux. 7 mai 1828; Lyon, 12 août 1828; Cass. Fr., 7 juin 1830 et 6 décembre 1843, S. 1844, 1, 22; Liége, 15 novembre 1849, *Pas.* 1850, 2, 152; Peyret, n° 189; Delebecque, n° 1245; Troplong, *De la Société*, n°s 971 et ss.)

1276. — Mais si une société de mines ne peut être dissoute par la seule volonté de chacun de ses membres, ne peut-elle pas l'être pour de justes motifs, dont les tribunaux auraient à apprécier la légitimité et la gravité?

Dans son arrêt du 22 novembre 1821, la Cour de Bruxelles paraît avoir admis le droit à cette dissolution pour cause déterminée : « les sociétés charbonnières, dit-elle (n° 1275 *in fine*), ne finissent point par la renonciation d'un sociétaire, *lorsque d'ailleurs les circonstances ne concourent pas pour motiver la dissolution.* » La Cour de Paris a consacré la même doctrine dans un arrêt du 24 août 1852 : « Attendu qu'aux termes de l'art. 1871 C. civ., la dissolution de toute société civile peut être prononcée avant le terme convenu, lorsqu'il y en a de justes motifs, dont la légitimité et la gravité sont laissées à l'arbitrage des juges; qu'il est articulé et non contesté que malgré des dépenses considérables déjà faites pour exploiter les mines litigieuses, il n'est plus possible d'en continuer l'exploitation sans de nouvelles avances; qu'il y a même un passif considérable à acquitter, et que tout appel de fonds étant interdit par l'acte de société, la dissolution et la licitation de la société sont inévitables. » On s'est inutilement pourvu contre cet arrêt devant la Cour de cassation (Rej. 15 juin 1853, S. 1853, 1, 700).

Dalloz (n° 194) approuve cette doctrine, dont Delebecque (n° 1245) révoque en doute l'exactitude : il est très-douteux, dit ce dernier auteur, lorsque la majorité a pris une résolution, qu'il appartienne jamais aux tribunaux de s'arrêter à des considérations particulières, à des circonstances propres à faire douter du succès de l'entreprise, pour prononcer une dissolution en dehors des cas prévus au contrat même.

1277. — Il me paraît que la doctrine de la Cour de Bruxelles est exacte en principe, mais que l'application en devra être prudente et conforme d'ailleurs aux autres règles du contrat de société et aux conventions spéciales des parties.

Ainsi, en principe, on doit écarter des sociétés de mines la résolution *ad nutum*, par la seule volonté de chaque sociétaire : sur ce point les auteurs et les arrêts sont justement unanimes, d'autant plus que l'associé récalcitrant peut se retirer en aliénant sa part. Mais, par contre, pourquoi défendrait-on à un associé de provoquer la dissolution pour des causes graves et légitimes, comme dans l'espèce de Paris du 24 août 1852, où les circonstances étaient telles que la marche de la société était forcément arrêtée? Dira-t-on que l'associé qui veut cesser de l'être peut céder ses droits et se retirer? Mais, sans compter que la cession pourrait être impossible, il peut très-légitimement désirer de conserver sa qualité de sociétaire, pour reprendre l'exploitation, si la société se liquide, et lui imprimer une autre marche plus avantageuse. Et de ce que les associés ont le droit de se retirer en vendant leur part, il résulte bien qu'ils ne peuvent dissoudre la société quand et parce qu'il leur plait, mais non qu'ils ne pourraient en provoquer la cessation pour des causes déterminées, dont les juges apprécieront le fondement et la gravité.

Toutefois la demande de dissolution ne devra pas être contraire aux règles du contrat de Société et aux conventions spéciales des parties.

Ainsi je suppose que d'après les stipulations du pacte social les associés ne pussent provoquer la dissolution et que le seul droit de chacun fût de se retirer en cédant ses actions, je crois que cette convention devrait être observée, parce qu'elle n'a rien de contraire à l'ordre public, et que s'il est défendu de se condamner à une indivision ou société perpétuelles, cette défense n'est pas enfreinte lorsqu'on peut sortir de l'indivision par un autre moyen, savoir l'aliénation de sa part (TROPLONG, *De la Société*, nᵒ 971). — De même si, comme le suppose DELEBECQUE (nᵒ 1245), la majorité des associés a pris une résolution, conformément au contrat social, spécialement si elle s'est prononcée pour de nouvelles avances à faire par les associés, les tribunaux ne pourraient, sous prétexte de l'insuccès probable de l'entreprise, accueillir la demande en dissolution qui aurait pour but d'empêcher les versements régulièrement décrétés.

1278. — Une question analogue à la précédente est celle de savoir si l'on peut demander la licitation d'une mine indivise. La question n'est qu'analogue et non identique, parce qu'elle suppose une licitation demandée en dehors de toute société : une mine peut, en effet, appartenir en commun à plusieurs personnes, sans qu'elle fasse l'objet d'aucune société, d'aucune exploitation. Si elle était exploitée par ses propriétaires, il y aurait, au moins, une société de fait, et la question de la licitation de la mine exploitée se confondrait avec celle de la dissolution de la société. Mais on suppose une mine non exploitée indivise entre plusieurs personnes, et l'on demande si chaque co-propriétaire peut en provoquer la licitation.

En l'absence de toute convention contraire, il faut répondre affirmativement. Il existe plusieurs arrêts en ce sens.

Une concession était indivise entre le sieur G^{me} MUESELER pour un quart et le sieur TASSIN pour les trois quarts restants ; TASSIN avait donné sa part en hypothèque. Le créancier hypothécaire, agissant au nom de son débiteur, poursuivit la vente de la mine concédée : La Cour de Liége ordonna la licitation, par le motif « qu'il y avait seulement communion entre les contractants, qu'il » n'existait encore aucune société ou entreprise pour l'exploitation » de la concession, et que le partage ou division de la mine étant » prohibé, il fallait bien en ordonner la licitation. » (Liége, 17 juillet 1856, *Pas.* 1859, 1, 134.)

Un arrêt de la Cour de Paris du 27 février 1857 (S. 1858, 1, 570) et un autre de la Cour de cassation du 21 avril même année (S. 1857, 1, 760), ont également ordonné la licitation de mines concédées, dans des espèces où il ne paraît pas qu'il y eût société, puisque cette circonstance, qui aurait été si importante, ne se trouve relevée ni dans l'exposé des faits, ni dans les motifs de l'arrêt, et qu'on se borne à y repousser l'objection, manifestement mal fondée, que l'art. 7 de la loi de 1810 prohibe le partage des concessions, comme si la licitation ne faisait point passer la mine *toute entière* entre les mains de l'adjudicataire !

CHAPITRE XII.

CESSION DU DROIT D'EXPLOITER LES MINES ET LES CARRIÈRES. ENREGISTREMENT. — FRUITS, ETC.

SOMMAIRE.

1279. — Peut-on louer les mines, les minières et les carrières? Comment doit-on considérer et traiter juridiquement la cession perpétuelle ou temporaire du droit de les exploiter? Leurs produits sont-ils des fruits?

Ces questions sont importantes sous plusieurs rapports, et elles ont été résolues en sens divers par tant d'auteurs et par tant d'arrêts, qu'on ne les aborde pas sans crainte. On peut essayer de les résoudre à l'aide d'une formule, qui se trouve en germe dans quelques arrêts, mais qui n'a pas encore été franchement développée.

« Les *fruits* d'une chose, dit PROUDHON (*De l'Usufruit*, n° 1200),
» consistent dans les émoluments qu'elle produit et reproduit,
» ou qui en naissent et renaissent successivement; d'où il suit
» que les matières extraites des mines et carrières ne sont pas
» des fruits, puisqu'elles ne sont pas reproduites par le fonds. »

On ne saurait contester l'exactitude de cette idée. Les fruits d'une chose ne peuvent être la chose même. Or les matières extraites d'une mine, minière ou carrière sont bien évidemment la carrière, la minière, la mine elle-même; quand vous aurez extrait toutes les matières qu'elle contient, vous n'aurez plus de mine, de minière ni de carrière, tant il est vrai que vous aurez pris la chose, en en prenant les matières ou produits.

Cette idée, intrinsèquement vraie, n'est pas légalement contredite par les art. 598 et 1403 du Code civil, qui attribuent à l'usufruitier le produit des mines et des carrières, lorsqu'il les trouve en état d'exploitation à l'ouverture de l'usufruit. Si l'usufruitier jouit alors du produit des carrières et des mines, ce n'est point parce que ce produit serait un *fruit* de la chose, c'est parce que le législateur a voulu attribuer à l'usufruitier tous les émoluments, fruits ou non, que le propriétaire retirait de la chose quand l'usufruit a commencé (PROUDHON, *De l'Usufruit*, n° 1202).

Les matières extraites des mines et carrières ne constituent donc pas des fruits, mais une partie de l'immeuble même.

On doit cependant reconnaître, d'un autre côté, que ces matières ressemblent à des fruits, en ce que leur extraction est le seul mode de *jouissance* réel et possible de la carrière ou de la mine, et en ce que le propriétaire consomme ou vend à titre de revenus les matières extraites.

1280. — Il suit de la combinaison de ces deux idées :

1° Que les matières extraites d'une mine, minière ou carrière, sont une *chose mixte*, tenant à la fois des fruits et du fonds même ;

2° Que le droit de les extraire est un *droit mixte*, tenant à la fois du droit de jouir et du droit de disposer ;

3° Que la cession de ce droit est un *acte mixte*, tenant à la fois du louage et de la vente ;

1281. — 4° Et enfin, par une conséquence ultérieure, que les questions relatives à ces matières extraites, au droit de les extraire et à la cession de ce droit, doivent être résolues non par les règles *isolées* qui régissent les fonds, les fruits, la vente ou le louage, mais par toutes ces règles à la fois, appliquées non directement, mais par analogie, avec discernement et suivant la question spéciale à résoudre.

1282. — Le principe de cette théorie a été posé par la Cour de cassation de France dans un arrêt du 28 janvier 1857 (SIREY-DEV. 1857, 1, 640) :

« Attendu, y est-il dit, que le bail d'une mine, donnant le droit au preneur d'extraire, pendant un nombre d'années déterminé, la substance même de la mine, pierre, marbre, charbon, cuivre ou autres minéraux, *est un acte d'une nature mixte*, participant non moins du contrat de vente que du contrat de louage, puisque les matières extraites ne se reproduisent plus, et ne peuvent être considérées légalement comme des fruits naturels revenant chaque année et n'épuisant pas le fonds. »

La Cour d'appel de Liége avait émis la même idée dans un arrêt du 29 mars 1850 (*Pas.* 1854, 2, 166) : « Attendu que si l'on ne peut reconnaître un véritable contrat de louage dans l'octroi que la commune de Fraire accorde à ses habitants pour extraire du minerai de fer dans des terrains communaux, cet octroi n'en constitue pas moins une convention qui tient de la nature du louage, et doit se régir par des principes analogues. »

(Voyez aussi Bruxelles, 1er juin 1850, *Pas.* 1850, 2, 171).

1283. - Passons maintenant aux applications.

C'est surtout en matière d'enregistrement que la question a été agitée et résolue en sens divers.

Trois systèmes principaux se sont produits :

1° Suivant une jurisprudence constante de la Cour de cassation de France, la cession du droit d'exploiter une mine, une minière ou une carrière est passible du droit de 2 °/° comme *vente mobilière*, et jamais du droit de bail, sans distinguer si la cession est perpétuelle ou temporaire (13 août 1833, 31 juillet 1839, 11 janvier 1843, 17 janvier 1844, 5 mars 1855, etc. ; SIREY, 1833, 1, 784 ; 1839, 1, 675 ; 1843, 1, 317 ; 1844, 1, 174 ; 1855, 1, 299).

2° Suivant plusieurs auteurs et notamment suivant PONT, (Dissertation publiée au tome 1er de la *Revue critique de juris-*

prudence), la cession est passible du droit de vente mobilière, si elle est perpétuelle, mais elle n'est passible que du droit de bail, si elle est temporaire.

3º Suivant la Cour de cassation de Belgique (arrêt du 2 juillet 1847, *Pas.* 1848, 1, 117), la jouissance temporaire d'une mine peut faire l'objet d'un bail, et il n'y pas lieu à cassation d'un jugement qui voit un bail dans la cession du droit d'exploiter une mine pendant un certain temps (1).

------

(1) « LA COUR : Sur le moyen unique déduit de la fausse application des art. 8 et 9 de la loi du 21 avril 1810, et 69, § 3, nº 2, de la loi du 22 frimaire an VII, et de la violation du § 5, nº 1ᵉʳ de ce dernier article, en ce que le jugement attaqué a considéré comme bail, pour la perception du droit d'enregistrement, et non comme vente d'objets mobiliers, la convention du 19 nov. 1844, par laquelle les défendeurs ont acquis du concessionnaire le droit d'exploiter un charbonnage à forfait pour un terme de vingt-six ans ;

» Attendu, en droit, que l'art. 1709, C. civ., définit le louage des choses un contrat par lequel l'une des parties s'oblige à faire jouir l'autre d'une chose pendant un certain temps et moyennant un certain prix, que celle-ci s'oblige de lui payer ; que l'art. 1713 porte qu'on peut louer toutes sortes de biens meubles et immeubles ; que les lois spéciales sur la matière ne contiennent aucune exception à cette règle pour les concessions de mines, mais que l'art. 7 de la loi du 21 avril 1810 dispose, au contraire, expressément que l'acte de concession donne la propriété perpétuelle de la mine, laquelle est dès lors disponible et transmissible comme tous les autres biens, sauf cette seule restriction qu'elle ne peut être vendue par lots ou partagée sans une autorisation préalable du gouvernement ; que, d'après l'article suivant, les produits de la mine ne deviennent meubles qu'après leur extraction ; enfin, l'art. 598 C. civ. soumet les mines et carrières à l'usufruit, usufruit que l'art. 578 du même Code définit le droit de jouir des choses dont un autre a la propriété, comme le propriétaire lui-même, mais à la charge d'en conserver la substance ;

» Attendu qu'il suit de la combinaison de ces diverses dispositions que la jouissance des mines peut être détachée temporairement de la propriété sans absorber celle-ci, et qu'elle peut dès lors faire l'objet du contrat de louage ;

» Attendu qu'en présence de ce principe et en l'absence d'une clause qui fût exclusive du contrat de louage ou caractéristique du contrat de vente, d'après les définitions légales dont le texte n'a d'ailleurs pas été cité à l'appui du pourvoi, l'interprétation de l'acte en litige et la recherche de la commune intention des parties contractantes constituait une pure question de fait touchant au fond de l'affaire, dont la connaissance est interdite à la Cour par l'art. 17 de la loi du 4 août 1832, d'une manière absolue et sans distinction entre les matières fiscales et autres ;

» Par ces motifs, rejette le pourvoi, etc. »

Mais si la cession est consentie à perpétuité ou sans fixation de terme, elle est passible, non du droit de vente mobilière, comme le décide la Cour de cassation de France et comme PONT le soutient également, mais du droit de bail à durée illimitée, c'est-à-dire du droit de 4 % dont sont frappées les aliénations immobilières. (Jugement du tribunal de Mons du 31 décembre 1852, Cass. B. du 26 mai 1854, *Pas.* 1854, 1, 327.)

1284. — Au milieu de ce conflit d'opinions, il me paraît :

1° Que la cession du droit d'exploiter une mine, une minière ou une carrière, *à perpétuité ou jusqu'à épuisement, constitue une aliénation d'immeuble,* passible comme telle, plutôt que comme bail illimité, du droit de mutation de 4 %. En effet, céder le droit d'exploiter une *mine concédée,* à perpétuité ou jusqu'à épuisement, c'est bien céder la mine elle-même, laquelle est un immeuble. — Et céder à perpétuité ou jusqu'à épuisement le droit d'exploiter une minière ou une carrière, c'est bien aussi, comme je l'ai développé au n° 1123, consentir une cession immobilière.

2° Si la cession du droit d'exploiter une mine, une minière ou une carrière est temporaire, elle doit être considérée, au point de vue fiscal, plutôt comme un bail que comme une vente mobilière. Elle tient à la vérité de l'un et de l'autre; mais précisément à cause de ce caractère mixte, et par application du principe que dans le conflit de deux droits le plus favorable au débiteur doit être appliqué (CHAMPIONNIÈRE et RIGAUD, n°ˢ 37 et 38), il faut appliquer le droit de bail, moins élevé que le droit de vente.

1285. — *Quid* de la cession au point de vue de la capacité du cédant?

Puisque la cession du droit d'exploiter *jusqu'à épuisement* une mine, une minière ou une carrière, constitue une aliénation d'immeuble, le cédant devra avoir la capacité requise ou remplir les formalités prescrites pour une aliénation de ce genre. — Ainsi, s'agit-il d'une mine, minière, etc., appartenant à un enfant mineur, à une femme mariée sous le régime de la communauté, à une commune? Le tuteur devra être autorisé par le Conseil de famille et le tribunal (art. 457 et ss. du Code civil), le mari par sa femme (art. 1428), la commune par le Roi (art. 76 de la loi belge du 30 mars 1836).

Il faudrait le décider ainsi, quand même on ne voudrait voir qu'une vente mobilière dans la cession du droit d'exploiter à perpétuité. Car les auteurs enseignent avec raison qu'*au point de vue de la capacité du cédant,* l'opération doit être envisagée comme une aliénation d'immeuble. C'est ainsi, par exemple, que la vente d'une maison pour la démolir ou d'une haute futaie non aménagée, est tarifée comme vente mobilière sous le rapport des droits d'enregistrement : mais qui oserait soutenir que le *tuteur* pourrait vendre, pour la démolir, une maison appartenant à son pupille, ou la haute futaie non aménagée d'une forêt de ce dernier, sans remplir les formalités prescrites pour les ventes d'immeubles? (DEMOLOMBE, t. IX, n° 179; ZACHARIÆ, § 170; DELVINCOURT, sur l'art. 521 C. civ.; DURANTON, au titre de la *Distinction des biens*, n° 37 à 40, etc.)

1286. — Si la cession du droit d'exploiter n'est que temporaire, sera-t-elle considérée comme un bail quant à la capacité du cédant?

Ainsi, le tuteur pourra-t-il la consentir seul pour un terme de neuf ans ? Le mari pourra-t-il la consentir, pour le même terme, sur un propre de la femme, sans l'intervention de celle-ci (art. 1429, C. civ.)?

La nature mixte de l'acte doit encore exercer ici son empire et faire adopter, ce me semble, la distinction suivante.

Si la mine, la minière ou la carrière du pupille ou de la femme mariée ne sont pas encore exploitées, s'il s'agit d'en *ouvrir* l'exploitation en la concédant à un tiers, même pour neuf ans ou moins seulement, cette concession tiendra bien du louage, puisqu'elle aura pour objet la jouissance de la chose suivant sa nature, mais elle n'en altérera pas moins la substance et la destination actuelles de l'immeuble, et par suite elle sera un acte de disposition de ce dernier, en sorte que l'on devra procéder comme au cas d'une aliénation immobilière. (Amiens, 30 novembre 1837, SIREY, 1838, 2, 369; TROPLONG, *Contrat de Mariage*, n° 991.)

Que si la mine, la minière, etc. est déjà exploitée, je crois que le tuteur ou le mari aura la capacité d'en consentir la cession pour neuf ans au plus, parce que la cession a nature de bail, et que son caractère dominant est ici celui d'un acte d'administration conforme à la destination actuelle de la chose.

1287. — Lorsqu'une minière ou une carrière se trouve dans un bien communal, la commune ne peut en commencer l'exploitation ou la faire commencer par un tiers concessionnaire, qu'avec l'autorisation du Roi, par la raison spéciale que cette ouverture d'exploitation serait un changement dans le mode de jouissance de l'immeuble, et qu'un changement pareil doit être précédé d'une autorisation royale (loi belge du 30 mars 1836, art. 76; Cons. des Mines de Belg.., avis du 9 novembre 1838, *Jur.*, p. 75).

Mais si la minière ou la carrière est en état d'exploitation, la cession du droit de l'exploiter, pendant un temps déterminé, devra être considérée et traitée comme un bail.

1288. — Lorsqu'un bail vient à expirer, mais que le preneur reste et est laissé en possession, il s'opère, d'après l'intention présumée des parties, un nouveau bail aux mêmes conditions que l'ancien, et pour un terme réglé par les usages locaux et la nature de la chose (art. 1738, 1759 et 1776 Code civil). — Cette disposition sera-t-elle applicable à la cession temporaire du droit d'exploiter une mine ou une carrière? Je le pense, et la Cour de Bruxelles l'a ainsi décidé, *par analogie* des règles du bail, dans une espèce où il s'agissait de l'exploitation d'une terre à briques (1er juin 1850, *Pas.* 1850, 2, 171).

L'exploitant de la mine, minière ou carrière, qui reste et est laissé en possession après le temps pour lequel la cession du droit d'exploiter lui avait été consentie, pourra donc et devra continuer l'exploitation aux mêmes prix et conditions que précédemment, et pour un terme qui sera réglé par les usages, s'il en existe, et à défaut d'usages, par le juge.

1289. — Le cessionnaire de l'exploitation d'une mine peut-il rétrocéder son droit sans l'intervention du cédant, et quel est l'effet de la rétrocession quant à ses propres obligations envers ce dernier?

Ces questions ont été résolues par la Cour de Bruxelles, le 14 juin 1848 (*Pas.* 1850, 2, 292), dans une espèce où le cédant contestait la validité d'une rétrocession, et poursuivait de ce chef la résolution de la cession primitive :

« Attendu, dit l'arrêt, qu'en général on contracte pour soi, ses héritiers et ayants-cause ; qu'on peut donc, sauf les cas exceptés par la loi, transmettre les droits qu'on a acquis par un contrat; mais qu'il n'en est pas de même des obligations qui naissent d'un contrat ; que celles-ci, hors le cas de transmission par succession légale ou testamentaire, ne peuvent être transférées sur le chef d'un tiers sans le consentement du créancier; qu'on peut néanmoins, si ce n'est dans les cas où la capacité ou autre qualité de la personne a pu être le motif déterminant de contracter avec elle, charger un tiers de l'accomplissement de son obligation, mais qu'alors on en demeure toujours tenu soi-même envers le créancier ;

» Attendu qu'en appliquant ces principes au contrat de remise à forfait, il en résulte que les repreneurs à forfait peuvent transmettre à d'autres les droits qu'ils ont acquis par ce contrat ; qu'ils peuvent aussi charger leurs cessionnaires de l'accomplissement de leurs obligations ; qu'en effet la capacité ou autre qualité de la personne n'est point le motif déterminant de ces sortes de contrats, puisqu'il n'est point douteux que leur exécution peut être confiée à des mandataires ou préposés, mais que le contrat de remise à forfait, ne conférant aux repreneurs qu'un *jus ad rem*, la convention par laquelle ils chargent leurs cessionnaires de remplir leurs obligations envers la Société mère ne peut, sans le consentement de cette dernière, en dégrever les entrepreneurs primitifs ; qu'on invoquerait en vain un usage contraire ; qu'un tel usage, qui aurait évidemment pour résultat d'attribuer au contrat de remise à forfait l'effet de transférer la propriété de la partie de la mine qui en fait l'objet, serait en opposition manifeste avec l'art. 7 de la loi du 21 avril 1810, et ne pourrait ainsi, comme contraire à la loi, être d'aucune influence sur les droits des parties ;

» Attendu qu'il suit des principes ci-dessus posés que, dans l'espèce, les cessions opérées par les repreneurs à forfait, n'étant que l'exercice d'un droit légitime, ne sauraient être une cause de résolution du contrat. »

1290. — Suivant les art. 549 et 550 du Code civil, celui qui a possédé de bonne foi un immeuble appartenant à autrui, a le droit de conserver les fruits qu'il en a perçus. — En sera-t-il de même de celui qui aura possédé de bonne foi une mine, une minière ou une carrière ? ou bien sera-t-il tenu de rendre compte des matières extraites, déduction faite des frais d'extraction ?

La raison de douter, c'est que l'art. 549 ne parle que des *fruits* ou produits d'une chose, c'est-à-dire, comme l'enseignent les auteurs, des émoluments qui naissent et renaissent successivement d'une chose, sans constituer la chose même (voyez ci-dessus le n° 1279), en sorte que le possesseur de bonne foi, s'il garde les fruits perçus, restitue au moins l'immeuble dans son intégrité ; — tandis que lui attribuer les matières extraites de la mine, minière ou carrière qu'il a possédée, c'est lui laisser, pour l'enlever au propriétaire, une partie, peut-être la plus importante, de la mine ou de la carrière ?

Mais ne peut-on pas répondre que l'exploitation de la carrière ou de la mine est le seul mode de jouissance dont celle-ci fût susceptible, que ses produits n'ont été pour le possesseur que des fruits ou revenus *secundum subjectam materiam* (n° 1279 *in fine*), et que le motif de l'attribution des fruits (proprement dits) au possesseur de bonne foi s'applique également ici, savoir « le grave préjudice qu'éprouverait, sans avoir pu s'en garantir, le possesseur de bonne foi, si, après plusieurs années de jouissance paisible, on l'obligeait à tenir compte des fruits, que son erreur l'autorisait à dépenser à mesure. C'est pour cela, dit DEMANTE (*Cours analytique de Code civil*, t. II, n° 384) qu'il fait les fruits siens. » — Les Cours d'appel de Liége et de Cassation de Belgique, ainsi que la Cour d'appel de Bruxelles se sont prononcées en ce sens : les premières dans une espèce que j'ai rapportée au n° 42 ; la seconde dans un arrêt du 10 mars 1838 : une personne avait acheté la totalité d'un charbonnage à un individu qui n'en avait réellement qu'une partie ; le propriétaire de l'autre portion demandait compte à l'acheteur des fruits perçus sur cette dernière, l'acheteur en fut dispensé, par le motif qu'il avait acquis et possédé de bonne foi la totalité du charbonnage. (Voyez aussi Liége, 14 juin 1848, *Pas.* 1850, 2, 43.) — Cette doctrine sera surtout applicable lorsque le possesseur n'aura fait que continuer une exploitation en activité (DURANTON, n° 350 au Titre de la *Distinction des biens ;* DEMOLOMBE, *De la Propriété,* t. Ier, n°s 621 et ss.).

FIN.

TABLE DES MATIÈRES

CONTENUES DANS LE SECOND VOLUME.

LIVRE Ier — DES MINES.

LIVRE II. — DES MINIÈRES.

LIVRE V. — DES MINES, MINIÈRES, ET CARRIÈRES DANS LEURS RAPPORTS AVEC LE DROIT COMMUN.

TABLE ALPHABÉTIQUE

DES

MATIÈRES CONTENUES DANS LES DEUX VOLUMES (1).

(Le premier chiffre indique le volume, et le second indique le numéro.)

---

(1) Lorsqu'un mot représentait une matière traitée dans un chapitre spécial, par exemple, *Recherches, Redevances*, etc., nous avons renvoyé au *Sommaire* de ce chapitre, parce qu'il était lui même une table très-détaillée.

Il doit désigner le concessionnaire. — *Quid* si celui-ci est mort auparavant? 218 à 221. -- Ou s'il y a erreur, omission? 222. — Compétence, 223 et 224. — *Quid* si un tiers se prétend associé du concessionnaire désigné? 225 et 226.

Il doit désigner la mine concédée, — erreur, — compétence, I, 227 et 228.

Étendue et limites de la concession. — V. *Limites de la concession.*
Nullité des actes de concession. Qui peut statuer? Distinction à faire, 253 à 257.

Effets généraux de la concession, 258 à 267, droit à la propriété de la mine concédée, 265; et à faire tous les travaux nécessaires à son exploitation, 259 et ss.

AGRÈS. — Sont immeubles par destination, II, 1115, 1125.

ACTIONS. — Les actions dans les sociétés ou entreprises pour l'exploitation des mines sont meubles. V. le Chap. XI du Liv. V, t. II, p. 365.
Quid pour les minières et carrières? II, 1257.

ACTIONS POSSESSOIRES. — Applicables aux mines, II, 1160.

ANCIENNES CONCESSIONS. — V. le *sommaire* du Chap. XX du Liv. I, nᵒˢ 747 à 822, tome II, p. 54 et ss.

ANCIENNES REDEVANCES. — V. les nᵒˢ 805 et ss. et leur *sommaire.*
V. *Terrage*, *Cens* et *Entre-Cens.*

ANCIENNES USINES. — De leur maintenue, II, 1016 et ss.

ANCIENS TRAVAUX. — Si le concessionnaire en est responsable, I, 642.

ALIÉNATION. — L'aliénation des mines est libre, II, 1126 et ss. — Aliénations partielles, 1132 et ss. — Aliénation d'une mine non concédée, I, 29.

AMENDE. — V. *Peines*, *Contraventions.*

ARBITRAGE. — Est-il possible en matière de mines, minières, etc., II, 1063.

ASSOCIÉS. — Quand sont-ils responsables des contraventions commises dans l'exploitation? II, 1103 et ss.
V. *Société.* — *Quid* si un individu se prétend associé de celui à qui la concession est donnée? I, 225 et ss.

BAIL. — V. *Louage*, *Cession.*

BOCARDS. — Doivent être autorisés, II, 983.

BOIS ET FORÊTS. — Exploitation des minières de fer dans les bois et forêts, II, 889 et ss.

BONNE FOI. — Son effet quant aux mines extraites sans titre, I, 42 et II, 1290; — quant aux contraventions, II, 1072 et ss. ; — quant à l'acquisition de la mine par prescription, 1162.

BORNAGE. — Du bornage des concessions de mines, I, 232, 246.

CAHIER DES CHARGES. — Historique. De ce qu'ils peuvent valablement contenir, détails, V. le *sommaire* des nᵒˢ 240 à 252, tome I, p. 135.

Si l'exploitant peut occuper le terrain d'autrui lorsque l'occupation est rendue nécessaire par la violation de son cahier de charges, I, 521.

Du cahier des charges des permissions d'usine, II, 1002.

Les cahiers des charges sont-ils protégés par les art. 93 à 96? II, 1082 et ss. — Leur vrai caractère, *ibid.*

Expropriation publique pour les chemins de mines, V. le *sommaire* des n°s 537 à 562.

L'occupation de la surface pour les travaux de mines n'est pas une expropriation véritable. Conséquences, I, 485 et ss.

L'expropriation n'est pas autorisée pour les chemins des minières, II, 833.

EXTENSION. — Quand il y a demande en extension, I, 207.

Droit de préférence du demandeur en extension, V. le *sommaire* des n°s 208 à 213.

La concession acquise *en extension* par l'un des époux lui reste-t-elle propre? II, 1223.

L'extension ne pourrait être séparée de la concession primitive sans autorisation, II, 1223 et 1132 et ss.

FERMETURE. — Quand une exploitation peut être fermée par l'autorité. Mesures à prendre, etc., I, 321 à 324.

Fermeture d'une usine, II, 1003 et ss.

FORGES. — V. *Maîtres de forges*, *Usines*.

FRUITS. — Les matières extraites d'une mine non concédée sont-elles des fruits? L'extracteur de bonne foi les conservera-t-il? I, 42, II, 1279 et ss., 1290.

Immobilisation des matières extraites en cas de saisie de la mine, II, 1119.

GAGE. — De la mise en gage des intérêts dans une Société de mines, II, 1264. — Prise de possession, *id.*

GALERIE. — La prohibition de l'art. 11 s'applique-t-elle aux galeries d'écoulement? I, 572. — Des galeries en dehors du périmètre de la concession, 518 et ss., II, 690 et ss.

GOUVERNEMENT. — Nature et objet du pouvoir du gouvernement sur les concessions, Liv. Ier, Chap. X, tome Ier, page 166. V. le *sommaire*.

GOUVERNEUR. — Peut-il agir seul au lieu de la Députation permanente? I, 304.

HABITATIONS. — Leur sûreté est spécialement protégée contre les travaux souterrains des mines. Comment, I, n°s 334 et ss.

Prohibition d'ouvrir des travaux des mines à proximité des habitations, I, n°s 565 et ss.

V. le *sommaire* du Liv. I, Chap. XV, tome I, p. 367.

Caution exigible pour les travaux de mines poussés sous les habitations, I, n°s 603 à 618 et leur *sommaire*.

Dommages causés aux habitations, I, 618.

L'indemnité est-elle *double*? I, 634-638.

Dommage causé par une carrière, II, 1047.

HAINAUT. — Législation ancienne, II, 753, 821 et ss.

Exploitation par couches, I, 229 et ss.

HONORAIRES. — Des experts et des ingénieurs. Taux. Taxe, II, 1066 et ss.

HYPOTHÈQUES. — Des hypothèques sur les mines, II, 1178 à 1189 et leur *sommaire*, — sur les redevances de mines, 1190 à 1198 et leur *sommaire*, — sur les minières et les carrières, 1200.

Le créancier hypothécaire peut-il critiquer l'ouverture d'une minière ou carrière dans le fonds hypothéqué ? 1199.

INMEUBLE. — Ce qui est immeuble par nature ou par destination dans les mines, minières et carrières, V. le *sommaire* du Chap. III, du Liv. V, n°ˢ 1108 à 1125, tome II, p. 286.

INCENDIE. — Dans une mine, responsabilité du concessionnaire voisin, II, 680 à 683.

INDEMNITÉ. — V. *Recherche des mines*, *Dommage*.

INGÉNIEURS. — V. *Police des mines*, etc., *Procès-verbaux*, *Expertise*, *Honoraires*, *Redevances*, etc.

INONDATION D'UNE MINE. — Disposition de la loi française du 23 avril 1838 lorsque plusieurs mines se trouvent inondées, I, 298, II, 695.

Inondation d'une mine par une autre, II, 659 et ss. et leur *sommaire*.

Inondation d'une mine par une minière ou une carrière, II, 683.

INSTRUCTION. — V. *Demande en concession*, *Recherche*, *Minières*, *Usines*, *Partages des mines*, etc.

INTERDICTION DE TRAVAUX. — Interdiction d'une exploitation dangereuse pour les ouvriers mineurs, I, 321 et ss.; — pour la surface, 337-339.

Interdiction d'ouvrir des travaux extérieurs de mines dans certains terrains, V. le *sommaire* du Chapitre XV du Livre Iᵉʳ, n°ˢ 565 à 596, tome Iᵉʳ, p. 367.

Le concessionnaire a-t-il droit à indemnité contre le propriétaire du sol, dans l'intérêt duquel on interdit ses travaux souterrains, I, 625 à 633.

Interdiction d'une usine, II, 1003-1005.

INTÉRÊT. — Les intérêts dans une exploitation de mines sont meubles. V. *Société*.

INVENTEUR, INVENTION. — Droit de préférence de l'inventeur, I, n°ˢ 196 et ss.

Détails. Conditions de l'invention, etc. V. le *sommaire* des n°ˢ 196 à 206.

Indemnités dues à l'inventeur pour sa découverte et ses travaux, V. le *sommaire* du Chap. XIX, Liv. Iᵉʳ, n°ˢ 724 à 746, t. II, p. 42.

IRRÉVOCABILITÉ DES CONCESSIONS DE MINES. — V. le *sommaire* des n°ˢ 268 à 298, Liv. Iᵉʳ, Chap. X, t. Iᵉʳ, p. 167.

Quid des permissions de recherche? I, 87, — des permissions d'usine, II, 998 et ss.

JARDINS. — Comment protégés par l'art. 11, I, 576 et ss.

LAVOIRS. — Quand les lavoirs de mines doivent être autorisés, II, 983. —

Lavoirs établis par les maîtres de forges sur le terrain d'autrui, 1008 et ss. V. *Usines*.

LÉSION. — Une vente de mine peut-elle être rescindée pour cause de lésion, II, 1131.

LIÉGE. — Ancienne législation du pays de Liége, II, 754. — Principe de la denrée sans coût, I, 39. — Principe du droit d'occupation pour les travaux de mine moyennant double dommage, 460 et 462. — Droit de terrage, II, 807 et ss. — *Parcon de fosse est meuble*, 1256.

LIMITES DES CONCESSIONS. — Historique, I, 229 et ss. Comment les limites peuvent être fixées. Détails. V. le *sommaire* des n°ˢ 229 à 238, t. Iᵉʳ, p. 135.

Recherche. — Recherche des mines, V. le *sommaire* du Chap. IV du Liv. Ier, nos 46 à 102, t. Ier, p. 43 et ss.

Recherche de minières, II, 832. — Spécialement des minières de fer, 906 et ss.

V. *Invention, inventeur*.

Redevances de l'État. — V. le *sommaire* du Chap. XII du Liv. Ier, nos 356 à 392, t. Ier, p. 235.

Elles ne sont pas dues sur les produits des recherches, I, 93 et ss. — Ni sur les minières, II, 835.

Redevances par rapport aux anciennes concessions, II, 817 à 820.

Quid si le concessionnaire renonce à la concession? 1165 et ss., 1173.

Redevances des propriétaires. — V. le *sommaire* du Chap. XIII du Liv. Ier, nos 396 à 458, t. Ier, p. 260.

Les redevances ne forment pas le *prix* de la concession, I, 31 et 437 et ss.

En est-il dû sur le produit des recherches? 96.

Quid si le paiment des redevances est empêché par l'interdiction des travaux? 633.

Quid des anciennes redevances? II, 805 et ss.

Quid si le concessionnaire renonce? 1165 et ss.

De l'hypothèque sur les redevances, 1190 et ss.

De leur remboursement à l'égard du créancier hypothécaire, 1197.

Effet de la saisie du fonds sur les redevances y attachées, 1195 et ss.

Registres. — Registres d'avancement des travaux, I, 326. — Et d'inscription des ouvriers, II, 700.

V. *Livres*.

Règlements. — Qui peut faire des règlements sur les mines, I, 345 et ss. — Sur les minières, II, 827 et ss. — Sur les carrières, 1032 et ss.

Quels règlements sont sanctionnés par les art. 93 à 96 de la loi de 1810? II, 1079 et ss.

Renonciation. — Peut-on renoncer à une concession de mines. France. Belgique. Détails, II, 1165 et ss.

Retenue. — La retenue du 5e est-elle applicable aux redevances des mines? I, 392, 440.

Retrait. — Du retrait des parts dans une Société de mines en cas de vente, II, 1270.

Réunion. — De la réunion de plusieurs concessions dans les mêmes mains. Est-elle soumise à une autorisation du gouvernement? Belgique, France. Condition d'exploiter, etc. II, 1152 à 1157 et leur *sommaire*.

Saisie. — Saisie des concessions de mines, II, 1119. — Effet de cette saisie quant aux matières extraites, *Ibid.* — Saisie des immeubles par destination, machines, ustensiles, etc. 1118. — Saisie des redevances, I, 447. — Effet de la saisie des fonds sur les redevances y attachées, II, 1195 et ss. — Saisie des intérêts dans une société de mines, 1264.

Schiste alumineux. — Les anciennes concessions de schiste alumineux ont-elles été maintenues par la loi de 1810? II, 785. — Ces schistes

ERRATA.

—